Privatrecht

für BWL'er, WiWis & Steuerberater

Hemmer/Wüst/Braun

Februar 1998

Informieren Sie sich über unsere Kurse:

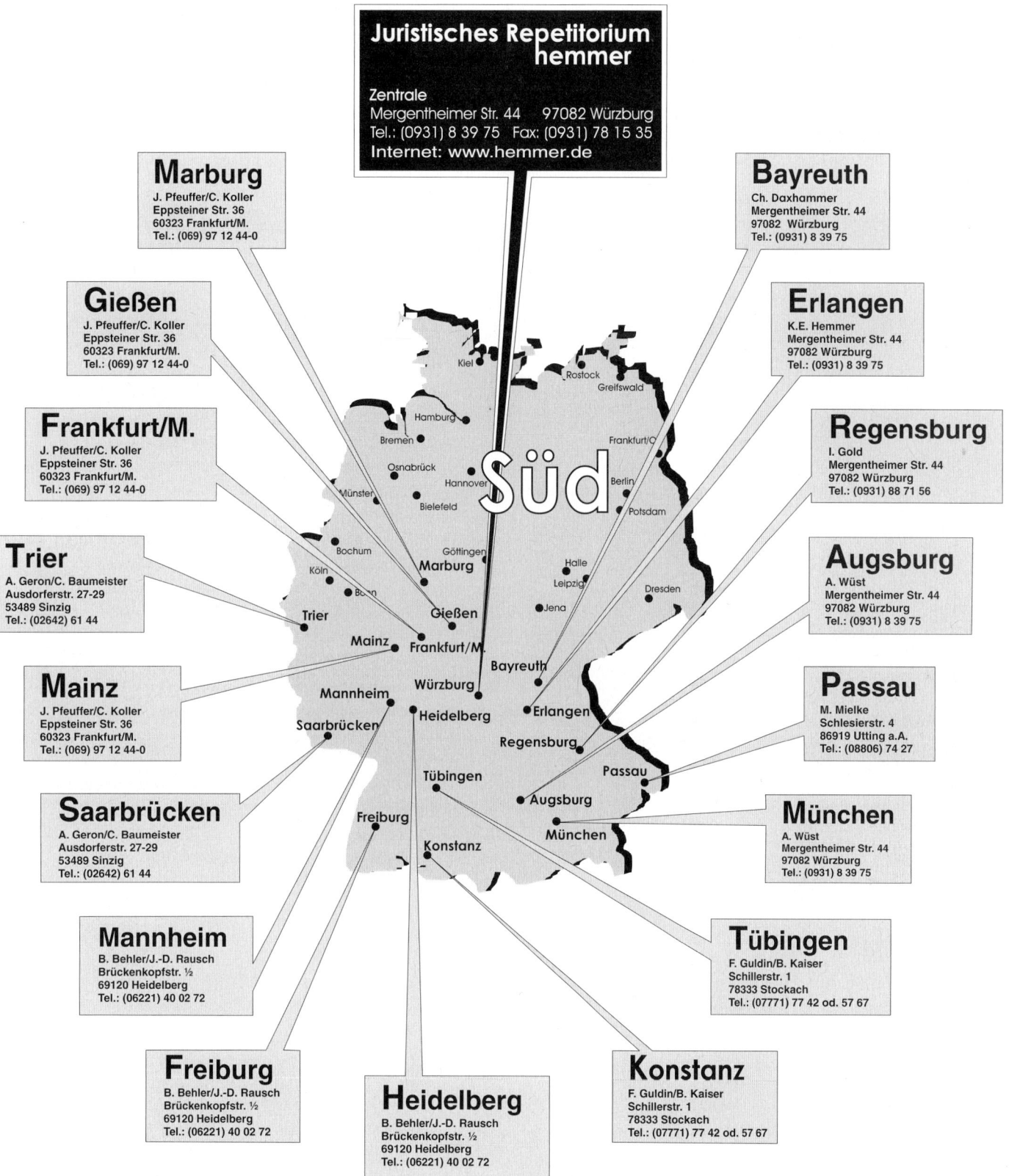

Informationen über Assessorkurse:

Bayern: RA I. Gold, Mergentheimer Str. 44, 97082 Würzburg; **Tel.: (0931) 88 71 56**
Baden-Württemberg: RA F. Guldin, Schillerstr. 1, 78333 Stockach; **Tel.: (07771) 77 42**
RA'e Behler/Rausch, Brückenkopfstr. ½, 69120 Heidelberg; **Tel.: (06221) 40 02 72**
Hessen: RA J. Pfeuffer, Eppsteiner Str. 36, 60323 Frankfurt; **Tel.: (069) 97 12 44-0**
Rheinland-Pfalz: RA J. Pfeuffer, Eppsteiner Str. 36, 60323 Frankfurt; **Tel.: (069) 97 12 44-0**
RA. A. Geron, Ausdorferstr. 27-29, 63489 Sinzig; **Tel.: (02642) 6144**
Nordrhein-Westfalen: A. Ronneberg, Kessenicher Str. 273, 53129 Bonn; **Tel.: (0228) 23 90 71**
Thüringen: RA A. Neußner, Meyfartstr. 18, 99084 Erfurt; **Tel.: (0361) 596 49-0**
Sachsen: RA J. Luke, Clara-Zetkin-Str. 16, 01159 Dresden; **Tel.: (0351) 4 22 55 01**
Mecklenburg-Vorp.: RA M. Henjes, Sarnowstr. 10, 18435 Stralsund; **Tel.: (03831) 378 40**
Hamburg: U. Koblenz, Fliederstr. 3, 74653 Künzelsau-Geisbach; **Tel.: (07940) 5 80 10**

hemmer-Skripten

Plz	Ort	Name	Straße
16278	**Angermünde**	Schmook Buchhandlung, Ehm. Welk	Rosenstr. 3
86150	**Augsburg**	Buchhandlung Pustet	Karolinenstr. 12
86150	**Augsburg**	Kittel+Krüger Taschenbuchhandlung	Im Färbergässchen 1
86150	**Augsburg**	Schlossersche Buchhandlung	Annastr. 20
33014	**Bad Driburg**	Buchhandlung Bettine Saabel	Lange Str. 86
96047	**Bamberg**	Görresbücher Universitätsbuchhandlung	Lange Str. 24
96047	**Bamberg**	Wissenschaftliche Buchhandlung Willi Schmidt	Schützenstr. 1
95444	**Bayreuth**	Buchhandlung Gondrom	Maxstr. 18
95444	**Bayreuth**	Markgrafen-Buchhdlung Inh. R.-J. Geilenkirchen	Maximilianstr. 32
95445	**Bayreuth**	Charivari, Inh. M. Ebersberger	Hussengutstr. 47
95447	**Bayreuth**	Uni-Buchladen Peter Kohler	Emil-Warburg-Weg 28
51465	**Bergisch-Gladbach**	Buchhandlung Potthoff	Am Alten Pastorat 5
10117	**Berlin**	Akademische Buchhandlung Am Gendarmenmarkt	Markgrafenstr. 39
10117	**Berlin**	Schweitzer Sortiment Mitte	Französische Str. 13
10178	**Berlin**	Berliner Universitätsbuchhandlung am Alex GmbH	Spandauer Str. 2
10623	**Berlin**	Buchhandlung Kiepert KG	Hardenbergstr. 4-5
10719	**Berlin**	Schweitzer Sortiment Berlin	Meinekestr. 24
10785	**Berlin**	Fachbuchhandlung Struppe & Winckler	Potsdamer Str. 103
12277	**Berlin**	Hugendubel	Buckower Chaussee 116
13187	**Berlin**	Buchhandlungen im Kietz GmbH	Breite Str. 29
14193	**Berlin**	Georg Westermann Buchhandlung	Flinsberger Platz 3
14195	**Berlin-Dahlem**	Fachbuchhandlung Struppe & Winckler	U-Bahnhof Thielplatz
14195	**Berlin-Dahlem**	Kiepert a.d. Freien Universität	Garystr. 46
13505	**Berlin-Konradshöhe**	Bücherstube Jutta Winckelmann	Falkenplatz 9a
10117	**Berlin-Mitte**	Kiepert an der Humboldt-Universität	Georgenstr. 2
33602	**Bielefeld**	Fachbuchhandlung Struppe & Winckler	Friedrich-Verleger-Str. 7
33615	**Bielefeld**	Buchhandlung Luce Benedikt Luce	Universitätsstr. 25
44801	**Bochum**	Universitätsbuchhandlungen Schaten GmbH	Querenburger Höhe 221/222
53111	**Bonn**	Book Company	Nordstr. 104
53113	**Bonn**	Behrendt Buchhandlung	Am Hof 5a
53113	**Bonn**	Bouvier Fachbuchhandlung	Am Hof 32
53113	**Bonn**	Bouvier Juridicum	Nassestr. 1
38100	**Braunschweig**	Johannes Neumeyer, Inh. M. Zieger	Bohlweg 26a
38114	**Braunschweig**	Bernhard Thalacker GmbH & Co KG	Hamburger Str. 277
28195	**Bremen**	Buchhandlung Kamloth: Recht * Wirtschaft * Steuern	Ostertorstr. 25-29
28359	**Bremen**	Universitätsbuchhandlung Bremen	Bibliothekstr. 3
96450	**Coburg**	Buchhandlung Gondrom	Spitalgasse 21
96450	**Coburg**	Buchhandlung Riemann	Am Markt 9
08451	**Crimmitschau**	Behles Buchhandlung	Markt 8
64283	**Darmstadt**	Fachbuch Gebicke	Mathildenplatz 11
94469	**Deggendorf**	Buchhandlung A. Högn, Inh. Hermann Högn	Pfleggasse 1
06847	**Dessau**	Fachbuchhandlung Hein & Sohn	Elisabethstr. 16b
44145	**Dortmund**	Litfass - Der Buchladen	Münsterstr. 107
44137	**Dortmund**	Buchhandlung C.L. Krüger	Westenhellweg 9
01069	**Dresden**	Buchhandlung Technische Universität	Rugestr. 6-10
01187	**Dresden**	Goethe Buchhandlung Teubing GmbH	Westendstr. 3
40001	**Düsseldorf**	Buchhandlung Antiquariat Stern-Verlag Janssen & Co	Friedrichstr. 24-26
40211	**Düsseldorf**	Buchhandlung Sack	Klosterstr. 22
40549	**Düsseldorf**	Goethe Buchhandlung Teubig GmbH	Willstätterstr. 15
99801	**Eisenach**	Karlsbuchhandlung & Verlagsgesellschaft mbH	Karlsstr. 22
38875	**Elbingerode**	Bücher & Schreibwaren, Th. Schreiber	Rohrbachstr. 5
99084	**Erfurt**	Buchhandlung Peterknecht	Lange Brücke 57
99084	**Erfurt**	Haus des Buches Carl Habel GmbH	Juri-Gagarin-Ring 35

im Fachbuchhandel

Plz	Ort	Name	Straße
91054	**Erlangen**	Mencke-Blaesing Universitätsbuchhandlungen	Universitätsstr. 16
91054	**Erlangen**	Rudolf Merkel Universitätsbuchhandlung GmbH & Co.	Untere Karlstr. 9-11
91054	**Erlangen**	Universitätsbuchhandlung Theodor Krische	Krankenhausstr. 6
60311	**Frankfurt/M.**	Buchhandlung an der Paulskirche, Erich Richter GmbH	Kornmarkt 3
60318	**Frankfurt/M.**	Nibelungen-Buchhandlung Arno Juhre	Spohrstr. 41
60388	**Frankfurt/M.**	Bücherstube Berger	Marktstr. 15
60313	**Frankfurt/M.**	Hugendubel Buchhandlung	Steinweg 12
60313	**Frankfurt/M.**	Juristische Fach- und Versandbuchhandlung Rolf Kerst	Klingerstr. 23
60316	**Frankfurt/M.**	Juristische Fachbuchhandlung Hermann Sack	Günthersburgallee 1
60325	**Frankfurt/M.**	Universitätsbuchhandlung Bockenheimer Bücherwarte GmbH	Bockenheimer Landstr. 127
60486	**Frankfurt/M.**	Buchhandlung Th. Hector GmbH	Gräfstr. 77
15230	**Frankfurt/O.**	Ulrich von Hutten, Inh. Robert Kiepert	Logenstr. 8
79098	**Freiburg i.Br.**	Buchhandlung Rombach GmbH & Co Handelshaus KG	Bertoldstr. 10
79098	**Freiburg i.Br.**	Walthari Buchhandlung GmbH	Bertoldstr. 28
36037	**Fulda**	Buchhandlung Joseph Uptmoor	Friedrichstr. 20
07545	**Gera**	Kanitz'sche Buchhandlung, Inh. Hennies und Zinkeisen	Markt 3
35390	**Gießen**	Ferber'sche Universitätsbuchhandlung	Seltersweg 83
35390	**Gießen**	Kurt Holderer Universitätsbuchhandlung	Neuenweg 4
35390	**Gießen**	Ricker'sche Universitätsbuchhandlung	Ludwigsplatz 12-13
99867	**Gotha**	Buchhandlung Rudi Euchler, Inh. Manfred Seyfarth	Waltershäuser Str. 10
37073	**Göttingen**	Deuerlich'sche Buchhandlung	Weender Str. 33
37073	**Göttingen**	Robert Peppmüller Buchhandlung und Antiquariat	Barfüßerstr. 11
37079	**Göttingen**	Ottiger-Hogrefe GmbH Buchhandlung	Robert-Bosch-Str. 25
17489	**Greifswald**	Rats- & Universitätsbuchhandlung	Lange Str. 77
17489	**Greifswald**	Unibuchhandlung Gustav Weiland Nachfolger GmbH	Markt 5
03172	**Guben**	Buchhandlung Pohland	Frankfurter Str. 21
57627	**Hachenburg**	Buchhandlung Schmitt, Inh. F. & H.Schmitt	Wilhelmstr. 27
06108	**Halle**	J.F. Lehmanns	Universitätsring 7
06108	**Halle**	Unibuch Dausien	Universitätsring 9-10
20095	**Hamburg**	J.F. Lehmanns	Hermannstr. 17
20095	**Hamburg**	Thalia-Fachbuchhandlung Erich Könnecke	Hermannstr. 18
20146	**Hamburg**	Mauke W. Söhne Buchhandlung	Schlüterstr. 12
20146	**Hamburg**	Reuter & Klöckner Buchhandlung	Schlüterstr. 44
22415	**Hamburg**	Buchhandlung Uta Selck	Langenhorner Markt 2a
63450	**Hanau**	Albertis Hofbuchhandlung, Inh. Jürgen Borisch	Langstr. 47
30159	**Hannover**	Buchhandlung Schmorl uv Seefeld	Bahnhofstr. 14
30159	**Hannover**	Decius Fachbuchhandlung GmbH	Marktstr. 52
30167	**Hannover**	Uni-Buchhandlung Witte	Königsworther Str. 4/6
69115	**Heidelberg**	Universitätsbuchhandlung Gustav Braun KG	Sofienstr. 3
69117	**Heidelberg**	Universitätsbuchhandlung Kurt Ziehank	Universitätsplatz 12
37308	**Heilbad-Heiligenstadt**	Eichsfelder Bücherstube Karin Pradler	Wilhelmstr. 69
74072	**Heilbronn**	Buchhandlung Zimmermann, Inh. Gisela Preiß-Syhre	Wilhelmstr. 32
38350	**Helmstedt**	Paul Fröhlich's Buchhandlung	Papenberg 7
95028	**Hof**	Buchhandlung Gondrom	Altstadt 43
55743	**Idar-Oberstein**	Carl Schmidt & Co., Inh. Erika Schwarz	Hauptstr. 82
89966	**Inning**	Buchhandlung Lichtstrahl	Hauptstr. 1a
58636	**Iserlohn**	Buchhandlung Alfred Potthoff	Wermingser Str. 41
07743	**Jena**	Buchhandlung Thomas Mann	Eichplatz 1
07743	**Jena**	Jenaer Universitätsbuchhandlung	Schlossgasse 3-4
76133	**Karlsruhe**	Fa. Hermann Karl Sack GmbH, Bücher für Rechtswissenschaft	Karlstr. 3-5
76133	**Karlsruhe**	Metzler'sche Buchhandlung W. Hoffmann	Karlstr. 13
76137	**Karlsruhe**	Buchhandlung Mende Stammhaus	Karlstr. 76
34117	**Kassel**	A.Freyschmidt's Buchhandlung, Inh. Dr. Hans Eberhar	Obere Königsstr. 23

hemmer-Skripten

Plz	Ort	Name	Straße
34127	Kassel	Buchhandlung a.d. Hochschule, Joachim Fischlein Gmb	Holländische Str. 22
24100	Kiel	Universitätsbuchhandlung Mühlau	Holtenauer Str. 116
24105	Kiel	Dawartz Universitätsbuchhandlung	Holtenauer Str. 114
24118	Kiel	Brunswiker Universitätsbuchhandlung	Olshausenstr. 1
24118	Kiel	Campus Buchhandlung GmbH	Leibnizstr. 4
38486	Kloetze	Buchhandlung Metzing	Breite Str. 2a
50676	Köln	Vereinigte Universitäts- und Fachbuchhandlung	Rubensstr. 1
50859	Köln	Deutscher Ärzte-Verlag DAEV Versandbuchhandlung	Dieselstr. 2
50937	Köln	Fachbuchhandlung Deubner - Die Bücherpost	Universitätsstr. 20
50937	Köln	Universitätsbuchhandlung W itsch	Universitätsstr. 18
50968	Köln	Verlag Dr. Otto Schmidt KG	Unter den Ulmen 96-98
78462	Konstanz	Buchhandlung Gess GmbH	Kanzleistr. 5
78462	Konstanz	Buchhandlung Söhnen-Meder	Paradiesstr. 3
84028	Landshut	Bücher Pustet	Altstadt 28
69181	Leimen	Leimener Buchhandlung	St. Illgener Str. 1
04107	Leipzig	Fachbuchhandlung Sack für Recht/W irtschaft/Steuern	Harkortstr. 7
09212	Limbach-Oberfrohna	Buchhandlung Ragna Schöne	Johannisplatz 3
32584	Löhne	Buchhandlung Dehne	Lübbecker Str. 11
23552	Lübeck	Buchhandlung Weiland	Fleischhauerstr. 20
39104	Magdeburg	Buchhandlung Erich Weinert	Ernst-Reuter-Allee 23-27
55116	Mainz	Fachbuchhandlung Scherell & Mundt	Kaiser-Friedrich-Str. 6
55122	Mainz	Johannes Gutenberg Buchhandlung	Saarstr. 21
68161	Mannheim	Fachbuch Leydorf - Erhard G. Leydorf KG	L 3,1 gegenüber d. Schloss
68161	Mannheim	Prinz Medienvertriebs GmbH & Co. KG	T1, 1-3
35037	Marburg	Unibuchhandlung Elwert N.G.	Reitgasse 7-9
35037	Marburg	Zeckey`s Buchhandlung für Jura, Volks- u. Betriebswirtschaft	Rudolphsplatz-Passage
25704	Meldorf	Buchhandlung A. Evers	Marklstr. 2
88605	Meßkirch	J. Schönebeck Buchhandlung	Conradin-Kreutzer-Str. 10
95213	Münchberg	Buchhandlung Schlegel, Inh. I. Kredewahn	Kulmbacher Str. 24
80295	München	Fachbuchhandlung für Recht Schweitzer Sortiment	Lenbachplatz 1
80331	München	Hugendubel München - Filiale Marienplatz 2	Marienplatz 2
80335	München	Hugendubel München - Filiale Nymphenburger Straße	Nymphenburger Str. 25
80335	München	Hugendubel München - Filiale Stachus	Karlsplatz 11/12
80469	München	Max & Milian Buchladen & Versand GmbH	Ickstattstr. 2
80539	München	Akademische Buchhandlung	Veterinärstr. 1
80799	München	Hueber Universitätsbuchhandlung	Amalienstr. 75-79
80799	München	Theologische Fachbuchhandl. Chr. Kaiser GmbH	Schellingstr. 3
80799	München	Universitätsbuchhandlung Heinrich Frank	Schellingstr. 3
80993	München	Hugendubel im OEZ	Riesstr. 59
48143	Münster	Coppenrath & Boeser Universitätsbuchhandlung GmbH	Bäckergasse 3
48143	Münster	Poertgen Herder Haus der Bücher	Salzstr. 56
48143	Münster	Universitätsbuchhandlung Krüper	Frauenstr. 42
63263	Neu-Isenburg	Buchhandlung Carl Habel	Hermesstr. 4
90403	Nürnberg	Universitäts-Buchhandlung Büttner & Co.	Adlerstr. 10-12
90419	Nürnberg	Buchhandlung in Johannis	Johannisstr. 87
90429	Nürnberg	Jakob Zeiser & A.M.Ress Juristische Fachbuchhandlung	Fürther Str. 102
99885	Ohrdruf/Thüringen	Jochens Bücherstube, Dipl. Paed. J. Knebel	Marktstr. 10
74613	Öhringen	Hohenlohe'sche Buchhandlung Rau Gmbh	Bahnhofstr. 16
49074	Osnabrück	Buchhandlung H. Th. Wenner GmbH & Co	Große Str. 69
49074	Osnabrück	Buchhandlung Jonscher GmbH	Domhof 6B
49074	Osnabrück	Dieter Heide Buchhandlung	Osterberger Reihe 2-8
67697	Otterberg	Buchhandlung Engel-Ernst	Hauptstr. 59
94032	Passau	Akademische Buchhandlung Nickel & Neuefeind GmbH	Exerzierplatz 10

im Fachbuchhandel

Plz	Ort	Name	Straße
94032	Passau	Buchhandlung Friedrich Pustet GmbH	Kleiner Exerzierplatz 4
31224	Peine	Gillmeister: Bücher * Bürobedarf * Galerie	Breite Str. 8
31228	Peine-Vöhrum	Vöhrumer Bücherstube	Kirchvordener Str. 5
14467	Potsdam	Alexander von Humboldt Buchhandlung GmbH	Am Kanal 47
14467	Potsdam	Schweitzer Sortiment Potsdam	Friedrich-Ebert-Str. 117
14482	Potsdam	Becker's Buchhandlung	Breitscheid/Ecke Bebelstr.
14482	Potsdam	Bücher in Bewegung, Foyer der Mensa	Park Babelsberg 16
01896	Pulsnitz	Bücherstube Zeiger, Inh. Steffi Zeiger	Robert-Koch-Str. 38
78315	Radolfzell	Buchhandlung am Obertor, Georg Harder	Obertorstr. 7
88212	Ravensburg	Buchhandlung De Jure	Marienplatz 11
93047	Regensburg	Bücher Pustet	Gesandtenstr. 6-8
93047	Regensburg	Bücherkiste Prasch	Obere Bachgasse 14
93047	Regensburg	Georg Pfaffelhuber Fachbuchhandlung	Ludwigstr. 6
93047	Regensburg	Hugendubel Buchhandlung	Wahlenstr. 17
53424	Remagen	Buchhandlung am Annakloster, Rosmarie Feuser	Marktstr. 34
18055	Rostock	Fachbuchhandlung GrundGeyer	Kröpeliner Str. 53
18055	Rostock	Uni-Buchhandlung Weiland	Kröpeliner Str. 80
18055	Rostock	Universitätsbuchhandlung im Fünfgiebelhaus	Pädagogienstr. 20
66111	Saarbrücken	Bock & Seip GmbH Buchhandlung	Futterstr. 2
66119	Saarbrücken	Juristisches Antiquariat & Buchhandlung -Jura GmbH	Talstr. 58
33189	Schlangen	Buchhandlung Heinrich Fleege	Ortsmitte 17
98574	Schmalkalden	Buchhaus Uslar	Salzbrücke 8
91106	Schwabach	Buchhandlung Kreutzer am Markt	Königsplatz 14
73525	Schwäbisch Gmünd	Buchhandlung Schmidt	Ledergasse 2
16303	Schwedt	Buchhandlung Gondrom im Oder-Center	Landgrabenpark 1
57080	Siegen-Eiserfeld	Lehr- und Lernmittel, H. Bottenberg GmbH	Eiserfelder Str. 294
70173	Stuttgart	Buchhaus Wittwer	Königstr. 30
70173	Stuttgart	Hoser's Buchhandlung	Charlottenplatz 17
70176	Stuttgart	Karl Leitermeier KG Verlag	Silberburgstr. 126
70178	Stuttgart	Fachbuchhandlung Karl Krämer	Rotebühlstr. 40
70182	Stuttgart	Versandbuchhandlung Hans Martin	Sitzenburgstr. 9
54290	Trier	Akademische Buchhandlung Interbook GmbH	Fleischstr. 62
54296	Trier	Buchhandlung Stephanus	Im Treff 23
72074	Tübingen	Buchhandlung Hugo Frick GmbH	Nauklerstr. 7
89073	Ulm	Buch-Kerler	Platzgasse 26
68519	Viernheim	Buchhandlung Schwarz auf Weiß	Rathausstr. 45
92648	Vohenstrauß	Buchhandlung Rupprecht	Bahnhofstr. 2
49134	Wallenhorst	Schlüsselbuchhandlung, Inh. R. Wittenmayer	Alter Pyer Kirchweg 15
88250	Weingarten	Martinus-Buchhandlung	Kirchplatz 4
85185	Wiesbaden	Hertie -Buchabteilung-	Schwalbacher Str. 8
23966	Wismar	Buchhandlung Weiland	Hinter dem Rathaus 21
06886	Wittenberg	Buchhandlung Gondrom	Markt 23
97070	Würzburg	Buchhandlung Neuer Weg	Sanderstr. 33-35
97070	Würzburg	Ferdinand Schöningh Buchhandlung	Franziskanerplatz 4
97070	Würzburg	Hugendubel - Die Welt der Bücher	Schmalzmarkt 12
07937	Zeulenroda	Bücherstube Zeulenroda, Inh. Hans-Peter Arnold	Dr. Gebler-Platz 5
CH4001	Basel/Schweiz	Olymp & Hades Buchhandlung	Gerberstr. 67

Privatrecht

für BWL'er, WiWis & Steuerberater

Hemmer/Wüst/Braun

Februar 1998

Das Skript ist urheberrechtlich geschützt. Die dadurch begründeten Rechte, insbesondere des Nachdrucks, der Wiedergabe auf photomechanischem oder ähnlichem Wege und der Speicherung in Datenverarbeitungsanlagen bleiben, auch bei nur auszugsweiser Verwertung, der Hemmer/Wüst-Verlagsgesellschaft vorbehalten.

Hemmer/Wüst Verlagsgesellschaft
Hemmer/Wüst/H.Braun, Privatrecht für BWL`er, WiWis & Steuerberater

ISBN 3-89634-070-0
1. Auflage, Februar 1998

gedruckt auf chlorfrei gebleichtem Papier
von Schleunungdruck GmbH, Marktheidenfeld

Vorwort

Privatrecht lernen mit der HEMMER-METHODE

Für Studenten der Betriebswirtschafts- und Wirtschaftswissenschaften,
für Steuerberater sowie für Studenten an den Verwaltungs- und Fachhochschulen
mit Wahl- oder Pflichtfach Recht

Seit mehr als 21 Jahren arbeiten wir als Repetitoren und bilden mit Erfolg Juristen aus. So arbeiten mehrere Landesbeste an unserem Kursprogramm mit. Es erreichten z.B. in unserer Zentale in Würzburg im Zeitraum 1980-96 zehn Juristen die seltene Note sehr gut, neun waren unsere Kursteilnehmer.

Von diesem know-how können Sie profitieren!

Grundwissen im Privatrecht ist im Wirtschaftsleben heute eine Selbstverständlichkeit. Gefordert wird, mehr als früher, bereichsübergreifendes Wissen.

Dem tragen die Prüfungsordnungen Rechnung. Dies gilt insbesondere für Studenten der Betriebs- und Wirtschaftswissenschaften an Universitäten und Hochschulen. Auch in anderen Fachbereichen wird zunehmend der Nachweis juristischer Grundkenntnisse auf dem Gebiet des Zivilrechts gefordert.

Die prüfungstypischen Standards, die so oder in ähnlicher Weise immer wiederkehren, üben wir mit dem Skriptum mit Ihnen ein. Durch unsere jahrelange Erfahrung wissen wir, mit welchen Anforderungen zu rechnen ist und welche Aspekte der Ersteller einer Klausur der Fallösung zugrunde legt.

Erforderlich ist insbesondere das Erlernen eines soliden Grundwissens. Maßgeblich ist, **was und wie Sie lernen und wie die spätere Anwendung in der Klausur bestmöglich erfolgt.**

Mit der richtigen Methodik sind Sie in der Lage, einen juristischen Sachverhalt erfolgreich zu bearbeiten.

Die **HEMMER-METHODE** vermittelt Ihnen die erste Einordnung und das Problembewußtsein, welches Sie brauchen, um an einer Klausur bzw. dem Ersteller nicht vorbeizuschreiben.

Wir geben Ihnen gezielte Tips! Beispielsfälle und Übersichten vereinfachen das Lernen. Durch Wiederholungen wird Ihr Gedächtnis trainiert und prägen sich Ihnen die wichtigsten Begriffe automatisch ein. Die Wiederholungsfragen bieten Ihnen darüber hinaus die Möglichkeit, sich selbst zu kontrollieren.

Das prüfungs- und praxisrelevante Wissen wird möglichst umfassend und gleichwohl in der bestmöglichen Kürze dargestellt. Der Zugang zur "Fremdsprache Recht" wird damit erleichtert. Wir erläutern Ihnen juristische Begriffe und Rechtsinstitute anwendungsorientiert und damit klar, präzise und einprägsam. So sparen Sie Zeit.

Mit der **HEMMER-METHODE** wird Jura leicht, und es stellt sich Freude am Verstehen ein. Aus diesem Grund ist dieses Skript auch für Praktiker ein interessantes Medium, das gerade aufgrund seiner klaren Darstellung und der vielen Beispielsfälle auch viele Hinweise für den praktischen Bedarf des alltäglichen Rechtsverkehrs bietet. Unsere Erfahrung – Ihr Profit. Die richtige Investition in eine gute Ausbildung garantiert den Erfolg.

Wir wünschen viel Erfolg in Studium und Praxis!

Ihr Hemmer-Team

Inhaltsverzeichnis

Zahlen beziehen sich auf die Rn. des Skripts

§ 1 METHODE DER FALLBEARBEITUNG 1

A. Erfassen des Sachverhalts 2

B. Die Fallfrage 3

C. Das Auffinden der Anspruchsgrundlagen 4

D. Der Subsumtionsvorgang 5

E. Gliederung 7

F. Überprüfen der Vollständigkeit 8

G. Schriftliches Abfassen im Gutachtenstil 9

§ 2 EINFÜHRUNG 12

A. Wer von Wem? 13

B. Was / Woraus 16

C. Mögliche Ansprüche 17

I. Vertragliche Ansprüche 18

II. Vertragsähnliche Ansprüche 19
   1. Culpa in contrahendo (c.i.c.) 19
   2. Geschäftsführung ohne Auftrag (GoA) 19

III. Dingliche Ansprüche 20

IV. Deliktische Ansprüche 21

V. Bereicherungsrechtliche Ansprüche 22

§ 3 DER VERTRAGSSCHLUSS 23

A. Primär- und Sekundäransprüche 27

B. Das Abstraktionsprinzip 29

C. Das Zustandekommen eines Vertrages 33

I. Die Willenserklärung 35
   1. Der objektive Tatbestand 38
   2. Der subjektive Tatbestand 41
      a) Handlungswille 41
      b) Erklärungsbewußtsein 42
      c) Geschäftswille 48

II. Wirksamwerden der WE 50
   1. Die Abgabe 51
   2. Der Zugang 55
      a) Zugang gegenüber Abwesenden 56
      b) Zugang gegenüber Anwesenden 58
      c) Zugang nicht verkörperter Willenserklärungen 59
      d) Zugangsvereitelung 60

III. Die Auslegung von Willenserklärungen und Verträgen 63
 1. §§ 133, 157 BGB 64
 2. Voraussetzungen der Auslegung sind: 65
  a) Erklärungstatbestand 66
  b) Auslegungsbedürftigkeit 67
  c) Auslegungsfähigkeit 68
 3. Methoden der Auslegung 69
  a) Der wirkliche Wille 69
  b) Wortlaut 71
  c) Begleitumstände 72
  d) Empfangsbedürftige Willenserklärungen 73

IV. Der Dissens 75
 1. Offener Dissens 76
 2. Versteckter Dissens 79

V. Die Form 81
 1. Gesetzliche Formvorschriften 82
 2. Rechtsgeschäftlich vereinbarte Form 88

D. Die Geschäftsfähigkeit 90

I. Geschäftsunfähigkeit 93
 1. Bei Minderjährigen 93
 2. Beim tatsächlich Geschäftsunfähigen 96

II. Beschränkte Geschäftsfähigkeit 98
 1. Zustimmungsfreies Rechtsgeschäft 100
  a) Lediglich rechtlicher Vorteil 100
  b) Neutrales Geschäft 103
 2. Zustimmungsbedürftiges Rechtsgeschäft 104
  a) Einwilligung 106
   aa) Der Taschengeldparagraph, § 110 BGB 108
   bb) Selbständiger Betrieb eines Erwerbsgeschäftes; Arbeitsverhältnis 110
  b) Genehmigung 111
 3. Erfüllung an einen Minderjährigen 115

E. Stellvertretung 116

I. Eigene Willenserklärung des Vertreters 120

II. Offenkundigkeitsprinzip 122
 1. Handeln im fremden Namen 122
  a) Handeln unter falscher Namensangabe 124
  b) Handeln unter fremdem Namen 125
 2. Geschäft für den, den es angeht 126
 3. Unternehmensbezogene Geschäfte 127
 4. Ehegatten, § 1357 BGB 128

III. Vertretungsmacht 129
 1. aus Gesetz 131
 2. durch Rechtsgeschäft 132
  a) Erteilung der Vollmacht 133
  b) Form der Vollmachtserteilung 135
  c) Umfang der Vollmacht 136
  d) Erlöschen der Vollmacht 140
 3. Duldungsvollmacht 142
 4. Anscheinsvollmacht 143

IV. Grenzen der Vertretungsmacht 145
 1. Mißbrauch der Vertretungsmacht 145

            a) Kollusionsfall 147
            b) Evidenzfall 148
        2. § 181 BGB 150
            a) Selbstkontrahieren 151
            b) Mehrvertretung 152

    V. Vertreter ohne Vertretungsmacht 157

        1. Genehmigung des Vertrages durch den Geschäftsherrn 157

        2. Keine Genehmigung 158

    VI. Abstraktheit der Vollmacht 160

§ 4 RECHTSHINDERNDE EINWENDUNGEN 162

A. Geheimer Vorbehalt, § 116 S.2 BGB 164

B. Scheinerklärung, § 117 BGB 167

C. Scherzerklärung, § 118 BGB 170

D. Gesetzliches Verbot, § 134 BGB 172

E. Sittenwidrigkeit, § 138 BGB 175

F. Nichtigkeit bei anfänglicher objektiver Unmöglichkeit 178

§ 5 RECHTSVERNICHTENDE EINWENDUNGEN 181

A. Die Anfechtung 182

    I. Anfechtungsgründe 183

        1. Anfechtungsgründe des § 119 I BGB 184
            a) Inhaltsirrtum gem. § 119 I, 1.Alt. BGB 186
            b) Erklärungsirrtum 187
            c) Abgrenzung zu anderen Irrtümern 188
                aa) Motivirrtum 188
                bb) Rechtsfolgenirrtum 188
                cc) Kalkulationsirrtum 189
        2. Anfechtungsgrund des § 119 II BGB (Eigenschaftsirrtum) 192
            a) Eigenschaften einer Person/Sache 193
            b) Verkehrswesentlichkeit 196
        3. Anfechtungsgrund des § 120 BGB 198
        4. Anfechtungsgrund des § 123 BGB 199
            a) Arglistige Täuschung 201
            b) Täuschung durch Dritten 203

    II. Anfechtungserklärung 205

    III. Anfechtungsfrist 207

    IV. Rechtsfolgen der Anfechtung 208

B. Widerruf 211

C. Rücktritt 212

D. Kündigung 214

E. Erfüllung 215

    I. Leistungsempfänger 218

II. Leistungs- und Erfolgsort 219

III. Leistungszeit 223

IV. Die richtige Leistung 224
    1. Leistung an Erfüllungs Statt, § 364 I BGB 225
    2. Leistung erfüllungshalber, § 364 II BGB 226
    3. Hinterlegung, §§ 372ff BGB 227
    4. Aufrechnung, § 387 BGB 228

§ 6 VERTRAGSARTEN 230

A. Vertragsfreiheit (§§ 305, 241 BGB) 231

B. Kaufvertrag 236

I. Gegenstand des Kaufvertrags 236

II. Arten des Kaufvertrags 237
    1. Sach- und Rechtskauf 237
    2. Stück- und Gattungskauf 238
    3. Grundstücks- und Fahrniskauf 239
    4. Sach- und Rechtsgesamtheiten 240

III. Pflichten der Parteien 241
    1. Pflichten des Verkäufers 242
        a) Hauptleistungspflichten 242
        b) Nebenleistungspflichten 243
    2. Pflichten des Käufers 244
        a) Hauptleistungspflichten 244
        b) Nebenleistungspflichten 246

C. Mietvertrag 247

I. Gegenstand des Mietvertrages 248

II. Arten des Mietvertrages 249

III. Abgrenzungen und Mischformen 250
    1. Leihe, § 598 BGB 250
    2. Pachtvertrag, § 581 BGB 251
    3. Leasing-Vertrag 252

IV. Pflichten der Parteien 254
    1. Pflichten des Vermieters 254
        a) Hauptleistungspflichten 254
        b) Nebenpflichten 255
    2. Pflichten des Mieters 256
        a) Hauptpflichten 256
        b) Nebenpflichten 257

D. Der Dienstvertrag, § 611 BGB 258

I. Gegenstand 258

II. Arten 259

III. Abgrenzungen 260
    1. Werkvertrag, §§ 631ff BGB 260
    2. Auftrag, §§ 662ff BGB 261
    3. Geschäftsbesorgung, § 675 BGB 262

IV. Pflichten der Parteien 263
1. Pflichten des Dienstverpflichteten 263
a) Hauptpflichten 263
b) Nebenpflichten 264
2. Pflichten des Dienstberechtigten 265
a) Hauptpflichten 265
b) Nebenpflichten 265

E. Der Werkvertrag, §§ 631ff BGB 266
I. Gegenstand des Werkvertrages 266
II. Abgrenzung 267
1. Dienstvertrag, §§ 611ff BGB 267
2. Werklieferungsvertrag, § 651 BGB 267
III. Pflichten der Parteien 268
1. Pflichten des Unternehmers 268
a) Hauptpflichten 268
b) Nebenpflichten des Unternehmers 269
2. Pflichten des Bestellers 270
a) Hauptpflichten 270
b) Nebenpflichten des Bestellers 271

§ 7 ALLGEMEINE GESCHÄFTSBEDINGUNGEN 272

A. Anwendbarkeit des AGBG 273
I. Legaldefinition des § 1 AGBG 273
II. § 23 AGBG 274
III. § 24 AGBG 275
IV. § 8 AGBG 276

B. Einbeziehung in den Vertrag 277

C. Ausschluß der Einbeziehung 279

D Inhaltskontrolle von AGB 282

E. Folgen bei fehlerhaften oder nicht einbezogenen AGB 284

F. Sich kreuzende, widersprechende AGB 285

§ 8 LEISTUNGSSTÖRUNGEN 287

A. Die Unmöglichkeit 291
I. Formen der Unmöglichkeit 292
II. Der Begriff der Unmöglichkeit 293
III. Gründe für Unmöglichkeit 294
1. Physische Unmöglichkeit 294
2. Juristische Unmöglichkeit 295
3. Zweckerreichung und Zweckfortfall 296
4. faktische Unmöglichkeit 298
5. wirtschaftliche Unmöglichkeit 299

B. Die anfängliche Unmöglichkeit 300

I. Die anfängliche objektive Unmöglichkeit 300

II. Die anfängliche subjektive Unmöglichkeit 301

C. Die nachträgliche Unmöglichkeit 303

I. Einseitige Verträge 304

1. Nicht zu vertretende Unmöglichkeit 304
2. Vom Schuldner zu vertretende Unmöglichkeit 308

II. Gegenseitige (synallagmatische) Verträge 311

1. Das Schicksal der Leistung 312
2. Das Schicksal der Gegenleistung 313
a) Von keiner Seite zu vertretende Unmöglichkeit 314
b) Vom Schuldner zu vertretende Unmöglichkeit 316
c) Vom Gläubiger zu vertretende Unmöglichkeit 321
d) Von Gläubiger und Schuldner zu vertretende Unmöglichkeit 323

D. Der Verzug 324

I. Das absolute Fixgeschäft 325

II. Das relative Fixgeschäft 326

E. Der Schuldnerverzug 327

I. Nichtleistung 328

II. Fälligkeit 329

III. Mahnung 331

IV. Vertretenmüssen 332

V. Keine Beendigung 332

VI. Rechtsfolgen 333

1. Beim einseitigen Schuldverhältnis 334
a) § 286 I BGB 334
b) § 286 II BGB 334
c) § 287 BGB 335
d) Verzugszinsen 336
2. Rechtsfolgen bei gegenseitigen Verträgen 338
a) §§ 286 I, 287, 288 BGB 339
b) § 326 BGB 339
aa) Die Fristsetzung 340
bb) Eigene Vertragstreue 341

F. Der Gläubigerverzug 342

I. Voraussetzungen 343

II. Rechtsfolgen 344

1. § 304 BGB 344
2. § 300 II BGB 345
3. § 301 BGB 346
4. § 324 II BGB 347

§ 9 GEWÄHRLEISTUNGSRECHT 348

A. Sachmängel- und Rechtsmängelhaftung 349

    I. Sachmangel 349

    II. Rechtsmangel 350

B. Sachmängelhaftung **351**

    I. Mangelhaftigkeit 351

        1. Fehler 352

        2. Fehlen einer zugesicherten Eigenschaft 353

    II. Rechtsfolgen 356

C. Sachmängelhaftung beim Kaufrecht **358**

    I. Nachlieferungsanspruch, § 480 I S.1 BGB 358

    II. Wandelung, §§ 462, 459 BGB 359

    III. Minderung, § 462 BGB 366

    IV. Schadensersatz wegen Nichterfüllung 367

    V. Verjährung der Gewährleistungsansprüche 368

    VI. Verhältnis der Gewährleistungsvorschriften zu den Vorschriften des Allgemeinen
        Schuldrechts 369

        1. Verhältnis zur Anfechtung 369

        2. Verhältnis zu § 306 BGB 370

        3. Verhältnis zu § 320 BGB 371

            a) Spezieskauf 371

            b) Gattungskauf 372

        4. Verhältnis zu §§ 323-325 BGB 373

        5. Verhältnis zu § 326 BGB 374

D. Sachmängelhaftung beim Mietvertrag **375**

    I. Nachbesserungsanspruch 375

    II. Kündigung, §§ 542, 544 BGB 376

    III. Minderung, § 537 I S.1 BGB 377

    IV. Schadensersatz wegen Nichterfüllung, § 538 I 1.Alt. BGB 378

    V. Verhältnis der Gewährleistungsvorschriften zu den Vorschriften des Allgemeinen
        Schuldrechts 379

        1. Verhältnis zur Anfechtung, §§ 119ff BGB 379

        2. Verhältnis zu § 306 BGB 380

        3. Verhältnis zu § 320 BGB 381

        4. Verhältnis zu den §§ 323-325 BGB 381

        5. Verhältnis zu § 326 BGB 382

E. Sachmangelhaftung beim Werkvertrag **383**

    I. Nachbesserungsanspruch 383

    II. Wandelung, § 634 I S.3 , II BGB 385

    III. Minderung, § 634 I S.3 BGB 386

    IV. Schadensersatz wegen Nichterfüllung, § 635 BGB 387

    V. Verhältnis der Gewährleistungsvorschriften zu dem Vorschriften des Allgemeinen
        Schuldrechts 388

        1. Verhältnis zur Anfechtung, §§ 119ff BGB 388

  2. Verhältnis zu § 306 BGB 389

  3. Verhältnis zu § 320 BGB 390

  4. Verhältnis zu den §§ 323-325 BGB 391

  5. Verhältnis zu § 326 BGB 392

§ 10 DIE POSITIVE VERTRAGSVERLETZUNG (PVV) 393

A. Voraussetzungen der pVV 394

 I. Vertragliches oder gesetzliches Schuldverhältnis 395

 II. Die Pflichtverletzung 397

  1. Die Schlechtleistung 397

  2. Nebenpflichtverletzungen 398

   a) Schutzpflichten 399

   b) Leistungssichernde Aufklärungs- und Auskunftspflichten 400

   c) Leistungstreuepflicht 401

 III. Die Rechtswidrigkeit 402

 IV. Das Verschulden 403

 V. Schaden und haftungsausfüllende Kausalität 404

 VI. Anspruchskürzendes Mitverschulden und Verjährung 405

B. Rechtsfolgen der pVV 406

 I. Schadensersatz 406

 II. Rücktritt oder Schadensersatz wegen Nichterfüllung 407

C. Anwendbarkeit der pVV im Verhältnis zu den einzelnen Vertragstypen 409

 I. Kaufvertrag 412

 II. Mietvertrag 416

 III. Werkvertrag 417

§ 11 DIE CULPA IN CONTRAHENDO (C.I.C.) 421

A. Voraussetzungen der c.i.c. 423

 I. Die Anwendbarkeit der c.i.c. 424

 II. Die vorvertragliche Sonderverbindung 427

 III. Die Pflichtverletzung 428

  1. Schutzpflichtverletzungen 429

  2. Abbruch von Vertragsverhandlungen 430

  3. Abschluß unwirksamer Verträge 431

  4. Abschluß inhaltlich nachteiliger Verträge 432

  5. Eigenhaftung des Vertreters 433

 IV. Rechtswidrigkeit 434

 V. Verschulden 435

 VI. Schaden und haftungsausfüllende Kausalität 436

 VII. Mitverschulden und Verjährung 437

B. Rechtsfolgen der c.i.c. 439

    I. Vertrauensschaden 440

    II. Erfüllungsinteresse 441

    III. Vertragsaufhebung 442

§ 12 WEGFALL DER GESCHÄFTSGRUNDLAGE 443

A. Voraussetzungen 445

    I. Regelungslücke 446

        1. Unmöglichkeit 447

        2. Gewährleistungsrecht 449

        3. Anfechtung 450

        4. Zweckverfehlungskondiktion, § 812 I.S.2, 2.Alt. BGB 451

    II. Wegfall der Geschäftsgrundlage 453

        1. Geschäftsgrundlage 453

        2. Fehlen bzw. Wegfall 454

            a) Doppelirrtum 455

            b) Äquivalenzstörung 456

            c) Zweckstörung 457

        3. Redlicherweise Einlassenmüssen des anderen Vertragsteils 458

B. Rechtsfolgen 459

    I. Vertragsanpassung 459

    II. Rücktritts- oder Kündigungsrecht 460

§ 13 GESETZLICHE SCHULDVERHÄLTNISSE 461

A. Geschäftsführung ohne Auftrag 464

    I. Allgemeines 464

        1. Begriff und Regelungsgehalt der GoA 464

        2. Abgrenzung 465

        3. Voraussetzungen 469

            a) Besorgung eines fremden Geschäfts 470

            b) Fremdgeschäftsführungswille 475

            c) Ohne Auftrag oder sonstige Berechtigung 476

    II. Die berechtigte GoA 477

        1. Objektives Interesse und wirklicher oder mutmaßlicher Wille, § 683 S.1 BGB 478

            a) Maßgebender Zeitpunkt und Umfang 478

            b) Objektives Interesse 479

            c) Der mutmaßliche Wille 481

                aa) Wirklicher Wille 481

                bb) Mutmaßlicher Wille 482

        2. Rechtsfolgen der berechtigten GoA 483

            a) Ansprüche des GF, §§ 683 S.1, 670 BGB 483

                aa) Aufwendungen 484

                bb) Arbeitskraft 486

                cc) Schäden 488

            b) Ansprüche des Geschäftsherrn 489

                aa) Herausgabeanspruch, § 667 BGB 489

                bb) Schadensersatzanspruch 490

    III. Die unberechtigte GoA 492

        1. Voraussetzungen 492

  2. Rechtsfolgen ... 494
   a) Ansprüche des Geschäftsführers ... 495
   b) Ansprüche des Geschäftsherrn ... 497
 IV. Eigengeschäftsführung, § 687 BGB ... 500
  1. Irrtümliche Eigengeschäftsführung, § 687 I BGB ... 503
  2. Geschäftsanmaßung, § 687 II BGB ... 505
   a) Ansprüche des Geschäftsherrn ... 507
   b) Ansprüche des Geschäftsführers ... 508

B. Bereicherungsrecht, §§ 812ff BGB ... 509

 I. Zweck ... 510

 II. Die Leistungskondiktion ... 517
  1. Der Grundtatbestand, § 812 I S.1, 1.Alt. BGB ... 517
   a) Etwas erlangt ... 518
   b) Durch Leistung ... 519
   c) Ohne rechtlichen Grund ... 521
   d) Ausschluß ... 525
  2. Späterer Wegfall des Rechtsgrundes, die Leistungskondiktion gem. § 812 I S.2, 1.Alt. BGB ... 527
   a) Etwas erlangt ... 527
   b) Durch Leistung ... 527
    aa) Parteivereinbarung ... 528
    bb) Willenserklärung einer Partei ... 529
   c) Ausschluß ... 530
  3. Nichteintritt des bezweckten Erfolges, § 812 I S.2, 2.Alt. BGB ... 531
  4. Leistungskondiktion wegen Verstoßes gegen ein Gesetz oder die guten Sitten, § 817 S.1 BGB ... 541
   a) Anwendungsbereich ... 542
   b) Verwerflicher Leistungszweck ... 543
   c) Ausschluß ... 544

 III. Bereicherung in sonstiger Weise ... 545
  1. Subsidiarität ... 545
  2. Grundfall, § 812 I S.1, 2.Alt. BGB ... 547
   a) Etwas erlangt ... 549
   b) In sonstiger Weise ... 550
   c) Auf Kosten eines anderen ... 553
   d) Ohne Rechtsgrund ... 554
  3. Entgeltliche Verfügung eines Nichtberechtigten, § 816 I S.1 BGB ... 555
   a) Verfügung ... 555
   b) Nichtberechtigter ... 556
   c) Wirksamkeit der Verfügung gegenüber dem Berechtigten ... 557
   d) Entgeltlichkeit ... 559
   e) Rechtsfolge ... 560
  4. Unentgeltliche Verfügung eines Nichtberechtigten, § 816 I S.2 BGB ... 561
  5. Abgrenzung zu § 822 BGB ... 562

 IV. Umfang des Bereicherungsanspruches ... 563
  1. Herausgabe ... 563
  2. Wertersatz ... 567
  3. Wegfall der Bereicherung ... 568
   a) Entreicherung ... 569
   b) Zweikondiktionentheorie – Saldotheorie ... 572
    aa) Zweikondiktionentheorie ... 572
    bb) Saldotheorie ... 573
  4. Verschärfte Haftung ... 581

C. Unerlaubte Handlung ... 585

I. Allgemeines 585

II. § 823 I BGB 587

    1. Verletzungserfolg 588

    2. Verletzungshandlung 593

    3. Haftungsbegründende Kausalität 596

        a) Äquivalenztheorie 597

        b) Adäquanztheorie 598

    4. Rechtswidrigkeit 599

    5. Verschulden 601

    6. Vermögensschaden 605

    7. Haftungsausfüllende Kausalität 606

III. Das Recht am eingerichteten und ausgeübten Gewerbebetrieb 608

    1. Begriff 609

    2. Betriebsbezogener Eingriff 611

    3. Rechtswidrigkeit 612

IV. § 823 II BGB 613

    1. Schutzgesetz 615

    2. Verstoß 616

    3. Rechtswidrigkeit 617

    4. Verschulden 618

    5. Haftungsausfüllende Kausalität 619

D. Die Produzentenhaftung 621

I. Vertragliche Haftung 623

    1. Aus dem Kaufvertrag 623

    2. Garantievertrag / Vertrag mit Schutzwirkungen zugunsten Dritter 623

II. Deliktische Haftung 624

    1. § 823 I BGB 624

    2. § 823 II BGB 626

    3. § 831 BGB 627

III. Produkthaftungsgesetz 628

    1. Produktfehler 631

    2. Hersteller 632

    3. Kein Haftungsauschluß 633

    4. Beweislastverteilung 635

    5. Umfang und Art des Ersatzes 636

    6. Verjährung 637

    7. Übersicht über die Unterschiede zwischen der Produkt- und der
       Produzentenhaftung 638

§ 14 SCHADENSERSATZRECHT 639

A. Schadensermittlung 640

I. Begriff 640

II. Normativer Schaden 642

B. Art des Schadens 643

I. Grundsatz der Naturalrestitution, § 249 BGB 645

II. Entschädigung, § 251 BGB 646

III. § 250 BGB ... 647

IV. §§ 252, 253 BGB ... 648

V. Entgangene Gebrauchsvorteile ... 649

VI. Vorteilsanrechung ... 652

    1. Erbrechtlicher Erwerb ... 655

    2. Freiwillige Leistungen Dritter ... 656

    3. Vom Geschädigten erkaufte Vorteile ... 657

    4. Unterhaltsleistungen ... 658

    5. Eigene überpflichtmäßige Anstrengungen des Geschädigten ... 659

    6. Ersparte Aufwendungen ... 660

    7. Durchführung der Vorteilsanrechnung ... 661

§ 15 DER DRITTE IM SCHULDVERHÄLTNIS ... 662

A. Stellvertretung ... 663

I. Abgrenzung § 164 – § 166 BGB ... 664

II. Anwendung des § 166 BGB außerhalb des Vertragsschlusses ... 665

III. Organtheorie ... 667

B. Erfüllungs- und Verrichtungsgehilfe ... 668

I. Erfüllungsgehilfe, § 278 BGB ... 670

II. Verrichtungsgehilfe, § 831 BGB ... 674

III. § 31 BGB ... 680

C. Vertrag zugunsten Dritter ... 681

I. Echter Vertrag zugunsten Dritter ... 682

II. Unechter Vertrag zugunsten Dritter ... 683

D. Vertrag mit Schutzwirkung zugunsten Dritter ... 684

I. Anwendbarkeit des Vertrags mit Schutzwirkung zugunsten Dritter ... 686

II. Einbeziehung des Dritten in den geschützten Personenkreis ... 687

    1. Die Leistungsnähe des Dritten ... 689

    2. Der personenrechtliche Einschlag ... 690

    3. Die Erkennbarkeit ... 693

III. Die Rechtsfolgen des Vertrages mit Schutzwirkung zugunsten Dritter ... 694

E. Die Drittschadensliquidation ... 696

I. Voraussetzungen der Drittschadensliquidation ... 697

    1. Der Anspruchsinhaber hat keinen Schaden ... 698

    2. Der Geschädigte hat keinen eigenen Anspruch ... 699

    3. Die zufällige Schadensverlagerung ... 700

        a) Mittelbare Stellvertretung ... 701

        b) Die Obhutsfälle ... 702

        c) Die Gefahrtragungsregeln ... 703

II. Die Rechtsfolgen der Drittschadensliquidation ... 704

F. Mehrheit von Gläubigern und Schuldnern ... 707

I. Gläubigermehrheiten 707

    1. Teilgläubiger 708

    2. Gesamtgläubiger 709

    3. Gesamthandsgläubiger 710

II. Schuldnermehrheiten 711

    1. Teilschuldner 711

    2. Gesamtschuldner 712

G. Übergang von Rechten und Pflichten auf Dritte 713

I. Forderungsabtretung 714

    1. Voraussetzungen 715

        a) Gültiger Abtretungsvertrag 715

        b) Abzutretende Forderung 716

        c) Bestimmtheit 717

        d) Übertragbarkeit 718

    2. Schuldnerschutz 719

II. Schuldübernahme 720

    1. Vertrag zwischen Gläubiger und Übernehmer 721

    2. Vertrag zwischen Schuldner und Übernehmer 722

III. Die Bürgschaft 724

    1. Voraussetzungen 725

    2. Rechtsfolgen 726

§ 16 SACHENRECHT 727

A. Grundprinzipien 731

I. Das Spezialitätsprinzip 731

II. Das Absolutheitsprinzip 732

III. Das Abstraktionsprinzip 733

IV. Das Publizitätsprinzip 734

V. Der Gutglaubenserwerb 735

B. Der Besitz 736

I. Begriff 736

II. Arten des Besitzes 737

III. Funktionen des Besitzes 738

    1. Erhaltungsfunktion – Kontinuitätsfunktion 738

        a) § 986 II BGB 739

        b) Ersitzung, § 973 I BGB 740

    2. Publizitätsfunktion 741

        a) Übertragungswirkung 742

        b) Vermutungswirkung 743

        c) Gutglaubenswirkung 744

IV. Erwerb des Besitzes 745

    1. Der unmittelbare Besitz 745

        a) Erwerb nach § 854 I BGB 746

        b) Erwerb nach § 854 II BGB 747

    2. Der mittelbare Besitz 748

        a) Definition 748

b) Übertragung / Erwerb 750

V. Der Verlust des Besitzes 751

    1. Der unmittelbare Besitz 752
        a) Besitzaufgabe 753
        b) Besitzverlust in „anderer Weise" 755

    2. Der mittelbare Besitz 756

VI. Besitzdiener 757

VII. Erbenbesitz, § 857 BGB 758

VIII. Besitz von juristischen Personen / Gesamthandsgemeinschaften 759

    1. Juristische Personen 759
    2. Gesamthandsgemeinschaften 760
    3. OHG / KG 761

IX. Besitzschutz 762

    1. Besitzwehr, § 859 I BGB 763
    2. Besitzkehr, § 859 II, III BGB 764

C. Das Eigentum 765

I. Erscheinungsformen 766

II. Verfügungsfreiheit 767

III. Schranken des Eigentums 768

IV. Schutz des Eigentums 769

    1. Anspruch aus § 1004 BGB 769
    2. Herausgabeanspruch gem. § 985 BGB 771

D. Rechtsgeschäftlicher Eigentumserwerb 772

    1. Anwendungsbereich 773

II. Erwerb vom Berechtigten 775

    1. Grundform, § 929 S.1 BGB 775
    2. Übergabesurrogate 776
        a) Das Übergabesurrogat des § 930 BGB 780
        b) Das Übergabesurrogat des § 931 BGB 784

III. Erwerb vom Nichtberechtigten 786

    1. Rechtsgeschäft / Verkehrsgeschäft 788
    2. Der gute Glaube 789
    3. Gegenstand des guten Glaubens 790
    4. Zeitpunkt des guten Glaubens 791
    5. Ausschluß des gutgläubigen Erwerbs 792

IV. Eigentumserwerb an Grundstücken 795

    1. Erwerb vom Berechtigten 796
        a) Einigung 798
        b) Form 799
        c) Sachenrechtlicher Bestimmtheitsgrundsatz 800
        d) Eintragung 801
    2. Erwerb vom Nichtberechtigten 802
        a) Rechtsscheinstatbestand 803
        b) Unrichtigkeit des Grundbuches 804
        c) Legitimation des Veräußerers 805
        d) Gutgläubigkeit des Erwerbers 806
        e) Zeitpunkt der Gutgläubigkeit 807
        f) Widerspruch 808

    3. Die Vormerkung 809

§ 17 EIGENTUMSERWERB DURCH GESETZ 811

    A. Ersitzung, §§ 937ff BGB 813

    B. Verbindung / Vermischung / Verarbeitung, §§ 946ff BGB 814

    C. Aneignung, §§ 958-964 BGB 818

    D. Fund, §§ 965-984 BGB 819

§ 1 METHODE DER FALLBEARBEITUNG

Richtige Umsetzung erlernten Wissens

Ziel dieses Skriptums ist die Vermittlung des juristischen Grundhandwerkszeuges zur Erzielung überdurchschnittlicher Prüfungsnoten in Zivilrechtsklausuren. Um derartige Leistungen zu erreichen, ist zum einen die Aneignung der zivilrechtlichen Grundlagenkenntnisse, darüber hinaus aber vor allem auch die richtige Umsetzung des erlernten Wissens erforderlich. Mit unserem Skriptum haben wir es uns zur Aufgabe gemacht, mit der Vermittlung des zivilrechtlichen Wissens gleichzeitig auch dessen praktische Anwendung aufzuzeigen.

Die zivilrechtliche Prüfungsaufgabe beinhaltet grds. nicht die Beantwortung von isolierten Einzelfragen. Zur Umsetzung des erlernten Wissens ist es unentbehrlich, sich die Fähigkeit anzueignen, einen komplexen Lebenssachverhalt zu erfassen, zu strukturieren und diesen einer umfassenden juristischen Lösung zuzuführen.

Ausgangsfall: Der 15-jährige Kalle sehnt sich schon seit längerem nach Inline-Skatern, um mit seinen Freunden einmal richtig durch die Half-Pipe fegen zu können. Er sucht daher den Sporthändler Victor auf und schließt mit diesem mündlich einen Kaufvertrag über ein Paar Inline-Skaters zum Preis von 339 DM. Victor hält Kalle aufgrund seines Drei-Tage-Bartes für wesentlich älter als 18 Jahre. Da Kalle im Augenblick nicht über soviel Bares verfügt und erst noch sein Sparschwein Rudi schlachten muß, vereinbart er mit Victor die Übergabe des Geldes und der Skaters für die nächste Woche. Tags darauf erfahren aber Kalles Eltern von dem Geschäft ihres Juniors. Entsetzt über den hohen Preis der Skaters ruft Kalles Vater bei Victor an und erklärt das Geschäft für erledigt. Victor, der äußerst ungehalten auf die rauhe Manier von Kalles Vater reagiert, besteht aber auf Bezahlung der Skaters.

Wie ist die Rechtslage?

A. Erfassen des Sachverhalts

Sachverhaltserfassung

Wichtig ist zunächst erst einmal festzustellen, was genau Gegenstand der nachfolgenden Prüfung ist. Der erste Schritt der Klausurbearbeitung ist das *aufmerksame Lesen* des vorgelegten Sachverhaltes. Dabei gilt es Satz für Satz vorzugehen und sich hierbei Klarheit über sämtliche Vorgänge zu verschaffen. Nicht nur bei schwer durchschaubaren Sachverhaltsschilderungen, sondern auch bei einfachen Geschehensabläufen ist eine graphische Skizzierung zur Sachverhaltsverdeutlichung äußerst hilfreich:

(Kaufvertrag)

> **"HEMMER-METHODE":** Lassen Sie sich beim ersten Lesen des Sachverhaltes niemals durch anscheinend völlig unbekannte Gestaltungen abschrecken. Lehnen Sie sich zurück, atmen Sie tief durch und lesen Sie den Sachverhalt erneut, solange und sooft, bis Ihnen die Konturen des Geschehensablaufs klar werden. Verknüpfen Sie dann den verinnerlichten Sachverhalt mit den Ihnen bekannten juristischen Grundstrukturen und erarbeiten Sie durch „juristisches Denken" Ihre Lösung. Hüten Sie sich vor allem davor, etwas in den Sachverhalt „hineinzulesen". Der Korrektor ist stolz darauf, daß er Ihnen einen „runden" Fall vorgelegt hat und nimmt es ihnen mehr als übel, wenn Sie seinen Fall durch „Hinzudichtungen" umschreiben. Arbeiten Sie stets eng am Sachverhalt!

B. Die Fallfrage

Fallfrage als Ausgangspunkt

Als nächstes lesen Sie die Fallfrage. Sie steckt den „äußeren", zu bearbeitenden Rahmen der Klausur ab. Allein die Fallfrage darf in der Klausur bearbeitet werden. Sie ist der Ausgangspunkt der Klausurlösung. Grds. sollte der Sachverhalt unter Berücksichtigung der Fallfrage noch einmal durchgelesen werden.

Im Ausgangsfall lautet die Fallfrage: „Wie ist die Rechtslage". Aufgabe des Bearbeiters ist es somit, in einem umfassenden Gutachten sämtliche relevanten Rechtsbeziehungen zwischen den beteiligten Personen herauszuarbeiten und einer juristischen Lösung zuzuführen.

Die Arbeit in einem zivilrechtlichen Fall besteht regelmäßig, so auch im Ausgangsfall, in der Beantwortung folgender Fragen:

Wer will Was, von Wem, Woraus?

Im vorliegenden Fall ist allein die Rechtsbeziehung (= Wer von Wem) zwischen dem Händler Victor und Kalle umfassend zu erörtern.

Im Rahmen dieser Rechtsbeziehung muß herausgearbeitet werden, was jeder jeweils vom anderen will, d.h. welche wirtschaftlichen Positionen die Parteien gegeneinander geltend machen. Hier will lediglich der Händler von Kalle Zahlung des Kaufpreises in Höhe von 339 DM.

> **"HEMMER-METHODE":** Beantworten Sie schon aus Zeitgründen ausschließlich die Fallfrage. Darüber hinausgehende Erörterungen sind grds. fehl am Platz; Sie riskieren damit bestenfalls ein „Überflüssig" des Korrektors.

C. Das Auffinden der Anspruchsgrundlagen

Anspruchsgrundlagen aufsuchen

Um die jeweiligen Rechtsbeziehungen umfassend erörtern zu können, sind die jeweils im Rahmen einer Rechtsbeziehung einschlägigen Anspruchsgrundlagen auszusuchen; an die Frage „Wer will Was von Wem" fügt sich damit nun die Frage „Woraus" an.

Anspruchsgrundlagen sind Normen, die zum Ausdruck bringen, daß jemand von einem anderen ein Tun oder Unterlassen verlangen kann, § 194 I BGB.

Welche Rechtsvorschrift als Anspruchsgrundlage zu prüfen ist, richtet sich nach der im Einzelfall gewünschten Rechtsfolge, d.h. nach dem jeweiligen Begehren der Partei(en). Ansatzpunkt der Prüfung in der Klausur sind daher die für die gewünschte(n) Rechtsfolge(n) jeweils in Betracht kommenden Anspruchsgrundlagen.

> **"HEMMER-METHODE":** Die Kunst des Zivilrechts besteht in der Prüfung, ob der Sachverhalt den geforderten Tatbestandsvoraussetzungen der jeweiligen Anspruchsgrundlagen entspricht. Je mehr Anspruchsgrundlagen Ihnen bekannt sind, desto mehr natürliche Lebenssachverhalte können Sie juristisch einordnen.

Sporthändler Victor will Bezahlung des Kaufpreises in Höhe von 339 DM. Um die Frage nach dem „Woraus" zu beantworten sind die jeweils hierfür in Betracht kommenden Anspruchsgrundlagen auszusuchen. Als einzige denkbare Anspruchsgrundlage für das Begehren des Victor mit der Rechtsfolge eines Kaufpreiszahlungsanspruches kommt § 433 II BGB in Betracht.

D. Der Subsumtionsvorgang

Subsumtion der Tatbestandsvoraussetzungen

Der Subsumtionsvorgang ist das „Herzstück" juristischer Arbeit. Bei der Subsumtion wird der natürliche Lebenssachverhalt, also der Klausursachverhalt, der aufgefundenen, in Betracht kommenden Anspruchsgrundlage untergeordnet. Die Anspruchsgrundlage muß hierzu in ihre einzelnen Tatbestandsvoraussetzungen zerlegt werden. Anschließend wird Schritt für Schritt geprüft, ob die jeweilige Tatbestandsvoraussetzung aufgrund der Angaben im Klausursachverhalt aufgefüllt werden kann.

Die im Ausgangsfall in Betracht kommende Anspruchsgrundlage § 433 II BGB, aus der sich der Zahlungsanspruch auf den Kaufpreis in Höhe von 339 DM ergeben könnte, ist nun in ihre Tatbestandsvoraussetzungen zu zerlegen. Diese Tatbestandsvoraussetzungen ergeben sich aus dem Gesetz:

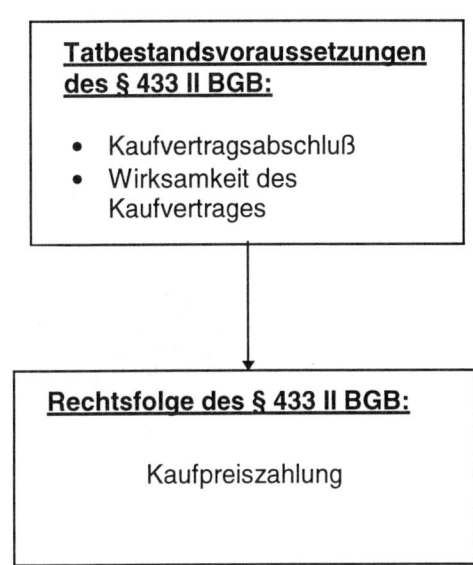

Diese Voraussetzungen ergeben sich aus der Anspruchsgrundlage § 433 II BGB selbst. Darin heißt es, daß der Käufer verpflichtet ist, dem Verkäufer den vereinbarten Kaufpreis zu bezahlen. Hieraus folgt, daß ein Kaufvertrag geschlossen worden sein muß, um von einem Käufer und einem Verkäufer sprechen zu können. Ferner kann der Kaufpreis selbstverständlich nur bei Wirksamkeit des Vertrages verlangt werden.

Nun gilt es den Sachverhalt den einzelnen Tatbestandsvoraussetzungen unterzuordnen:

Kaufvertragsabschluß:

Voraussetzungen: *Ein Angebot des Kalle, die Skaters für 339 DM kaufen zu wollen und die Annahme dieses Angebotes durch Victor.*

Sachverhalt: *„Er sucht daher den Sporthändler Victor auf und schließt mit diesem mündlich einen Kaufvertrag über ein Paar Inline-Skaters zum Preis von 339 DM."*

Subsumtion und juristische Schlußfolgerung: *Die Voraussetzungen für einen Kaufvertragsabschluß liegen nach dem Sachverhalt eindeutig vor.*

Wirksamkeit des Kaufvertrages:

Voraussetzungen: *Es dürfen keine Unwirksamkeitsgründe vorliegen.*

Sachverhalt: Mündlicher Vertragsschluß

Subsumtion und juristische Schlußfolgerung: Das Kaufrecht sieht in §§ 433ff BGB keine besondere gesetzliche Form vor, vgl. § 125 S.1 BGB. Eine vertragliche Formvereinbarung ist nicht ersichtlich, vgl. § 125 S.2 BGB. Eine Unwirksamkeit aufgrund Formmangels scheidet aus.

Sachverhalt: Kalle ist erst 15 Jahre alt.

Subsumtion und juristische Schlußfolgerung: Als 15-jähriger ist Kalle gem. § 2 BGB Minderjähriger und somit nach § 106 BGB beschränkt geschäftsfähig.

Der Kaufvertragsschluß bringt ihm auch nicht nur rechtliche Vorteile, § 107 BGB, da Kalle nicht nur den rechtlichen Vorteil eines Anspruches auf Übereignung der Skaters aus § 433 I BGB erhält, sondern ihn auch Pflichten wie die Zahlungspflicht hinsichtlich des Kaufpreises aus § 433 II BGB treffen.

Da eine (vorherige) Einwilligung der Eltern fehlte, war der Vertrag zunächst gem. § 108 I BGB schwebend unwirksam. Aufgrund der Verweigerung einer Genehmigung durch den Vater gegenüber dem Händler Victor ist der Vertrag nun endgültig unwirksam.

Endergebnis: Ein Anspruch aus § 433 II BGB besteht nicht. Andere Anspruchsgrundlagen auf Kaufpreiszahlung bestehen nicht.

> **"HEMMER-METHODE":** An der Exaktheit der Subsumtion zeigt sich die juristische Qualität einer Klausur. Überzeugen Sie Ihren Korrektor deshalb durch sauberes juristisches Vorgehen, indem Sie die Anspruchsgrundlage aufwerfen, die Tatbestandsvoraussetzungen herausstellen und anschließend den Klausursachverhalt gekonnt den Tatbestandsvoraussetzungen unterordnen.

E. Gliederung

Gliederung erstellen

Bei umfangreichen Klausuren ist es äußerst wichtig, einen klaren Überblick über die gefundenen Anspruchsgrundlagen sowie deren Tatbestandsmerkmale zu behalten. Aus diesem Grund sollte man eine Gliederung erstellen. Das erleichtert auch das spätere gezielte Niederschreiben der Klausur.

> **"HEMMER-METHODE":** Beachten Sie bei der Erstellung Ihrer Gliederung, daß Ihnen nur eine begrenzte Bearbeitungszeit zur Verfügung steht. Nur Ihre Niederschrift, nicht aber Ihre Gliederung wird bewertet. Schaffen Sie daher bei der Gliederung keinen Picasso. Für die Zeiteinteilung bei Klausuren gilt als grobe Faustregel: Etwa ein Viertel bis ein Drittel der Zeit sollten für die Sachverhaltserfassung und die Gliederung, der Rest für die Niederschrift verwendet werden.

F. Überprüfen der Vollständigkeit

Gliederung überprüfen

Anhand der Gliederung ist zu prüfen, ob alle Probleme des Sachverhaltes erfaßt worden sind. Der Sachverhalt muß umfassend verarbeitet werden. Jeder Satz des Klausursachverhaltes muß sich in der juristischen Lösung wiederspiegeln, sog. „Echoprinzip".

Anhand der Gliederung ist auch zu überprüfen, ob die gefundene Lösung in sich stimmig ist, insbesondere keine inneren Widersprüche aufwirft.

§ 1 METHODE DER FALLBEARBEITUNG

G. Schriftliches Abfassen im Gutachtenstil

Gutachtenstil

Die Klausur ist im Gutachtenstil zu erstellen. Ausgehend von der jeweiligen Anspruchsgrundlage werden im Rahmen der einzelnen Tatbestandsmerkmale die Problemfelder der Klausur aufgeworfen und im Konjunktiv diskutiert. Am Ende der Erörterung entscheidet man sich für ein bestimmtes Ergebnis. Hierdurch unterscheidet sich der Gutachtenstil vom Urteilsstil, bei dem das Ergebnis vorangestellt und erst dann begründet wird.

Für jede Anspruchsgrundlage ergibt sich damit folgendes, grobes Prüfungsschema:

Prüfungsschema

> 1. **Prüfungsobersatz:** Nennung der Anspruchsgrundlage
> 2. **Tatbestandsmerkmale:** Voraussetzungen des Anspruchs
> 3. **Definition:** Umschreibung der einzelnen Tatbestandsmerkmale
> 4. **Subsumtion:** Zuordnung des Sachverhalts zu den Tatbestandsmerkmalen
> 5. **Schlußfolgerung**

Gutachten über die Rechtslage im Ausgangsfall:

Victor könnte einen Anspruch gegen Kalle aus § 433 II BGB haben.

(= Prüfungsobersatz / Aufwerfen der in Betracht kommenden Anspruchsgrundlage im Konjunktiv)

Voraussetzung hierfür wäre, daß zwischen dem Sporthändler Victor und Kalle ein wirksamer Kaufvertrag über die Skaters zum Kaufpreis von 339 DM geschlossen wurde.

(= Tatbestandsmerkmale / Aufzählen der Voraussetzungen des Anspruchs)

(Es folgt die Subsumtion des Sachverhaltes:)

1. Zwischen den Parteien wurde im Geschäft des Victor ein Kaufvertrag geschlossen.

2. Dieser Kaufvertrag könnte jedoch unwirksam sein.

(= Problempunkte werden im Konjunktiv diskutiert / Gutachtenstil)

a) Eine Unwirksamkeit wegen mündlichen Abschlusses kommt mangels des Erfordernisses einer gesetzlichen Form bzw. einer vertraglich vereinbarten Form nicht in Betracht, § 125 BGB.

b) Allerdings könnte der Kaufvertrag deshalb unwirksam sein, weil Kalle als Minderjähriger, 15 Jahre alt, gehandelt hat.

aa) Der Kaufvertrag war zunächst gem. § 108 I BGB schwebend unwirksam. Kalle hatte ihn als beschränkt Geschäftsfähiger nach §§ 2, 106 BGB ohne Einwilligung der Eltern als gesetzliche Vertreter gem. §§ 1626, 1629 I BGB abgeschlossen. Dabei ist unerheblich, daß der Verkäufer die Minderjährigkeit nicht kannte, da der Minderjährigenschutz Vorrang vor seinem Vertrauen in die Volljährigkeit hat. Ein Fall des § 107 BGB lag nicht vor.

bb) Mit der Verweigerung der Genehmigung durch den Vater gegenüber Victor wurde der Kaufvertrag endgültig unwirksam.

(= Schlußfolgerung)

Im Ergebnis steht dem Victor der geltend gemachte Kaufpreisanspruch aus § 433 II nicht zu. Andere Anspruchsgrundlagen scheiden aus.

> **"HEMMER-METHODE"**: Beachten Sie, daß sich das Begehren der Partei(en) und damit die von Ihnen gesuchte Rechtsfolge grds. aus verschiedenen Anspruchsgrundlagen ergeben kann. Auch wenn sie alle zum selben Ergebnis führen, ist jede einzelne Anspruchsgrundlage in der Klausur zu prüfen.

§ 2 EINFÜHRUNG

Die entscheidende Frage, die man sich zu Beginn der Prüfung i.d.R. stellen muß, ist, wie bereits bei der Methodik der Fallbearbeitung dargestellt wurde:

> **Wer** *(Gläubiger),*
>
> **will was** *(Rechtsfolge, Anspruchsinhalt),*
>
> **von wem** *(Schuldner),*
>
> **woraus** *(Anspruchsgrundlage)?*

A. Wer von Wem?

In der Klausur werden Sie mehrere Beteiligte kennenlernen. Es kann sich dabei um Männer, Frauen, Kinder, Katzen, Kanarienvögel, Aktiengesellschaften, Vereine u.ä. handeln.

Möglicherweise beißt der Hund Fiffi des Herrn Lüdenscheid in die Wade der Frau Klöbner.

Rechtsfähigkeit

Die Frage wer nun etwas von wem verlangen kann, hängt mit der sog. Rechtsfähigkeit zusammen. Sie ist definiert als „die Fähigkeit, Träger von Rechten und Pflichten sein zu können".

Möchte man am Rechtsverkehr teilnehmen, indem man Verträge abschließt, Erklärungen abgibt, ein Vermögen erbt oder Ansprüche geltend macht, so muß man diese Rechtsfähigkeit besitzen.

Rechtssubjekte

Es ist ein Wesensmerkmal von Rechtssubjekten, daß sie rechtsfähig sind

Rechtssubjekte werden im Gesetz als „Personen" bezeichnet.

Unterschieden wird zwischen den natürlichen Personen, das sind Menschen, und juristischen Personen, bei denen es sich um Personenvereinigungen oder Vermögensmassen handelt.

Während erstere ihre Rechtssubjektsqualität mit Vollendung ihrer Geburt erlangen, § 1 BGB, wird letzteren durch einen staatlichen Akt die Fähigkeit verliehen, Träger von Rechten und Pflichten sein zu können.

Im Beispiel hat deshalb Frau Klöbner nur einen Anspruch gegen Herrn Lüdenscheid und nicht auch gegen seinen Hund Fiffi, § 834 BGB.

> **"HEMMER-METHODE":** Für alle Haustierbesitzer: Fiffi ist zwar auch keine Sache, § 90a BGB, allerdings sind auf ihn die Vorschriften über Sachen entsprechend anwendbar.

B. Was / Woraus

Besonders interessiert sind die beteiligten Personen natürlich daran zu erfahren, was sie verlangen können. Der Klausurersteller dagegen möchte von Ihnen vor allem wissen „woraus", d.h. aus welcher Anspruchsgrundlage sie einen möglichen Anspruch begründen.

Während sich die ersten drei Fragen „wer von wem was" anhand einer gezielten Aufarbeitung des Sachverhaltes in der Regel leicht beantworten lassen, ist die Frage nach der richtigen Anspruchsgrundlage häufig weitaus anspruchsvoller.

C. Mögliche Ansprüche

I. Vertragliche Ansprüche

Vertrag

Ansprüche können sich aus einem zwischen den Parteien geschlossenen *Vertrag* ergeben.

Bsp.: Schließt Alf mit Willy einen Kaufvertrag über eine Katze, vgl. § 90 a S.3 BGB, so hat Alf aus § 433 I 1 BGB einen Anspruch auf Übergabe und Eigentumsverschaffung an der Katze, Willy aus § 433 II BGB einen Anspruch auf Zahlung des vereinbarten Kaufpreises.

II. Vertragsähnliche Ansprüche

vertragsähnlich

1. Culpa in contrahendo (c.i.c.)

vertragsähnliche Ansprüche

Es gibt auch sog. vertragsähnliche Ansprüche. Die wichtigsten vertragsähnlichen Ansprüche sind die gesetzlich nicht ausdrücklich geregelte culpa in contrahendo (c.i.c.) und die in §§ 677ff BGB geregelte Geschäftsführung ohne Auftrag.

Bsp.: Stan will beim Gemüsehändler an der Ecke Tomaten kaufen. Noch bevor er die Tomaten an der Kasse bezahlen kann, rutscht er auf einem Salatblatt aus und fällt so unglücklich, daß er sich den linken kleinen Zeh bricht.

Zwar war im Zeitpunkt des Sturzes noch kein (Kauf)Vertrag zwischen Stan und dem Gemüsehändler zustande gekommen. Zwischen den Beiden bestand jedoch aufgrund des Bevorstehens eines Kaufvertragsabschlusses ein sog. vorvertragliches Schuldverhältnis. Aus diesem ergeben sich bereits gegenseitige Schutzpflichten, die der Händler i.d.R. schuldhaft verletzt, wenn er nicht zum Schutz seiner Kunden Salatblätter vom Boden entfernt. Stan kann seine Heilungskosten als daraus resutierenden Schaden aus c.i.c. (= Verschulden des Händlers im Zusammenhang mit einem angestrebten Vertragsschluß) verlangen.

2. Geschäftsführung ohne Auftrag (GoA)

Bsp.: Otto, dem bekannt ist, daß sein Nachbar Heino sich zum Urlaub in der Schweiz aufhält, stellt fest, daß aus Heinos Wohnung Wasser auf die Straße läuft. Er beauftragt daher einen Schlüsseldienst zur Öffnung der Wohnungstür und stellt den Wasserhahn in Heinos Badezimmer ab.

Otto kann die ihm durch die Beauftragung des Schlüsseldienstes entstandenen Kosten von Heino aus §§ 670, 683 S.1, 677 BGB aus sog. berechtigter GoA verlangen. Er hat ohne vertraglich gegenüber Heino verpflichtet gewesen zu sein mit der Herberufung des Schlüsseldienstes ein Geschäft durchgeführt, welches an sich Sache des Heino war. Da dies für Heino nützlich war und seinem mutmaßlichen Willen entsprach kann Otto die erforderlichen Kosten des Schlüsseldienstes bei Heino geltend machen.

III. Dingliche Ansprüche

dingliche Ansprüche

Weiterhin gibt es sog. dingliche Ansprüche. Dingliche Ansprüche dienen der Verwirklichung dinglicher Rechte. Wichtigstes dingliches Recht ist das Eigentum an Sachen.

Dingliche Ansprüche sind z.B. Herausgabeansprüche des Eigentümers aus § 985 BGB gegen den unberechtigten Besitzer einer Sache. Dingliche Ansprüche können auch auf Beseitigung oder Unterlassung gerichtet sein vgl. §§ 862, 1004 BGB. Hieraus kann z.B. ein Grundstückseigentümer die Beseitigung eines ohne sein Einverständnis auf seinem Grundstück parkenden Pkw verlangen.

IV. Deliktische Ansprüche

deliktische Ansprüche

Hat jemand die Person oder Sache eines anderen rechtswidrig und schuldhaft verletzt oder beschädigt, kommen auch deliktische Ansprüche aus §§ 823ff BGB in Betracht.

V. Bereicherungsrechtliche Ansprüche

bereicherungsrechtliche Ansprüche

Ist das Vertragsverhältnis zwischen den Vertragsparteien gescheitert, haben sie aber schon Leistungen ausgetauscht, wird die Rückabwicklung der ausgetauschten Leistungen über die bereicherungsrechtlichen Ansprüche der §§ 812ff BGB geregelt.

Bsp.: Hannibal schließt mit Lector einen Kaufvertrag über ein elektrisches Küchenmesser. Hannibal zahlt den Kaufpreis sofort und nimmt das Küchenmesser mit nach Hause. Später stellt sich heraus, daß Hannibal bei Abschluß des Kaufvertrages unerkannt geisteskrank war.

Der Kaufvertrag ist vorliegend nach §§ 105 I, 104 Nr.2 BGB nichtig. Damit kann Hannibal über §§ 812 I 1, 1.Alt., 818 II BGB den gezahlten Kaufpreis von Lector zurückverlangen. Lector kann von Hannibal aus § 812 I 1, 1.Alt. BGB den Besitz an dem Küchenmesser, welches Hannibal wegen des unwirksamen Kaufvertrages ohne Rechtsgrund erlangt hat, zurückverlangen.

> **"HEMMER-METHODE":** Prägen Sie sich als grobes Prüfungsschema die eben dargelegten möglichen Anspruchsbereiche ein und gehen Sie diese in jeder Zivilrechtsklausur in der aufgezeigten Reihenfolge *vertraglich – vertragsähnlich – dinglich – deliktisch – bereicherungsrechtlich* zumindest gedanklich durch. Dies erleichtert Ihnen das Auffinden der jeweiligen Anspruchsgrundlagen und führt darüber hinaus auch zur Vermeidung systematischer Fehler, da die aufgezeigten Anspruchsbereiche zum Teil Auswirkungen untereinander entfalten.

§ 3 DER VERTRAGSSCHLUSS

Auswirkungen des Vertrages auf andere Anspruchsgrundlagen

Ein zentrales Problem des Zivilrechts ist die Frage, ob zwischen den sich streitenden Parteien ein Vertrag geschlossen wurde. Die Beantwortung dieser Frage hat einen entscheidenden Einfluß auf alle anderen o.g. Ansprüche. Daher ist grds., zumindest gedanklich, mit der Prüfung ob ein Vertrag geschlossen wurde, zu beginnen.

> **"HEMMER-METHODE":** Eines der wichtigsten Gebote der Juristerei ist das Denken in Zusammenhängen. Rechtliche Problemkreise stehen nie für sich allein im Raum, sondern sind stets mit anderen Problemkreisen verknüpft. Vergegenwärtigen Sie sich dieses Denken in Zusammenhängen hier am wichtigen Beispiel des Vertrages.

Vertragsrecht als das speziellere Recht kann z.B. gegen dingliche Ansprüche ein Besitzrecht begründen.

Bsp.: Vincent ist Eigentümer eines Bildes welches Pablo in Besitz hat. Trotz Vorliegens der Voraussetzungen des § 985 BGB muß Pablo das Bild nicht an Vincent herausgeben, wenn er ein Recht zum Besitz nach § 986 I 1 BGB hat. Ein solches Recht kann sich aus einem zwischen Vincent und Pablo geschlossenen Mietvertrag nach § 535 BGB ergeben.

Bei bereicherungsrechtlichen Ansprüchen ist der Vertrag ein möglicher Rechtsgrund (causa) für die Vermögensverschiebung. Eine ungerechtfertigte Bereicherung scheidet dann aus.

Bsp.: Pablo hat das Bild von Vincent gekauft. Ein wirksamer Kaufvertrag nach § 433 BGB ist Rechtsgrund i.S.v. § 812 I 1, 1.Alt. BGB, so daß Pablo das Bild nach dieser Vorschrift keinesfalls herausgeben muß.

Ein deliktischer Anspruch kann entfallen, wenn ein Vertrag als Rechtfertigungsgrund die geforderte Rechtswidrigkeit entfallen läßt.

Bsp.: Sollte Pablo ein Bild, welches im Eigentum des Vincent steht, in Besitz haben, so beeinträchtigt er hierdurch dessen Eigentum, da Vincent mit dem Bild nicht nach Belieben verfahren kann. Dies geschieht jedoch nicht rechtswidrig, wenn der Besitz des Pablo auf einem wirksamen Mietvertrag gem. § 535 BGB beruht. Folglich kann Vincent für die Beeinträchtigung auch keinen Schadensersatz nach § 823 I BGB verlangen.

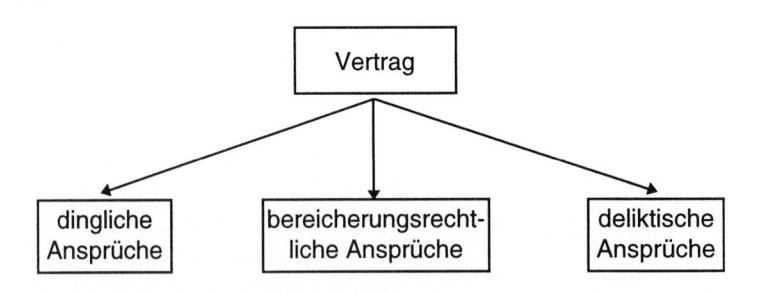

```
                        Vertrag
                /          |          \
      dingliche     bereicherungsrecht-   deliktische
      Ansprüche     liche Ansprüche       Ansprüche
```

A. Primär- und Sekundäransprüche

Primäranspruch

Ein wirksamer Vertragsschluß läßt einen Leistungsanspruch entstehen. Einen solchen Leistungsanspruch bezeichnet man als *Primäranspruch*.

Bsp.: A geht in den Laden des B und kauft bei diesem ein Faxmodem.

A hat infolgedessen gegen B einen Anspruch auf Übergabe und Übereignung des Faxmodems aus § 433 I BGB (= Primäranspruch des A).

§ 3 DER VERTRAGSSCHLUSS

B kann dagegen von A Zahlung des vereinbarten Kaufpreises verlangen, § 433 II BGB (= Primäranspruch des B).

Sekundäranspruch

Liegt in einem Vertragsverhältnis eine Störung vor, dann tritt an die Stelle oder auch neben den o.g. Primäranspruch, ggf. ein sog. *Sekundäranspruch*.

28

Stellt A zu Hause fest, daß das Faxmodem nicht funktioniert, so kann er das Gerät nach §§ 346 S.1, 348, 467 S.1, 480 I, 459 I, 462, 465, 433 BGB zurückbringen und Rückzahlung des bezahlten Kaufpreises gegen Rückgabe des defekten Gerätes verlangen. Er hat danach folglich einen Anspruch auf Wandelung des Kaufvertrages (= Sekundäranspruch des A).

Unterscheidung zwischen Primär- und Sekundäranspruch

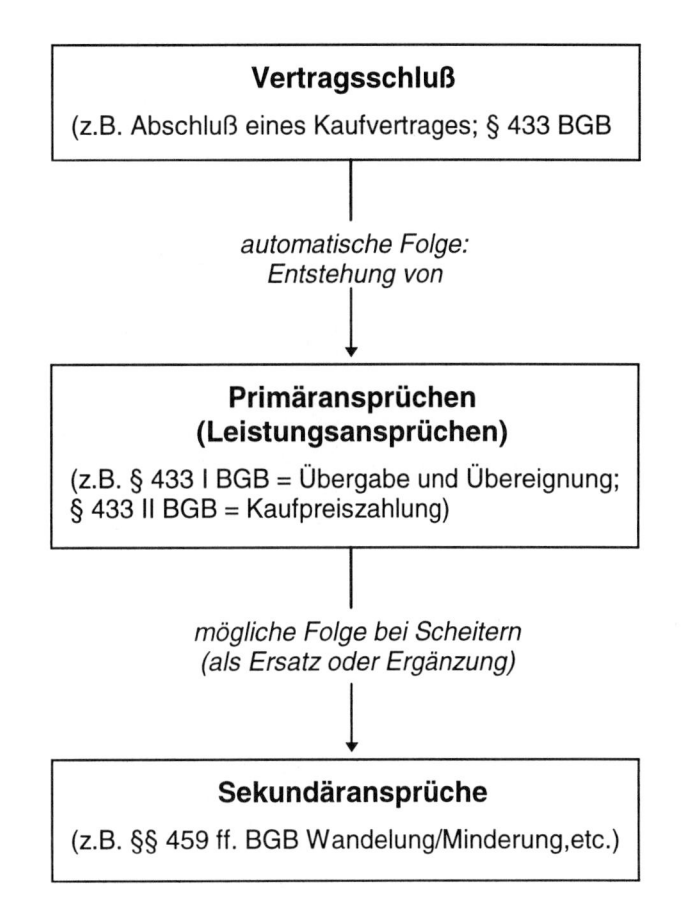

```
┌─────────────────────────────────────────┐
│            Vertragsschluß               │
│ (z.B. Abschluß eines Kaufvertrages;     │
│              § 433 BGB                  │
└─────────────────────────────────────────┘
                    │
                    │  automatische Folge:
                    │    Entstehung von
                    ▼
┌─────────────────────────────────────────┐
│           Primäransprüchen              │
│         (Leistungsansprüchen)           │
│ (z.B. § 433 I BGB = Übergabe und        │
│  Übereignung;                           │
│  § 433 II BGB = Kaufpreiszahlung)       │
└─────────────────────────────────────────┘
                    │
                    │  mögliche Folge bei Scheitern
                    │  (als Ersatz oder Ergänzung)
                    ▼
┌─────────────────────────────────────────┐
│           Sekundäransprüche             │
│ (z.B. §§ 459 ff. BGB Wandelung/         │
│        Minderung, etc.)                 │
└─────────────────────────────────────────┘
```

B. Das Abstraktionsprinzip

Abstraktionsprinzip als grundlegendes Prinzip des BGB

Fundamentales Prinzip des BGB ist das sog. Abstraktionsprinzip. Danach ist streng zwischen dem sog. Verpflichtungsgeschäft einerseits und dem sog. Verfügungsgeschäft andererseits zu unterscheiden.

29

Verpflichtungsgeschäft

Als Verpflichtungsgeschäft wird ein schuldrechtliches Rechtsverhältnis zwischen (mindestens zwei) Personen bezeichnet. Durch schuldrechtliche Rechtsverhältnisse wird zumindest einer der daran Beteiligten zu einem Tun oder Unterlassen verpflichtet.

30

Verfügungsgeschäft

Das Verfügungsgeschäft hingegen ist auf die Änderung einer dinglichen Rechtsposition gerichtet.

31

Bsp.: Karl kauft im Computergeschäft des Valentin ein Notebook.

Der Kaufvertrag zwischen Karl und Valentin bildet das Verpflichtungsgeschäft. Valentin wird durch dieses Verpflichtungsgeschäft nach § 433 I 1 BGB verpflichtet, das Notebook an Karl zu übergeben und ihm das Eigentum daran zu verschaffen. Karl trifft nach § 433 II BGB die Pflicht, an Valentin den Kaufpreis zu bezahlen.

Das Verfügungsgeschäft hingegen ist der dingliche Vertrag, der zur Verschaffung des Eigentumes erforderlich ist. Valentin ist nach § 433 I 1 BGB verpflichtet dem Karl das Eigentum am Notebook zu verschaffen. Eine solche Übereignung erfolgt i.d.R. nach § 929 S.1 BGB. Nach § 929 S.1 BGB ist zur Übereignung neben der Übergabe des Notebooks eine Einigung (= dinglicher Vertrag) zwischen dem Voreigentümer Valentin und Karl dahingehend erforderlich, daß das Eigentum an dem Notebook von Valentin auf Karl übergehen soll. Das Verfügungsgeschäft ist damit ein erneuter Vertrag zwischen den Beteiligten. Es handelt sich hier aber um einen sog. dinglichen Vertrag, da er die Übertragung des Eigentums unmittelbar nach sich ziehen soll, folglich die Änderung einer dinglichen Rechtsposition. Das Verfügungsgeschäft dient somit der Vollziehung des Verpflichtungsgeschäftes.

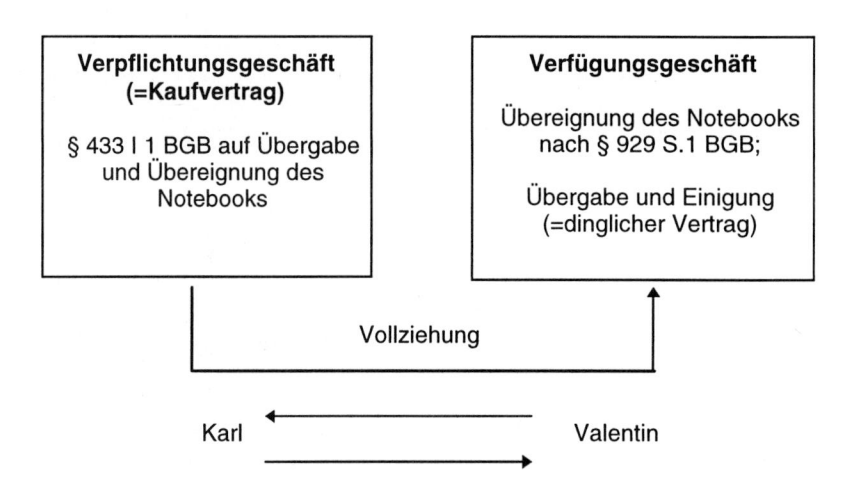

Verpflichtungsgeschäft (=Kaufvertrag)	Verfügungsgeschäft
§ 433 I 1 BGB auf Übergabe und Übereignung des Notebooks	Übereignung des Notebooks nach § 929 S.1 BGB; Übergabe und Einigung (=dinglicher Vertrag)

Vollziehung

Karl ←――――――― Valentin
     ―――――――→

Aufspaltung einheitlicher Vorgänge erforderlich

Auch wenn das oben gezeigte Beispiel dem Laien als ein einheitliches Rechtsgeschäft erscheint, besteht der „Kauf" des Notebooks aus einem gegenseitigen Verpflichtungsgeschäft (Kaufvertrag) und zwei Verfügungsgeschäften – bzgl des Notebooks und natürlich ebenso bzgl. des Geldes, welches als Kaufpreis zu zahlen ist (Eigentumsübertragung).

> **"HEMMER-METHODE":** Nach dem Abstraktionsprinzip ist das dingliche Rechtsgeschäft losgelöst vom schuldrechtlichen Rechtsgeschäft. Verpflichtungs- und Verfügungsgeschäft sind rechtlich selbständig. Deshalb steht z.B. dem Käufer des Notebooks nach erfolgter Übereignung das Eigentum an diesem auch dann zu, wenn (nur) der Kaufvertrag unwirksam ist. Allerdings erfolgte dann die Rechtsänderung (= Eigentumsübertragung) ohne Rechtsgrund. Die Ausgleichsansprüche regelt dann das Bereicherungsrecht, §§ 812ff BGB.
> Der Prüfer erwartet von Ihnen, daß Sie die einzelnen Ansprüche sauber getrennt prüfen. Dies können Sie aber nur, wenn Sie das Abstraktionsprinzip wirklich verstanden haben. Fehler die Sie hier machen, können u.U. über das Bestehen oder Nichtbestehen Ihrer Klausur entscheiden.

32

§ 3 DER VERTRAGSSCHLUSS 13

C. Das Zustandekommen eines Vertrages

Vertragsabschluß durch Angebot und Annahme

Der Vertrag ist ein mehrseitiges Rechtsgeschäft. Als solches bedarf er zu seiner Entstehung wenigstens zweier übereinstimmender Willenserklärungen: **33**

Einem Angebot auf Vertragsabschluß und der Annahme des Angebotes. **34**

```
[Willenserklärung Angebot] → VERTRAG ← [Willenserklärung Annahme]
```

> **"HEMMER-METHODE"**: Es gibt auch einseitige Rechtsgeschäfte, z. B. die Kündigung eines Arbeitsverhältnisses. Die Kündigung wird von einer Seite erklärt und bedarf keiner Annahme. Verwechseln Sie die einseitigen Rechtsgeschäfte aber nicht mit den einseitig verpflichtenden Verträgen, z.B. dem Schenkungsvertrag gem. § 516 BGB. Letzterer ist ein zweiseitiges Rechtsgeschäft aufgrund Angebot der Schenkung und Annahme des Schenkungsangebotes; es wird jedoch nur der Schenker verpflichtet.

I. Die Willenserklärung

Willenserklärung

Eine Willenserklärung ist eine auf einen rechtsgeschäftlichen Erfolg gerichtete Willensäußerung. **35**

> Die Erklärung des Käufers einen Fernseher kaufen zu wollen stellt eine Willenserklärung dar, denn sie ist auf die Herbeiführung eines rechtlichen Erfolges, den Abschluß eines Kaufvertrages gerichtet.
>
> Anders ist es, wenn Norbert seinen Chef Helmut zum Essen einlädt. Mit dieser Willensäußerung will N keinen rechtlichen, sondern lediglich einen tatsächlichen Erfolg herbeiführen. Auf Seiten des Norbert liegt keine Willenserklärung vor, da Norbert sich, für seinen Chef Helmut erkennbar, nicht binden will. Ihm fehlt der Rechtsbindungswille. Helmut hat daher auch keinen Anspruch auf Durchführung der Einladung.

Bestandteile einer Willenserklärung

Eine Willenserklärung läßt sich in folgende Bestandteile zerlegen: **36**

Äußerer (objektiver) Tatbestand = das Erklärte	Innerer (subjektiver) Tatbestand = das Gewollte
für außenstehende Personen erkennbar	im tiefsten Inneren des Erklärenden, für Außenstehende nicht erkennbar

Der innere Tatbestand läßt sich weiter unterscheiden in: **37**

- Handlungswillen
- Erklärungsbewußtsein
- Geschäftswillen

1. Der objektive Tatbestand

ausdrückliche und konkludente Erklärung des Willens möglich

Der objektive Tatbestand ist die nach außen gerichtete Erklärung des Willens. Diese Erklärung kann einerseits ausdrücklich erfolgen.

Bsp.: Sprechen; Schreiben

Andererseits ist es darüber hinaus auch möglich, einen Willen schlüssig (= konkludent) zu erklären. Eine solche konkludente Erklärung liegt bei einem Verhalten vor, welches aufgrund der jeweiligen Umstände den gleichen Erklärungswert wie eine ausdrückliche Erklärung entfaltet.

Bsp.: Kopfnicken; Handheben bei einer Versteigerung

Schweigen

Schweigen stellt grds. keine Willenserklärung dar, sondern ist rechtlich neutral.

Bsp: Bietet Mahatma dem Ghandi eine Friedenspfeife zum Kauf an, setzt dieser jedoch seine Meditation ohne zu reagieren fort, so fehlt es an einer zum Abschluß eines Kaufvertrages notwendigen Annahme des Kaufangebotes.

> **"HEMMER-METHODE":** Etwas anderes gilt aber zum Teil bei Kaufleuten, vgl. §§ 346, 362 HGB. Widerspricht unter Kaufleuten z.B. der Empfänger eines sog. kaufmännischen Bestätigungsschreibens, welches inhaltlich vom zuvor erfolgten Vertragsschluß abweicht, dem Schreiben nicht, so gilt der Vertrag mit dem Inhalt des Bestätigungsschreibens als zustandegekommen, selbst wenn der Vertrag ursprünglich einen anderen Inhalt hatte.

2. Der subjektive Tatbestand

a) Handlungswille

Bewußtsein, überhaupt zu handeln

Nur die vom *bewußten Willen* gesteuerte Handlung ist eine Handlung im Rechtssinne. Keine Willenserklärung liegt deshalb bei unbewußten Bewegungen (Schlaf, Reflex) oder bei unmittelbarem körperlichen Zwang vor. Der Handlungswille ist notwendiger Bestandteil einer Willenserklärung. Fehlt also das Bewußtsein, überhaupt zu handeln, so liegt nur der rechtsunwirksame Schein einer Willenserklärung vor, § 105 II BGB analog.

Bsp.: Hebt Müller-Thurgau bei einer Weinversteigerung im Schlaf die Hand um sich zu strecken, so fehlt ihm der Handlungswille mit der Folge, daß auch keine wirksame Willenserklärung vorliegt.

b) Erklärungsbewußtsein

Bewußtsein, überhaupt etwas rechtlich Erhebliches zu erklären

Dem Handelnden muß, neben dem Bewußtsein überhaupt zu handeln auch bewußt sein, daß er etwas rechtlich Erhebliches erklärt.

Bsp.: Xaver unterschreibt auf einer Liste. Er ist der Auffassung, seine Unterschrift diene einer Aktion gegen Mietwucher. Tatsächlich unterschreibt er ein Kaufangebot für eine Waschmaschine. Xaver hat zwar das Bewußtsein überhaupt zu handeln. Ihm fehlt jedoch ein Erklärungsbewußtsein, weil ihm beim Unterschreiben das Bewußtsein fehlte, etwas rechtlich Erhebliches zu erklären. Xaver wollte mit seiner Unterschrift lediglich seinen Unmut über Wuchermieten äußern.

§ 3 DER VERTRAGSSCHLUSS

Fehlen des Erklärungsbewußtseins

Welche Folgen das Fehlen des Erklärungsbewußtseins für die Wirksamkeit einer Willenserklärung hat, ist umstritten. Problematisch gestaltet sich hierbei insbesondere die Behandlung der Fälle, in denen der objektiv Erklärende ohne Erklärungsbewußtsein handelt, sich für einen anderen jedoch das Verhalten des Erklärenden so darstellt, als handle er mit Erklärungsbewußtsein.

43

Bsp.: Der Weinhändler Siggi Silvaner begibt sich zu einer Bierversteigerung nach Pfaffenhofen. Als er während der Versteigerung seinen alten Freund Gary Glückol entdeckt, winkt er diesem heftig zu. Der Auktionator sieht dies, denkt es handle sich um ein Gebot und erteilt dem ahnungslosen Silvaner den Zuschlag zu 100 Fässern 97'er Matthäus-Bräu für insgesamt 10.000 DM. Muß Silvaner die Fässer bezahlen?

Silvaner könnte zur Zahlung der Fässer aus § 433 II BGB verpflichtet sein. Dies wäre dann der Fall, wenn ein wirksamer Kaufvertrag über die 100 Bierfässer für insgesamt 10.000 DM durch Gebot (= Angebot) des Silvaner und Zuschlag (= Annahme) des Auktionators zustandekam, § 156 S.1 BGB.

Problematisch ist das Vorliegen eines wirksamen Gebotes (= Angebotes) des Silvaner.

(1) Der äußere Tatbestand einer entsprechenden Willenserklärung liegt vor. Das Handheben bei einer Versteigerung bedeutet objektiv die Abgabe eines konkludenten Kaufangebotes, § 156 S.1 BGB.

(2) Fraglich ist jedoch das Vorliegen der subjektiven Seite einer solchen Willenserklärung.

(a) Es liegt zwar keine unbewußte Bewegung des Silvaner vor, denn er wollte die Hand heben und hatte somit das Bewußtsein zu handeln. Ein Handlungswille ist deshalb gegeben.

(b) Silvaner wußte allerdings nicht, daß er etwas rechtlich Erhebliches erklärte, denn er meinte nur seinen Freund Glückol zu grüßen. Er hatte deshalb gerade kein Bewußtsein etwas rechtlich Erhebliches zu erklären, so daß ihm das Erklärungsbewußtsein fehlte. Das wußte jedoch der Auktionator nicht. Für ihn mußte es so aussehen, als wolle Silvaner ein Angebot abgeben. Die Behandlung dieser Fallgestaltung ist umstritten.

Teilweise wird in der Literatur die Auffassung vertreten, daß bei Fehlen des Erklärungsbewußtseins die Willenserklärung in entsprechender Anwendung von § 118 BGB vonvornherein unwirksam sei. Mangels wirksamen Gebotes wäre demnach kein Vertrag zustande gekommen.

Aus Verkehrs- und Vertrauensschutzgründen nimmt die h.M. an, daß der Empfänger auf eine derartige Erklärung vertrauen durfte. Das Erklärungsrisiko trägt der Erklärende. Obwohl also das Erklärungsbewußtsein fehlt, bejaht die h.M. eine Willenserklärung. Man spricht auch vom Erklärungsbewußtsein kraft Zurechnung. Silvaner hat demnach ein wirksames Gebot abgegeben, so daß der Vertrag mit dem Zuschlag nach § 156 S.1 BGB zustande kam.

Silvaner kann allerdings seine Willenserklärung nach § 119 I, 2.Alt. BGB analog anfechten (analog deshalb, weil die Norm nicht direkt paßt, aber eine entsprechende Anwendbarkeit aufgrund gleicher Interessenlage angezeigt ist) und dadurch das zustande gekommene Rechtsgeschäft vernichten, § 142 I BGB. Er ist dann allerdings zum Ersatz des negativen Interesses verpflichtet, § 122 BGB, d.h. er muß den Schaden ersetzen, den die andere Vertragspartei aufgrund ihres Vertrauens in die Gültigkeit der Erklärung erlitten hat, z.B. ggf. Kosten für die vor erfolgter Anfechtung zwischenzeitlich durchgeführte Lieferung der Fässer ersetzen.

> **„HEMMER-METHODE:"** Zu diesem Grundsatz des Erklärungsbewußtseins kraft Zurechnung gibt es nach h.M. allerdings zwei Ausnahmen: Konnte der Erklärende gar nicht erkennen und vermeiden, daß er etwas rechtlich Erhebliches erklärt, oder kannte der Empfänger der Willenserklärung das Fehlen des Erklärungsbewußtseins, liegt keine Willenserklärung vor. In diesen Fällen kann dem Erklärenden, wegen fehlender höherer Schutzwürdigkeit des Vertrauens auf der Seite der anderen Vertragspartei, keine Willenserklärung zugerechnet werden. Ein Vertrag kann damit nicht zustande kommen. Einer Anfechtung, um sich von den Folgen einer Willenserklärung zu lösen, bedarf es dann nicht mehr.
>
> Wäre z.B. Silvaner ortsfremd und die Bierversteigerung auch nicht ausgeschildert gewesen, läge keine Willenserklärung vor, da Silvaner dann nicht erkennen konnte, daß sein Handheben als Gebot verstanden werden könnte.
>
> Lesen Sie deshalb den Sachverhalt ganz genau! Nur wer eng am Sachverhalt arbeitet, kommt auch zur richtigen Lösung. Hüten Sie sich stets vor dem *„Den-Fall-Kenn-Ich-Schon"-Syndrom* und spulen Sie nicht ohne eigenes Nachdenken eine auswendig gelernte Lösung ab. Für die Lösung des berühmten *„so ähnlichen Falles"* droht Ihnen bei der Korrektur ansonsten ggf. die *„Höchststrafe"* ⇒ 0 Punkte!

Rechtsbindungswille

Element des Erklärungsbewußtseins ist zudem der Wille, sich rechtsgeschäftlich zu binden, der **sog. Rechtsbindungswille**. Dessen Annahme ist vor allem bei unentgeltlichen Geschäften problematisch.

Ermittlung durch Auslegung des objektiv Erklärten

Die Frage nach dem Rechtsbindungswillen ist eng mit dem objektiv Erklärten verknüpft. Das Vorliegen eines Rechtsbindungswillens ist nämlich durch Auslegung des Erklärten nach §§ 133, 157 BGB aus der Sicht eines objektiven Erklärungsempfängers zu ermitteln.

> *Bsp.: Pkw-Fahrer Heinz-Harald F. bietet dem an der Autobahnauffahrt Kerpen stehenden vagabundierenden Anhalter Michael S. an, ihn unentgeltlich mit nach Hockenheim zu nehmen. Auf halber Strecke geraten die beiden in Streit. Als Heinz-Harald den Mitfahrer deshalb zum Aussteigen auffordert, macht dieser geltend, er habe einen vertraglichen Anspruch auf Beförderung bis nach Hockenheim. Besteht ein solcher Anspruch?*

Ein Anspruch auf Beförderung nach Hockenheim setzt voraus, daß zwischen den beiden ein entsprechender „Beförderungsvertrag" geschlossen wurde. Aufgrund der Unentgeltlichkeit käme die Eingehung eines Auftragsverhältnisses gem. § 662 BGB in Betracht. Bei Bejahung eines Auftrags ergäbe sich ein entsprechender Anspruch des Michael auf Beförderung aus § 662 BGB.

Ein solcher „Gefälligkeitsvertrag" wäre aber nur bei einem entsprechenden Willen beider Beteiligten, sich rechtlich zu binden, zu bejahen. Insoweit ist problematisch, ob Heinz-Harald mit seinem „Angebot den Michael nach Hockenheim mitzunehmen" ein bindendes Angebot zur Eingehung eines Auftragsverhältnisses abgab.

Das Vorliegen eines entsprechenden Rechtsbindungswillens ist durch Auslegung der objektiven Erklärung des Heinz-Harald gem. §§ 133, 157 BGB zu ermitteln. Hierbei ist auf die Sicht einer objektiven Person in der Situation des Erklärungsempfängers Michael abzustellen. Um festzustellen ob Michael in der Erklärung des Heinz-Harald eine rechtlich verbindliche Willenserklärung sehen durfte, sind als objektive Indizien die konkreten Umstände des Falles heranzuziehen. Für einen Rechtsbindungswillen sprechen insbesondere objektive Indizien wie eine für beide Seiten erkennbare besondere rechtliche und/oder wirtschaftliche Bedeutung der Angelegenheit für zumindest eine der Parteien. Zur Auslegung der Erklärung des Heinz-Harald sind demnach die konkreten Umstände des Falles heranzuziehen, hier ein Angebot einer Mitfahrgelegenheit an einen zufällig angetroffenen vagabundierenden Anhalter.

§ 3 DER VERTRAGSSCHLUSS

Für einen objektiven Betrachter in der Lage des Michael wollte sich Heinz-Harald unter Beachtung dieser Umstände durch sein Angebot ersichtlich nicht dazu verpflichten ihn bis nach Hockenheim zu fahren. Er wollte von vornherein keinen Anspruch auf Beförderung begründen. Dies hätte für ihn nämlich zur Folge gehabt, daß er einen kurzfristig gefaßten Beschluß, nun doch nicht nach Hockenheim zu fahren oder die Fahrt zu unterbrechen, aufgrund der eingegangenen Verpflichtung nicht durchführen könnte. Ein objektiver Betrachter in der Lage des Michael konnte nicht darauf schließen, daß Heinz-Harald sich so weitgehend binden wollte. Heinz-Harald fehlte damit der Rechtsbindungswille zur Eingehung eines Auftrags als Gefälligkeitsvertrag.

Zwischen den beiden besteht ein bloßes „Gefälligkeitsverhältnis". Dieses stellt kein vertragliches Schuldverhältnis dar. Ein Anspruch auf Beförderung folgt daraus nicht.

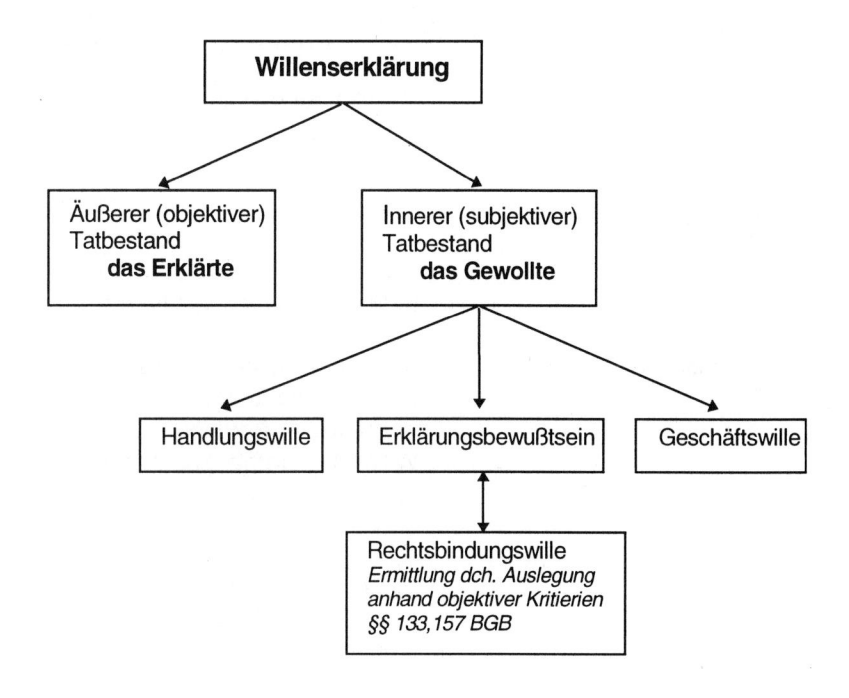

```
                    Willenserklärung
                    /            \
                   /              \
         Äußerer (objektiver)    Innerer (subjektiver)
            Tatbestand              Tatbestand
            das Erklärte            das Gewollte
                                    /     |     \
                                   /      |      \
                         Handlungswille  Erklärungsbewußtsein  Geschäftswille
                                           ↕
                                   Rechtsbindungswille
                                   Ermittlung dch. Auslegung
                                   anhand objektiver Kritierien
                                   §§ 133, 157 BGB
```

invitatio ad offerendum

Der Rechtsbindungswille fehlt insbesondere dann, wenn lediglich eine Aufforderung zur Abgabe eines Vertragsangebotes gemacht wird (= invitatio ad offerendum). Dies ist regelmäßig beim Zusenden eines Kataloges oder bei Auslagen im Schaufenster der Fall.

47

Der Verkäufer oder Versender wäre andernfalls gegenüber jedem, der erklärt er wolle das Angebot annehmen, zur Erfüllung verpflichtet. Möglicherweise übersteigt die Nachfrage die tatsächlich vorhandene Ware aber bei weitem, so daß der Verkäufer zur Erfüllung der Verträge nicht mehr ohne weiteres in der Lage wäre. Er wäre dann ggf. zum Leisten von Schadensersatz verpflichtet.

c) Geschäftswille

„bestimmtes" Rechtsgeschäft

Während das Erklärungsbewußtsein sich auf rechtsgeschäftliches Handeln überhaupt richtet, betrifft der Geschäftswille ein *bestimmtes* Rechtsgeschäft.

48

Fehlen des Geschäftswillens

Der Geschäftswille ist kein zwingender Bestandteil einer Willenserklärung. Fehlt er, so liegt dennoch eine Willenserklärung vor, das Rechtsgeschäft kann dann aber gem. §§ 119ff BGB angefochten werden. Das Fehlen des Geschäftswillens führt demnach direkt zur Anfechtung. Nur auf diese Weise kann sich der Erklärende von den Folgen seiner Willenserklärung lösen.

49

Bsp.: Schnell unterschreibt ein Mietvertragsformular über einen BMW. Dabei war er jedoch der Auffassung er unterschreibe einen Kaufvertrag über den BMW.

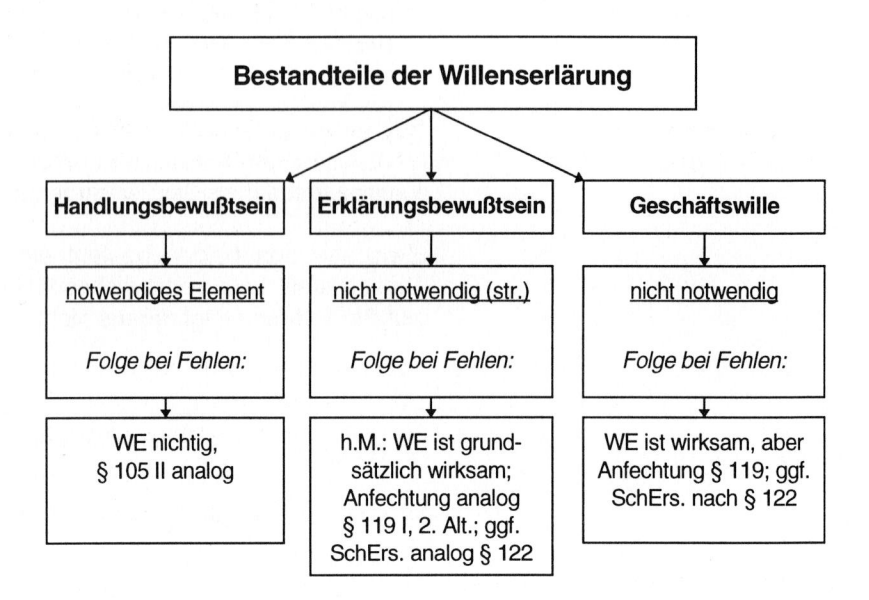

```
                    Bestandteile der Willenserlärung
          ┌──────────────────────┼──────────────────────┐
   Handlungsbewußtsein    Erklärungsbewußtsein     Geschäftswille

   notwendiges Element    nicht notwendig (str.)    nicht notwendig
    Folge bei Fehlen:       Folge bei Fehlen:       Folge bei Fehlen:

       WE nichtig,         h.M.: WE ist grund-      WE ist wirksam, aber
      § 105 II analog      sätzlich wirksam;        Anfechtung § 119; ggf.
                           Anfechtung analog        SchErs. nach § 122
                           § 119 I, 2. Alt.; ggf.
                           SchErs. analog § 122
```

II. Wirksamwerden der WE

Sie haben gelernt, daß ein Vertrag ein mehrseitiges Rechtsgeschäft ist und mindestens zwei übereinstimmende Willenserklärungen voraussetzt. Außerdem wissen Sie, aus welchen Bestandteilen eine Willenserklärung zusammengesetzt ist und welche Auswirkungen das Fehlen einzelner Bestandteile auf das Rechtsgeschäft hat.

Wirksamwerden erfordert Abgabe, ggf. Zugang der WE

Für die Wirksamkeit einer Willenserklärung reicht allerdings die bloße „Fertigstellung" allein nicht aus. Eine Willenserklärung muß vielmehr auch abgegeben werden, um Wirkungen im Rechtsverkehr zu entfalten. Sofern es sich zudem um eine empfangsbedürftige Willenserklärung handelt, muß diese auch noch beim Empfänger zugehen. 50

Bsp.: Schreibt Abraham ein Angebot auf Abschluß eines Kaufvertrages auf Briefpapier, so hat er seine Willenserklärung zwar „fertiggestellt"; ohne Abgabe durch Absenden des Briefes und Zugang beim Vertragspartner entfaltet das Angebot aber keine Wirkung.

1. Die Abgabe

willentliche Entäußerung in Rechtsverkehr

a) Die Abgabe einer Willenserklärung ist die „willentliche Entäußerung einer Erklärung in den Rechtsverkehr". Wann eine solche vorliegt, entscheidet sich jeweils anhand der Interessenlage im konkreten Einzelfall. 51

abhandengekommene WE

Keine Abgabe, mangels willentlicher Entäußerung, liegt bei sog. abhandengekommenen Willenserklärungen vor. 52

Bsp: Abraham hat den von ihm geschriebenen Brief auf dem Schreibtisch liegenlassen, um ihn später noch einmal zu korrigieren. Sein Sohn Bebrahem will ihm eine Freude machen, kuvertiert den Brief und bringt ihn zur Post.

nicht empfangsbedürftige WE ⇨ nur Abgabe

b) Differenzieren Sie zwischen empfangsbedürftigen und nicht empfangsbedürftigen Willenserklärungen.

aa) Eine nicht empfangsbedürftige Willenserklärung wird allein mit deren Abgabe wirksam, d.h. sobald der Wille erkennbar geäußert ist. 53

§ 3 DER VERTRAGSSCHLUSS

Der Wille muß niemandem bekannt werden.

Bsp.: Ein eigenhändiges Testament (= „letzte" Willenserklärung) wird wirksam, nachdem es geschrieben und unterschrieben wurde, § 2247 I BGB. Hierin liegt bei Testamenten bereits die Abgabe der Willenserklärung. Es ist also für die Wirksamkeit des Testamentes egal, ob man es Jedermann zeigt oder gleich unter dem Bett versteckt.

empfangsbedürftige WE
⇨ *Abgabe + Zugang*

bb) Empfangsbedürftige Willenserklärungen wie Kündigungen oder Vertragsangebote müssen abgegeben, also willentlich aus dem Machtbereich des Erklärenden gelangt sein. Zusätzlich müssen diese aber dem Empfänger auch zugehen, um wirksam zu werden.

2. Der Zugang

Für die Frage des Zugangs von Willenserklärungen ist zwischen Willenserklärungen gegenüber Abwesenden sowie Willenserklärungen gegenüber Anwesenden zu differenzieren.

a) Zugang gegenüber Abwesenden

WE gegenüber Abwesenden / Machtbereichstheorie

Eine Willenserklärung gegenüber Abwesenden geht gem. § 130 I 1 BGB dann zu, wenn sie

- in den Machtbereich des Empfängers gelangt ist,

- so daß der Empfänger unter normalen Verhältnissen die Möglichkeit hat, vom Inhalt der Willenserklärung Kenntnis zu nehmen,

- in dem Zeitpunkt, in dem nach der Verkehrsanschauung mit der Kenntnisnahme zu rechnen ist.

Möglichkeit der Kenntnisnahme

Auf eine tatsächliche Kenntnisnahme kommt es nicht an; es genügt die Möglichkeit der Kenntnisnahme.

Bsp.: Das in einem Brief enthaltene Angebot auf Abschluß eines Mietvertrages geht unabhängig vom Zeitpunkt des Einwurfes in den Briefkasten des Adressaten (= Machtbereich des Empfängers; bei Leerung hat er Möglichkeit der Kenntnisnahme) dann zu, wenn die nächste Leerung üblicherweise erfolgt. Wird ein Brief z.B. abends in einen Privatbriefkasten eingeworfen, so erfolgt der Zugang i.d.R. am Vormittag des nächsten Tages.

b) Zugang gegenüber Anwesenden

Bei WE gegenüber Anwesenden § 130 BGB analog

Wann eine Willenserklärung gegenüber einem Anwesenden wirksam wird, ist im Gesetz nicht geregelt. Es gilt jedoch § 130 BGB entsprechend. Der Empfänger muß folglich die Verfügungsgewalt über die Erklärung erlangt haben.

Bsp.: Wird eine Bürgschaftserklärung schriftlich gegenüber einem anwesenden Gläubiger abgegeben, vgl. § 766 S.1 BGB, so erfolgt der Zugang mit Übergabe des Schriftstückes. Hierdurch erlangt der Gläubiger die Verfügungsgewalt.

c) Zugang nicht verkörperter Willenserklärungen

nichtverkörperte WE

Liegt eine sog. nicht verkörperte Willenserklärung (gesprochenes Wort) unter Anwesenden bzw. unter Abwesenden (z.B. Angebot am Telefon) vor, so ist die Willenserklärung dann zugegangen, wenn der Erklärende damit rechnen konnte und durfte, daß sie der Empfänger richtig und vollständig verstanden hat (sog. eingeschränkte Vernehmungstheorie). Die Willenserklärung ist dann auch zugegangen, wenn sie nicht oder falsch verstanden wurde.

Bsp.: Alfons Aldi ruft Nora Norma auf der Straße zu: „Ich kaufe dein Mountain-Bike für 600 DM"

Stehen die beiden einen Meter voneinander entfernt, dann ist die Willenserklärung zugegangen, selbst wenn Nora sie nicht versteht, weil sie vergessen hat, das Oropax aus den Ohren zu nehmen.

Steht jedoch Alfons auf der einen Seite der Straße, Nora auf der anderen Seite, und befindet sich zwischen den beiden eine lärmende Großbaustelle, so ist das Angebot nicht zugegangen falls Nora es nicht richtig versteht; hier konnte und durfte Alfons aufgrund der konkreten Umstände nicht von einer korrekten Vernehmung ausgehen.

d) Zugangsvereitelung

Zugangsvereitelung

Besondere Probleme werfen die Fälle der Zugangsvereitelung auf.

60

Bsp.: Ein Einschreibebrief geht nicht bereits mit Einwurf der Benachrichtigung in den Briefkasten, sondern erst mit Abholung des Einschreibebriefes auf der Post zu. Wird ein Einschreibebrief trotz Benachrichtigung nicht vom Postamt abgeholt, so wird der Zugang vereitelt.

wenn fahrlässig, dann erneute Zusendung erforderlich

Hier ist zu unterscheiden, ob die Zugangsvereitelung fahrlässig erfolgte (z.B. weil man vergessen hat, dem langjährigen Geschäftspartner die neue Anschrift mitzuteilen, so daß Angebote mehrfach nicht zugehen), oder ob sie arglistig erfolgte (z.B. der Einschreibebrief deshalb nicht abgeholt wurde, weil man damit rechnete, eine Kündigung zu erhalten).

61

wenn arglistig, dann Behandlung als zugegangen möglich

Bei fahrlässiger Zugangsvereitelung muß dann ein erfolgreicher Zugang z.B. durch erneute Zusendung herbeigeführt werden. Der Empfänger kann sich aber nicht auf eine etwaige Verspätung berufen. Wird also der Zugang tatsächlich herbeigeführt, so wird er so behandelt, als habe er schon beim ersten Versuch erfolgreich stattgefunden. Bei arglistiger Zugangsvereitelung hingegen kann der Erklärende auch ohne erfolgreichen zweiten Versuch die erste Willenserklärung als zugegangen behandeln, wenn er das will.

62

III. Die Auslegung von Willenserklärungen und Verträgen

Wille der Parteien oft unklar

Nicht immer ist klar erkennbar, was die Parteien mit ihren Willenserklärungen eigentlich gewollt haben und welchen rechtlichen Erfolg sie angestrebt haben.

63

In solchen Fällen erlaubt und gebietet das BGB in den §§ 133 und 157 eine Auslegung des Willens der beteiligten Personen.

1. §§ 133, 157 BGB

Auslegung erfolgt nach §§ 133, 157 BGB

§ 133 BGB und § 157 BGB sind die zwei wesentlichsten Vorschriften für die Auslegung von Willenserklärungen und Verträgen. § 133 BGB betrifft nach seinem Wortlaut nur die Auslegung von Willenserklärungen, § 157 BGB den Vertrag und damit ebenfalls die zugrundeliegenden Willenserklärungen. Beide Vorschriften greifen ineinander und können daher bei der Auslegung nicht sinnvoll getrennt werden. Sie werden deshalb bei der Auslegung von Willenserklärungen und Verträgen grds. zusammen zitiert.

64

§ 3 DER VERTRAGSSCHLUSS

2. Voraussetzungen der Auslegung sind:

> - das Feststellen des Erklärungstatbestandes
> - die Auslegungsbedürftigkeit
> - die Auslegungsfähigkeit

65

a) Erklärungstatbestand

Anknüpfen an Erklärung/Vertrag

Gegenstand der Auslegung ist jeweils der konkrete Erklärungsakt, also die betreffende Erklärung bzw. der maßgebliche Vertrag.

66

b) Auslegungsbedürftigkeit

Auslegung nur bei Zweifeln

Hat die Erklärung bzw. der Vertrag einen eindeutigen Inhalt, ist für die Auslegung kein Raum. Konkludente Erklärungen dagegen müssen immer ausgelegt werden, um festzustellen, ob überhaupt eine Willenserklärung vorliegt, und wenn, mit welchem Inhalt. Nur ausdrückliche Erklärungen eines Willens können Eindeutigkeit für sich beanspruchen.

67

c) Auslegungsfähigkeit

Erklärung/Vertrag muß auslegbar sein

Nach Ausschöpfung aller Auslegungsmöglichkeiten muß sich ein geltungsbedürftiger Erklärungsinhalt ergeben, d.h. die Auslegung muß zu einem Ergebnis führen, welches tatsächlich auch Inhalt einer wirksamen Willenserklärung bzw. eines Vertrages sein kann.

68

3. Methoden der Auslegung

a) Der wirkliche Wille

wirklicher Wille maßgeblich

Es ist immer der wirkliche Wille zu erforschen, § 133 BGB. Dabei darf man nicht nur den Wortlaut der Willenserklärung bzw. der Vereinbarung im Auge haben. Berücksichtigt werden müssen vielmehr alle Umstände, die auf eine Erklärung Einfluß haben können.

69

falsa demonstratio non nocet

Hat der Erklärungsempfänger den Willen des Erklärenden trotz mehrdeutiger oder unrichtiger Bezeichnung richtig verstanden, so gilt das Gewollte und nicht das Geäußerte. Dies ist Folge des Grundsatzes „falsa demonstratio non nocet", d.h. eine irrtümliche Falschbezeichnung schadet nicht.

70

> *Bsp.: Bezeichnen Rocky und Knacky den Dackel des Knacky als „Dogge" und kauft Rocky „die Dogge" des Knacky für 200 DM, so kommt ein wirksamer Kaufvertrag über den Dackel zustande.*

b) Wortlaut

Zunächst ist der genaue Wortlaut festzustellen und zu analysieren.

71

c) Begleitumstände

Kann man allein aus dem Wortlaut nicht eindeutig auf den Willen schließen, so sind auch Begleitumstände zur Auslegung heranzuziehen.

72

> **Solche Begleitumstände sind insbesondere:**
> - Art und Weise der Entstehung des Vertrages
> - Äußerungen der Parteien in Zusammenhang mit dem Vertragsschluß
> - Zweck eines Geschäftes
> - die Interessenlage der Parteien
> - die Verkehrssitte

d) Empfangsbedürftige Willenserklärungen

bei empfangsbedürftiger WE ist auf objektiven Empfängerhorizont abzustellen

Eine Besonderheit ergibt sich bei den empfangsbedürftigen Willenserklärungen, d.h. solchen, die erst mit Zugang wirksam werden.

Empfangsbedürftige Willenserklärungen sind immer so auszulegen, wie sie der Erklärungsempfänger nach Treu und Glauben unter Berücksichtigung der Verkehrssitte verstehen mußte. Es dürfen nur solche Umstände berücksichtigt werden, die für den Erklärungsempfänger erkennbar waren. Man spricht von der Auslegung unter Berücksichtigung des sog. objektiven Empfängerhorizontes.

Der Erklärungsempfänger darf jedoch die Erklärung nicht einfach in dem für ihn günstigsten Sinn verstehen. Er muß unter Berücksichtigung aller ihm bekannten Umstände nach Treu und Glauben prüfen, was der Erklärende gemeint hat. Maßgeblich ist der objektive Erklärungswert.

> **"HEMMER-METHODE":** Würde man andererseits allein den wirklichen Willen des Erklärenden heranziehen, so würden die Vorschriften über die Anfechtung des Rechtsgeschäftes, §§ 119ff BGB, leerlaufen. Sie wären überflüssig, da dann das objektiv Erklärte mit dem subjektiv Gewollten immer identisch wäre. Bei der Auslegung nach dem objektiven Empfängerhorizont ist daher auf die Situation einer objektiven Person in der Situation des Erklärungsempfängers abzustellen. Daraus ergibt sich, wie der Erklärungsempfänger die Erklärung verstehen konnte und durfte.

Ein Ihnen schon bekanntes Beispiel für einen klassischen Fall der Auslegung ist die Abgrenzung zwischen der Abgabe eines Angebotes und der bloßen invitatio ad offerendum. Nur wenn vom objektiven Empfängerhorizont her gesehen ein Rechtsbindungswille vorliegt, liegt ein Angebot vor (s. Rn. 47).

> **Umstände die für eine invitatio ad offerendum sprechen, sind z.B.**
> - Anzeigen auf Plakaten oder in Katalogen
> - Preislisten
> - Speisekarten
> - Ankündigungen von Theaterveranstaltungen
> - Schaufensterauslagen

Für den Erklärungsempfänger ist unter Berücksichtigung dieser Umstände erkennbar, daß der Erklärende sich nicht rechtsgeschäftlich binden will. Die Erklärung wirkt in einem für den Erklärenden unbeherrschbaren Raum. Er weiß z.B. nicht, wer seine Zeitungsanzeige liest oder wieviele Leute zusagen. Seine rechtliche Verpflichtung wäre für den Erklärenden nicht absehbar. Es fehlt damit der Rechtsbindungswille.

IV. Der Dissens

fehlende Übereinstimmung der WE trotz Auslegung

Nach erfolgter Auslegung der Willenserklärungen der Parteien kann sich ergeben, daß die Willenserklärungen nicht übereinstimmen. Ein wirksamer Vertragsschluß setzt aber gerade die Übereinstimmung von Angebot und Annahme, sog. Kongruenz, voraus. 75

Die fehlende Übereinstimmung kann den Vertragspartnern bewußt oder unbewußt sein.

1. Offener Dissens

bei offenem Dissens über essentialia negotii ⇨ kein Vertragsschluß

Wissen die Parteien, daß Angebot und Annahme nicht übereinstimmen, liegt ein sog. offener Dissens vor, vgl. § 154 BGB. 76

Bsp.: Leonardo bietet einem Kunden sein Gemälde „Money Lizzy" für 3.000 DM zum Verkauf an. Der Kunde erklärt, für das Bild nur 2.000 DM zahlen zu wollen.

Es erfolgte hier die Ablehnung des Angebotes durch den Kunden, verbunden mit einem neuen Angebot, § 150 II BGB. Um einen Vertragsschluß, nun über 2.000 DM herbeizuführen, müßte Leonardo dieses neue Angebot noch annehmen.

Die Parteien haben sich über wesentliche Bestandteile des Vertrages, hier den Kaufpreis, nicht geeinigt (= essentialia negotii). Wesentliche Bestandteile sind jeweils die Hauptpflichten eines Vertrages, wie z.B. beim Kauf Kaufgegenstand und Kaufpreis.

Fehlt eine Einigung über die essentialia negotii, so ist ein Vertrag nicht zustandegekommen.

bei offenem Dissens über Nebenpunkte ⇨ Parteiwille maßgeblich

Bei einer fehlenden Einigung über sonstige nicht wesentliche Vertragsbestandteile, z.B. Abholung oder Lieferung der Kaufsache etc., kommt es auf den Willen der Parteien an. Es ist jeweils im Einzelfall zu prüfen, ob der Vertrag erst geschlossen werden soll, wenn alle noch offenen Punkte abgeklärt wurden, oder ob der Vertrag trotz der noch ausstehenden Einigung über Nebenpunkte bereits jetzt als geschlossen anzusehen ist. 77

bei Zweifeln § 154 I BGB

Läßt sich, ggf. im Wege der Auslegung, ein entsprechender Parteiwille nicht ermitteln, greift § 154 I BGB. Im Zweifel gilt gem. § 154 I BGB der Vertrag als nicht geschlossen, wenn sich die Vertragspartner nicht über alle Punkte geeinigt haben, die zumindest einer von ihnen regeln wollte. 78

2. Versteckter Dissens

Parteien kennen fehlende Übereinstimmung nicht

Grundsätzlich ist auch denkbar, daß die Parteien gar nicht wissen, daß ihre Erklärungen nicht übereinstimmen. Beide glauben aber an einen wirksamen Vertragsschluß. Dies ist der Fall des versteckten Dissens, vgl. § 155 BGB. 79

Bsp.: Ein Däne bietet einem Tschechen eine Ware für 500,- Kronen an und meint dabei dänische Kronen. Der Tscheche ist einverstanden, denkt allerdings er habe in tschechischen Kronen zu zahlen.

Der Vertrag wäre wirksam, wenn sich die Parteien geeinigt hätten:

(1) Wäre der Vertragsort Dänemark, müßte man aufgrund der Begleitumstände des Vertrages diesen nach §§ 133, 157 BGB dahingehend auslegen, daß dänische Kronen zu zahlen sind. Der Tscheche konnte in Dänemark vom objektiven Empfängerhorizont her das Angebot des Dänen nur als Angebot der Ware für dänische Kronen verstehen. Mit dem Einverständnis kommt der Vertrag über die Ware für 500,- dänische Kronen zustande. Dem Tschechen bliebe nur die Möglichkeit nach § 119 I, 1.Alt. BGB anzufechten, da das Erklärte und das Gewollte unbewußt auseinanderfallen.

Dasselbe würde, mit umgekehrtem Ergebnis, bei einem Vertragsschluß in der Tschechei gelten.

(2) Wäre Deutschland der Vertragsort, würde eine Auslegung nicht zu einer Einigung führen. Vom objektiven Empfängerhorizont her läßt sich das Angebot der Ware weder als eines für dänische noch für tschechische Kronen auslegen. Der Vertrag gilt dann gem. § 155 BGB als nicht zustandegekommen, da man sich über einen wesentlichen Vertragsbestandteil, den Kaufpreis, nicht geeinigt hat.

Wirksamkeit bei verstecktem Dissens gem. § 155 BGB nur bei Nebenpunkten denkbar

Allerdings gilt gem. § 155 BGB das übereinstimmend Vereinbarte, selbst wenn ein Dissens vorliegt, soweit davon ausgegangen werden kann, daß auch ohne Einigung in diesen Punkten der Vertrag zustande gekommen wäre. Dies kann aber nur dann bejaht werden, wenn es sich um unwesentliche Nebenpunkte des Vertrages handelt; bei Fehlen einer Einigung über essentialia negotii ist ein Vertragsschluß ausgeschlossen.

80

> **"HEMMER-METHODE"**: Beachten Sie nochmals, daß die Anwendung der Regeln über den Dissens nur dann in Betracht kommt, wenn der „Einigungsmangel" nicht im Wege der Vertragsauslegung behoben werden kann. Kennzeichnend für den Dissens ist, daß die bereits ausgelegten Willenserklärungen *objektiv mehrdeutig* sind. Sie müssen deshalb immer berücksichtigen, wie die geäußerten Erklärungen objektiv verstanden werden können. Vergessen Sie nicht, daß gem. §§ 133, 157 BGB maßgeblich ist, wie der Empfänger die Erklärung verstehen konnte und durfte. Seien Sie daher in der Klausur äußerst vorsichtig mit der Bejahung des Dissenses!

V. Die Form

grds. Formfreiheit

Ein Vertrag kann grds. formlos geschlossen werden, d.h. nach Wahl der Parteien mündlich, schriftlich, etc. Eine Ausnahme besteht allerdings dann, wenn eine bestimmte Form vorgeschrieben ist.

81

Hierbei ist zu unterscheiden, ob es sich um eine gesetzliche Formvorschrift, oder aber eine rechtsgeschäftlich vereinbarte Form handelt.

1. Gesetzliche Formvorschriften

Schutzfunktion des Formerfordernisses

Das BGB regelt zahlreiche Formerfordernisse. Formerfordernisse haben die Aufgabe, besondere Schutzfunktionen zu erfüllen. Der Zweck der jeweiligen Formvorschrift kann daher folgende Funktionen verfolgen:

82

- **Warnfunktion:** den Erklärenden wegen der Risiken des Geschäftes vor übereilten Bindungen zu schützen
- **Klarstellungs- und Beweisfunktion:** klarzustellen, ob und mit welchem Inhalt das Geschäft zustande gekommen ist
- **Beratungsfunktion:** notarielle Beurkundung soll zusätzlich eine sachkundige Beratung und Belehrung der Beteiligten sicherstellen
- **Kontrollfunktion:** es soll eine wirksame behördliche Überwachung gewährleistet werden.

Wichtige gesetzliche Formvorschriften sind z.B. §§ 313 S.1, 766 S.1, 518 I 1 BGB (LESEN!).

Zweck z.B. des § 313 S.1 BGB ist, folgende Schutzfunktionen zu erfüllen:

Er hat eine *Warnfunktion* (der Beurkundungszwang soll die Parteien auf die Bedeutung des Grundstücksgeschäftes hinweisen und vor dem Eingehen übereilter Verpflichtungen schützen), eine *Beweisfunktion* (es soll zugleich der Beweis der getroffenen Vereinbarung gesichert werden) und eine *Beratungsfunktion* (es soll eine sachgemäße Beratung der Parteien durch den Notar sichergestellt werden).

bei fehlender gesetzlicher Form ⇨ Nichtigkeit gem. § 125 S.1 BGB

Die Nichtbeachtung einer gesetzlichen Formvorschrift führt grds. zur Nichtigkeit des Rechtsgeschäftes, § 125 S.1 BGB. Dies ist Folge der mit der jeweiligen Formvorschrift verfolgten Schutzfunktion(en). Die Nichtigkeit ist erforderlich, um den jeweiligen Schutzzweck zu gewährleisten.

nur in Ausnahmefällen keine Nichtigkeit

Nur ausnahmsweise tritt keine Nichtigkeit des Rechtsgeschäftes ein. Das ist grds. nur dann der Fall, wenn dies in einer gesetzlichen Ausnahmevorschrift geregelt ist, vgl. § 566 S.2 BGB. Darüber hinaus entfällt die Nichtigkeit bei Eingreifen von Regelungen, die eine Heilung des Formmangels durch Erfüllung vorsehen, vgl. §§ 313 S.2, 518 II, 766 S.2 BGB.

Sie müssen daher mit Ihrer weihnachtlichen Wunschliste und den potentiellen Schenkern nicht zum Notar, wenn Sie erwarten können, daß die Geschenke am 24.12. unterm Baum liegen. Die fehlende notarielle Beurkundung ist dann gem. § 519 II BGB geheilt.

bei Teilnichtigkeit ggf. § 139 BGB

Betrifft der Formmangel nur einen Teil des Rechtsgeschäfts, so gilt § 139 BGB, d.h. es ist das ganze Rechtsgeschäft nichtig, wenn nicht anzunehmen ist, daß es auch ohne den nichtigen Teil vorgenommen worden wäre. § 139 BGB führt also bei Zweifeln zur Gesamtnichtigkeit.

Bsp.: Die Parteien schließen schriftlich einen einheitlichen Vertrag, wonach der Verkäufer dem Käufer ein Hausgrundstück verkauft und der Käufer dem Verkäufer eine Wohnung dieses Hauses vermietet.

Der Kaufvertrag ist nach §§ 313 S.1, 125 S.1 BGB unwirksam. Nach § 139 BGB ist auch der Mietvertrag unwirksam, da dieser ohne den Kaufvertrag nicht zustande gekommen wäre.

Ausnahmevorschriften im HGB

Für Vollkaufleute bestimmen §§ 350, 351 HGB eine Reihe von Ausnahmen von den Formvorschriften des BGB.

> **"HEMMER-METHODE":** Verschaffen Sie sich bei jeder einzelnen gesetzlichen Formvorschrift stets Klarheit über die jeweiligen Schutzfunktionen. Letztendlich ist der Schutzzweck maßgeblich, inwieweit eine Formvorschrift disponibel ist, d.h. ob die Vertragsparteien ggf. vereinbaren können, daß die Formvorschrift für Sie gar nicht gelten soll.

2. Rechtsgeschäftlich vereinbarte Form

bei fehlender rechtsgeschäftlich vereinbarter Form nach § 125 S.2 BGB nur im Zweifel Nichtigkeit

Gelegentlich vereinbaren die Parteien in ihren Verträgen, daß eine Änderung des Vertrages nur schriftlich möglich sein soll. Hierbei handelt es sich um eine rechtsgeschäftlich vereinbarte Schriftform. **88**

Die Nichtbeachtung dieses Schriftformerfordernisses führt aber nur im Zweifel zur Nichtigkeit, § 125 S.2 BGB. Es muß deshalb zunächst im Wege der Auslegung ermittelt werden, ob die Parteien für den Fall fehlender Schriftform wirklich die Nichtigkeit der Vereinbarung wünschen. Ergibt die Auslegung, daß die vereinbarte Schriftform lediglich der Beweissicherung oder der Klarstellung dienen soll, so ist das Rechtsgeschäft auch bei Nichteinhaltung der Form wirksam. Der Beweis ist dann eben anderweitig zu führen. Führt die Auslegung der Formvereinbarung zu keinem zweifelsfreien Ergebnis, so greift § 125 S.2 BGB.

rechtsgeschäftlich vereinbartes Formerfordernis ist formlos verzichtbar

Die formwidrige mündliche Vereinbarung ist daher gültig, wenn die Parteien sie übereinstimmend und eindeutig wollen. Der Vollzug des Rechtsgeschäftes trotz Nichteinhaltung der Form ist als Verzicht auf das Formerfordernis auszulegen. **89**

> **"HEMMER-METHODE":** Die vertraglich vereinbarte Schriftform kann durch formlose, also auch mündliche Absprache, wieder aufgehoben werden. Dies kann zeitgleich konkludent mit der formwidrigen Vereinbarung erfolgen. Schon aus diesem Grund wird die Nichtigkeit der formlosen Vereinbarung praktisch die Ausnahme sein.

D. Die Geschäftsfähigkeit

insbesondere bei Beteiligung Minderjähriger ist die Geschäftsfähigkeit problematisch

Bei der Untersuchung von Willenserklärungen der Vertragspartner ist nach der Prüfung ihrer Wirksamkeit, der Abgabe, des Zugangs, ggf. ihrer Auslegung und der Überprüfung von Formerfordernissen noch ein weiterer, sehr wichtiger Punkt, zu berücksichtigen.

Zwar werden Verträge meist zwischen geschäftsfähigen Erwachsenen abgeschlossen. In Klausuren gehen aber sehr häufig vor allem minderjährige Kinder z.B. für ihre Eltern einkaufen, tauschen Spielsachen oder investieren ihr Taschengeld in alle möglichen Dinge.

Fähigkeit einen vernünftigen Willen zu bilden

Nachdem aber eine Willenserklärung für den Erklärenden u.U. erhebliche rechtliche und wirtschaftliche Folgen haben kann, sollen diese Wirkungen den Erklärenden nur dann treffen, wenn er fähig ist, einen vernünftigen Willen zu bilden. **90**

Diese Fähigkeit bezeichnet das BGB als Geschäftsfähigkeit. **91**

§ 3 DER VERTRAGSSCHLUSS

```
                    ┌─────────────────────────────────┐
                    │         Grundsatz:              │
                    │ Jeder ist beschränkt geschäftsfähig. │
                    └─────────────────────────────────┘
                         ↙                    ↘
          ┌──────────────────┐       ┌──────────────────┐
          │    Ausnahme:     │       │    Ausnahme:     │
          │ beschränkt       │       │ Geschäfts-       │
          │ Geschäftsfähige  │       │ unfähige         │
          └──────────────────┘       └──────────────────┘
                 ↓                            ↓
          ┌──────────────────┐       ┌──────────────────┐
          │ Abschluß rechtlich│      │ Abschluß von     │
          │ vorteilhafter     │      │ Rechtsgeschäfte  │
          │ Rechtsgeschäfte   │      │ nur durch        │
          │ möglich           │      │ gesetzlichen     │
          │                   │      │ Vertreter        │
          └──────────────────┘       └──────────────────┘
                 ↓
          ┌──────────────────┐
          │ sonst Zustimmung │
          │ des gesetzlichen │
          │ Vertreters       │
          │ notwendig        │
          └──────────────────┘
```

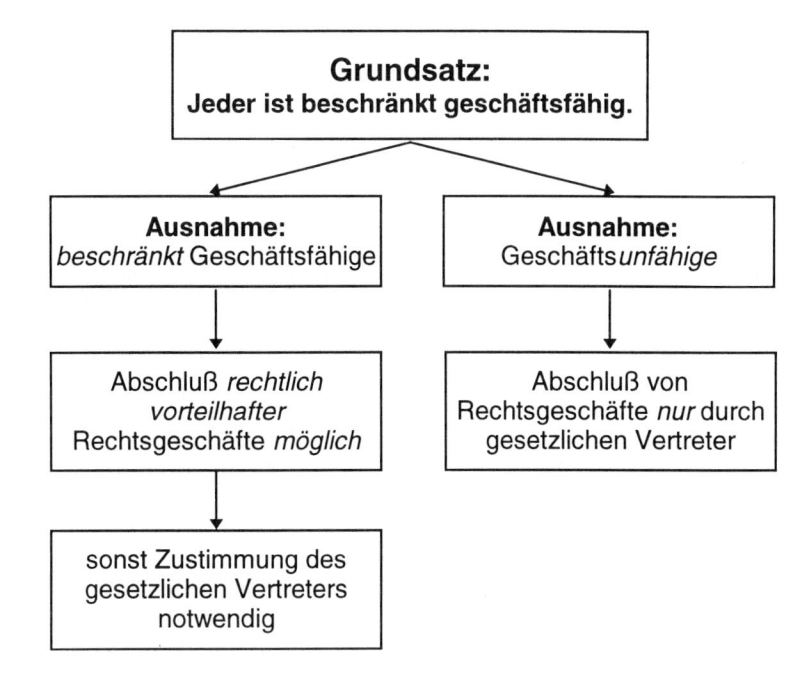

Differenzierung nach bestimmten Altersstufen

Entsprechend der unterschiedlichen Entwicklungsstufen bei Minderjährigen differenziert das BGB bei deren Geschäftsfähigkeit nach bestimmten Altersstufen.

92

> **"HEMMER-METHODE":** Verwechseln Sie die Geschäftsfähigkeit nicht mit der Rechtsfähigkeit. Bei der Rechtsfähigkeit gibt es grds. keine Beschränkungen. Sie beginnt bei natürlichen Personen (= Menschen) mit Vollendung der Geburt, § 1 BGB. Sie ist die Fähigkeit, Träger von Rechten und Pflichten zu sein. Bei juristischen Personen (= rechtliche Gebilde) ist diese Fähigkeit von weiteren Voraussetzungen abhängig, wie z.B. der Eintragung in ein Register, vgl. §§ 21 BGB, und 11 I GmbHG für den rechtsfähigen Verein und die GmbH. Die Eintragung ist quasi die „vollendete Geburt" der juristischen Person.

I. Geschäftsunfähigkeit

1. Bei Minderjährigen

Bsp.: Der 6-jährige Pumuckel erhält als Belohnung für einen gezogenen Milchzahn von seiner Mutter 5 DM. Mit diesem Geld erwirbt er im Geschäft des Eder ein Matchboxauto. Wie ist die Rechtslage?

Sie erinnern sich: Aufgrund des Abstraktionsprinzips sind in dem Beispielsfall drei Geschäfte hinsichtlich ihrer Wirksamkeit zu unterscheiden; der schuldrechtliche Kaufvertrag (§ 433 BGB) und die beiden dinglichen Übereignungen bezüglich des Autos und des Geldes.

93

Wer das siebente Lebensjahr noch nicht vollendet hat, ist geschäftsunfähig, § 104 Nr.1 BGB; seine Willenserklärungen sind gem. § 105 I BGB nichtig (= Rechtsfolge).

94

Nichtig ist daher sowohl das Kaufangebot des Geschäftsunfähigen als auch die Einigungserklärung hinsichtlich des Eigentumsüberganges am Auto sowie die Einigungserklärung über den Eigentumsübergang des Geldes.

Pumuckel und Eder sind aus dem Kaufvertrag weder berechtigt noch verpflichtet. Eder ist weiterhin Eigentümer des Matchboxautos und Pumuckel ist zunächst Eigentümer der 5 DM geblieben. Beide haben damit jeweils einen Anspruch aus § 985 BGB auf Herausgabe des Geldes bzw. des Autos.

Da auch das Verpflichtungsgeschäft (der Kaufvertrag) unwirksam ist, haben beide gegeneinander außerdem auch noch einen Anspruch aus § 812 I 1, 1.Alt. BGB auf Herausgabe des jeweils Erlangten, hier Besitz am Auto bzw. am Geld.

> **"HEMMER-METHODE":** Erinnern Sie sich!?! Im Rahmen eines Gutachtens sind jeweils alle denkbaren möglichen Anspruchsgrundlagen zu prüfen; hier also sowohl der Herausgabeanspruch aus § 985 BGB, als auch aus § 812 I 1, 1.Alt. BGB.

wirksame WE nur durch gesetzlichen Vertreter

Ein geschäftsunfähiges Kind wäre aber ein unglückliches Kind, wenn es zwar von seinen Eltern Geld geschenkt bekommt, sich aber dafür nichts kaufen kann.

Das geschäftsunfähige Kind kann aber tatsächlich doch noch Vertragspartner werden. Es kann sich durch seine Eltern als gesetzliche Vertreter gemäß §§ 1626, 1629 I BGB nach § 164 BGB vertreten lassen. Geben die Eltern z.B. ein Kaufangebot im Namen des Kindes ab, so wird es unmittelbar Partei des Vertrages. Auch die Einigungserklärungen nach § 929 S.1 BGB können sie als gesetzliche Vertreter abgeben, so daß das Kind sogar unmittelbar Eigentum erwerben kann.

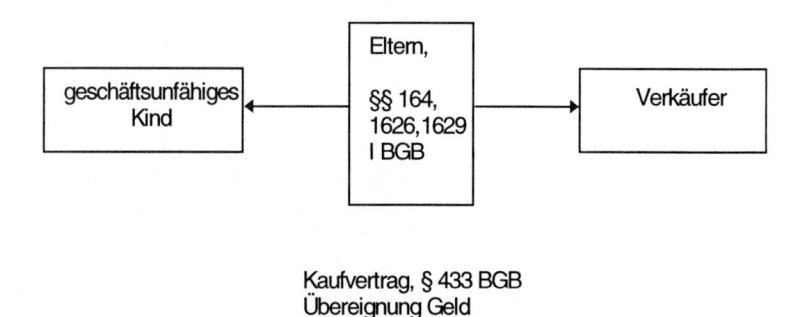

95

```
                              ┌──────────┐
                              │  Eltern, │
┌─────────────────┐           │          │           ┌──────────┐
│ geschäftsunfähiges│ ◄──────  │  §§ 164, │ ──────►   │ Verkäufer│
│      Kind        │           │ 1626,1629│           │          │
└─────────────────┘           │   I BGB  │           └──────────┘
                              └──────────┘
```

Kaufvertrag, § 433 BGB
Übereignung Geld
Übereignung Kaufsache

2. Beim tatsächlich Geschäftsunfähigen

Geschäftsunfähigkeit bei krankhafter Störung der Geistestätigkeit

Geschäftsunfähig sind nicht nur Kinder. Auch Menschen, die sich in einem, wegen krankhafter Störung der Geistestätigkeit, die freie Willensbildung ausschließenden Zustand befinden, sind geschäftsunfähig, § 104 Nr.2 BGB.

96

Ausnahme in lichten Augenblicken

Obwohl auch hier die von dem Geschäftsunfähigen abgegebenen Willenserklärungen grundsätzlich nach § 105 I BGB unwirksam sind, ist zu beachten, daß dies dann nicht gilt, wenn der Geschäftsunfähige während der Vornahme des Rechtsgeschäfts einen sog. lichten Augenblick hatte.

97

Für diesen Zeitpunkt, der bei einigen Krankheitsbildern durchaus häufiger auftreten kann, wird der ansonsten Geschäftsunfähige wie ein Geschäftsfähiger behandelt. In diesem Zeitraum kann er daher wirksame Willenserklärungen abgeben.

Bsp.: Der geisteskranke Napoleon übereignet seinen Opel Admiral an Dr. Freud, der von der Geisteskrankheit nichts weiß.

Dr. Freud ist nicht nach § 929 S.1 BGB Eigentümer des PKW geworden. Die von Napoleon abgegebene Willenserklärung ist unwirksam, §§ 104 Nr.2, 105 I BGB.

§ 3 DER VERTRAGSSCHLUSS

Hatte Napoleon während der Übereignung aber einen lichten Moment, konnte Dr. Freud auch Eigentümer des Fahrzeugs werden, da das Einigungsangebot des Napoleon dann wirksam ist.

> **"HEMMER-METHODE":** Auch wenn Dr. Freud im ersten Fall nicht erkennen konnte, daß Napoleon geisteskrank ist, führt dies keinesfalls zu einem sog. gutgläubigen Erwerb des Eigentums nach § 932 BGB. § 932 BGB schützt lediglich den guten Glauben an die Berechtigung des Verfügenden, d.h. eine Rechtsposition an einer Sache, kraft derer er Eigentum verschaffen kann (gegeben, wenn der Verfügende selbst Eigentümer der Sache ist). Merken Sie sich: Der gute Glaube an die Geschäftsfähigkeit wird nicht geschützt.

II. Beschränkte Geschäftsfähigkeit

ab vollendetem siebenten Lebensjahr ist WE in bestimmten Fällen wirksam

Kinder und Jugendliche zwischen dem vollendeten siebten und dem vollendeten achtzehnten Lebensjahr, §§ 2, 106 BGB sind beschränkt geschäftsfähig.

Das bedeutet, daß sie im Gegensatz zu Geschäftsunfähigen in bestimmten Fällen wirksame Willenserklärungen abgeben können.

Die Abgrenzung, ob die Willenserklärung des Minderjährigen wirksam ist oder nicht, ist davon abhängig ob es sich um ein zustimmungsfreies oder aber ein zustimmungsbedürftiges Rechtsgeschäft handelt.

1. Zustimmungsfreies Rechtsgeschäft

a) Lediglich rechtlicher Vorteil

Bringt die Willenserklärung dem beschränkt Geschäftsfähigen lediglich einen rechtlichen Vorteil, so ist sie ohne die Mitwirkung des gesetzlichen Vertreters wirksam, § 107 BGB.

nicht wirtschaftlicher Vorteil!

Bei der Beurteilung, ob ein rechtlicher Vorteil vorliegt oder nicht, geht es aber keinesfalls darum, ob der Minderjährige wirtschaftlich gesehen einen Vorteil erlangt hat. Es ist vielmehr darauf abzustellen, welche rechtlichen Verpflichtungen für den Minderjährigen mit diesem Rechtsgeschäft verbunden sind.

> *Bsp.: Alf bietet seinen neuen Walkman, Wert 200 DM, dem 9-jährigen Brian zu einem „Freundschaftspreis" von 100 DM an. Brian nimmt das Angebot an, bezahlt und nimmt den Walkman mit.*
>
> *Sind die getätigten Rechtsgeschäfte wirksam?*
>
> Brian ist minderjährig, §§ 2, 106 BGB. Zu prüfen ist daher, ob er die Rechtsgeschäfte, Abschluß des Kaufvertrages (= Verpflichtungsgeschäft), Übereignung des Walkman und des Geldes (= Verfügungsgeschäfte), auch ohne Zustimmung seiner Eltern vornehmen konnte.
>
> Der Kaufvertrag bringt Brian zwar einen wirtschaftlichen Vorteil in Form eines Gewinnes von 100 DM. Brian erzielt auch einen rechtlichen Vorteil, einen Anspruch auf Übergabe und Übereignung aus § 433 I BGB. Da er aber aus dem Vertrag auch zu einer Zahlung von 100 DM verpflichtet wird, § 433 II BGB, bringt der Vertrag ihm nicht nur einen rechtlichen Vorteil, sondern auch einen Nachteil. Der Kaufvertrag ist damit zunächst schwebend unwirksam, §§ 107, 108 I BGB. Erst mit Verweigerung der Genehmigung durch die Eltern ist er endgültig unwirksam.

Auch die Übereignung des Geldes an Alf nach § 929 S.1 BGB ist gem. §§ 107, 108 I BGB schwebend unwirksam, da Brian dadurch das Eigentum an seinem Geld verlieren würde. Diese Übereignung ist nicht lediglich rechtlich vorteilhaft.

Brian kann das gezahlte Geld somit nach § 985 BGB und § 812 I 1, 1 Alt. BGB zurückfordern.

Die Übereignung des Walkman an Brian nach § 929 S.1 BGB ist dagegen wirksam. Durch die Annahme des Einigungsangebotes erwirbt Brian Eigentum an dem Walkman, ein lediglich rechtlicher Vorteil. Die Sache wurde ihm auch vom Berechtigten, dem Voreigentümer Alf, übergeben.

Daher hat Alf gegen Brian auch keinen Anspruch aus § 985 BGB auf Herausgabe des Walkman, da nun Brian Eigentümer ist. Da aber der Kaufvertrag, das Verpflichtungsgeschäft, nichtig ist, kann Alf nach § 812 I 1, 1.Alt. von Brian Rückübereignung des Walkman verlangen. Brian hat das Eigentum durch Leistung des Alf ohne Rechtsgrund erlangt.

> **"HEMMER-METHODE":** Trennen Sie bei § 929 S.1 BGB immer scharf zwischen Einigung und Übergabe. Bei der Einigung, dem dinglichen Vertrag, sind die §§ 104ff BGB zu prüfen. Die Übergabe hingegen ist ein bloßer Realakt, auf den die §§ 104ff BGB keine Anwendung finden.

> **Lediglich rechtlich vorteilhaft sind z.B. folgende Rechtsgeschäfte:**
> - der Erwerb von Rechten (Eigentum an einer Sache; Hypothek an einem Grundstück, etc...)
> - Schenkungsvertrag mit einem Minderjährigen

102

b) Neutrales Geschäft

neutrale Geschäfte bringen weder Vor- noch Nachteil

Es gibt auch Rechtsgeschäfte, die dem Minderjährigen weder Vor- noch Nachteile bringen. Man nennt sie deshalb neutrale Geschäfte.

103

Bsp.: Der minderjährige Campino leiht sich von Bella dessen Lederjacke. Da Campino aber dringend Geld benötigt, um sich eine Geige zu kaufen, verkauft er kurzerhand die Lederjacke des Bella an Gotthilf, der ihm dafür 250 DM zahlt. Gotthilf zieht die Jacke sogleich an. Er hält Campino für den Eigentümer, da dieser ihm erzählt hat, sie sei ein Geschenk seiner Großmutter gewesen.

Auch hier gilt es drei Rechtsgeschäfte zu prüfen: Der Kaufvertrag über die Lederjacke, die Übereignung des Geldes und die Übereignung der Jacke.

Bei Betrachtung des letzteren Rechtsgeschäftes ist festzustellen, daß Campino gar nicht Eigentümer der Jacke war, sondern immer noch Bella. Weil aber Campino kein Eigentum verlieren konnte, war die Einigung i.R.d. § 929 S.1 BGB mit Gotthilf für ihn mit keinerlei rechtlichen Nachteilen behaftet. Die Einigung als dinglicher Vertrag scheiterte deshalb nicht an §§ 107ff BGB, da das Geschäft für Campino rechtlich neutral war. Gotthilf konnte daher gutgläubig Eigentum vom Nichtberechtigten Campino erwerben. Die fehlende Berechtigung des Campino zur Übereignung – er war ja selbst gar nicht Eigentümer – wurde durch § 932 BGB überwunden.

Hinsichtlich der Übereignung des Geldes an Campino handelt es sich um ein lediglich rechtlich vorteilhaftes Rechtsgeschäft i.S.d. § 107 BGB. Der Kaufvertrag hingegen ist schwebend unwirksam, da Campino nach § 433 I BGB verpflichtet wird.

§ 3 DER VERTRAGSSCHLUSS   31

> **"HEMMER-METHODE":** Wie sie sehen, eignet sich der Minderjährige hervorragend zur Einübung des Abstraktionsprinzips. Die Übereignung an den Minderjährigen (rechtlich vorteilhaft für den Minderjährigen) ist wirksam, aber nicht konditkionsfest, d.h. es kann nach § 812 I 1, 1.Alt. BGB Rückübereignung verlangt werden. Hat der Minderjährige die Sache zerstört oder erhaltenes Geld für Luxusaufwendungen ausgegeben, so ist § 818 III BGB zu beachten, wonach der Minderjährige dann im Falle einer solchen „Entreicherung" ggf. gar nichts mehr herausgeben muß.

2. Zustimmungsbedürftiges Rechtsgeschäft

WE des Minderjährigen grds. von Zustimmung der Eltern abhängig

Obwohl es also für den Minderjährigen einige Möglichkeiten gibt, wirksame Willenserklärungen abzugeben, ist er in den meisten Fällen aber immer noch von seinen gesetzlichen Vertretern, nach §§ 1626, 1629 I BGB den Eltern, abhängig.

104

Nur mit Zustimmung der Eltern werden seine Willenserklärungen wirksam.

vorherige und nachträgliche Zustimmung möglich

Dem Minderjährigen stehen zwei Möglichkeiten zur Verfügung. Er kann zum einen seine Eltern vor dem von ihm geplanten Rechtsgeschäft um ihre Erlaubnis bitten, oder aber, „wenn das Kind schon in den Brunnen gefallen ist", sich auch hinterher um ihre Erlaubnis bemühen.

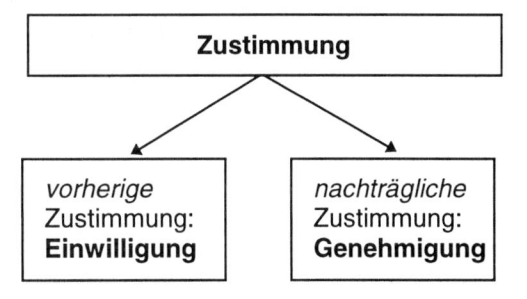

105

```
            Zustimmung
           /          \
    vorherige      nachträgliche
    Zustimmung:    Zustimmung:
    Einwilligung   Genehmigung
```

a) Einwilligung

Einwilligung = vorherige Zustimmung

Die vorherige Zustimmung der Eltern ist die sog. Einwilligung, § 183 S.1 BGB. Hat der Minderjährige sich im Falle des rechtlich nicht lediglich vorteilhaften Geschäfts die Einwilligung seiner Eltern geben lassen, ist das Rechtsgeschäft von Anfang an wirksam.

106

Die Einwilligung kann sich auf ein ganz bestimmtes Rechtsgeschäft beziehen, oder aber auf einen bestimmten Kreis von Rechtsgeschäften.

> *Bsp.: Erlauben die Eltern ihrer minderjährigen Tochter Michaela Schatzmaus nach Amerika in Urlaub zu fliegen, sind alle mit der Reise zusammenhängenden Geschäfte, wie die Buchung des Fluges, Anmietung einer Unterkunft u.s.w. davon gedeckt.*

auch konkludente Einwilligung möglich

Es ist nicht erforderlich, daß die Eltern ihre Einwilligung ausdrücklich erklären. Auch eine konkludente Einwilligung ist möglich.

107

> *Bsp.: Die Eltern sagen zur Amerikareise zwar nicht ausdrücklich „Ja", besorgen ihrer Tochter aber entsprechende Reisebuchungsunterlagen.*

Ein solcher Fall der konkludenten Einwilligung ist gesetzlich in § 110 BGB geregelt.

aa) Der Taschengeldparagraph, § 110 BGB

Wirksamkeit der WE des Minderjährigen bei Zahlung mit Taschengeld

Die meisten Minderjährigen erhalten netterweise von ihren Eltern, aber auch von Onkeln, Tanten und Großeltern *Taschengeld*. Das BGB gibt Minderjährigen in § 110 BGB das Recht, auch ohne ausdrückliche Zustimmung der Eltern mit dem Geld, das ihnen von den Eltern bzw. von Dritten mit Zustimmung der Eltern zu einem bestimmten Geschäft oder zur freien Verfügung überlassen worden ist, anzufangen was sie wollen.

Wirksamkeitsvoraussetzung für ein entsprechendes Rechtsgeschäft ist jedoch, daß die Leistung des Minderjährigen mit dem Taschengeld auch vollständig bewirkt worden ist. Bei Ratenzahlungsgeschäften gilt der Vertrag daher erst nach vollständiger Begleichung aller Raten als von Anfang an wirksam (vorher ist das Geschäft schwebend unwirksam und kann von den Eltern widerrufen werden, § 183 BGB).

> *Bsp.: Zahlt der minderjährige Sepp Schaffer einen Walkman mit dem Geld, das er in zwei Wochen als Taschengeld „verdient" hat, so sind der Kaufvertrag und die Einigung bei der Übereignung des Geldes gem. § 110 BGB wirksam. Das Eigentum am Walkman erwirbt er bereits aufgrund des lediglich rechtlichen Vorteils beim Eigentumserwerb, § 107 BGB.*

Taschengeldsurrogate

Besonderheiten ergeben sich bei der Verwendung von Taschengeldsurrogaten (= an Stelle des Taschengeldes getretene Gegenstände). Hier hilft § 110 BGB nur dann, wenn eine Auslegung der in der Hingabe des Taschengeldes liegenden konkludenten Einwilligung der Eltern ergibt, daß das „Zweitgeschäft" mit dem Surrogat ebenfalls durch die Hingabe des Taschengeldes gedeckt sein sollte. Dies ist i.d.R. dann der Fall, wenn das zweite Geschäft auch sofort mit dem Taschengeld selbst bewirkt werden konnte.

> *Bsp.: Der 15-jährige Felix kauft sich von seinem Taschengeld für 2 DM ein Rubbellos. Seine Freude ist groß, als er 10.000 DM freirubbelt. Er erinnert sich, daß sein Bruder, ein Jurastudent, ihm gesagt hat, mit seinem Taschengeld könne er wegen § 110 BGB machen was er wolle. Felix nimmt deshalb das Geld, geht in einen Mofaladen und kauft sich dort seine Traum-Maschine.*

Wirksamkeit der Rechtsgeschäfte?

Der Kaufvertrag über das Los ist in der Tat aufgrund § 110 BGB wirksam.

Allerdings gilt § 110 BGB beim Kaufvertrag über das Mofa nicht. Die Auslegung der konkludenten Einwilligung der Eltern bei Hingabe des Taschengeldes ergibt, daß Felix die 10.000 DM, die er als Surrogat für sein Taschengeld erlangt hat, nicht zum Kauf eines Mofas einsetzen durfte. Der „Taschengeldparagraph" erlaubt grds. nur solche Geschäfte die auch mit dem Taschengeld selbst bewirkt werden können. Das Taschengeld hätte zum Kauf des Mofas jedoch niemals ausgereicht. Die Leistung mit den Mitteln, die der Minderjährige ersatzweise für das Taschengeld erworben hat (sog. Surrogate), fällt hier deshalb nicht mehr unter § 110 BGB.

Infolgedessen ist auch die Übereignung des Geldes an den Verkäufer des Mofas schwebend unwirksam.

> **"HEMMER-METHODE":** § 110 BGB spricht zwar davon, daß der Minderjährige ohne (ausdrückliche) Zustimmung seiner Eltern wirksame Rechtsgeschäfte tätigen kann; da es sich hierbei aber um einen Fall der konkludenten Einwilligung handelt, muß der Umfang der Einwilligung grds. im Einzelfall durch Auslegung ermittelt werden.

§ 3 DER VERTRAGSSCHLUSS

> Es ist dann zu fragen, welche Zweckbestimmung die Eltern mit der Überlassung des Taschengeldes verbunden haben. So liegt sicher von vornherein keine konkludente Einwilligung vor, wenn Felix sich anstelle des Loses von seinem Taschengeld auf dem Schulhof Extasy-Pillen oder eine Schußwaffe kauft, § 110 BGB greift dann nicht ein.

bb) Selbständiger Betrieb eines Erwerbsgeschäftes; Arbeitsverhältnis

Teil-Geschäftsfähigkeit

Eine andere Form der Generaleinwilligung regeln §§ 112, 113 BGB. Für den in diesen Paragraphen geregelten Kreis von Geschäften erlangt der Minderjährige eine Teil-Geschäftsfähigkeit. Die Eltern haben für diesen Bereich dann kein Vertretungsrecht mehr. Damit unterscheidet sich diese Generaleinwilligung von der gewöhnlichen Generaleinwilligung, wie z.B. zu den mit einer erlaubten Reise verbundenen Geschäften (s.o), bei der die Zuständigkeit des gesetzlichen Vertreters erhalten bleibt.

110

Bsp.: Der 16-jährige Philipp arbeitet in seiner Freizeit als Verkäufer im Supermarkt Quengelmann. Die Eltern sind damit einverstanden, weil der Junge in dieser Zeit sinnvoll beschäftigt ist.

Sind folgende von Philipp getätigte Rechtsgeschäfte von der Ermächtigung nach § 113 BGB gedeckt?

a) P kauft sich eine Monatskarte für die Straßenbahn.

b) P kauft sich Arbeitskleidung.

c) P kauft sich von seinem Lohn einen Fernseher.

d) P kündigt bei Quengelmann und fängt als Verkäufer bei Waldi an.

Die Wirksamkeit der o.g. Rechtsgeschäfte hängt davon ab, ob es sich um Rechtsgeschäfte handelt, die die Eingehung oder Aufhebung des Arbeitsverhältnisses oder die Erfüllung der sich aus diesem Arbeitsverhältnis ergebenden Verpflichtungen betreffen, § 113 I S.1 BGB.

zu a) Die Wirksamkeit des Fahrkartenkaufes ist zu bejahen, denn P muß jeden Tag pünktlich an seinem Arbeitsplatz erscheinen. Das Geschäft dient damit der Erfüllung der sich aus dem Arbeitsverhältnis ergebenden Verpflichtungen.

zu b) Auch hier ist Wirksamkeit gegeben, da P als Verkäufer richtig gekleidet sein muß, vgl. a).

zu c) Der Fernseher ist allerdings nicht erforderlich, um die Pflichten aus dem Arbeitsverhältnis zu erfüllen. Damit wird dieser Kauf nicht mehr von § 113 I S.1 BGB erfaßt. Haben die Eltern P seinen Lohn zur freien Verfügung überlassen, ergibt sich die Wirksamkeit des Rechtsgeschäfts aber aus § 110 BGB, da es sich dann um Mittel von Dritten handelt, die P mit der Zustimmung seiner Eltern zur freien Verfügung überlassen werden.

zu d) Die Kündigung ist durch § 113 I S.1 BGB gedeckt („oder Aufhebung eines Dienst- oder Arbeitsverhältnisses"). Für den Abschluß des neuen Arbeitsverhältnisses gilt die Ermächtigung im Zweifel ebenfalls, § 113 IV (Auslegungsregel), wenn es gleichartig ist. Dies ist hier der Fall.

> **"HEMMER-METHODE"**: Trotz der Ermächtigung der §§ 112, 113 BGB sind allerdings solche Geschäfte schwebend unwirksam, zu denen der gesetzliche Vertreter der Zustimmung des Vormundschaftsgerichts bedarf (§§ 112 I 2, 113 I 2, 1643, 1821f, 1829 BGB).

> Will also der Minderjährige z.B. ganz groß in eine Kommanditgesellschaft einsteigen, § 1822 Nr.3 BGB, liegt die Entscheidung darüber nicht nur beim „Familienrat", sondern muß sogar vormundschaftsgerichtlich genehmigt werden.

b) Genehmigung

nachträgliche Zustimmung

Nicht jeder Minderjährige findet die Muße, seine Eltern vorher um ihre Erlaubnis zu bitten, wenn er ein für ihn interessantes Rechtsgeschäft abschließen will. Bringt dieses Rechtsgeschäft aber keinen lediglich rechtlichen Vorteil (dann würde die Zustimmung der Eltern gar nicht benötigt), ist der Vertrag erst einmal schwebend unwirksam.

Fehlen der erforderlichen Einwilligung führt zu schwebender Unwirksamkeit

Schwebende Unwirksamkeit bedeutet, daß der Vertrag die Parteien erst einmal nicht bindet. Erst wenn der gesetzliche Vertreter den Vertrag genehmigt, läßt diese Genehmigung den Vertrag wirksam werden, und zwar von Anfang an (§§ 108 I, § 184 I BGB). Einer bestimmten Form bedarf es für die Genehmigung nicht, nicht einmal, wenn das entsprechende Rechtsgeschäft selbst formbedürftig ist, § 182 II BGB. Wird die Genehmigung verweigert tritt, endgültige Unwirksamkeit ein.

Für den Geschäftspartner des Minderjährigen ist dieser Schwebezustand keine erfreuliche Situation. Er möchte natürlich sicher wissen, ob der Vertrag wirksam oder endgültig unwirksam sein soll.

Genehmigungsaufforderung möglich

Der Geschäftspartner kann deshalb die Eltern seines „Kunden" zu einer Erklärung über die Genehmigung auffordern, § 108 II BGB. Der gesetzliche Vertreter kann dann abweichend von § 182 I BGB die Genehmigung nur noch gegenüber dem Vertragspartner erklären.

Haben die Eltern sich zuvor schon gegenüber dem Minderjährigen über das Geschäft geäußert und damit über die Wirksamkeit bzw. Unwirksamkeit entschieden, führt die Aufforderung des Vertragspartners dazu, daß das ganze Rechtsgeschäft nochmals schwebend unwirksam wird (§ 108 II 1, 2.HS BGB). Die Eltern müssen eine Genehmigung dann bis zum Ablauf von zwei Wochen nach dem Empfang der Aufforderung erklären. Lassen sie die Frist verstreichen, dann gilt die Genehmigung als verweigert, § 108 II 2 BGB.

> **"HEMMER-METHODE"**: Wird der Minderjährige zwischenzeitlich volljährig, kann er über § 108 III BGB das Rechtsgeschäft selbst genehmigen, z.B. auch konkludent dadurch, daß er an dem Vertrag festhält. Voraussetzung ist aber, daß er die schwebende Unwirksamkeit des Vertrages gekannt hat. Keinesfalls tritt mit dem Erreichen der Volljährigkeit eine automatische Heilung der schwebenden Unwirksamkeit ein.

3. Erfüllung an einen Minderjährigen

Hat ein Minderjähriger gegen Sie eine Kaufpreisforderung?

Dann zahlen Sie bitte nicht, bevor dessen Eltern zugestimmt haben.

Minderjährigem fehlt Empfangszuständigkeit

Trotz einer wirksamen Übereignung des Geldes an den Minderjährigen (der Eigentumserwerb ist für ihn lediglich rechtlich vorteilhaft, § 107 BGB) würde nach h.M. keine Erfüllung der Kaufpreisschuld nach § 362 I BGB eintreten. Die Erfüllung würde zum Erlöschen der Forderung aus § 433 II BGB führen und ist daher rechtlich nachteilig.

§ 3 DER VERTRAGSSCHLUSS

Dem Minderjährigen fehlt es an der sogenannten *Empfangszuständigkeit*. Die befreiende Leistung gegenüber dem Minderjährigen bedarf deshalb der Zustimmung des gesetzlichen Vertreters oder der Leistung an den gesetzlichen Vertreter.

Risiko der Entreicherung des Minderjährigen

Zwar müßte der Minderjährige das Geld gem. § 812 I 1, 1.Alt. BGB zurückübereignen. Hat er es aber zwischenzeitlich verbraucht, so entfällt seine Haftung ggf. wegen § 818 III BGB. Man bekommt das Geld also nicht wieder. Gleichzeitig kann aber der Jugendliche nochmals Bezahlung verlangen, denn Erfüllung ist schließlich noch nicht eingetreten.

Merken Sie sich: Der Schuldner wird nur befreit, wenn der Leistungsgegenstand an den gesetzlichen Vertreter gelangt ist, oder dieser zugestimmt hat.

E. Stellvertretung

grds. Bindung nur nach Abgabe eigener WE

Bisher haben sich die Beteiligten unserer Beispielsfälle durch eigene Willenserklärungen selbst rechtsgeschäftlich gebunden. Ausnahme war nur der fünfjährige geschäftsunfähige Pumuckel. 116

Für Volljährige kann es oft auch praktischer sein, wenn man sich der Hilfe anderer bedienen kann. Eine Möglichkeit dazu bietet das Gesetz mit den Regelungen über die Stellvertretung, die Willenserklärung kann durch einen Vertreter abgegeben werden.

Vertretung

Vertretung ist also das rechtsgeschäftliche Handeln im Namen des Vertretenen, den die Rechtsfolgen unmittelbar treffen. 117

Realakte

Keine Vertretung ist übrigens bei reinen Realakten (z.B. Erwerb von unmittelbarem Besitz) oder höchstpersönlichen Rechtsakten möglich. 118

Der Bräutigam A kann also nicht seinen Freund B bitten, das für ihn entsetzlich ermüdende Trauungszeremoniell mitzumachen.

Die Voraussetzungen der Stellvertretung sind: 119

1. Eigene Willenserklärung des Vertreters
2. Auftreten im fremden Namen
3. Vertretungsmacht

I. Eigene Willenserklärung des Vertreters

Vertreter: eigene WE

Der Vertreter gibt eine eigene Willenserklärung ab, er selbst ist der rechtsgeschäftlich Handelnde. Es wird jedoch nicht er selbst rechtsgeschäftlich gebunden, sondern der Vertretene. (Andernfalls wäre es ja wieder nur handeln im eigenen Namen für sich selbst.) 120

Bote: Übermittler fremder WE

Anders ist es z.B. beim Boten. Dieser ist nur der Übermittler einer fremden Willenserklärung seines Auftraggebers (man kann ihn auch mit einem Kurierdienst vergleichen, der fremde Botschaften übermittelt). Entscheidendes Abgrenzungskriterium ist also die eigene Entschließungs- und Entscheidungsfreiheit des Vertreters, die dem Boten fehlt. 121

> **"HEMMER-METHODE"**: Diese Unterscheidung zwischen Vertreter und Bote ist wichtig. Da der Vertreter einen eigenen Willen bildet, muß er wenigstens geschäftsfähig sein (vgl. § 165 BGB). Der Bote kann dagegen auch ein Geschäftsunfähiger sein, z.B. ein 5-jähriges Kind.
> Bei Willensmängeln kommt es bei der Stellvertretung grundsätzlich auf die Person des Vertreters an, § 166 BGB, bei dem Boten dagegen, weil er nur den fremden Willen übermittelt, auf die Person des Auftraggebers.

Bsp.: A will bei C ein Gros Staubsauger kaufen und glaubt, Gros sei eine Typenbezeichnung. A schickt B, der weiß, daß Gros 12x12=144 bedeutet. B bestellt bei C „ein Gros Staubsauger". Als plötzlich 144 Staubsauger vor seiner Türe stehen, fragt sich A entsetzt, was er nun tun kann.

A könnte den Kaufvertrag über 144 Staubsauger nach § 119 I 1.Alt. BGB anfechten.

Fraglich ist, auf wessen Willen abzustellen ist. B hat hier nur die fertige Willenserklärung des A als Bote überbracht, er mußte keine eigenen Entscheidungen mehr treffen. Für die Willensmängel kommt es deshalb auch nur auf den A an. A kann daher nach § 119 I 1.Alt. BGB anfechten.

Wäre B als Vertreter aufgetreten, so wäre § 166 I BGB einschlägig. A könnte nicht anfechten, da B sich nicht geirrt hat.

II. Offenkundigkeitsprinzip

1. Handeln im fremden Namen

im fremden Namen
⇨ aus den Umständen

Der Vertreter muß die Willenserklärung im Namen des Vertretenen abgeben, § 164 I S 2 BGB. Dabei genügt es, wenn sich das Handeln im fremden Namen aus den Umständen ergibt.

Auslegung

Hier können Sie das Wissen anwenden, daß Sie sich schon oben, bei dem Kapitel der Auslegung von Willenserklärungen erarbeitet haben. Die Frage, ob ein Vertreter- oder ein Eigengeschäft vorliegt, ist nämlich durch Auslegung zu ermitteln, § 133, 157 BGB. Entscheidend ist, wie der Vertragspartner das Handeln verstehen durfte.

Bsp.: Der Angestellte einer Firma gibt eine Willenserklärung auf dem Briefpapier der Firma ab.

Auch wenn dies nicht ausdrücklich gesagt wurde, so ergibt sich doch aus den Umständen, daß der Angestellte im Namen der Firma aufgetreten ist, § 164 I S.2 BGB.

innerer unerklärter Wille unbeachtlich

Merken Sie sich: Der innere, unerklärt gebliebene Wille ist unbeachtlich, § 164 II BGB. Dies gilt auch dann, wenn der Vertreter für sich selbst abschließen will, nach außen aber im fremden Namen auftritt (§ 164 II BGB gilt hier entsprechend). Auch eine Anfechtung scheidet in diesen Fällen aus.

Kein Handeln im fremden Namen liegt in folgenden Fällen vor:

a) Handeln unter falscher Namensangabe

Bsp.: Müller mietet im Hotel 4-Jahreszeiten ein Zimmer, gibt aber bei der Rezeption den Namen des Meier an, weil er unerkannt bleiben will.

Ist ein Vertrag zustande gekommen?

§ 3 DER VERTRAGSSCHLUSS

Dem Hotelinhaber ist es gleichgültig, welchen Namen sich der Müller gibt, es wird bei ihm auch keine falsche Identitätsvorstellung hervorgerufen: Er will nur mit der Person die vor ihm steht (sog. Namenstäuschung), einen Vertrag abschließen. Ein Vertrag ist daher nur mit Müller zustande gekommen; die §§ 164ff BGB werden nicht angewendet, es liegt ein Eigengeschäft des Handelnden vor.

b) Handeln unter fremdem Namen

Anders ist es, wenn es dem Vertragspartner gerade auf die Person des Namensträgers ankommt, etwa weil er diesen vom Namen her kennt und dieser als kreditwürdig bekannt ist.

Bsp.: Der Bettler Mutzelbrimpft geht zur Bank B und gibt sich als den bekanntermaßen sehr reichen Baron Münchhausen aus. Weil der Angestellte der Bank den Mutzelbrimpft aufgrund seiner sehr markanten Nase für den Baron hält, bekommt Mutzelbrimpft ein Darlehen über 100.000 DM.

Ist ein Vertrag wirksam zustande gekommen?

In diesem Fall der sog. Identitätstäuschung werden die §§ 177ff BGB von der h.M. analog angewendet. Wird in dem Fall der Darlehensvertrag von Baron Münchhausen entsprechend § 177 BGB genehmigt, so besteht ein von Anfang an wirksamer (§ 184 BGB) Vertrag zwischen ihm und der Bank. Andernfalls haftet Mutzelbrimpft nach § 179 BGB analog.

2. Geschäft für den, den es angeht

Bei manchen Geschäften ist es dem anderen Vertragspartner völlig egal, mit wem er den Vertrag abschließt.

Bargeschäfte des tägl. Lebens

Solche Geschäfte sind i.d.R. die sog. Bargeschäfte des täglichen Lebens. Bei diesen kann auf eine Offenlegung verzichtet werden.

Bsp.: Bringt der A seinem Arbeitskollegen B ein belegtes Brötchen mit, muß er nicht dem Metzger gegenüber äußern:" Dieses Brötchen kaufe ich nicht für mich, sondern für meinen Kollegen B."

Hier ist der Metzger gar nicht daran interessiert, zu erfahren, wer sein Vertragspartner ist, denn er ist sofort zu seinem Geld gekommen. Er bedarf deshalb keines besonderen Schutzes, zu erfahren, wer sein Vertragspartner ist.

> **"HEMMER-METHODE":** Fragen Sie sich immer auch nach dem Sinn und Zweck eines Gesetzes, denn dieser ist bei (fast) jedem Paragraphen gegeben. Lernen Sie nicht nur auswendig. Nur wer Sinn und Zweck der Normen versteht, erkennt auch, ob und inwieweit sie im Einzelfall anwendbar sind.

3. Unternehmensbezogene Geschäfte

Inhaber als Vertragspartner

Bei einem Handelsgeschäft kommt der Vertrag grundsätzlich mit dessen Inhaber zustande, §§ 164 I S.1 BGB, 56 HGB. Die Ladenangestellte will aus Geschäften, die sie im Ladengeschäft abwickelt, nicht selbst verpflichtet werden. Auch in solchen Fällen muß dieser Wille nicht ausdrücklich geäußert werden.

4. Ehegatten, § 1357 BGB

Geschäft zur angemessenen Deckung des Lebensbedarfs

Kauft ein Ehemann einen Toaster, so kauft er ihn für seine Ehefrau gleich mit. Sind die Voraussetzungen des § 1357 BGB (Geschäft zur angemessenen Deckung des Lebensbedarfs der Familie) gegeben, wird der nicht handelnde Ehegatte auch dann aus dem Rechtsgeschäft berechtigt und verpflichtet (zumindest schuldrechtlich), wenn der handelnde Ehegatte nur im eigenen Namen tätig geworden ist.

Da auch der handelnde Ehegatte aus solchen Rechtsgeschäften selbst berechtigt und verpflichtet wird, ist dies aber eigentlich kein typischer Fall der Stellvertretung.

III. Vertretungsmacht

Es kann jetzt aber nicht jeder irgendwo hingehen und einen anderen in dessen Namen verpflichten. Stellen Sie sich nur vor, jeder Ihrer Nachbarn würde zu Qualle oder Nackermann gehen und für Sie Kaufverträge über Kühlschränke, Öfen u.ä. abschließen.

Erforderlich ist vielmehr, daß die entsprechende Person auch befugt ist, Sie zu vertreten.

Vertretungsbefugnis

Die Befugnis, rechtsgeschäftliche Erklärungen im Namen eines anderen, den die Rechtsfolgen treffen sollen, abzugeben, nennt man Vertretungsmacht.

Die Vertretungsmacht kann sich aus verschiedenen Gründen ergeben.

```
                    Vertretungsmacht (i.w.S.)
                    /                      \
       aufgrund von Gesetz:          aufgrund von Rechtsgeschäft:
       sog. Vertretungsmacht (i.e.S.)   sog. Vollmacht
```

1. aus Gesetz

gesetzl. Vertretungsmacht

Die Vertretungsmacht kann sich aus Gesetz ergeben, so z.B., wie Sie bereits oben gesehen haben, bei den Ehegatten, § 1357 BGB. Einen weiterer Ihnen schon bekannter Fall der gesetzlichen Vertretungsmacht ist der, der elterlichen Vertretungsmacht beim Minderjährigen (§§ 1629, 1793).

> **"HEMMER-METHODE":** Erkennen Sie, daß Sie immer mehr Bausteine lernen, die Sie in der Klausur richtig zusammenfügen müssen?!

2. durch Rechtsgeschäft

Vollmacht

Die Vertretungsmacht kann aber auch rechtsgeschäftlich erteilt werden, man nennt sie dann auch Vollmacht (Legaldefinition, § 166 II BGB)

§ 3 DER VERTRAGSSCHLUSS 39

a) Erteilung der Vollmacht

Die Vollmacht kann auf verschiedene Weise erteilt werden: 133

- durch Erklärung gegenüber dem zu Bevollmächtigenden (Innenvollmacht, § 167 I 1.Alt); es handelt sich dabei um eine einseitige, zugangsbedürftige Willenserklärung (Annahme nicht erforderlich!).

- durch Erklärung gegenüber dem Dritten, mit dem der zu Bevollmächtigende ein Rechtsgeschäft vornehmen soll (Außenvollmacht, § 167 I 2.Alt. BGB; wiederum eine einseitige empfangsbedürftige Willensekärung).

- durch nach außen kundgemachte Innenvollmacht (§§ 171, 172 BGB); bei der Kundmachung handelt es sich um eine reine Wissenserklärung; problematisch ist daher, ob eine Anfechtung möglich ist.

Rücknahme der Vollmacht — Die Unterscheidung ist deshalb so wichtig, weil die Vollmacht grundsätzlich so lange als bestehend gilt, als sie nicht in derselben Weise, wie sie erklärt wurde, auch zurückgenommen wurde (vgl. §§ 170ff BGB). 134

b) Form der Vollmachtserteilung

grds. formfreie Vollmachtserteilung — Nach § 167 II BGB bedarf die Vollmachtserteilung grundsätzlich keiner Form. Etwas anderes gilt nur, wenn der Schutzzweck der einschlägigen Formvorschriften eine Formpflicht auch für die Vollmacht erfordert. 135

Bsp.: A erteilt V unwiderruflich Vollmacht zum Verkauf eines Grundstückes.

Da A durch die Erteilung der unwiderruflichen Vollmacht schon unmittelbar gebunden wird, erfordert der Schutzzweck des § 313 S.1 BGB (Übereilungsschutz), die notarielle Beurkundung der Vollmacht. Ohne Beachtung dieser Form ist die Vollmacht nichtig (§ 125 BGB) und V handelt ohne Vertretungsmacht (beachte aber Heilungsmöglichkeit nach § 313 S.2 BGB).

c) Umfang der Vollmacht

Auch hierbei hilft Ihnen Ihr Wissen zu der Auslegung von Willenserklärungen, denn nur ausnahmsweise ist der Inhalt der Vollmacht zwingend gesetzlich festgelegt, so z.B. bei der Prokura (§§ 48ff HGB). 136

Auslegung nach obj. Empfängerhorizont — In allen anderen Fällen ist durch Auslegung (§§ 133, 157 BGB), also nach dem objektiven Empfängerhorizont, zu ermitteln, welchen Umfang die Vollmacht hat.

Innenvollmacht — Bei der reinen Innenvollmacht kommt es hierbei auf den Willen des Vertreters an, bei der Außenvollmacht und der nach außen kundgemachten Innenvollmacht auf den Willen des Dritten. 137

Spezialvollmacht — Richtet sich die Vollmacht auf den Abschluß eines bestimmten Geschäfts, spricht man von einer Spezialvollmacht. 138

Generalvollmacht — Liegt eine Ermächtigung zu Rechtshandlungen aller Art vor, nennt man dies eine Generalvollmacht. 139

> **"HEMMER-METHODE":** Hält sich der Vertreter nicht im Rahmen seiner Vollmacht, handelt er als Vertreter ohne Vertretungsmacht; es gelten dann die §§ 177ff BGB.

d) Erlöschen der Vollmacht

aa) Die Vollmacht erlischt wieder, wenn auch das Grundgeschäft erloschen ist, § 168 S.1 BGB, oder wenn sie widerrufen wird, § 168 S.2 BGB.

Sie kann auch durch Zeitablauf enden, falls sie befristet erteilt worden ist, § 163 BGB.

Außerdem erlischt die Vollmacht, wenn sie auflösend bedingt erteilt wurde und die Bedingung eingetreten ist, § 158 II BGB.

Die Spezialvollmacht endet mit Abschluß des Rechtsgeschäfts, für das sie erteilt worden ist.

Fortbestehen trotz Vorliegen eines Erlöschungsgrundes

bb) Unter Umständen kann die Vertretungsmacht, obwohl einer der o.g. Erlöschensgründe der Vollmacht besteht, nach den §§ 170-173 BGB als fortbestehend gelten.

Beispiel:

Herr Schnäuzerle ruft im Möbelgeschäft des Herrn Stillos an und erklärt ihm, daß er am nächsten Tag den Angestellten Hinterschleicher schicken werde, der für ihn einen Schreibtisch aussuchen soll. Schnäuzerle informiert den Hinterschleicher darüberr, daß er diesen Schreibtisch aussuchen solle.. Noch am selben Tag wird dem Hinterschleicher aber wirksam fristlos gekündigt. Trotzdem geht dieser am nächsten Tag zum Möbelhaus Stillos und sucht sich den teuersten Schreibtisch aus, den er auch gleich mitnimmt.

Muß Schnäuzerle jetzt zahlen?

Voraussetzung für einen Anspruch aus § 433 II BGB ist ein wirksamer Kaufvertrag zwischen Schnäuzerle und Stillos. Hinterschleicher hat hier den Kaufvertrag im Namen seines ehemaligen Chefs abgeschlossen (dies ergibt sich zumindest aus den Umständen).

Fraglich ist aber, ob er die entsprechende Vertretungsmacht hatte. Die ursprünglich erteilte Außenvollmacht gegenüber Stillos (§ 167 I, 2.Alt. BGB) ist durch die Kündigung des Dienstvertrages erloschen (§ 168 S.1 BGB). Da aber die Voraussetzungen des § 170 BGB vorliegen, wird dem Stillos gegenüber das Bestehen der Vollmacht fingiert. Er ist auch gutgläubig gewesen (§ 173 BGB) Zwischen Schnäuzerle und Stillos ist daher ein wirksamer Kaufvertrag zustande gekommen. Der Anspruch aus § 433 II BGB gegen Herrn Schnäuzerle besteht.

> **"HEMMER-METHODE":** Auch eine erloschene Prokura kann über § 15 I HGB noch geltend gemacht werden (vgl. § 53 III HGB). Diese Konstellation kommt häufig in der Klausur vor. Z.B: Dem bei der OHG beschäftigten Prokuristen P wurde die Prokura widerrufen. Fehlt die Eintragung des Widerrufs ins Handelsregister, so kann sich die OHG nicht auf die fehlende Vertretungsmacht berufen, wenn sie von einem Vertragspartner z.B. aus § 433 II in Anspruch genommen wird. Dies gilt sogar dann, wenn die Voreintragung der Prokura im Handelsregister gefehlt hat.

3. Duldungsvollmacht

Gerade haben Sie gelernt, daß jemand nur dann vertreten werden kann, wenn er dazu eine Vollmacht erteilt hat.

Es gibt aber tatsächlich auch Fälle, in denen jemand, obwohl er keine Bevollmächtigung erteilt hat, aus einer Willenseklärung, die ein anderer für ihn abgegeben hat, verpflichtet und auch berechtigt wird.

Warum das so ist und wie das gehen soll?

Grundsatz des Vertrauensschutzes

Die Antwort liegt in dem Grundsatz des Vertrauensschutzes, den die Vertragspartner des Vertretenen genießen.

wissentliches Geschehenlassen

Läßt der Vertretene das Auftreten des angeblichen Vertreters *wissentlich geschehen* und kann der Vertragspartner nach Treu und Glauben von der Vollmachtserteilung für den Handelnden ausgehen, so wird der Vertretene so behandelt, als ob er wirklich Vollmacht erteilt hätte.

Da der Vertretene erkannt hat, daß hier jemand für ihn auftritt, obwohl er ihn dazu nicht bevollmächtigt hat, und er auch sieht, daß der andere an eine Vollmachtserteilung glaubt, hätte er reagieren müssen. Da er das nicht tut, muß er nun auch die Folgen tragen, d.h. das Rechtsgeschäft, für das er keine Vollmacht erteilt hat, ist trotzdem zwischen ihm und dem anderen wirksam zustande gekommen.

> *Beispiel:*
>
> *Heinz G., der Vater von Steffi G. (32 J.) ist Stolz über den Erfolg seiner Tochter. Um ihr eine Freude zu bereiten, bestellt er für sie große Mengen an Süßigkeiten. Weil Steffi Süßigkeiten liebt, bezahlt sie die Rechnungen, auch wenn es sie nervt, daß ihr Vater eigenmächig in ihrem Namen Bestellungen aufgibt. Als der Süßwarenhändler aber Bezahlung von 5000 Milchschnitten verlangt, verweigert Steffi dies mit der Begründung, ihr Vater habe keine Vertretungsmacht gemacht, um derartige Bestellungen aufzugeben. Außerdem möge sie, anders als ihre Kolleginnen, keine Milchschnitten.*
>
> *Wie würden Sie entscheiden?*

Sie stellen fest, daß Heinz G. eine eigene Willenserklärung im fremden Namen abgegeben hat, daß eine Bevollmächtigung jedoch zu keinem Zeitpunkt vorgelegen hat.

Steffi hat es jedoch geduldet, daß ihr Vater in ihrem Namen Bestellungen abgegeben hat. Aufgrund der Bezahlung sämtlicher bisheriger Rechnungen durfte der Süßwarenhändler auch darauf vertrauen, daß Herr G. bevollmächtigt war.

Steffi darf sich daher auf das Fehlen der VM nicht berufen.

4. Anscheinsvollmacht

Eine ähnliche Situation ergibt sich bei der Anscheinsvollmacht. Auch hier wird jemand, obwohl er keine Vollmacht erteilt hat, aus dem in seinem Namen abgeschlossenen Rechtsgeschäft verpflichtet.

„bei pflichtgemäßer Sorgfalt hätte erkennen können"

Die Anscheinsvollmacht liegt vor, wenn der Vertretene das Auftreten des vermeintlichen Vertreters zwar nicht kennt, es bei pflichtgemäßer Sorgfalt aber hätte erkennen und verhindern können und der Vertragspartner auch hier wieder nach Treu und Glauben von der Vollmachtserteilung für den Handelnden ausgehen konnte.

Beispiel:

Nachdem Steffi die Rechnung für die Milchschnitte zahlen mußte, ermahnt sie ihren Vater, in Zukunft bloß keine Geschäfte mehr für sie abzuschließen. Ihr Vater kann es aber nicht lassen. Als Kleider- und Kosmetiklieferungen bei ihr eintreffen, nimmt Steffi diese an und bezahlt sie auch, unter nochmaliger Abmahnung ihres Papas, ohne allerdings genau zu wissen, ob die Bestellungen nicht doch von ihrem Freund aufgegeben worden sind.

Bei einer Lieferung Deodorants die Vater G. bestellt hat, aber verweigert sie die Zahlung mit der Begründung, daß dieser nicht berechtigt gewesen sei, mit Wirkung für sie zu bestellen.

Weil zwar nie eine Bevollmächtigung vorlag und Steffi auch nicht wußte, daß ihr Vater Bestellungen für sie aufgabe, sie dies aber hätte merken müssen, ist sie zur Zahlung verpflichtet. Nach den Grundsätzen der Anscheinsvollmacht kan sie sich auf die fehlende Vertretungsmacht nicht berufen.

Wichtige Abgrenzung:	
Duldungsvollmacht	**Anscheinsvollmacht**
Entstehung: schon bei einmaliger Duldung	*Entstehung:* erst bei gewisser Häufigkeit
h.M.: Vorschriften über WE anwendbar ⇨ anfechtbar	h.M.: Rechtsscheinstatbestand ⇨ keine Anfechtung möglich

"HEMMER-METHODE:" Der Unterschied zwischen Duldungs- und Anscheinsvollmacht besteht darin, daß bei der Duldungsvollmacht der Verpflichtete etwas gesehen hat und nicht eingeschritten ist, während bei der Anscheinsvollmacht der Verpflichtete nichts gesehen hat, er es aber hätte sehen müssen.

IV. Grenzen der Vertretungsmacht

Das Leben und auch die Juristerei wären eigentlich ganz unkompliziert, würde jeder sich an die Regeln halten. Interessanter wird es allerdings, wenn die Regeln übertreten werden. Dies gilt insbesondere für Klausurersteller.

1. Mißbrauch der Vertretungsmacht

Nicht jeder Vertreter hält sich auch an die Anweisungen, die er von dem zu Vertretenden erhalten hat.

Überschreitung im Außenverhältnis
⇨ falsus procurator

Eine wirksame Vertretung setzt aber grundsätzlich eine entsprechende Vertretungsmacht voraus. *Überschreitet* der Vertreter seine *im Außenverhältnis* beschränkte Vertretungsmacht (= *falsus procurator*), gelten die Regeln über den *Vertreter ohne Vertretungsmacht*. Die Vertretungswirkungen bleiben aus, d.h. die Willenserklärungen des Vertreters wirken nicht für und gegen den Vertretenen. Das weitere Schicksal des Geschäfts entscheidet sich nach den §§ 177ff BGB.

§ 3 DER VERTRAGSSCHLUSS

Überschreitung im Innenverhältnis

Verletzt der Vertreter dagegen nur seine Pflichten *im Innenverhältnis* zum Geschäftsherrn, ist die *Vertretung wirksam*. Dies ergibt sich wieder einmal aus dem Vertrauensschutz, den der Dritte genießt. Eine Beschränkung im Innenverhältnis hat keine Außenwirkung, ist für den Dritten also nicht erkennbar. Demzufolge sollen hier auftauchende Fehler nicht zu seinen Lasten gehen. Das Risiko eines Mißbrauchs der Vertretungsmacht liegt damit grundsätzlich beim Vertretenen.

146

Etwas anderes gilt nur in folgenden Fällen:

a) Kollusionsfall

bewußtes gemeinsames Handeln zum Nachteil des Vertretenen

Handeln der Vertreter und der Geschäftsgegner bewußt zum Nachteil des Vertretenen zusammen, so ist das Rechtsgeschäft schon nach § 138 BGB wegen sittenwidriger Kollusion nichtig.

147

b) Evidenzfall

ersichtlich. verdächtig

Mißbraucht der Vertreter seine Vertretungsmacht in ersichtlich verdächtiger Weise, so daß beim Vertragspartner begründete Zweifel entstehen mußten (Evidenz), dann gibt die Rechtsprechung dem Vertretenen die Arglisteinrede (§ 242 BGB) gegen Inanspruchnahme aus dem Rechtsgeschäft.

148

h.M.: §§ 177ff

Die überwiegende Meinung in der Literatur wendet dagegen §§ 177ff BGB an. Der Unterschied beider Ansichten liegt darin, daß es nach der Literatur der Geschäftsherr in der Hand hat, ob er das unter Vollmachtsmißbrauch abgeschlossene Geschäft gelten lassen möchte, oder nicht. Genehmigt er, wird er selbst berechtigt und verpflichtet, andernfalls haftet der Vertreter auf Schadensersatz.

149

> **"HEMMER-METHODE":** Wenn Sie in der Klausur auf das Problem stoßen, daß ein Vertreter seine Vertretungsmacht mißbraucht hat, sollte Ihre Lösung in etwa folgenden „Sound" wiederspiegeln: „Der Vertretene wird bei Mißbrauch der Vertretungsmacht gebunden, außer bei Evidenz oder Kollusion." Dann verdient der Vertragspartner auch keinen Schutz. Es spricht vieles für die entsprechende Annahme der §§ 177ff BGB und die Möglichkeit der Genehmigung. §§ 177ff BGB können aber nur entsprechend gelten, da im Unterschied zur fehlenden Vertretungsmacht beim falsus procurator Vertretungsmacht besteht und diese nur mißbraucht wurde.

2. § 181 BGB

Insichgeschäft

Ein gesetzlich geregelter Fall des „Mißbrauchs der Vertretungsmacht" wird in § 181 BGB geregelt. Dieser verbietet ein sog. „Insichgeschäft".

150

Obwohl also möglicherweise der Vertreter eine gesetzliche oder rechtsgeschäftliche Vertretungsmacht hat, kommt das von ihm vorgenommene Rechtsgeschäft zunächst nicht wirksam zustande.

Das verbotene Insichgeschäft des § 181 BGB betrifft zwei Fälle:

a) Selbstkontrahieren

„mit sich selbst"

Der Vertreter schließt ein Rechtsgeschäft in Namen des Vertretenen mit sich selbst.

151

b) Mehrvertretung

Vertreter zweier Personen gleichzeitig

Der Vertreter tritt gleichzeitig als Vertreter zweier verschiedener Personen auf. 152

Der Grund, warum die so durchgeführten Rechtsgeschäfte nicht wirksam sind, liegt darin, daß Interessenkollisionen vermieden werden sollen. Da es sich bei § 181 BGB um eine formale Ordnungsvorschrift handelt, kommt es aber gar nicht darauf an, ob im Einzelfall eine tatsächliche Interessenkollision vorliegt, sondern nur darauf, ob auf beiden Seiten eines Rechtsgeschäfts dieselbe Person auftritt. Deshalb kann § 181 BGB auch nicht auf andere Fälle, bei denen zwar keine Personenidentität, aber dafür eine Interessenkollision vorliegt, angewendet werden.

Bsp.: Ein Vertreter schließt Geschäfte mit seinen Angehörigen im Namen des Geschäftsherrn. Zwar liegt hier eine Interessenkollision vor, da der Vertreter aber nicht auf beiden Seiten des Rechtsgeschäfts steht, kann § 181 BGB nicht, auch nicht analog angewendet werden.

Erweiterung des § 181

Eine Erweiterung des § 181 BGB wird nur dort bejaht, wo der Vertreter die Personenidentität durch einen Kunstgriff ausschaltet. 153

Bei der Mehrvertretung: Der Vertreter bestellt auf seiner Seite nochmals einen Untervertreter und schließt mit diesem das Geschäft ab.

Beim Selbstkontrahieren: V tritt auf der einen Seite als Vertreter auf, für sich selbst bestellt er einen Vertreter U und schließt mit diesem das Geschäft ab.

Liegen solche Fälle vor, ist das Rechtsgeschäft also schwebend unwirksam. Das heißt aber nicht, daß es auch nichtig ist. Der Unterschied besteht darin, daß bei dem schwebend unwirksamen Rechtsgeschäft, dieses noch nachträglich von dem Vertretenen genehmigt werden kann, § 177 BGB analog. 154

zulässiges Insichgeschäft

In einigen Fällen ist das Insichgeschäft auch ausnahmsweise zulässig. Dies liegt dann vor, wenn es vom Vertretenen gestattet wurde oder es in Erfüllung einer Verbindlichkeit vorgenommen wird. 155

Bsp.: Die Eltern schenken ihrem Kind einen kleinen Teddybären. Hier sind die Eltern gegenüber ihrem Kind unterhaltspflichtig. In Erfüllung dieser Pflicht erfolgt im Wege des Insichgeschäfts die Schenkung des Bären.

Dieses Beispiel zeigt noch eine weitere Möglichkeit für ein zulässiges Insichgeschäft auf. Der Anwendungsbereich des § 181 BGB wird nämlich auch in den Fällen eingeschränkt, in denen eine Interessenkollision gar nicht denkbar ist (Rechtsgedanke des § 107 BGB). Dies liegt insbesondere dann vor, wenn der Vertretene durch das Insichgeschäft einen lediglich rechtlichen Vorteil erlangt, wie eben z.B. bei einer Schenkung. 156

V. Vertreter ohne Vertretungsmacht

Soweit der Vertreter seine Vertretungsmacht im Außenverhältnis überschreitet, handelt er diesbezüglich ohne Vertretungsmacht.

1. Genehmigung des Vertrages durch den Geschäftsherrn

schwebende Unwirksamkeit

Der von dem Vertreter abgeschlossene Vertrag ist zunächst schwebend unwirksam, § 177 BGB. Der Geschäftsherr kann den Vertrag jedoch mit Wirkung von Anfang an (ex tunc, § 184 BGB) genehmigen. 157

§ 3 DER VERTRAGSSCHLUSS

Der Vertreter hat dann noch mal Glück gehabt, denn für ihn hat sich die Sache damit erledigt.

2. Keine Genehmigung

Anders sieht es aus, wenn der Geschäftsherr den Vertrag nicht genehmigt.

Wahl zwischen Erfüllung und Schadensersatz

In diesem Fall kann der Geschäftspartner von dem Vertreter wahlweise Erfüllung oder Schadensersatz verlangen, § 179 I BGB.

Verlangt er Erfüllung, so wird der falsus procurator faktisch wie ein Vertragspartner behandelt (rechtlich wird er es allerdings nicht). Der Vertreter haftet nur in dem Umfang, in dem auch der Geschäftsherr gehaftet hat. Zu prüfen ist daher immer, ob Einwendungen oder Einreden (dazu später) aus dem (nicht zustandegekommenen) Vertrag hätten geltend gemacht werden können.

Unterscheidung

Beachten Sie bitte nochmals den Unterschied zwischen dem Mißbrauch der Vertretungsmacht und einem Handeln ohne Vertretungsmacht:

Wichtige Abgrenzung:	
Mißbrauch der V.Macht	**Vertreter ohne V.Macht**
im Außenverhältnis *besteht* Vertretungsmacht	im Außenverhältnis *fehlt* Vertretungsmacht
Überschreitg. im Innenverhältnis ⇨ §§ 177ff *analog*	= falsus procurator ⇨ es gelten die §§ 177ff *direkt*

VI. Abstraktheit der Vollmacht

Sie wissen nun, wie Sie einen Vertrag schließen können und auch, wie Sie sich dabei der Hilfe eines Dritten (Vertreters) bedienen können. Was Sie sich ebenfalls bewußt machen müssen ist, daß Sie zwischen der Vollmacht und dem ihr zugrundeliegenden Rechtsverhältnis streng unterscheiden müssen (Abstraktheit der Vollmacht).

Vollmacht unabhängig vom zugrundeliegenden RG

Die Vollmacht ist in ihrer Entstehung nämlich unabhängig von dem ihr zugrundeliegenden Rechtsgeschäft.

Bsp.: Der minderjährige, beschränkt geschäftsfähige M wird zum Kassieren von Geld beauftragt.

a) die Eltern verweigern ihre Zustimmung zu dieser Tätigkeit:

Der Auftrag (§ 622 BGB) ist nach der elterlichen Verweigerung der Genehmigung unwirksam, vgl. §§ 107, 108 I BGB. (Der Minderjährige hätte den Auftrag auch nicht wirksam annehmen können, da sich aus dem Auftrag die Verpflichtung zum Tätigwerden ergibt (rechtl. Nachteil i.S.v. § 107 BGB).

Die mit dem Auftrag verbundene Vollmachtserteilung (§ 164 BGB) bedeutet für den Minderjährigen ein lediglich rechtlich vorteilhaftes Rechtsgeschäft i.S.d. § 107 BGB und ist somit wirksam. Die Kunden leisten mit der Zahlung an das Kind schuldbefreiend an den Auftraggeber.

b) Geben die Eltern die Einwilligung, zieht aber der Auftraggeber später den Auftrag zurück, erlischt mit dem Auftag auch die Vollmacht, § 168 S.1 BGB.

Beachte: § 168 S.1 BGB setzt voraus, daß das zugrundeliegende Rechtsgeschäft einmal wirksam gewesen und erst später erloschen ist. Deshalb steht bei a) § 168 BGB der Wirksamkeit der Vollmacht nichts entgegen.

§ 4 RECHTSHINDERNDE EINWENDUNGEN

Neben dem Vorliegen bestimmter positiver Voraussetzungen wie Abgabe und Zugang von WE, Geschäftsfähigkeit, Form, wirksamer Stellvertretung u.ä. ist es für eine wirksame Willenserklärung bzw. einen wirksamen Vertragsschluß außerdem notwendig, daß bestimmte rechtshindernde Tatbestandsmerkmale nicht vorliegen.

Nichtigkeit des RG

Rechtsfolge von rechtshindernden Einwendungen ist die Nichtigkeit des Rechtsgeschäfts, d.h. der Anspruch gelangt erst gar nicht zur Entstehung. Man könnte auch sagen, sie boykottieren das Entstehen eines wirksamen Rechtsgeschäfts.

162

Eine rechtshindernde Einwendung i.d.S. kennen Sie bereits, es ist die Geschäftsunfähigkeit. Versucht ein 5-jähriger, ein Auto zu kaufen, so ist der Vertrag von Anfang an unwirksam.

> **"HEMMER-METHODE":** Lassen Sie sich nicht verwirren! Es ist eine Geschmacksfrage, ob sie die Geschäftsfähigkeit (oder auch die erforderliche Form des Rechtsgeschäfts) als positive Voraussetzung des Rechtsgeschäfts einordnen, oder ihr Fehlen als rechtshindernde Einwendung. Sie haben jedenfalls die Problematik der fehlenden Geschäftsfähigkeit bereits kennengelernt und können sich gleich auf die weiteren Normen konzentrieren, die über das Entstehenlassen eines vertraglichen Anspruches entscheiden.

Systematischer Standort für die Prüfung rechtshindernder Einwendungen ist die Frage, ob der geltend gemachte Anspruch überhaupt entstanden ist. Sofern eine rechtshindernde Einwendung besteht, existiert schon gar kein Anspruch.

163

A. Geheimer Vorbehalt, § 116 S.2 BGB

geheimer Vorbehalt, RG nicht zu wollen

§ 116 BGB betrifft die Fälle, in denen sich der Erklärende bei Abgabe der Willenserklärung insgeheim vorbehält, das Erklärte nicht zu wollen. Dabei muß sich der geheime Vorbehalt auf die in der Erklärung enthaltenen Rechtsfolgen beziehen. Keine Anwendung findet § 116 BGB daher auf denjenigen, der zwar eine Verpflichtung wirksam eingehen will, jedoch von vornherein die Absicht hat, diese niemals zu erfüllen.

164

Vorbehalt grds. unbeachtlich

Der geheime Vorbehalt, das Erklärte nicht zu wollen, ist grundsätzlich unbeachtlich, die Willenserklärung also wirksam, § 116 S.1 BGB. Ahnen Sie auch warum? Richtig, aus Verkehrsschutzgründen, denn der Dritte kann nicht erkennen, daß der Erklärende nicht das will, was er erklärt.

165

bei Kenntnis des Dritten vom Vorbehalt ⇨ Nichtigkeit der WE

Weil der Dritte dieses Schutzes aber nicht bedarf, wenn er die mangelnde Ernstlichkeit der Erklärung erkennt, ist in diesen Fällen die Willenserklärung nichtig, § 116 S.2 BGB.

166

> *Bsp.: V kündigt M das Mietverhältnis über ein Ladenlokal zum Jahresende, obwohl er das in Wirklichkeit nicht will. Er will vielmehr erreichen, daß M zu Kreuze kriecht und ihn anfleht, das Mietverhältnis fortzusetzen.*
>
> Lösung: V will nicht, daß M den geheimen Vorbehalt erkennt. M soll vielmehr die Kündigung ernst nehmen. Der Tatbestand des § 116 S.1 BGB ist damit erfüllt. Ob die Willenserklärung des V wirksam ist, richtet sich danach, ob M der Vorbehalt unbekannt oder bekannt war. Bei Unkenntnis des Vorbehalts ist die Erklärung im Interesse des Unwissenden gültig, § 116 S.1 BGB. Der Erklärende muß sich an seiner Erklärung festhalten lassen. Sein geheimer Vorbehalt ist rechtlich bedeutungslos.

Bei Unkenntnis des M ist die Kündigung wirksam. Wüßte M von einem Dritten, daß V die Kündigung nicht will, so wäre die Kündigungserklärung nach § 116 S.2 BGB nichtig. M als Erklärungsempfänger wäre nicht schutzwürdig. Für den Fall des § 116 S.2 BGB ist positive Kenntnis des Erklärungsempfängers erforderlich. Hätte dagegen V die Kündigung unter Augenzwinkern aus Scherz am Biertisch dem M erklärt, so läge kein Fall des § 116 BGB, sondern ein Fall des § 118 BGB (Scherzerklärung) vor.

B. Scheinerklärung, § 117 BGB

Spezialfall zu § 116 S.2

Gewissermaßen ein Spezialfall zu § 116 S.2 BGB ist § 117 I BGB. Ist die Erklärung nur zum Schein abgegeben, handeln also Erklärender und Empfänger bezüglich der Nichternstlichkeit einverständlich, ist sie nichtig.

167

Strohmann

Abgrenzungsprobleme können auftauchen, wenn z.B. ein Strohmann eingeschaltet wird, um nicht als Käufer erkannt zu werden. Maßgebliche Frage ist dann immer, ob der rechtliche Erfolg oder nur der äußere Schein des Rechtsgeschäfts gewollt ist.

168

verdecktes gewolltes Geschäft u.U. wirksam

Nach § 117 II BGB kann u.U. auch ein durch das Scheingeschäft verdecktes, gewolltes Geschäft wirksam sein, wenn dessen Voraussetzungen erfüllt sind.

169

Bsp.: A verkauft B sein Grundstück für 500.000 DM. Um Steuern zu sparen, geben sie beim Notar einverständlich nur einen Kaufpreis von 350.000 DM an. Kann B von A die Auflassung verlangen?

Lösung: Das beurkundete Geschäft war nach § 117 I BGB nichtig, da es einverständlich nicht gewollt war.

Nach § 117 II BGB könnte aber das verdeckte, tatsächlich gewollte Geschäft, also ein Verkauf zu 500.000 DM gelten. Indes fehlt bei diesem Geschäft die Form des § 313 S.1 BGB.

B kann also die Auflassung nicht verlangen (wäre aber aufgelassen und eingetragen worden, wäre der wirklich gewollte Kaufvertrag geheilt, § 313 S.2., das dingliche Geschäft also kondiktionsfest.)

Noch ein kleiner Fall:

H möchte ein wertvolles Bild für sich erwerben, aber nicht selbst als Käufer auftreten, sondern im Hintergrund bleiben. Deshalb bittet er K, das Bild als Strohmann in eigenem Namen zu erwerben. K schließt mit dem Verkäufer den Kaufvertrag und läßt sich das Bild übereignen.

Lösung: K ist allein Vertragspartner des V. Er schuldet den Kaufpreis. K wird durch die Übereignung Eigentümer des Bildes. Aufgrund der Vereinbarung zwischen H und K ist K verpflichtet, dem H das Bild zu übereignen. H seinerseits muß K das für den Erwerb des Bildes ausgelegte Geld ersetzen.

Dies ist der Fall des schon oben erwähnten Strohmannes. Bei diesen Strohmanngeschäften liegt i.d.R. gerade kein Fall des § 117 I vor. Trotz der zwischen den Parteien getroffenen Nebenabreden ist das Geschäft ernstlich gewollt und daher gültig.

Merken Sie sich: Das Wort „Strohmann" sagt nichts darüber aus, ob § 117 BGB eingreift oder nicht. Prüfen Sie in diesen Fällen immer, ob der rechtliche Erfolg gewollt ist oder nicht. Dort war nicht gewollt, daß der Strohmann Vertragspartner wird. Untersuchen Sie deshalb stets im Einzelfall, ob und zwischen welchen Beteiligten überhaupt Verpflichtungen entstehen sollen.

§ 4 RECHTSHINDERNDE EINWENDUNGEN

C. Scherzerklärung, § 118 BGB

WE nichtig, aber Schadensersatz nach § 122 BGB

Erwartet der Erklärende, daß der Empfänger den Mangel an Ernstlichkeit erkennt, ohne daß dies geschieht, ist die Willenserklärung nichtig, § 118 BGB. Nach § 122 BGB ist der Empfänger aber geschützt, er kann Ersatz seines Vertrauensschadens verlangen. *170*

„böser Scherz"

> **"HEMMER-METHODE":** Zur Unterscheidung: Hauptanwendungsfall des § 116 BGB ist der sogenannte „böse Scherz", d.h. der geheime Vorbehalt soll nach dem Willen des Erklärenden dem Erklärungsempfänger unbekannt bleiben. Sofern er damit rechnet, daß der andere den Vorbehalt kennt („guter Scherz") ist die Willenserklärung auf jeden Fall nichtig, gem. § 118 BGB, allerdings mit der Schadensersatzverpflichtung nach § 122 BGB verknüpft. Sofern beide Beteiligte von der Nichternstlichkeit der abgegebenen Willenserklärung wissen und dies auch einverständlich wollen, ist diese nach § 117 BGB nichtig. Bei § 117 BGB machen die Beteiligten „gemeinsame Sache". *171*

D. Gesetzliches Verbot, § 134 BGB

Nach § 134 BGB ist ein Rechtsgeschäft, das gegen ein gesetzliches Verbot verstößt, nichtig, wenn sich nicht aus dem Gesetz ein anderes ergibt. *172*

Was in § 134 BGB aber leider nicht geregelt ist, sind die gesetzlichen Verbote selbst. Ob also eine Rechtsnorm ein gesetzliches Verbot enthält und ob bei einem Gesetzesverstoß die Rechtsfolge der Nichtigkeit des Geschäfts greift, muß daher durch Auslegung nach Sinn und Zweck der einzelnen Gesetzesvorschrift ermittelt werden.

⇨ *gerade gegen Vornahme des Geschäfts*

Zu unterscheiden ist hierbei, ob es sich um einen bloße Ordnungsvorschrift handelt (z.B. über Ladenschluß und Polizeistunde) oder um eine Vorschrift, die sich gerade gegen die Vornahme des Geschäfts richtet. *173*

Häufig wird der einseitige Verstoß einer Partei gegen ein Gesetz (z.B. Vertragsschluß unter Vornahme eines Betruges am Partner) tendenziell nicht, der beiderseitige Verstoß gegen ein Gesetz, das sich an beide Parteien richtet (z.B. Schwarzarbeitergesetz) schon zur Nichtigkeit führen.

> **"HEMMER-METHODE":** Einen gewissen Anhaltspunkt bietet auch immer der Wortlaut des Gesetzes. Spricht das Gesetz z.B. davon jemand „könne" etwas nicht tun oder fordern, so handelt es sich hierbei i.d.R. um eine Einschränkung einer rechtlichen Gestaltungsmacht, und damit nicht um ein Verbotsgesetz. Verbotsgesetze betreffen aber Rechtsgeschäfte, die der Betroffene zwar vornehmen kann, jedoch nicht vornehmen darf. Das Gesetz gebraucht dann oft Begriffe wie „soll nicht", „darf nicht".

Echte Verbotsnormen stellen auch die Gesetze dar, die an die Vornahme eines Rechtsgeschäfts eine Strafe oder ähnliche Maßnahmen, z.B. den Entzug einer Erlaubnis knüpfen: *174*

> *Bsp.: Bestechung eines Angestellten zu Wettbewerbszwecken, § 12 I UWG*

E. Sittenwidrigkeit, § 138 BGB

Verstößt ein Rechtsgeschäft gegen die guten Sitten, so ist es nach § 138 I BGB nichtig. Voraussetzung ist allerdings, daß *175 objektiver Sittenverstoß*

a) objektiv ein Sittenverstoß vorliegt und 176

subjektive Kenntnis

b) der Handelnde auch subjektiv Kenntnis von den Umständen hat, aus denen sich die Sittenwidrigkeit ergibt. Entscheidender Zeitpunkt für die Frage der Sittenwidrigkeit ist der des Geschäftsabschlusses. Eine spätere Änderung der Moralvorstellung bleibt dann ohne Einfluß auf die Wirksamkeit des Rechtsgeschäfts. 177

Rechts- und Anstandsgefühl aller billig und gerecht Denkenden

Im Einzelfall kann es äußerst schwierig sein festzustellen, ob Sittenwidrigkeit vorliegt, oder nicht. Gegen die guten Sitten verstößt ein Rechtsgeschäft jedenfalls dann, wenn es dem Rechts- und Anstandsgefühl aller billig und gerecht Denkenden widerspricht und somit gegen die herrschende Rechts- und Sozialmoral verstößt.

Merken Sie sich: Sie haben sicherlich schon festgestellt, daß Sie auch hier im Einzelfall auslegen müssen, ob das Verhalten nun sittenwidrig ist, oder nicht. Lassen Sie hierbei jedoch bitte Ihre eigene Moralvorstellung außer acht. Anzulegen ist vielmehr ein durchschnittlicher Maßstab.

Bsp.: Setzt der Erblasser E in einem Testament seine Geliebte G ausschließlich zur Belohnung für die geschlechtliche Hingabe als Alleinerbin ein, verstößt die Verfügung von Todes wegen, nach dem BGH gegen § 138 BGB.

Heiratet E nach dem Tod seiner Ehefrau die G, liegt beim Tod des E kein Grund mehr vor, die Erbeinsetzung der G als sittenwidrig anzusehen.

"HEMMER-METHODE": Zur Übersicht: Verstößt ein Rechtsgeschäft gegen ein gesetzliches Verbot, so führt dies u.U. zur Nichtigkeit nach § 134 BGB. Verstößt es gegen ungeschriebene Verbote, so kann ein Verstoß gegen die guten Sitten vorliegen, der nach § 138 I BGB zur Nichtigkeit des Rechtsgeschäftes führt. Dagegen führen Verstöße gegen Verfügungsverbote, die nur einzelne Personen betreffen, nur zur Unwirksamkeit ihnen gegenüber, §§ 135, 136 BGB.

F. Nichtigkeit bei anfänglicher objektiver Unmöglichkeit

Ein auf eine objektiv unmögliche Leistung gerichteter Vertrag ist nach § 306 BGB nichtig. Der Primäranspruch ist infolgedessen nicht entstanden. 178

anfängliche Unmöglichkeit

Anfängliche Unmöglichkeit bedeutet nach h.M., daß die Leistung bereits im Zeitpunkt des Vertragsschlusses unmöglich sein muß. 179

objektive Unmöglichkeit

Objektive Unmöglichkeit setzt voraus, daß die Leistung von niemandem erbracht werden kann. 180

Bsp.: S verpflichtet sich im Kaufvertrag gegenüber G, ein genau bestimmtes Originalgemälde eines verstorbenen Künstlers zu übereignen. Später stellt sich heraus, daß das Gemälde schon vor Vertragsschluß durch Brand vollständig vernichtet wurde. G verlangt Übereignung des Bildes, Zug um Zug gegen Kaufpreiszahlung.

Lösung: Die vertragliche Leistung wurde dem S auf Dauer schon vor Vertragsschluß unmöglich. Die Leistungsverpflichtung des S ist damit auf eine anfängliche objektiv unmögliche Leistung gerichtet. Zwar kann G den Kaufpreis noch zahlen, aber dies ist für § 306 BGB unbeachtlich. Da der Vertrag auf eine unmögliche Leistung gerichtet war, ist er gemäß § 306 BGB insgesamt nichtig. Ein Anspruch des G auf Übereignung aus § 433 I BGB ist somit überhaupt nicht zur Entstehung gelangt. Es kommen nur noch Sekundäransprüche aus § 307 BGB auf Ersatz des negativen Interesses in Betracht.

§ 5 RECHTSVERNICHTENDE EINWENDUNGEN

Erlöschen eines bereits vorhandenen Anspruchs

Die sog. rechtshindernden Einwendungen, die Sie bisher kennengelernt haben, liegen alle bereits zum Zeitpunkt des Vertragsschlusses vor. Auch später, also nach Vertragsschluß können aber Störungen auftreten, die einen bereits vorhandenen Anspruch zum Erlöschen bringen können.

181

> **"HEMMER-METHODE": Klausurhinweis: Allen rechtsvernichtenden Einwendungen ist folgender Aufbau in der Klausur gemeinsam: Anspruch entstanden, z.B. § 433 II BGB, da wirksamer Vertragsschluß (WE, Vertretung u.s.w); Anspruch könnte aber erloschen sein, wenn rechtsvernichtende Einwendung vorliegt (z.B. Anfechtung, §§ 119ff, 142 I; Aufrechnung, §§ 387ff, 389). Formuliert werden könnte dies z.B. bei der Anfechtung: „Der Anspruch könnte mit ex-tunc-Wirkung erloschen sein, § 142 I BGB. Voraussetzung dafür ist eine wirksame Anfechtung gem. §§ 119ff BGB.)**

Ist das Rechtsgeschäft nicht so zustande gekommen, wie man sich das vorgestellt hat, weil man seine Willenserklärung mangelhaft gebildet oder geäußert hat, so besteht grundsätzlich die Möglichkeit, das ganze Geschäft wieder zu beseitigen.

Wichtigstes Instrument hierzu ist die Anfechtung.

A. Die Anfechtung

Voraussetzungen

Abgesehen von einem Anfechtungsgrund ist für eine wirksame Anfechtung noch erforderlich:

182

- die Anfechtungserklärung und
- die Einhaltung einer bestimmten Anfechtungsfrist

Anfechtbar sind grundsätzlich alle Willenserklärungen. Das Schweigen als sog. „rechtliches nullum" ist grds. nicht anfechtbar. Kommt ihm allerdings die Bedeutung eines stillschweigend erklärten „ja" zu (§§ 416 S.2, 496 S.2, 516 II BGB), ist die Anfechtung möglich. Dies gilt aber dann nicht, wenn das Schweigen ein „nein" bedeutet, wie z.B. bei §§ 108 II S.2, 177 II S.2, 415 II S.2 BGB.

I. Anfechtungsgründe

Beseitigung „von Anfang an"

Um ein wirksam abgeschlossenes Rechtsgeschäft mit Wirkung von Anfang an wieder zu beseitigen, bedarf man schon eines guten Grundes, denn schließlich hat der Vertragspartner darauf vertraut, daß das Rechtsgeschäft in Ordnung ist und wirksam bleibt.

183

Sicherlich würde kein Mensch mehr Kaufmann werden wollen, wenn man sich nicht grundsätzlich darauf verlassen dürfte, daß ein einmal abgeschlossenes Rechtsgeschäft wirksam bleibt. Die Auflösung eines solchen Rechtsgeschäfts ist daher nur unter bestimmten, engen Voraussetzungen möglich, die in den §§ 119ff BGB abschließend aufgezählt sind.

1. Anfechtungsgründe des § 119 I BGB

Irrtum: unbewußtes Auseinanderfallen von Wille und Erklärung

Anfechten kann derjenige, der sich geirrt hat. Was aber heißt Irrtum? Der Jurist erklärt einen Irrtum mit dem unbewußten Auseinanderfallen von Willen und Erklärung. Im Zeitpunkt der Abgabe der Willenserklärung fallen das objektiv Erklärte und das subjektiv Gewollte unbewußt auseinander.

Ob ein Irrtum vorliegt ist wieder einmal durch Auslegung zu ermitteln (§§ 133, 157 BGB). Stimmt das durch die Auslegung ermittelte, objektiv Erklärte mit dem Gewollten überein, so liegt kein Irrtum vor. § 119 I BGB betrifft damit Fehler in der Willensäußerung, nicht bei der Willensbildung.

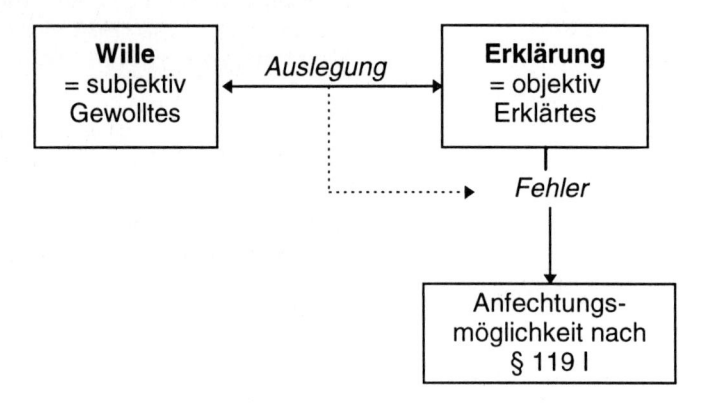

```
    Wille                          Erklärung
  = subjektiv    ←— Auslegung —→   = objektiv
   Gewolltes                        Erklärtes
                                        │
                                        ▼
                                     Fehler
                                        │
                                        ▼
                                  Anfechtungs-
                                  möglichkeit nach
                                     § 119 I
```

Auslegung geht Anfechtung vor

"HEMMER-METHODE": Merken Sie sich: Die Auslegung geht einer Anfechtung vor. Versuchen Sie deshalb erst mittels der Auslegung den tatsächlichen Willen des Handelnden zu ermitteln und beachten Sie dabei auch den Emfängerhorizont des Vertragspartners. Erst wenn sich hier ein Auseinanderfallen von Wille und Erklärung ergibt, ist Raum für eine Anwendung der §§ 119ff BGB.

Die §§ 119ff BGB bieten ein gutes Sortiment an möglichen Irrtümern. In § 119 I BGB sind z.B. der Inhaltsirrtum und der Erklärungsirrtum geregelt.

a) Inhaltsirrtum gem. § 119 I, 1.Alt. BGB

Irrtum über Bedeutung

Ein Inhaltsirrtum liegt vor, wenn der Erklärende zwar das gewollte Erklärungszeichen wählt, sich aber über die Bedeutung desselben irrt.

Bsp.: Der Münchner Alfons mußte geschäftlich nach Köln. Bevor er den Heimweg antritt, bestellt er sich noch in einem Lokal einen „halven Hahn" und freut sich auf ein saftig gegrilltes Hähnchen. In Köln bedeutet dies jedoch Käsebrötchen, das er auch nach 3 Minuten serviert bekommt.

Der äußere Erklärungstatbestand entspricht dem Willen des A, er erfaßt jedoch nicht Bedeutung und Tragweite seiner Erklärung. Alfons weiß, daß er sagt, er bestelle einen „halven Hahn", weiß aber nicht, was er damit sagt, nämlich Käsebrötchen.

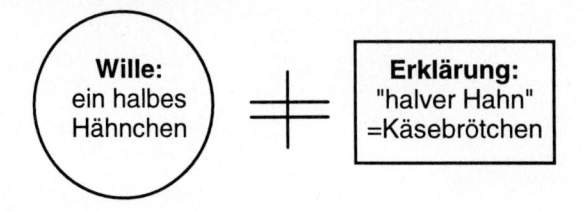

```
  Wille:                Erklärung:
  ein halbes     ─┼─    "halver Hahn"
  Hähnchen              =Käsebrötchen
```

§ 5 RECHTSVERNICHTENDE EINWENDUNGEN

b) Erklärungsirrtum

Versprechen, Verschreiben

Beim Erklärungsirrtum fallen Wille und äußerer Erklärungstatbestand auseinander, bspw.: Versprechen, Verschreiben.

Bsp.: K will 100 Säcke Beton kaufen. In seiner Bestellung verschreibt er sich und schreibt aus Versehen 1.000 Säcke Beton.

Hinweis: Inhalts- und Erklärungsirrtum lassen sich häufig nicht klar voneinander trennen. Wichtig ist im Ergebnis nur die Abgrenzung zum unbeachtlichen Motivirrtum.

187

c) Abgrenzung zu anderen Irrtümern

aa) Motivirrtum

Ihr Onkel erzählt Ihnen, er habe seinem Sohn für 3.000 DM Möbel als Hochzeitsgeschenk gekauft, aber weil die Braut mit einem Amerikaner nach Frankreich getürmt ist, fände die Hochzeit nun nicht statt. Er hofft, daß Sie ihm einen Tip geben, ob er sich von dem Kaufvertrag irgendwie wieder befreien kann.

Sie stellen zunächst fest, daß Ihr Onkel gem. § 433 II BGB zur Zahlung des Kaufpreises verpflichtet sein könnte. Ein dazu erforderlicher Kaufvertrag wurde wirksam geschlossen (es liegt keine rechtshindernde Einwendung vor). Möglicherweise könnte O seine Willenserklärung gem. § 119 I BGB anfechten. Erklärung und Wille Ihres Onkels fallen jedoch nicht auseinander. Die vermeintliche Heirat war nur Motiv für die Willenserklärung. Ein Motivirrtum berechtigt aber grundsätzlich nicht zur Anfechtung wegen Irrtums. Ihr Onkel ist deshalb an seinen Möbelkauf gebunden.

bb) Rechtsfolgenirrtum

andere Rechtsfolge als gewünscht

Ein Rechtsfolgenirrtum liegt vor, wenn das Rechtsgeschäft nicht die gewünschten, sondern davon wesentlich verschiedene Rechtsfolgen entfaltet.

188

Bsp.: A verbürgt sich „selbstschuldnerisch". weiß aber nicht, daß er damit auf die Einrede der Vorausklage verzichtet (vgl. §§ 771, 773 Nr.1 BGB). Hier kann A nach § 119 I, 1.Alt. BGB anfechten, weil er sich über die Bedeutung des Wortes „selbstschuldnerisch" geirrt hat.

Nicht erheblich ist aber der Rechtsfolgenirrtum, wenn er lediglich rechtliche Nebenfolgen der Erklärung betrifft, die kraft Gesetzes eintreten.

Bsp.: Beim Verkauf einer Sache weiß A nicht, daß er nach §§ 459ff BGB für Sachmängel haftet.

cc) Kalkulationsirrtum

Irrtum über Berechnungsgrundlage

Immer wieder einmal passiert es, daß sich der Erklärende über einen Umstand (Rechnungsfaktor) irrt, den er seiner Berechnung zugrunde legt.

189

Bsp.: U hat das Grundwasser auf der Baustelle nicht berücksichtigt und bietet die Unterkellerung zu billig an.

Was der Unternehmer nun im einzelnen tun kann, hängt davon ab, ob der Inhalt der Rechnung dem Rechnungsempfänger offengelegt wurde, oder nicht.

Man unterscheidet insofern zwischen einem sog. offenen und einem sog. verdeckten Kalkulationsirrtum.

verdeckter Kalkulationsirrtum

(1) Beim verdeckten Kalkulationsirrtum wird dem Empfänger lediglich das Ergebnis der Kalkulation mitgeteilt. Diese Form des Kalkulationsirrtums ist nach h.M. ein unbeachtlicher Motivirrtum, der nicht zur Anfechtung berechtigt.

> Hat also im Fall von oben der U seinem Auftraggeber nur die Endsumme genannt, aber nicht ausgeführt, wie sich die einzelnen Posten zusammensetzen, hat er keine Möglichkeit, den Vertrag anzufechten.

"HEMMER-METHODE": Es gibt zwei Ausnahmen, bei denen der verdeckte Kalkulationsirrtum doch noch zu einer Anfechtung berechtigt:
1. Merkte der Gegner, daß der vereinbarte Preis nicht stimmen konnte, so kann der Irrende analog § 119 I BGB anfechten
2. Kannte der Gegner den richtigen Preis, so ist dieser angeboten bzw. angenommen.

offener Kalkulationsirrtum

(2) Strittig ist dagegen der Fall, daß die Rechnung offengelegt wird, also beim sog. offenen Kalkulationsirrtum.

Die ältere Rspr. ließ eine Anfechtung zu. Durch Offenlegung werde die Berechnung ein Bestandteil der WE, der im Falle des Irrtums zu einem Anfechtungsrecht führe.

Die jüngere Rspr. sieht einen Fall des beiderseitigen Irrtums und wendet die Grundsätze des Wegfalls der Geschäftsgrundlage an.

Die Literatur versucht eine Lösung des Falles durch Nichtigkeit der WE aufgrund Perplexität (= innerer Widerspruch) oder Dissens.

> *Bsp.: A sagt zu B:" Ein Kilo Äpfel kostet 3,00 DM. Das macht bei 5 Kilo 12,00 DM."*

> Die Erklärung des A besteht hier aus zwei Teilen: A wollte die Äpfel für 3,00 DM/Kilo verkaufen, andererseits hat er als Kaufsumme 12,00 DM festgesetzt. Beide Teile widersprechen sich. Die Auslegung nach dem objektiven Empfängerhorizont (§§ 133, 157 BGB) ergibt jedoch, daß der erste Teil Vorrang haben soll. Ein Kaufvertrag ist daher über 5x3, 00 DM = 15,00 DM zustande gekommen. Läßt sich allerdings für einen objektiven Empfänger nicht feststellen, ob A die Äpfel für 3,00 DM/Kilo oder für 12,00 DM/Kilo verkaufen wollte, so muß man Perplexität annehmen.

"HEMMER-METHODE": Keine Angst vor dem Kalkulationsirrtum! Er ist klausurtypisch. Viele Varianten kommen für eine interessengerechte Lösung in Betracht. Es verbietet sich daher jedes Schubladendenken. Obige Lösungsmöglichkeiten sind im Einzelfall zu erörtern. Fassen Sie kurz noch einmal zusammen, welche Lösungsmöglichkeiten beim Kalkulationsirrtum in Betracht kommen.

2. Anfechtungsgrund des § 119 II BGB (Eigenschaftsirrtum)

Eigenschaftsirrtum

Es gibt noch einen weiteren Fall, der Sie zur Anfechtung berechtigt, den sog. Eigenschaftsirrtum.

verkehrswesentliche Eigenschaft

Bei diesem irrt sich der Erklärende über verkehrswesentliche Eigenschaften des Erklärungstatbestandes. Der Erklärende irrt über die außerhalb seiner Erklärung liegende Wirklichkeit. Dies ist kein Erklärungsirrtum, denn Wille und Erklärungshandlung bzw. Erklärungsinhalt stimmen überein.

§ 5 RECHTSVERNICHTENDE EINWENDUNGEN

Bsp.: A verkauft an B eine Brosche für 100 DM. Er weiß aber nicht, daß die Brosche aus dem 17. Jahrhundert stammt und daher mindestens 2.000 DM wert ist. Kann A den Kaufvertrag anfechten?

A hat erklärt, die Brosche für 100 DM zu verkaufen und wollte dies auch. Daher kann er nicht nach § 119 I BGB anfechten. A hat diese Erklärung aber nur abgegeben, weil er sich über das Alter der Brosche geirrt hat. Das Alter ist als wertbildender Faktor eine verkehrswesentliche Eigenschaft der Brosche. Daher kann A nach § 119 II BGB den Kaufvertrag anfechten.

Im Einzelfall müssen Sie genau unterscheiden, ob ein Eigenschaftsirrtum bejaht werden kann, oder nicht. Sie müssen also wissen, was als Eigenschaft einer Person oder einer Sache gilt und wann diese Eigenschaften verkehrswesentlich i.S.d. § 119 II BGB sind.

a) Eigenschaften einer Person/Sache

Eigenschaften einer Person oder Sache sind neben den auf der natürlichen Beschaffenheit beruhenden Merkmalen auch die tatsächlichen oder rechtlichen Verhältnisse und Beziehungen zur Umwelt, soweit sie nach der Verkehrsanschauung für die Wertschätzung oder die Verwendbarkeit von Bedeutung sind. **193**

wertschätzende Merkmale Wesentliche Eigenschaften sind damit die wertschätzenden Merkmale, nicht aber der Wert selbst. **194**

nicht nur vorübergehend Die Merkmale müssen der Sache auch unmittelbar anhaften und nicht nur vorübergehend sein. **195**

Bspe.: Echtheit des Gemäldes, Alter des Kunstwerks, Lage und Bebaubarkeit des Grundstücks

> **"HEMMER-METHODE":** Achten Sie in der Klausur darauf, daß der Wert selbst gerade kein wertbildender Faktor ist. Vielmehr stellt er die Summe aller wertbildenden Faktoren dar. Kauft der A also ein Gemälde im Wert von 1.000 DM für 5.000 DM, weil er sich über den Wert geirrt hat, kann er nicht nach § 119 II BGB anfechten. Hier liegt nur ein unbeachtlicher Motivirrtum vor.

b) Verkehrswesentlichkeit

als wesentlich vereinbart Diese liegt vor, wenn die Eigenschaft im konkreten Rechtsgeschäft als wesentlich vereinbart worden ist (Lehre vom rechtsgeschäftlichen Eigenschaftsirrtum). Es genügen aber auch stillschweigende Vereinbarungen; dafür soll sogar ausreichen, daß die betreffenden Eigenschaften bei entsprechenden Verträgen üblicherweise erwartet werden. **196**

Im Rahmen der §§ 119 I, II BGB gibt es daher drei denkbare Alternativen von Irrtümern, die ein Rechtsgeschäft beseitigen können. **197**

Irrtümer des § 119 BGB		
§ 119 I 1. Fall (Inhaltsirrtum)	**§ 119 I 2. Fall (Erklärungsirrtum)**	**§ 119 II (Eigenschaftsirrtum)**
Irrtum über die Erklärungsbedeutung	*Irrtum bei der Willensäußerung*	*Irrtum bei der Willensbildung*
Der Erklärende weiß, was er sagt aber nicht, was er damit sagt	Der Erklärende wollte das, was er sagte, gar nicht sagen	Der Erklärende hat falsche Vorstellungen von der Person/Sache

3. Anfechtungsgrund des § 120 BGB

unrichtige Übermittlung der WE

Einen weiteren Anfechtungsgrund gibt § 120 BGB. Dieser ist ein Unterfall des Erklärungsirrtums und regelt die Folgen einer unrichtigen Übermittlung von Willenserklärungen.

Bsp.: A schickt seinen Sohn B zu C. B soll dem C ausrichten, daß A sein Auto für 5.000 DM verkauft. Bei C angekommen sagt B, daß A sein Auto für 500 DM verkaufe. C ist sofort einverstanden. Dies teilt B dem A mit. Wie ist die Rechtslage?

Objektiv ist ein Kaufvertrag über 500 DM zustande gekommen. Zwar hat A eine andere Willenserklärung abgegeben als dem C zugegangen ist. Wie sich aber aus § 120 BGB ergibt, hindert dies das Zustandekommen eines Vertrages nicht.

Möglicherweise kann A anfechten? Im Zeitpunkt der Abgabe der Willenserklärung stimmten Gewolltes und Erklärtes überein. Daher scheidet § 119 I BGB als Anfechtungsgrund aus.

Fraglich ist, ob A nicht nach § 120 BGB anfechten kann.

B war Erklärungsbote (für Empfangsboten und Vertreter gilt § 120 BGB nicht). Die Willenserklärung wurde von B unbewußt falsch abgegeben (bei bewußter Falschübermittlung werden die §§ 177ff BGB analog angewendet). Der Irrtum muß erheblich sein (§ 120 BGB verweist auf § 119 BGB!). Da alle Voraussetzungen des § 120 BGB erfüllt sind, kann A nach § 120 BGB den Vertrag anfechten.

4. Anfechtungsgrund des § 123 BGB

Manche Willenserklärungen kommen nur deshalb zustande, weil der Erklärende getäuscht oder bedroht wurde. Gerade in solchen Fällen ist der Empfänger nicht schützenswert und der Erklärende kann das Rechtsgeschäft anfechten.

Voraussetzung ist, daß die arglistige Täuschung oder widerrechtliche Drohung, deren Opfer der Erklärende geworden ist, für die Abgabe seiner Willenserklärung auch ursächlich war.

a) Arglistige Täuschung

bewußte Irrtumserregung

Eine arglistige Täuschung liegt vor, wenn bewußt ein Irrtum erregt oder aufrechterhalten wird und zwar indem falsche Tatsachen vorgespiegelt werden, oder wahre Tatsachen unterdrückt werden (soweit hier eine Pflicht zur Aufklärung bestand) und dies in der Absicht, den Erklärenden zur Abgabe einer bestimmten Willenserklärung zu veranlassen.

Äußerung „ins Blaue hinein"

Arglistig ist es im übrigen auch, jemandem etwas „ins Blaue hinein" zu erzählen, wenn man die Unrichtigkeit seiner Erklärung zwar positiv nicht kennt, aber mit der Unrichtigkeit rechnen kann.

Bsp.: A verkauft B ein gebrauchtes Auto, das er selbst extrem günstig erworben hat, weil der damalige Eigentümer es als zu „baumfeindlich" bezeichnet hat. A geht davon aus, daß der Wagen bei mehreren Unfällen schon einiges abbekommen hat. Dem B erklärt er, der Wagen sei so günstig, weil die bunte Lackierung nicht jedermanns Sache sei.

Obwohl A annimmt, daß die bunte Lackierung auf Unfallschäden zurückzuführen ist, hat er es unterlassen, den B von seinem Verdacht zu informieren. Deshalb hat sich B über die Unfallfreiheit des Wagens geirrt.

Ein Unterlassen ist aber nur dann einer Täuschung durch positives Tun gleichzustellen, wenn eine Pflicht zur Aufklärung besteht. Eine solche Pflicht kann sich v.a. aus § 242 BGB ergeben, was stets für den konkreten Einzelfall zu beurteilen ist. Es besteht keine allgemeine Aufklärungspflicht! Schwere Unfälle hat der Verkäufer allerdings auch ohne Befragen zu offenbaren.

Da A hier einen Unfall vermutete und er auch wußte (oder zumindest damit rechnete), daß der B den Kaufvertrag bei Kenntnis von dem Unfall nicht abschließen würde, hat er arglistig gehandelt.

Hätte B von dem Unfall gewußt, so hätte er den Kaufvertrag auch nicht abgeschlossen. Die unvollständigen Angaben des A waren somit kausal für den Abschluß des Kaufvertrages.

B kann den ganzen Vertrag also nach § 123 I BGB anfechten.

> **"HEMMER-METHODE"**: Erinnern Sie sich noch an das Abstraktionsprinzip? Verpflichtungs- und Erfüllungsgeschäft sind losgelöst voneinander zu betrachten. Die Anfechtung des Verpflichtungsgeschäfts führt deshalb nicht automatisch auch zur Unwirksamkeit des Erfüllungsgeschäfts. Es ist darum immer zumindest gedanklich durch Auslegung zu ermitteln, ob sich die Anfechtungserklärung auf beide oder nur eines der beiden Rechtsgeschäfte bezieht (im Zweifel ist die dem Anfechtenden günstigere Möglichkeit anzunehmen).

b) Täuschung durch Dritten

täuschender Dritter

Eine Besonderheit gilt in den Fällen, in denen ein Dritter die Täuschung verübt hat, denn dann ist eine Anfechtung nur möglich, wenn der Erklärungsempfänger die Täuschung kannte oder kennen mußte. 203

der am RG Unbeteiligte („Lagertheorie")

Was heißt aber eigentlich Dritter? Sie kennen ja schon einen „Dritten", den Stellvertreter. Dieser ist aber in § 123 II BGB gerade nicht gemeint. Dritter i.S.d. § 123 II BGB ist nur der am Rechtsgeschäft völlig Unbeteiligte, nicht aber derjenige, der im Lager des Erklärungsempfängers steht (laienhaft „Lagertheorie"). Beispiel für einen Dritten ist z.B. der Immobilienmakler. 204

Wird man durch einen Vertreter getäuscht, bleibt es deshalb bei der Anfechtungsmöglichkeit nach § 123 I BGB.

§ 123 II BGB gibt keinen eigenen Anfechtungsgrund sondern bestimmt vielmehr nur den Ausschluß der gem. § 123 I BGB möglichen Anfechtung, wenn die Täuschung durch einen Dritten verübt wurde. In diesem Fall soll der Geschäftspartner, der sich eines Dritten bedient, nicht durch Anfechtung das Rechtsgeschäft zerstören lassen müssen, wenn er nicht wußte und auch nicht erkennen konnte, daß der Dritte, dessen Hilfe er sich bedient hat, ein übler Täuscher oder Drohender war. Getäuschter und Geschäftspartner sind dann gleichermaßen schutzwürdig.

Achtung: Bei den nicht empfangsbedürftigen WE ist es gleichgültig, wer die Täuschung verübt hat: Die Willenserklärung ist in jedem Fall nach § 123 BGB anfechtbar.

II. Anfechtungserklärung

Es reicht nicht, wenn Sie den Unmut über Ihren Irrtum Ihrem Freund erzählen. Wollen Sie das Geschäft wieder beseitigen, müssen Sie die Anfechtung gegenüber dem Anfechtungsgegner erklären. 205

formfreie, empfangsbedürftige WE

Die Anfechtungserklärung ist eine formfreie, empfangsbedürftige Willenserklärung (und daher selbst nach den §§ 119ff BGB, anfechtbar!). Der Anfechtende muß zu erkennen geben, daß er das vorausgegangene Rechtsgschäft nicht gelten lassen will. Der Gebrauch des Wortes „Anfechtung" ist nicht nötig. Es muß aber der Anfechtungsgrund erkennbar sein.

Anfechtungsgegner

Anfechtungsgegner ist bei Verträgen der Vertragspartner, § 143 II BGB. Im Fall des § 123 II S.2 BGB ist der Dritte Anfechtungsgegner. 206

Für einseitige Rechtsgeschäfte s. § 143 III, IV BGB.

III. Anfechtungsfrist

unverzüglich nach Kenntnis

Warten Sie nicht zu lange, wenn Sie das Rechtsgeschäft beseitigen wollen. Die Anfechtung nach §§ 119, 120 BGB muß unverzüglich ab Kenntnis von dem Anfechtungsgrund erfolgen, spätestens aber nach 30 Jahren (§ 121 III BGB). 207

Was unverzüglich bedeutet, müssen Sie nicht auswendig lernen. Es steht in der Legaldefinition des § 121 I BGB.

Bei der Anfechtung nach § 123 BGB gilt die Jahresfrist des § 124 I BGB.

IV. Rechtsfolgen der Anfechtung

Nichtigkeit des RG ⇨ ex tunc

1. Sie wissen es eigentlich schon: Die Anfechtung führt zur Nichtigkeit der Willenserklärung (und damit auch des mit ihr verbundenen Rechtsgeschäfts) ex tunc (§ 142 I BGB). 208

2. Handelt es sich bei dem angefochtenen Rechtsgeschäft um ein Verpflichtungsgeschäft, so sind die erbrachten Leistungen nach Bereicherungsrecht (§ 812 I S.1, 1.Alt. BGB) zurückzugewähren.

Merken Sie sich schon mal: Durch die Anfechtung entfällt der Rechtsgrund für das Behaltendürfen der ausgetauschten Leistungen von Anfang an. § 812 I S.1 1.Alt. BGB besagt, daß Leistungen, die jemand ohne Rechtsgrund erlangt hat (Tatbestand), zurückzugewähren sind (Rechtsfolge).

Wird ein Verfügungsgeschäft angefochten, wie z.B. die Übereignung (Sie erinnern sich doch an das Abstraktionsprinzip, oder?), heißt dies, daß der Erwerber von Anfang an Nichtberechtigter war. Das bedeutet für den Fall, daß er die Sache weiterveräußert hat, daß sich die Wirksamkeit dieser Verfügung nach den §§ 932ff BGB richtet.

> **"HEMMER-METHODE":** Können Sie sich vorstellen, was für tolle Klausuren man in diesem Bereich erstellen kann? Der Prüfer will von Ihnen möglichst viel in einer Klausur erfahren. Er könnte einen Stellvertreter nehmen, der etwas kauft und dabei getäuscht wird (§ 166 BGB ist zu beachten, → Wissenszurechnung). Ficht der getäuschte Vertreter an, so kann er dies nur, wenn er für die Anfechtung eine entsprechende Vertretungsmacht hat. Ist die Anfechtung erfolgreich, sind die Leistungen nach Bereicherungsrecht herauszugeben. Auf diese Weise schlägt der Prüfer „mehrere Fliegen mit einer Klappe". Lernen Sie deshalb am besten gleich in klausurtypischen Fallkonstellationen, dann treffen Sie in der Klausur auf altbekannte Muster. Die HEMMER-METHODE hilft Ihnen, die richtigen Fallkonstellationen kennenzulernen.

§ 5 RECHTSVERNICHTENDE EINWENDUNGEN

Anfechtung nichtiger RG nach h.M. möglich

3. Auch wenn Rechtsgeschäfte nichtig sind (denken Sie an §§ 138, 105 BGB), können sie nach h.M. übrigens noch angefochten werden.

> Übereignet beispielsweise ein Minderjähriger einen ihm gehörenden Gegenstand, so scheitert die Übereignung an sich schon an §§ 107ff BGB. Dann könnte aber ein gutgläubiger Dritter Eigentum erwerben, §§ 929, 932 BGB. Könnte der Minderjährige die dingliche Einigung nicht zusätzlich gem. § 119 II BGB anfechten, so stünde er schlechter, als wenn er nicht minderjährig wäre. Deswegen ist das an sich schon unwirksame Rechtsgeschäft noch anfechtbar. (Theorie der Doppelnichtigkeit). Die Pointe liegt dann in § 142 II. Der hinsichtlich der Eigentumslage Gutgläubige wird dann als bösgläubig behandelt, wenn er die Anfechtbarkeit kannte oder kennen mußte. Schreiben Sie sich § 142 II bei § 932 II BGB zum Lernen an den Rand!

„festhalten am Gewollten"

4. Grundsätzlich wird mit der Anfechtung immer das ganze Rechtsgeschäft vernichtet. Das kann allerdings im Einzelfall unbillig sein, wenn sich der Irrtum nur auf einen Teil des Rechtsgeschäfts bezogen hat, der Rest aber aufrechterhalten werden kann. In solchen Fällen muß sich deshalb der Anfechtende wenigstens an dem Gewollten festhalten lassen (§ 242 BGB).

> *Bsp.: Jemand will ein Zimmer für 100 DM mieten, sagt aber 200 DM. Ficht er nach § 119 I, 2.Alt. BGB an, muß er sich zumindest an dem festhalten lassen, was er gewollt hat, § 242 BGB, also eine Zimmermiete von 100 DM. Die Anfechtung soll nur den Irrtum beseitigen.*

B. Widerruf

Eine andere Variante, ein Rechtsgeschäft wieder aufzulösen, ist der Widerruf.

§ 1 HaustürWG
§ 7 VerbrKrG

Neben dem Widerruf nach § 130 I S.2 BGB, der bis zum Zugang der zu widerrufenden Willenserklärung stattfinden muß, hat der Gesetzgeber u.a. zwei Widerrufsmöglichkeiten in verbraucherschützenden Spezialgesetzen geschaffen: Nach § 1 I HaustürWG und § 7 VerbrKrG wird eine Willenserklärung unter den dort genannten Voraussetzungen erst wirksam, wenn der Kunde sie nicht binnen einer Frist von einer Woche widerruft.

Der Spruch „geschenkt ist geschenkt" ist juristisch gesehen nicht ganz richtig. Auch hier gibt es nämlich die Möglichkeit des Widerrufs, § 530 BGB, wenn der Schenker die Schenkung „wegen der Untaten des Beschenkten aufkündigen" will.

> **"HEMMER-METHODE":** Alle diese Vorschriften spielen selten eine Rolle. Sie sollten aber wissen, daß es sie gibt und bei der Lektüre des Sachverhaltes daran denken.

C. Rücktritt

Auch mittels eines Rücktritts kann ein Rechtsgeschäft beendet werden.

Umwandlung in Rückgewährschuldverhältnis

Durch den Rücktritt wird das Schuldverhältnis in ein Rückgewährschuldverhältnis ungewandelt; er stellt also somit hinsichtlich der primären Leistungspflichten eine rechtsvernichtende Willenserklärung dar.

Rücktrittsrechte können vertraglich vereinbart sein, sich aber auch aus dem Gesetz (§§ 325, 326 BGB) ergeben. Näheres dazu im Kapitel über die „Leistungsstörungen".

D. Kündigung

bei Dauerschuldverhältnissen

Dauerschuldverhältnisse, wie z.B. die Miete, werden durch eine Kündigung beendet. Diese wirkt nur ex nunc. Würde sie das Rechtsverhältnis mit Wirkung von Anfang an beenden, würde dies zu zahlreichen Problemen führen, hätte insbesondere Abwicklungsschwierigkeiten zur Folge. Können Sie sich vorstellen, jemand arbeitet 5 Jahre bei einer Firma, wird gekündigt und diese Kündigung hätte zur Folge, daß das Arbeitsverhältnis von Anfang an nicht wirksam bestanden hätte? Dann könnte der Arbeitgeber u.U. sämtliche gezahlten Gehälter zurückfordern, gem. § 812 I S.1. 1.Alt. BGB! Daher wirken Kündigungen nur ex nunc.

214

E. Erfüllung

Die zuvor dargestellten Möglichkeiten der Beendigung oder Auflösung eines Vertragsverhältnisses betreffen eigentlich nur „schwarze Schafe", also Rechtsgeschäfte, bei denen mindestens eine Vertragspartei aus irgendeinem Grund unzufrieden war und deshalb das Rechtsgeschäft rückgängig machen wollte.

215

Der Standard- und Idealfall der Beendigung eines Vertragsverhältnisses ist aber die Erfüllung.

Bsp.: Jemand geht in einen Laden, nimmt sich eine Tafel Schokolade, bezahlt sie und verläßt den Laden wieder. Für eine Klausur bieten sich hier nur wenige Möglichkeiten, deshalb ist die Erfüllung für den Prüfer im Regelfall wenig interessant.

Nur dann, wenn es fraglich ist, ob überhaupt eine Erfüllung vorliegt, steigt das Interesse des Prüfers wieder.

Bewirkung der geschuldeten Leistung

Erfüllung liegt gem. § 362 I BGB dann vor, wenn die geschuldete Leistung an den Gläubiger bewirkt wird.

216

Voraussetzungen

Eine ordnungsgemäße Erfüllung setzt voraus, daß

- die richtige Leistung
- in der richtigen Art und Weise
- am richtigen Ort
- zur rechten Zeit
- an die richtige Person

erbracht wurde.

217

I. Leistungsempfänger

Leistungsempfänger ist grundsätzlich der Gläubiger. Da § 362 II BGB den § 185 BGB für anwendbar erklärt, kann auch an einen anderen Dritten geleistet werden, wenn der Gläubiger diesem die Empfangszuständigkeit übertragen hat oder die Leistung an einen Dritten genehmigt hat.

218

II. Leistungs- und Erfolgsort

Leistung am Wohnort des Schuldners
⇨ Holschuld

§ 269 I, II BGB besagt, daß der Leistungsort (= Erfüllungsort) immer der Wohnort oder die gesetzliche Niederlassung des Schuldners ist. Man spricht in diesem Zusammenhang von einer Holschuld des Gläubigers.

219

Bsp.: Der Käufer einer Stereoanlage muß diese beim Verkäufer abholen.

Leistung beim Gläubiger
⇨ *Bringschuld*

Abweichend von § 269 I BGB können die Parteien aber auch vereinbaren, daß der Schuldner die Leistung beim Gläubiger erbringen soll, so z.B. wenn die Stereoanlage von dem Verkäufer zum Haus des Käufers gebracht werden soll. Man nennt das dann eine Bringschuld.

Leistungs- und die Erfüllungsort fallen in den o.g. Fällen jeweils zusammen.

Leistungs- und Erfüllungsort fallen auseinander ⇨ *Schickschuld*

Sie können aber auch auseinanderfallen. Ein Beispiel hierfür ist die sog. Schickschuld. Bei dieser ist der Leistungsort ebenfalls der Wohnsitz des Schuldners (Verkäufers). Hier hat er seine Leistungshandlungen vorzunehmen. Der Erfolg, also die Übergabe der Kaufsache tritt aber erst bei dem Gläubiger (Käufer) des Kaufgegenstandes ein, i.d.R. seinem Wohnsitz.

Geldschuld: qualifizierte Schickschuld

Die Zahlung des vereinbarten Kaufpreises ist wiederum eine Schuld ganz eigener Art, nämlich eine sog. qualifizierte Schickschuld. Leistungsort ist hier wiederum regelmäßig der Wohnsitz des Schuldners, beim Kaufvertrag also der Wohnsitz des Käufers (§§ 269 I, 270 IV BGB). Dieser muß dem Gläubiger (Verkäufer) das Geld schicken. Die Besonderheit gegenüber der normalen Schickschuld ergibt sich daraus, daß der Schuldner die Gefahr der Übermittlung trägt. Während bei der normalen Schickschuld der Verkäufer von seinen Pflichten frei wird, wenn er die Sache abgeschickt hat, muß bei der qualifizierten Schickschuld des Geldes der Schuldner noch einmal leisten.

> **"HEMMER-METHODE":** Unterscheiden Sie bitte: Leistungsort ist derjenige Ort, an dem die Leistungsverpflichtung seitens des Schuldners zu erfüllen ist, wo er also die Leistungs*handlung* zu erbringen hat. Erfolgsort ist dagegen der Ort, an dem der Leistungs*erfolg* eintritt.

III. Leistungszeit

Wann eine Leistung zu erbringen ist, richtet sich, soweit die Parteien nicht etwas anderes vereinbart haben, nach § 271 BGB. Die Fälligkeit der Leistung tritt danach sofort ein, d.h. z.B. die Kaufsache ist sofort zu übergeben und nicht erst in 100 Jahren.

IV. Die richtige Leistung

geschuldet: Leistungshandlung + Leistungserfolg

Erfüllt werden kann grundsätzlich nur mit der geschuldeten Leistung, wobei nicht nur Leistungshandlung, sondern auch Leistungserfolg geschuldet wird.

Die Parteien können aber dem Schuldner die Befugnis einräumen, das Schuldverhältnis durch eine andere als die geschuldete Leistung zum Erlöschen zu bringen, man nennt das dann ein Erfüllungssurrogat.

1. Leistung an Erfüllungs Statt, § 364 I BGB

Will oder kann der Schuldner die versprochene Leistung nicht erbringen, kann er dem Gläubiger eine andere Leistung anbieten. Nimmt der Gläubiger diese andere „Ersatzleistung" an, erlischt das Schuldverhältnis, § 364 I BGB.

Bsp.: Ein Händler kann die Ware, die er beim Großmarkt bestellt hat, nicht bezahlen. Er bietet deshalb diesem einen größeren Posten Orient-

teppiche an, die er noch vor Verlust seiner Liquidität erworben hat.

Der Gläubiger bekommt damit die gleiche Rechtsstellung wie er sie hätte, wenn er die Teppiche gekauft hätte. Welche das im Einzelnen sind, wird in diesem Skript etwas später noch erläutert.

2. Leistung erfüllungshalber, § 364 II BGB

Bei der Leistung erfüllungshalber erlischt die ursprüngliche Schuld, anders als bei der Leistung an Erfüllungs Statt, nicht sofort. Der Gläubiger erhält vielmehr an dem geleisteten Gegenstand ein Befriedigungsrecht. Erst wenn er sich erfolgreich befriedigen konnte, erlischt auch die ursprüngliche Forderung.

Bsp.: Will S seine Darlehensforderung mit einem Scheck begleichen, so erlischt der Anspruch aus der Darlehensforderung, § 607 BGB, nicht mit der Hingabe des Schecks, sondern erst, wenn dieser eingelöst wurde.

3. Hinterlegung, §§ 372ff BGB

In bestimmten Fällen kann sich der Schuldner von seiner Verbindlichkeit auch befreien, indem er die geschuldete Sache hinterlegt, wenn ihm anders eine Erfüllung, aus Gründen, die im Bereich des Gläubigers liegen, nicht möglich ist.

Bsp.: Weigert sich der Gläubiger die Ware anzunehmen, damit er seinerseits nicht verpflichtet ist, den Kaufpreis zu zahlen, kann die Sache hinterlegt werden. Voraussetzung ist allerdings, daß die Ware auch hinterlegungsfähig ist, (nicht z.B. bei leicht verderblichen Waren).

4. Aufrechnung, § 387 BGB

wechselseitige Tilgung

Die Aufrechnung ist ein Erfüllungssurrogat, mit dem ein sinnloses Hin und Her von verschiedenen, geschuldeten Leistungen vermieden werden soll. Sie ist die wechselseitige Tilgung zweier sich gegenüberstehender Forderungen durch einseitiges Rechtsgeschäft.

Die eigene Schuld wird durch Aufrechnen mit der Gegenforderung des anderen getilgt.

Die Aufrechnung kann allerdings nur unter bestimmten Voraussetzungen erfolgen:

- die Forderungen müssen gegenseitig sein
- der Leistungsgegenstand muß gleichartig sein
- die Gegenforderung muß gültig, fällig und durchsetzbar sein
- die Hauptforderung muß bestehen und erfüllbar sein
- es darf keines der in §§ 392ff BGB genannten Aufrechnungsverbote vorliegen

§ 6 VERTRAGSARTEN

Die Erfüllung ist also der Standardfall der Beendigung eines Vertragsverhältnisses. Hat jeder genau das bekommen, was er wollte, sind also alle zufrieden. Dies gilt auch, wenn der Empfänger damit einverstanden ist, etwas anderes als das ursprünglich Vereinbarte zu bekommen (s.o.).

geschuldete Leistung nach Art des Vertrages

Zu prüfen ist allerdings noch, was denn nun eigentlich alles vereinbart werden kann. Bisher haben wir immer nur von der geschuldeten Leistung gesprochen. Wie diese im Einzelfall aussieht, bestimmt sich nach der Art des Vertrages, der vereinbart wurde. 230

A. Vertragsfreiheit (§§ 305, 241 BGB)

I. Es ist ein grundlegendes, verfassungsrechtlich gewährleistetes Prinzip unserer Rechtsordnung, daß alle Rechtssubjekte das Recht haben, die Rechtsbeziehungen zueinander einverständlich zu regeln. Das heißt, die Parteien können bestimmen ob und mit wem sie einen Schuldvertrag abschließen wollen und ob sie daran noch gebunden sein wollen. Außerdem können sie den Inhalt ihrer Vereinbarungen frei bestimmen. (Denken Sie aber als Ausnahme von diesem Prinzip an die gesetzlichen Verbote, § 138 BGB, ein Verstoß hiergegen führt zur Nichtigkeit des Rechtsgeschäfts). 231

kein Typenzwang

II. Obwohl das BGB also keinen Typenzwang kennt, gibt es einige gesetzlich normierte Vertragstypen. 232

vertragstypische Verträge

III. Außerdem gibt es auch noch sog. vertragstypische Verträge. Diese haben sich aufgrund eines entsprechenden Verkehrsbedürfnisses als selbständige Vertragstypen herausgebildet (z.B. Fertighausvertrag, Unterrichtsverträge, Automatenaufstellvertrag etc). 233

atypische Verträge

IV. Läßt sich ein Schuldverhältnis überhaupt nicht zuordnen, spricht man auch von atypischen Verträgen. 234

V. Manchmal sind die einzelnen Verträge auch vermischt oder aneinander gekoppelt. 235

B. Kaufvertrag

Den Klassiker eines gesetzlich normierten Vertragstyps haben Sie schon wiederholt in den verschiedenen Beispielsfällen kennengelernt. Es ist der Kaufvertrag, §§ 433ff BGB.

I. Gegenstand des Kaufvertrags

Der Kaufvertrag begründet nach § 433 I BGB für den Käufer einer Sache oder eines Rechts einen Anspruch auf Eigentumsverschaffung und Übergabe bzw. Übertragung des Rechts. Der Verkäufer dagegen erhält einen Anspruch auf Zahlung des vereinbarten Kaufpreises und Abnahme der gekauften Sache. 236

II. Arten des Kaufvertrags

Jeder Kaufvertrag läßt sich, abhängig davon, was im einzelnen Gegenstand des Kaufes sein soll, weiter unterteilen.

1. Sach- und Rechtskauf

Je nachdem ob eine Sache oder aber ein Recht verkauft wird, liegt ein Sach- oder ein Rechtskauf vor. Der Sachkauf bezieht sich hierbei auf körperliche Gegenstände, wie z.B. einen Fernseher und der Rechtskauf auf Rechte aller Art, wie z.B. Forderungen, Patente, Gesellschaftsanteile.

2. Stück- und Gattungskauf

„Spezieskauf"

Ist die gekaufte Sache individuell konkretisiert („Spezieskauf"), liegt ein Stückkauf vor (z.B. Kauf eines handgewebten Teppichs als Einzelstück). Bestimmt sich dagegen die gekaufte Ware lediglich nach bestimmten Artmerkmalen, wie z.B. Lieferung von 10 Fässern Bier, liegt ein Gattungskauf vor.

3. Grundstücks- und Fahrniskauf

Es können Grundstücke verkauft werden, oder alle möglichen beweglichen Sachen.

4. Sach- und Rechtsgesamtheiten

Es muß nicht alles einzeln gekauft werden, sondern es können gleichzeitig mehrere Gegenstände auf einmal gekauft werden, z.B. Praxiskauf, Unternehmenskauf.

III. Pflichten der Parteien

Jeder Kaufvertrag begründet sowohl für den Verkäufer als auch für den Käufer Pflichten. Diese sind zu unterscheiden in Haupt- und Nebenpflichten. Die Unterscheidung spielt dann eine wichtige Rolle, wenn diese Pflichten verletzt werden, denn je nachdem, ob es sich um eine Haupt- oder Nebenpflicht handelt, hat ein Verstoß unterschiedliche Rechtsfolgen zur Folge.

1. Pflichten des Verkäufers

a) Hauptleistungspflichten

Übergabe + Eigentumsverschaffung

aa) Der Verkäufer ist verpflichtet, dem Käufer die Sache zu übergeben und das Eigentum daran zu verschaffen.

Handelt es sich um einen Rechtskauf, muß er dem Käufer das Recht verschaffen und, für den Fall, daß das Recht zum Besitz einer Sache berechtigt, die Sache übergeben.

Die Erfüllung der Rechtsverschaffungspflicht richtet sich nach den §§ 398ff BGB. Forderungen werden danach durch einen Vertrag zwischen dem Altgläubiger und dem Neugläubiger übertragen.

frei von Rechten Dritter

bb) Der Verkäufer ist außerdem verpflichtet, dem Käufer den Gegenstand (gemeint sind sowohl Sachen, als auch Rechte) frei von Rechten zu verschaffen, die von Dritten geltend gemacht werden können. Er muß also mit der Sache nach Belieben verfügen können, ohne durch Rechte Dritter beschränkt zu sein.

b) Nebenleistungspflichten

Die Nebenpflichten des Verkäufers können sich aus unterschiedlichen Gründen ergeben, z.B. auch aus einer besonderen Vereinbarung oder aus ergänzender Vertragsauslegung nach Treu und Glauben und der Verkehrssitte (§ 242 BGB).

Einzelne Fälle hat das Gesetz in §§ 444, 448 BGB geregelt. Danach ist der Verkäufer zur Auskunft über die den Gegenstand betreffenden rechtlichen Verhältnisse verpflichtet. Aufgrund besonderer Vereinbarungen kann er z.B. auch dazu verpflichtet sein, die Ware in einer bestimmten Art und Weise zu verpacken. Insbesondere beim Gebrauchtwagenkauf treffen den Verkäufer nach Treu und Glauben ganz besondere Aufklärungs- und Beratungspflichten.

2. Pflichten des Käufers

a) Hauptleistungspflichten

Kaufpreiszahlung

aa) Der Käufer ist zur Kaufpreiszahlung verpflichtet. Diese Kaufpreiszahlung ist eine Geldschuld und damit eine qualifizierte Schickschuld.

> Erinnern Sie sich noch, welche Folgen das hat, wenn das Geld beim Empfänger nicht ankommt?

> Richtig, der Käufer muß nochmals zahlen, denn er ist seiner Leistungspflicht erst dann nachgekommen, wenn der Verkäufer das Geld erhalten hat. Er trägt das Risiko, daß das Geld nicht beim Empfänger zugeht.

Abnahme

bb) Außerdem ist der Käufer auch zur Abnahme der Sache verpflichtet, dies insbesondere, wenn es sich um leicht verderbliche Ware handelt. Im Einzelfall kann die Abnahme auch eine Nebenpflicht des Käufers sein, wenn der Verkäufer kein besonderes Interesse an der Wegschaffung der Ware hat.

b) Nebenleistungspflichten

Diese ergeben sich in der Regel aus den vereinbarten Nebenabreden zum Kauf. Ist die Abnahmepflicht nicht schon Hauptpflicht, so ist sie Nebenpflicht. Weitere Nebenpflicht des Käufers ist die Pflicht zur Verzinsung des Kaufpreises ab Gefahrübergang (§ 452 BGB) und die Ersatzpflicht für bestimmte Verwendungen (§ 450 BGB).

C. Mietvertrag

Der Mietvertrag ist ein entgeltlicher Gebrauchsüberlassungsvertrag. Es handelt sich bei dem Mietvertrag um ein Dauerschuldverhältnis.

I. Gegenstand des Mietvertrages

Durch den Mietvertrag wird der Vermieter verpflichtet, dem Mieter den Gebrauch der vermieteten Sache während der Mietzeit zu gewähren. Der Mieter dagegen wird verpflichtet, den vereinbarten Mietzins zu entrichten.

II. Arten des Mietvertrages

Der Mietvertrag kann über Sachen (§ 90 BGB), Sachgesamtheiten (z.B. eine möblierte Wohnung) oder, aufgrund individueller Vereinbarungen, auch über Teile von Sachen gehen, so z.B. Reklamefläche an der Hauswand, einen Fensterplatz bei einem Karnevalsumzug.

III. Abgrenzungen und Mischformen

1. Leihe, § 598 BGB

Die Leihe ist, anders als der Mietvertrag, unentgeltlich. Die Pflichten des Entleihers sind reduziert. Während beim Mietvertrag die Mietsache gewährt und in gebrauchsfähigem Zustand erhalten werden muß, reicht für die Leihe ein bloßes „Gestatten" des Gebrauchs.

2. Pachtvertrag, § 581 BGB

Verpachtet werden können außer Sachen (wie beim Mietvertrag) zusätzlich auch Rechte (z.B. Patentrechte durch Lizenzerteilung, Jagd- und Fischereirechte). Dem Pächter gebühren auch die Nutzungen (§ 100 BGB) an der Sache, somit über die Gebrauchsvorteile des Mieters hinaus auch die Früchte gem. § 99 BGB.

3. Leasing-Vertrag

Der Leasing-Vertrag ist gesetzlich nicht geregelt und stellt eine Mischform aus Miet- und Kaufvertrag dar.

Operating-Leasing

a) Operating-Leasing ist die Überlassung von Investitionsgütern zu kurzfristigem oder jederzeit kündbarem Gebrauch und somit ein Mietvertrag.

Finanzierungs-Leasing

b) Finanzierungs-Leasing ist eine Form der völligen Fremdfinanzierung in der Weise, daß der Leasinggeber dem Leasingnehmer eine Sache für eine bestimmte Zeit zu dessen Gebrauch überläßt und dafür ein Entgelt erhält, das den Anschaffungspreis, Zinsen, Kosten und den Geschäftsgewinn des Leasinggebers umfaßt. Obwohl es sich wirtschaftlich gesehen um die Finanzierung eines bestimmten Gegenstandes handelt, wird auch hier weitgehend das Mietrecht angewandt.

IV. Pflichten der Parteien

1. Pflichten des Vermieters

a) Hauptleistungspflichten

Gebrauchsüberlassung

aa) Hauptleistungspflicht des Vermieters ist es, dem Mieter den Gebrauch der vermieteten Sache zu überlassen.

bb) Darüber hinaus ist er verpflichtet, die vermietete Sache über die Mietzeit hinweg in einem ordnungsgemäßen, dem Gebrauchszweck entsprechenden Zustand zu erhalten. D.h. er ist verpflichtet, Reparaturen und Renovierungen auf seine Kosten vornehmen zu lassen.

„Schönheitsreparaturen"

Allerdings kann diese Verpflichtung für kleinere „Bagatellschäden" auf den Mieter übertragen werden. Dieser hat dann die Kosten der sog. „Schönheitsreparaturen" zu übernehmen.

§ 6 VERTRAGSARTEN

cc) Der Vermieter darf den vertragsgemäßen Gebrauch nicht stören und muß auch Störungen, die von Dritten vorgenommen werden, abwehren. (Bsp.: Ein Mitbewohner stört die anderen durch stundenlanges afrikanisches Trommeln, etc.)

dd) Macht der Mieter notwendige Verwendungen auf die Mietsache, so muß der Vermieter ihm diese ersetzen, wenn er auch diese Verwendungen aufgrund seiner Instandhaltungspflicht hätte aufwenden müssen.

b. Nebenpflichten

Der Vermieter ist zur allgemeinen Rücksichtnahme auf den Mieter verpflichtet, dies insbesondere, wenn beide im gleichen Haus wohnen. (Bsp.: Einhaltung der Hausordnung, persönlicher Umgang).

2. Pflichten des Mieters

a) Hauptpflichten

Mietzinszahlung

Hauptpflicht des Mieters ist die Zahlung des vereinbarten Mietzinses. Für diese Forderung des Vermieters sichert ihn das Gesetz durch ein gesetzliches Pfandrecht an den eingebrachten Sachen des Mieters (§ 559 BGB).

b) Nebenpflichten

aa) Als Spiegelbild zu der Verpflichtung des Vermieters, dem Mieter den vertragsgemäßen Gebrauch zu überlassen, ergibt sich für den Mieter die Verpflichtung, die Grenzen des vertragsmäßigen Gebrauchs nicht zu überschreiten.

bb) Den Mieter trifft für die Mietsache auch eine allgemeine Obhutspflicht.

cc) Aus §§ 541 a, b BGB ergeben sich Duldungspflichten für den Mieter, so z.B. zum Dulden von Besichtigungen zur angemessenen Zeit bei Ablauf des Mietverhältnisses oder bei geplanter Veräußerung der Sache.

dd) Genau wie den Vermieter trifft auch den Mieter eine Verpflichtung zur Rücksichtnahme.

ee) Ohne Erlaubnis des Vermieters darf der Mieter den Gebrauch der Sache keinem Dritten überlassen (Verbot der Untervermietung, § 549 Abs.1, S.1 BGB).

D. Der Dienstvertrag, § 611 BGB

I. Gegenstand

Der Dienstvertrag verpflichtet denjenigen, der Dienste zusagt, zur Leistung der versprochenen Dienste. Der andere Teil wird zur Gewährung der vereinbarten Vergütung verpflichtet.

II. Arten

1. Es gibt die sog. „freien Dienstverträge", wie sie z.B. bei Steuerberatern, Rechtsanwälten und Ärzten üblich sind.

2. §§ 611ff BGB erfassen zudem auch Dienstverhältnisse von leitenden Personen, d.h. die Beschäftigungsverhältnisse von Geschäftsführern einer GmbH, aber auch anderer Organe juristischer Personen.

3. Auch Dienstleistungen, die nur gelegentlich und ohne Weisungsbefugnisse und Eingliederung in den Bereich des Dienstberechtigten erfolgen (Bsp.: Klavierlehrer, Babysitter, Putzfrauen) werden durch die §§ 611ff BGB geregelt.

4. Im Handelsrecht finden sich typisierte Dienstleistungen, die hier gesondert geregelt werden, so z.B. die Kommission, die Spedition, das Frachtgeschäft und die Lagerhaltung, §§ 383ff HGB.

5. Der klassische Fall des Dienstvertrages, die abhängige Arbeit für einen Arbeitgeber ist dagegen in Spezialvorschriften des Arbeitsrechts geregelt. Das BGB findet hier nur ergänzende Anwendung.

III. Abgrenzungen

1. Werkvertrag, §§ 631ff BGB

bestimmter Erfolg

Anders als beim Dienstvertrag, bei dem die Tätigkeit als solche geschuldet ist, wird beim Werkvertrag ein bestimmter Erfolg, also das Werk als Ergebnis, geschuldet.

260

2. Auftrag, §§ 662ff BGB

Unentgeltlichkeit

Beim Auftrag schuldet der Beauftragte die Tätigkeit unentgeltlich. Er kann zwar einen Aufwendungsersatz verlangen, dies ist aber keine Vergütung.

261

3. Geschäftsbesorgung, § 675 BGB

Liegt dem Dienst- oder Werkvertrag eine Geschäftsbesorgung zugrunde, so handelt es sich hierbei um einen Geschäftsbesorgungsvertrag. Es findet weitgehend das Auftragsrecht, §§ 662ff BGB Anwendung. Im Unterschied zum Dienstvertrag ist der Gegenstand der Geschäftsbesorgung eine „ursprünglich dem Dienstberechtigten obliegende, selbständige wirtschaftliche Tätigkeit, insbesondere die Wahrnehmung bestimmter Vermögensinteressen". (Bsp.: Bankgeschäfte, Baubetreuung)

262

IV. Pflichten der Parteien

1. Pflichten des Dienstverpflichteten

a) Hauptpflichten

aa) Hauptpflicht des Dienstverpflichteten ist die Dienstleistungspflicht (beim Arbeitsvertrag die Arbeitspflicht). Es können Dienste „jeder Art" erbracht werden.

263

bb) Im Regelfall sind die geforderten Dienste persönlich zu erbringen.

cc) Soweit dem Dienstberechtigten ein Direktionsrecht eingeräumt wurde, kann dieser auch über die Ausgestaltung der Dienstleistungspflicht bestimmen, was z.B. Umfang, Zeit und Ort der zu erbringenden Leistungen angeht.

b) Nebenpflichten

Dem Grundsatz von Treu und Glauben entsprechend, ergeben sich für den Dienstverpflichteten Schutz-, Fürsorge- und Treuepflichten.

aa) Das Gebot der Wahrung der Interessen des Dienstberechtigten kann es erfordern, daß der Dienstverpflichtete bei Arbeitsausfällen zusätzlich anfallende Aufgaben zu übernehmen hat.

bb) Er muß außerdem die ihm anvertrauten Vermögenswerte des Dienstberechtigten schützen und diesen ggf. vor drohenden Schäden warnen, z.B. wenn er den Verdacht der Unterschlagung durch einen anderen Mitarbeiter hat (Schadensabwendungspflicht).

cc) Der Dienstverpflichtete ist auch zur Verschwiegenheit verpflichtet, wenn er dienstinterne Informationen erlangt, die nicht nach außen dringen sollen.

dd) Außerdem würde der Dienstverpflichtete treuwidrig handeln, würde er seinem Dienstberechtigten Kunden abwerben oder durch eine konkurrierende Nebentätigkeit dessen Geschäftsinteressen beeinträchtigen.

2. Pflichten des Dienstberechtigten

a) Hauptpflichten

Vergütung ist die Hauptpflicht des Dienstberechtigten gegenüber dem Dienstverpflichteten.

Selbst wenn keine ausdrückliche Vergütungsvereinbarung getroffen worden ist, gilt regelmäßig Entgelt als zugesagt, § 612 I BGB.

b) Nebenpflichten

aa) Als Korrelat zur Treuepflicht hat der Dienstberechtigte Fürsorgepflichten. Nicht nur Leben und Gesundheit, sondern auch die Sachen des Arbeitnehmers sind vor Schäden zu bewahren.

bb) Es besteht außerdem die Nebenpflicht zur Erstellung eines Zeugnisses, § 630 BGB.

cc) Arbeitnehmern und arbeitnehmerähnlichen Personen ist der Arbeitgeber auch zur Urlaubsgewährung verpflichtet.

E. Der Werkvertrag, §§ 631ff BGB

I. Gegenstand des Werkvertrages

Der Werkvertrag ist ein gegenseitiger Vertrag, durch den der Unternehmer zur Herstellung des versprochenen Werkes, der Besteller zur Entrichtung der vereinbarten Vergütung verpflichtet wird.

II. Abgrenzung

1. Dienstvertrag, §§ 611ff BGB

(siehe dazu oben, beim Dienstvertrag)

2. Werklieferungsvertrag, § 651 BGB

geschuldete Lieferung + Werkherstellung

Während beim Werkvertrag der Unternehmer einen Stoff bearbeitet, den ihm der Besteller zur Verfügung gestellt hat, bearbeitet der Unternehmer beim Werklieferungsvertrag einen von ihm selbst gelieferten Stoff. Geschuldete Leistung ist hier also nicht nur das Ergebnis, sondern Lieferung und Werkherstellung.

267

Werden dabei vertretbare Sachen hergestellt (§ 91 BGB), findet das Kaufrecht Anwendung. Bei nicht vertretbaren Sachen dagegen wird modifiziertes Werkvertragsrecht angewandt.

III. Pflichten der Parteien

1. Pflichten des Unternehmers

a) Hauptpflichten

aa) Der Unternehmer schuldet die rechtzeitige und vertragsgemäße Herstellung des Werks.

268

bb) Aus der Natur des geschuldeten Werks kann sich ergeben, daß der Unternehmer das Werk persönlich zu erstellen hat (z.B. Portrait). Ansonsten kann er sich auch verschiedener Gehilfen bedienen.

b) Nebenpflichten des Unternehmers

aa) Der Unternehmer ist regelmäßig zur Beratung und Information über das zu erstellende Werk verpflichtet.

269

bb) Zu den Nebenpflichten kann es außerdem gehören, daß dem Besteller auch Bedienungsanleitungen und Gebrauchsanweisungen überlassen werden.

cc) Regelmäßig treffen den Unternehmer auch Schutzpflichten zugunsten der körperlichen Integrität des Bestellers, so z.B. bei Beförderungsverträgen (der Passagier soll heil und nicht nur überhaupt ans Ziel kommen). Außerdem muß die zu bearbeitende Sache vor Schaden oder Verlust bewahrt werden.

2. Pflichten des Bestellers

a) Hauptpflichten

aa) Der Besteller ist dazu verpflichtet, die vereinbarte Vergütung zu entrichten. Wurde keine Vergütung vereinbart, ist im Zweifel eine „übliche" Vergütung geschuldet, wenn die Herstellung des Werks den Umständen nach nur gegen Entgelt zu erwarten ist, § 632 BGB.

270

Wie der Vermieter erhält auch der Unternehmer durch das Gesetz ein gesetzliches Pfandrecht, das diesen Vergütungsanspruch sichern soll, § 647 BGB.

bb) Nach § 640 BGB ist der Besteller verpflichtet, das vertragsmäßig hergestellte Werk abzunehmen. Unter Abnahme ist die „körperliche Entgegennahme im Wege der Besitzübertragung, verbunden mit der Erklärung, daß der Besteller die Leistung als vertragsmäßig anerkennt", zu verstehen.

Von der Abnahme des Werks durch den Besteller ist u.a. abhängig, ob die Vergütung des Unternehmers fällig geworden ist (§ 641). Mit der Abnahme beginnt auch die Verjährungsfrist für Mängelansprüche und der Übergang der Preisgefahr vom Unternehmer auf den Besteller.

b) Nebenpflichten des Bestellers

aa) Der Besteller ist zur erforderlichen Mitwirkung verpflichtet, § 642 BGB.

271

bb) Er hat außerdem den Unternehmer vor einem möglichen Schaden zu bewahren, z.B. indem er seine Räume und Gerätschaften so zur Verfügung stellt, daß gesundheitliche Gefahren für den Unternehmer auszuschließen sind.

> **"HEMMER-METHODE"**: Merken Sie sich nicht alle Einzelheiten zu den oben aufgeführten Vertragstypen, denn diese ergeben sich direkt aus dem Gesetz. Prägen Sie sich aber die Abgrenzungskriterien ein, damit Sie in Zweifelsfällen in der Lage sind, den Vertrag, der Ihnen in der Klausur präsentiert wird, richtig einzuordnen.

§ 7 ALLGEMEINE GESCHÄFTSBEDINGUNGEN

Die oben aufgeführten gesetzlichen Vorschriften gefallen den Vertragsparteien mitunter gar nicht und reichen ihnen auch nicht aus. Wegen des Grundsatzes der Vertragsfreiheit haben sie aber die Möglichkeit, die gesetzlichen Vorschriften durch eigene zu ergänzen und zu ersetzen. Dort wo viele gleichartige Verträge gebraucht werden, besteht die Möglichkeit die gewünschten Vorschriften zu standardisieren. Dies geschieht regelmäßig durch „Allgemeine Geschäftsbedingungen" (AGB).

Definition

Nach der Legaldefinition des § 1 AGBG sind diese „vorformulierte Vertragsbedingungen, die eine Vertragspartei (Verwender) der anderen Vertragspartei bei Abschluß eines Vertrages stellt".

A. Anwendbarkeit des AGBG

Da jeder in der Regel auf seinen eigenen Vorteil bedacht ist, wird die Vertragsfreiheit leider häufig dazu mißbraucht, die Bedingungen sehr zum Nachteil des Vertragspartners zu entwerfen.

Glücklicherweise gibt es jedoch das AGBG, das vor einem derartigen Mißbrauch schützen soll und speziell für die Überprüfung solcher Allgemeiner Geschäftsbedingungen anwendbar ist.

Genauer gesagt regelt das ABGB Tatbestände, bei deren Vorliegen eine AGB-Klausel nicht in den Vertrag einbezogen wird (§§ 2-5 AGBG) oder wegen ihres Inhalts unwirksam ist (§§ 11, 10, 9 ABGB).

I. Legaldefinition des § 1 AGBG

Das AGBG ist nur dann anwendbar, wenn auch tatsächlich eine sog. „Allgemeine Geschäftsbedingung" vorliegt, d.h. sie muß den Voraussetzungen entsprechen, die in der Legaldefintion des § 1 AGBG genannt werden.

Voraussetzungen

Diese Voraussetzungen sind:

Vertragsbedingungen,	Regelungen, die den Inhalt des Vertrages bestimmen.
Vorformuliert,	bedeutet die für eine mehrfache Verwendung schriftlich oder in sonstiger Weise aufgezeichnete Fixierung.
Vielzahl von Verträgen,	wenn die AGBen für mindestens 3-5 Verträge angewendet werden sollen.
Bei Vertragsschluß stellen,	liegt dann nicht vor, wenn die einzelnen Bedingungen noch ausgehandelt werden können. Sie müssen vielmehr so, wie vom Verwender vorgesehen, akzeptiert werden.

II. § 23 AGBG

Ausschluß

Das AGBG findet gem. § 23 AGBG keine Anwendung auf Verträge des Arbeits-, Erb-, Familien- und Gesellschaftsrechts.

274

III. § 24 AGBG

Keine Anwendung findet das AGBG in bestimmten Bereichen für Kaufleute, so sind §§ 2, 10 und 11 AGBG bei Kaufleuten nicht anwendbar (der Rest aber schon!).

275

IV. § 8 AGBG

Eine Inhaltskontrolle nach §§ 9-11 AGBG findet auch dann nicht statt, wenn eine Bedingung nur den Wortlaut des Gesetzes wiedergibt (von dem Gesetzeswortlaut erwartet man, daß die unterschiedlichen Interessen in vernünftiger Weise berücksichtigt werden).

276

B. Einbeziehung in den Vertrag

Der Verbraucher soll sich bewußt werden können, welchen Inhalt der Vertrag durch die Einbeziehung der AGB bekommt. Nur wenn er die Möglichkeit hatte, diese überhaupt zur Kenntnis zu nehmen, sind sie wirksam in den Vertrag einbezogen worden.

277

Voraussetzungen

Die Voraussetzungen der Einbeziehung in den Vertrag sind im einzelnen:

1. Der Hinweis des Verwenders auf die AGBen, § 2 I Nr.1 AGBG.
2. Die Möglichkeit für die andere Partei, vom Inhalt der AGB Kenntnis zu nehmen, § 2 I Nr.2 AGBG.
3. Eine Einverständniserklärung der anderen Partei, § 2 I a.E. AGBG.

278

zu 1) Der Hinweis muß ausdrücklich bei Schluß des Vertrages mündlich oder schriftlich gegeben werden.

zu 2) Die Möglichkeit der Einsichtnahme muß am Ort des Vertragsschlusses in für den Kunden zumutbarer Weise bestehen, bspw.: durch Aushang, vorheriges Zusenden der AGBen, Verweis auf Kassenzettel.

zu 3) Der Vertragspartner muß ausdrücklich oder konkludent sein Einverständnis zur Einbeziehung in den Vertrag geben.

"HEMMER-METHODE": Wie bereits ausgeführt ist § 2 AGBG gem. § 24 AGBG auf Kaufleute wegen deren geringerer Schutzbedürftigkeit nicht anwendbar. Dies bedeutet aber nicht, daß die AGB dann gleichsam durch ihre bloße Existenz Vertragsbestandteil werden. Vielmehr bleiben die allgemeinen Regeln, §§ 130ff, 145ff, 157 BGB anwendbar. Diese stellen allerdings wesentlich geringere Anforderungen.

C. Ausschluß der Einbeziehung

ungewöhnliche/überraschende Klausel

I. Nach § 3 AGBG werden trotz der Gesamteinbeziehung der AGB einzelne Klauseln nicht Vertragsbestandteil, soweit sie so ungewöhnlich sind, daß der Vertragspartner mit ihnen nicht zu rechnen brauchte. Es geht also um einen zusätzlichen Schutz vor Überrumpelung.

279

Ob eine Klausel überraschend ist, bemißt sich nach den Verständnismöglichkeiten des regelmäßig zu erwartenden Durchschnittskunden. Eine gegenüber einer Hausfrau überraschende Klausel kann im Handelsverkehr unbedenklich sein. *280*

Vorrang von Individualvereinbarungen

II. Nach § 4 AGBG hat die Individualvereinbarung Vorrang vor der AGB. Dies gilt auch bei einem nur mittelbaren Widerspruch, der sich nicht schon aus dem Wortlaut, sondern aus dem Zweck der Regelung ergibt. *281*

III. Unklarheiten einer Klausel bei der Auslegung, gehen zu Lasten des Verwenders (§ 5 AGBG). Die Klausel wird nicht Vertragsbestandteil.

D. Inhaltskontrolle von AGB

Prüfungsreihenfolge

I Die Vorschriften der §§ 11, 10, 9 AGBG betreffen die Unwirksamkeit einer Klausel aufgrund ihrer inhaltlichen Regelung. *282*

II. Bei der Prüfung ist mit der spezielleren Norm zu beginnen. Erst dann ist die Einhaltung der allgemeineren Norm zu prüfen.

Finden die §§ 10, 11 AGBG wegen § 24 S.1 AGBG keine Anwendung, ist sofort § 9 AGBG zu prüfen. Bei der Interessenabwägung innerhalb des § 9 AGBG kann den §§ 10, 11 AGBG aber eine gewisse Indiz- oder Leitbildfunktion zukommen, denn verstieße eine Klausel gegen ein der beiden Normen, spricht viel dafür, daß sie auch nach § 9 AGBG gegenüber Kaufleuten unzulässig ist, wenn sich nicht aus den Erfordernissen und Gewohnheiten des Handelsverkehrs etwas anderes ergibt, vgl. § 24 S.2 AGBG.

Übersicht über die Prüfungsreihenfolge: *283*

1. Prüfung der Klauselverbote ohne Wertungsmöglichkeit, § 11 AGBG.

2. Prüfung der Klauselverbote mit Wertungsmöglichkeit, § 10 AGBG.

3. Prüfung der Generalklausel, § 9 AGBG (erst Abs. II, dann Abs. I)

E. Folgen bei fehlerhaften oder nicht einbezogenen AGB

Verbot geltungserhaltender Reduktion

I. Wichtig ist zunächst, daß unzulässige Klauseln nicht so ausgelegt bzw. vielmehr umgedeutet werden dürfen, daß sie gerade noch zulässig wären („Verbot der geltungserhaltenden Reduktion"); der Anwender ginge sonst kein Risiko ein. *284*

II. Als Sonderregel zu §§ 139, 154 BGB bestimmt § 6 I AGBG, daß Unwirksamkeit oder Nichteinbeziehung einzelner AGB grundsätzlich nicht die Unwirksamkeit des gesamten Vertrages zur Folge haben. Die Lücken im Vertrag sind nach § 6 II AGBG durch das positive Gesetzesrecht zu schließen.

F. Sich kreuzende, widersprechende AGB

Allgemeine Geschäftsbedingungen sind praktisch und daher bei vielen beliebt. Es kann deshalb vorkommen, daß jeder der Vertragspartner seine eigenen AGBen in den Vertrag einbringen will, diese sich aber, wegen der unterschiedlichen Interessen widersprechen.

frühere Rspr.: „Theorie des letzten Wortes"

Die frühere Rspr. hielt den Vertrag für wirksam mit dem Inhalt derjenigen AGB, auf die zuletzt Bezug genommen wird. Der andere Vertragsteil hätte mit der Leistungserbringung in deren Geltung eingewilligt (Theorie des letzten Wortes). **285**

Nach h.M. kommt der Vertrag grundsätzlich nur insoweit zustande, als sich die AGBen decken. Im übrigen liegt ein Dissens vor, der nach den allgemeinen Vorschriften der §§ 154, 155 BGB zu behandeln ist. **286**

§ 8 LEISTUNGSSTÖRUNGEN

Nachdem Sie sich bis hierher durchgearbeitet haben, sind Sie bereits imstande einen vernünftigen Vertrag zu schließen. Sie wissen, worauf Sie zu achten haben wenn ein Minderjähriger oder ein Stellvertreter beteiligt ist, und Sie kennen auch die Gründe, warum ein Vertrag nicht zustande kommt und wann und wie er u.U. wieder aufgelöst werden kann.

Sie kennen außerdem die wichtigsten Haupt- und Nebenpflichten der gängigsten Verträge, die die Parteien nach einem wirksamen Vertragsabschluß treffen.

Haben die Vertragspartner bisher alle Fehler vermieden, weil sie z.B. ihre Stellvertreter bevollmächtigt haben, diese sich auch im Rahmen ihrer Stellvertretung gehalten haben, und liegen übereinstimmende Willenserklärungen der Parteien vor, die sich auch nicht über verkehrswesentliche Eigenschaften getäuscht haben oder von dem anderen bedroht worden sind, so können leider immer noch Fehler bei der Vertragsabwicklung passieren.

Leistungsstörung

Möglicherweise erfüllt jemand seine Pflichten gar nicht, verspätet oder sonst nicht sorgfältig. In diesem Fall liegt eine sog. Leistungsstörung vor.   287

Im einzelnen unterscheiden diese sich in Unmöglichkeit, Verzug und positive Vertragsverletzung.   288

Rechtsfolgen: §§ 275ff BGB

Die Folgen dieser Leistungsstörungen sind in den §§ 275ff BGB geregelt. Für die schon oben dargestellten Vertragstypen gibt es darüber hinaus noch Sonderregelungen, die im Anschluß an die allgemeinen Regeln erläutert werden.   289

Die Art und Weise wie die Vertragspartner ihrer Verpflichtung nicht oder nur schlecht nachkommen, läßt sich in die folgenden Fallgruppen untergliedern. Für jede Fallgruppe gibt das Gesetz eine ganz bestimmte Lösungsmöglichkeit, die mit einer festen Überschrift verbunden ist, die Sie sich unbedingt merken müssen.

„kann nicht leisten"	= Unmöglichkeit	290
„leistet zu spät"	= Verzug	
„leistet schlecht"	= Gewährleistungsrecht/pVV	

A. Die Unmöglichkeit

Liegt in Ihrem Prüfungsfall Unmöglichkeit vor, brauchen Sie sich über Verzug oder Gewährleistungsrecht keine Gedanken mehr machen. Ab dem Zeitpunkt ihres Vorliegens schließt sie nämlich regelmäßig alle anderen Arten von Leistungsstörungen aus. Der Satz eines Spielbankcroupiers gilt auch bei der Unmöglichkeit: "Rien ne vas plus", also "nichts geht mehr".   291

§ 8 LEISTUNGSSTÖRUNGEN

I. Formen der Unmöglichkeit

Es gibt verschiedene Arten der Unmöglichkeit. Diese sind:

292

---

1. Anfänglich objektive Unmöglichkeit
2. Anfänglich subjektive Unmöglichkeit
3. Nachträglich objektive Unmöglichkeit
4. Nachträglich subjektive Unmöglichkeit

Sie unterscheiden sich folgendermaßen:

anfängl. objekt. U	Leistung kann schon im Ztp. der Begründung des Schuldverhältn. von niemandem erbracht werden.	**§§ 306, 307**

Bsp.: Verkauf eines gebrauchten PKW, der am Tag vor dem Verkauf durch Blitzschlag völlig zerstört wurde.

anfängl. subjekt. U	Leistung kann im Zeitpunkt der Begründung des Schuldverhältn. von dem Schuldner nicht erbracht werden.	**keine ges. Regelg.**

Bsp.: Verkauf eines gebrauchten PKW, den der Verkäufer bereits am Vortag einem Dritten verkauft hatte.

nachträgl. objekt. U	Geschuldete Leistung kann nach der Begründung des Schuldverhältn. von niemandem erbracht werden.	**§§ 275, 280, 325**

Bsp.: Nach Abschluß des Kaufvertrages, aber noch vor Übergabe und Übereignung wird der verkaufte PKW vom Blitz getroffen und völlig zerstört.

nachträgl. subjekt. U	Geschuldete Leistung wird nach Begründung des Schuldverhältn. nur dem Schuldner unmöglich	**§ 275 II**

Bsp.: Der Verkäufer eines gebrauchten PKW übereignet den verkauften PKW nicht an den Käufer, sondern an einen Dritten, der ihm nachträglich ein günstigeres Angebot gemacht hat.

> **"HEMMER-METHODE":** Merken Sie sich die zwei wesentlichen Unterscheidungskriterien: Zum einen den Zeitpunkt des Eintritts der Unmöglichkeit, zum anderen, ob nur der Schuldner die Leistung nicht erbringen kann, oder ob niemand das kann.

II. Der Begriff der Unmöglichkeit

dauerhafte Nichterbringbarkeit des Leistungserfolges

Nach allgemeiner Ansicht läßt sich die Unmöglichkeit als dauerhafte Nichterbringbarkeit des Leistungserfolges definieren: Es muß also entweder jedermann oder zumindest dem Schuldner auf Dauer unmöglich geworden sein, den mit der geschuldeten Leistung bezweckten Erfolg herbeizuführen.

293

III. Gründe für Unmöglichkeit

Es gibt verschiedene Gründe dafür, warum der geschuldete Leistungserfolg nicht mehr erbracht werden kann.

1. Physische Unmöglichkeit

Ein tragischer Fall ist zum Beispiel, wenn die Leistung schon nach den Naturgesetzen nicht möglich ist.

Bsp: Das verkaufte Rennpferd ist vor der Übereignung gestorben.

2. Juristische Unmöglichkeit

Unangenehm ist es aber auch, wenn die Vornahme der versprochenen Leistung an rechtlichen Gründen scheitert.

Bsp: Es wird eine Hypothek an einem Wohnwagen bestellt, obwohl dieser natürlich keine Immobilie darstellt (Hypotheken können nur an Immobilien bestellt werden)

3. Zweckerreichung und Zweckfortfall

Zweckerreichung

Es ist denkbar, daß der geschuldete Erfolg bereits auf andere Weise eingetreten ist, als durch Leistung des Schuldners, so daß dieser ihn dann nicht mehr herbeiführen kann (Zweckerreichung).

Bsp.: Ein freizuschleppendes Schiff kommt mit Eintritt der Flut von selbst wieder frei.

Zweckfortfall

Beim Zweckfortfall wurde der Gegenstand, an dem die geschuldete Leistung vorgenommen werden sollte, zerstört bevor der Schuldner die Leistung erbringen konnte.

Bsp.: Das freizuschleppende Schiff ist mittlerweile gesunken.

In beiden Fällen ist Unmöglichkeitsrecht anwendbar.

4. faktische Unmöglichkeit

Unter faktischer Unmöglichkeit sind die Fälle zu verstehen, in denen zwar die Erbringung der Leistung nicht schlechthin ausgeschlossen ist, aber vom Schuldner Anforderungen erfordert, die außerhalb jeglicher Vernunft liegen.

Bsp.: Das Aufsuchen und Heben eines Ringes auf dem Meeresgrund

5. wirtschaftliche Unmöglichkeit

Wegfall der Geschäftsgrundlage

Hier wäre eine Leistung des Schuldners zwar grundsätzlich möglich, würde jedoch derartige Anstrengungen des Schuldners erfordern, daß diese ihm nicht mehr zumutbar sind.

Abgrenzung zur faktischen Unmöglichkeit

Die Abgrenzung zur faktischen Unmöglichkeit ist fließend. Während bei letzterer aber Unmöglichkeitsrecht anwendbar ist, behandelt die h.M. die wirtschaftliche Unmöglichkeit als einen Fall des Wegfalls der Geschäftsgrundlage, bei dem eine Vertragsanpassung vorgenommen werden muß.

B. Die anfängliche Unmöglichkeit

Wichtig ist es nicht nur, zu erkennen, welche Art von Unmöglichkeit vorliegt, sondern vor allem welche Rechtsfolgen die einzelnen Unmöglichkeiten nach sich ziehen. Es wäre niemandem damit gedient, würde man nur feststellen, daß der Schuldner die Leistung nicht mehr erbringen kann.

§ 8 LEISTUNGSSTÖRUNGEN

Interessanter ist es für die Beteiligten (und vor allem für den Prüfer) zu erfahren, wie diese verfahrene Situation nunmehr gelöst werden kann.

I. Die anfängliche objektive Unmöglichkeit

§ 306 BGB: Nichtigkeit

Die Lösung für den Fall, daß eine Leistung schon bei Vertragsschluß von niemandem mehr erbracht werden kann, müßten Sie schon kennen. In diesen Fällen ist der Vertrag von Anfang an nichtig, § 306 BGB. Es handelt sich insoweit um eine rechtshindernde Einwendung.

II. Die anfängliche subjektive Unmöglichkeit

Der Fall, daß im Zeitpunkt des Vertragsschlusses nur der Schuldner den geschuldeten Leistungserfolg nicht herbeiführen kann (man spricht auch von anfänglichem Unvermögen), ist gesetzlich leider nicht geregelt. Man könnte daran denken, § 306 BGB anzuwenden, das ist jedoch nicht erlaubt. Das Gesetz regelt zwar in § 275 II BGB, daß bei nachträglicher Unmöglichkeit die Fälle der objektiven und subjektiven Unmöglichkeit gleich behandelt werden können. Für die anfängliche Unmöglichkeit ist eine solche Gleichbehandlung aber ausdrücklich nicht geregelt, so daß davon auszugehen ist, daß diese vom Gesetzgeber auch nicht gewollt ist.

Der geschlossene Vertrag ist also nicht nichtig. Andererseits kann der Schuldner natürlich nicht zu einer Leistung verpflichtet sein, zu deren Erbringung er außerstande ist.

Schadensersatz wegen Nichterfüllung

Gelöst wird dieses Problem von Rechtsprechung und Lehre dadurch, daß der Gläubiger einen Anspruch auf Schadensersatz wegen Nichterfüllung erhält. Dieses Ergebnis sei gerechtfertigt, da es dem Schuldner durchaus zuzumuten sei, sich vor Vertragsschluß darüber klar zu werden, ob er selbst zu der versprochenen Leistung imstande ist, oder nicht. Der Vertragspartner sollte außerdem nicht etwas versprechen, was er gar nicht halten kann. Hinsichtlich seines Leistungsversprechens unterliegt er insofern einer verschuldensunabhängigen Garantiehaftung.

> **"HEMMER-METHODE":** Rspr. und Lehre haben das nicht frei erfunden. Sie verwenden vielmehr eine Regelung aus dem Kaufrecht, die genau dieses Problem regelt und wenden sie auch auf andere Schuldverhältnisse an. Es handelt sich dabei um § 440 I BGB. In Fällen des anfänglichen Unvermögens bei einem Kaufvertrag verweist dieser auf die Rechtsfolge des § 325 BGB.

V verkauft M seine Uhr, die ihm aber ohne daß er es bemerkte kurz zuvor von D gestohlen worden ist.

verschuldensunabhängige Garantiehaftung

Die Leistungserbringung, nämlich die Übereignung der Uhr, ist V schon im Zeitpunkt des Vertragsabschlusses subjektiv (nicht objektiv, da der D die Uhr übereignen könnte) unmöglich. Der Kaufvertrag ist wirksam. Da V einer Garantiehaftung für sein eigenes Leistungsvermögen unterliegt, haftet er hier dem M auf das Erfüllungsinteresse, obwohl ihn an seinem Unvermögen keinerlei Verschulden trifft. (M hat also einen Anspruch darauf, so gestellt zu werden, als sei das Geschäft tatsächlich abgewickelt, also erfüllt worden. Könnte M geltend machen, daß er die Uhr mit einem Gewinn von 500 DM an S hätte weiterverkaufen könne, wäre dieser Betrag von V zu erstatten).

300

301

302

C. Die nachträgliche Unmöglichkeit

Wie schon oben bereits kurz erwähnt, behandelt das Gesetz gem. § 275 II BGB, die objektive und subjektive Unmöglichkeit gleich.

Zu unterscheiden ist hier aber zwischen einseitigen und gegenseitigen Verträgen. Außerdem ist es wichtig festzustellen, wer die Unmöglichkeit zu vertreten hat. Die Rechtsfolgen für die einzelnen Fälle sind unterschiedlich.

> **"HEMMER-METHODE":** Das Gesetz wollte verschiedene Fälle (Tatbestände) unterschiedlich regeln (Rechtsfolge). Verstehen Sie bitte, was mit den einzelnen Tatbestandsvoraussetzungen gefordert und gemeint wird. Stellen Sie fest, ob der Ihnen vorliegende Sachverhalt den Voraussetzungen im einzelnen entspricht.

I. Einseitige Verträge

1. Nicht zu vertretende Unmöglichkeit

Freiwerden von der Leistungspflicht

a) Hat der Schuldner bei einem einseitigen Vertrag die Unmöglichkeit nicht zu vertreten, wird er von der Verpflichtung zur Leistung frei, § 275 BGB. Das heißt, der Schuldner muß nichts mehr leisten, der Gläubiger hat keine Ansprüche gegen ihn.

Handelt es sich bei der geschuldeten Leistung übrigens um eine teilbare Leistung und ist auch nur ein Teil unmöglich geworden, so schuldet der Schuldner immerhin die Erbringung des noch möglichen Teils („besser als gar nichts"). Der noch mögliche Leistungsteil darf allerdings nicht etwas völlig anderes darstellen, als die ursprünglich geschuldete Leistung.

bei Gattungsschuld: erst wenn diese untergegangen ist

b) Ist vom Schuldner eine nur der Gattung nach bestimmte Sache geschuldet (§ 243 I BGB) wird er nicht so leicht von seiner Verpflichtung frei. Wenn es mehrere Sachen gleicher Art und Güte gibt, ist es dem Schuldner in der Regel möglich, eine davon zu organisieren. Erst wenn wirklich die ganze Gattung (z.B. sämtliche Fernsehgeräte der Marke „Schniefens") untergegangen ist, aus der die Sache vereinbarungsgemäß zu liefern war, wird der Schuldner befreit, § 279 BGB

oder bei Konkretisierung

Hat der Schuldner die Sache schon konkretisiert (also einen ganz bestimmten Fernseher herausgestellt, § 243 II BGB) oder ist der Gläubiger bereits in Annahmeverzug geraten (hat den Fernseher also entgegen der getroffenen Vereinbarung nicht abgeholt, § 300 II BGB), bevor die Sache untergegangen ist, wird der Schuldner auch in diesen Fällen von seiner Leistungspflicht frei. (Dies sind die Fälle, in denen man davon spricht, daß die Leistungsgefahr auf den Gläubiger übergegangen ist.)

c) Daß der Schuldner von seiner Pflicht zur Leistung befreit wird heißt aber nicht, daß dadurch das ganze Schuldverhältnis erlischt.

§ 281 BGB: stellvertretendes commodum

Dem Gläubiger kann noch das Recht aus § 281 I BGB zustehen. Der Schuldner hat ihm dann das sog. „stellvertretende commodum" herauszugeben. Darunter ist jeder Ersatz zu verstehen, den der Schuldner für die zerstörte Sache erhält, insbesondere auch ein Ersatz, der erst durch ein Rechtsgeschäft des Schuldners erworben wurde, unabhängig davon, ob der Ersatzgegenstand mehr wert ist als die ursprünglich geschuldete Leistung.

§ 8 LEISTUNGSSTÖRUNGEN 81

Bsp.: V verspricht formwirksam (§ 518 BGB) dem K, ihm seinen gebrauchten Porsche zu schenken. Noch vor der Übergabe und Übereignung wird allerdings der ordnungsgemäß verschlossene Wagen von Unbekannten aus der Garage des V gestohlen. V hatte jedoch eine günstige Diebstahlsversicherung abgeschlossen, die ihm wegen des Diebstahls 50.000 DM ausbezahlt, obwohl der PKW an sich nur 30.000 DM wert gewesen ist.

Infolge des nicht zu vertretenden nachträglichen Unvermögens wird der V von seiner Pflicht zur Schenkung des Porsche nach § 275 II, I BGB, frei.

Der K kann aber von V nach § 281 I BGB in vollem Umfang Auszahlung der Versicherungssumme aus der Diebstahlsversicherung verlangen.

> **"HEMMER-METHODE": Attenzione!!!** § 275 BGB regelt allein die Frage, ob der Schuldner von seiner Leistungspflicht frei wird (es geht um die **LEISTUNGSGEFAHR**). Eine ganz andere Frage ist, ob er u.U. seinen Gegenanspruch behält (z.B. auf Zahlung des Kaufpreises → hierfür ist er Gläubiger). Man spricht dann von der sog. **GEGENLEISTUNGSGEFAHR**, die in §§ 323ff BGB geregelt ist.

2. Vom Schuldner zu vertretende Unmöglichkeit

Befreiung von der Leistungspflicht

a) Auch wenn der Schuldner die Unmöglichkeit zu vertreten hat, ändert dies nichts daran, daß er im Ergebnis die geschuldete Leistung nicht mehr erbringen kann. Deshalb wird er, entgegen des Wortlauts des § 275 BGB, auch in diesen Fällen von seiner Leistungspflicht befreit. — 308

Schadensersatzanspruch aus § 280 BGB

b) An die Stelle der Primärleistungspflicht tritt in diesen Fällen aber ein Schadensersatzanspruch aus § 280 BGB. — 309

Merken Sie sich: § 275 I BGB ist somit wie folgt zu lesen: Bei nachträglicher Unmöglichkeit wird der Schuldner von seiner Primärleistungspflicht frei, auch muß er keinen Schadensersatz leisten (das stellvertretende commodum ist kein Schadensersatz). Etwas anderes gilt nur, wenn er die Unmöglichkeit zu vertreten hat, denn dann wird er zwar von der Leistung frei, muß aber gem. § 280 I BGB Schadensersatz leisten.

c) Der Gläubiger kann auch bei einer vom Schuldner zu vertretenden Unmöglichkeit gem. § 281 BGB das stellvertretende commodum verlangen, muß sich allerdings dann den Wert des erlangten Ersatzes auf seinen Schadensersatzanspruch anrechnen lassen. — 310

II. Gegenseitige (synallagmatische) Verträge

§§ 328ff BGB

Bei Verträgen, in denen zwischen Leistung und Gegenleistung ein Austauschverhältnis besteht, treten neben oder an die Stelle der §§ 275, 280 die §§ 323, 324 und 325 BGB. — 311

> **"HEMMER-METHODE":** Die §§ 320ff BGB finden also nur bei zweiseitigen Verträgen Anwendung und hier auch nur für im Gegenseitigkeitsverhältnis stehende Pflichten. Sie müssen deshalb feststellen, ob die vertraglich geregelte Verpflichtung in einem Gegenseitigkeitsverhältnis steht, oder eine einseitige Verpflichtung ist.

Bsp.: Bei der Miete stehen nur Überlassung der Mietsache und Mietzins im Gegenseitigkeitsverhältnis. Die Rückgabe der Mietsache ist eine einseitige Verpflichtung.

Geht die Mietsache unter, richtet sich der Anspruch des Vermieters nur nach den §§ 556, 280, weil die Rückgabeverpflichtung gerade nicht im Gegenseitigkeitsverhältnis steht. (Beachten Sie: Leistungspflicht ⇨ keine Gegenleistungspflicht!)

1. Das Schicksal der Leistung

Leistungsgefahr

Da man sich zunächst fragen muß, was eigentlich mit der geschuldeten Leistung passiert ist (= Leistungsgefahr) beginnt man auch bei einer Unmöglichkeit in gegenseitigen Verträgen mit § 275 BGB.

312

Wird dem Schuldner einer Leistung die Herbeiführung des geschuldeten Erfolges dauerhaft unmöglich, so wird er nach dieser Vorschrift von seiner Verpflichtung frei. Das ist also nichts Neues für Sie!

2. Das Schicksal der Gegenleistung

Bei synallagmatischen Verträgen muß man sich aber regelmäßig die Frage stellen, was mit einer vom Gläubiger geschuldeten Gegenleistung geschieht. Diese Frage wird in den §§ 323ff BGB beantwortet, wobei danach zu unterscheiden ist, wer die Unmöglichkeit im Einzelfall zu vertreten hat.

313

a) Von keiner Seite zu vertretende Unmöglichkeit

Pflicht zur Gegenleistung entfällt

aa) Hat weder der Schuldner noch der Gläubiger die Unmöglichkeit zu vertreten, wird nicht nur der Schuldner gem. § 275 BGB von seiner Leistungspflicht befreit, auch die Pflicht des Gläubigers zur Erbringung der Gegenleistung erlischt.

314

bb) Hatte der Gläubiger schon vorgeleistet, z.B. eine Anzahlung gemacht, kann er seine Leistung über den Rechtsfolgenverweis in § 323 III BGB nach den Vorschriften der ungerechtfertigten Bereicherung zurückfordern.

cc) Für den Fall, daß der Gläubiger nach § 281 BGB von dem (freiwerdenden) Schuldner die Herausgabe der Ersatzleistung verlangen kann (stellvertretendes commodum), bleibt er seinerseits dann aber auch zur Leistung verpflichtet, § 323 Abs. 2 BGB. Genauso, wenn er bei einer teilbaren Leistung den noch möglichen Teil der Leistung erhält.

dd) Eine Besonderheit gilt, wenn der Gläubiger sich bei der von keiner Seite zu vertretenden Unmöglichkeit in Gläubigerverzug befunden hat.

315

Bsp.: Harald Hundertwasser verkauft eine Gipsbüste und stellt sie zur Abholung bereit. Trotz eindeutiger Pflicht des Käufers zur Abholung zu einem bestimmten Zeitpunkt erscheint dieser nicht. Er kommt in Annahmeverzug. Nach einigen Tagen steigen Vandalen in den Verkaufsraum und setzen alles mit hundert Litern unter Wasser. Die Gipsfigur löst sich in Wohlgefallen auf.

Hundertwasser wird von seiner Pflicht zur Übereignung der verkauften Büste (§ 433 I S.1 BGB) nach § 275 I BGB frei.

Bezüglich der Zahlungspflicht des K aus § 433 II gilt:

Da die Unmöglichkeit weder von Hundertwasser noch von K zu vertreten ist, würde der K an sich nach § 323 I BGB von seiner Pflicht zur Zahlung des Kaufpreises frei.

§ 8 LEISTUNGSSTÖRUNGEN 83

Hätte K aber die Leistung wie vereinbart angenommen, nämlich die Büste abgeholt, wäre die Gefahr auf ihn übergegangen, da jeden das allgemeine Risiko für ihm gehörende Sachen trifft. In einem solchen Fall wäre es aber unbillig, § 323 I BGB anzuwenden. Es greift daher § 324 II BGB ein. Wird danach die dem einen Teil obliegende Leistung infolge eines von ihm nicht zu vertretenden Umstandes zu einer Zeit unmöglich, zu der der andere Teil im Verzug der Annahme ist, behält er den Anspruch auf die Gegenleistung.

Hundertwasser behält daher den Anspruch auf die Gegenleistung.

Diese Lösung findet auch in anderen Fällen Anwendung, wenn z.B. der Zeitpunkt der Gefahrtragung gesetzlich besonders geregelt ist. Der veränderte Zeitpunkt des Gefahrübergangs hat dann auch bei der von niemandem zu vertretenden Unmöglichkeit Auswirkungen, indem dann nämlich derjenige, auf den die Gefahr übergegangen ist, zur Gegenleistung verpflichtet bleibt.

Beispiele:

- *Kaufrecht: §§ 446, 447 BGB*
- *Werkvertragsrecht: §§ 664ff BGB*

b) Vom Schuldner zu vertretende Unmöglichkeit

Ist eine im Gegenseitigkeitsverhältnis stehende Pflicht durch ein vom Schuldner zu vertretendes Verhalten unmöglich geworden, hat der Gläubiger folgende Möglichkeiten: *316*

Schadensersatz   (1) Er kann nach § 325 Abs. 1 S.1 1.Alt. BGB vom Schuldner Schadensersatz wegen Nichterfüllung verlangen.

Rücktritt   (2) Er kann aber auch vom Vertrag zurücktreten, § 325 Abs.1 S.1 1.Alt. BGB.

§ 323 BGB   (3) Er kann schließlich statt Schadensersatz oder Rücktritt auch die Rechte aus § 323 geltend machen, also

- selbst die Gegenleistung nicht erbringen oder
- Herausgabe einer vom Schuldner erlangten Ersatzleistung beanspruchen (dann allerdings mit der Konsequenz, selbst leisten zu müssen).

zu 1) Verlangt der Gläubiger Schadensersatz wegen Nichterfüllung, ist er so zu stellen, als wenn der Vertrag ordnungsgemäß erfüllt worden wäre.   *317*

Surrogationstheorie   Der Gläubiger könnte also seine Gegenleistung weiter erbringen und dafür vom Schuldner in vollem Umfang das positive Interesse verlangen (Surrogationstheorie).

Bsp.: A und B wollen untereinander ihre Motorräder austauschen (§ 515 BGB). Noch vor Durchführung des Tausches wird das Motorrad des A bei einem von ihm verschuldeten Unfall völlig zerstört.

Nach der Surrogationstheorie müßte B sein Motorrad weiterhin dem A überlassen, erhielte dafür aber nach § 325 I von diesem den vollen Wert des zerstörten Motorrads ersetzt.

Differenztheorie   Die Abwicklung im einzelnen wird vereinfacht durch die Differenztheorie. Nach ihr darf der Gläubiger seine Gegenleistung behalten und vom Schuldner bloß die Wertdifferenz als Schaden einfordern.

Bsp.: A verkauft sein Motorrad (Wert: 10.000 DM) an B für 8.000 DM. Vor Übergabe und Übereignung wird das Motorrad wiederum bei einem von A verschuldeten Unfall völlig zerstört.

Es wäre hier unpraktisch, wenn B noch immer den Kaufpreis von 8.000 DM zahlen müßte, dafür aber von A 10.000 DM Schadensersatz erhielte. Sinnvoller ist es folglich, daß B seine 8.000 DM behält und von A nur 2.000 DM Schadensersatz gezahlt bekommt.

bei Rücktritt: bereits erbrachte Leistungen nach §§ 346ff bzw. nach Bereicherungsrecht zurück

zu 2) Tritt der Gläubiger vom Vertrag zurück, erlöschen die noch nicht erfüllten Leistungspflichten und die bereits erbrachten Leistungen werden infolge der Verweisung des § 327 BGB nach den Rücktrittsvorschriften (§§ 346ff BGB) bzw. im Fall des § 327 S.2 BGB nach Bereicherungsrecht rückabgewickelt.

§ 325 I S.3 iVm § 323 II BGB

zu 3) Hier besteht für den Gläubiger die interessante Möglichkeit, über § 325 I S.3 i.V.m. § 323 II BGB das stellvertretende Kommodum nach § 281 BGB herauszuverlangen. Günstig ist dieses Recht besonders dann, wenn der vom Schuldner erlangte Ersatz für die unmöglich gewordenen Leistung höher ist als der Schaden des Gläubigers.

anteilige Vergütung für den erlangten Ersatz

In diesem Fall, der nicht mit der oben erwähnten Kombination von Schadensersatz und Herausgabe des stellvertretenden Kommodums verwechselt werden darf, ist der Vertrag zwar an sich erledigt, doch bleibt der Gläubiger zu einer anteiligen Vergütung für den erlangten Ersatz verpflichtet.

> **"HEMMER-METHODE":** Weil es so wichtig ist nochmals: Für die Abgrenzung zwischen §§ 280 und 325 BGB kommt es nicht allein auf die Gegenseitigkeit des Vertrages an, vielmehr entscheidend ist letztlich der Charakter der unmöglich gewordenen Pflicht. Wurde in einem gegenseitigen Vertrag eine einseitige Verpflichtung (z.B. Rückgabepflicht bei Leihe, Miete, Verwahrung) unmöglich, ist ausschließlich § 280 BGB die richtige Anspruchsgrundlage. §§ 323ff BGB regeln nur das Schicksal der Gegenleistung! Es wäre daher ein fataler Fehler, die §§ 323ff BGB auf die unmöglich gewordene Leistung anzuwenden. Um derartige Fehler zu vermeiden, sollten Sie in der Klausur auf der gedanklichen Suche nach der richtigen Anspruchsnorm folgendermaßen vorgehen:
> (1) Suchen Sie sich aus dem Sachverhalt die Pflicht, die unmöglich geworden ist. Diese ist dann immer „Leistung" i.S.d. §§ 323ff. Halten sie fest, daß diese Pflicht nach § 275 BGB untergegangen ist, § 275 BGB regelt damit die Leistungsgefahr.
> (2) Prüfen Sie dann, ob eine zu der unmöglich gewordenen Leistungspflicht im Gegenseitigkeitsverhältnis stehende Pflicht besteht, auf die die §§ 323ff BGB anzuwenden sind. Die noch mögliche Leistung ist dann „Gegenleistung" i.S.d. §§ 323ff BGB.
> Da eine Unmöglichkeit normalerweise nur bei der Sachleistung denkbar ist, betreffen dann die §§ 323ff BGB das Schicksal der Zahlungspflicht des Käufers/Mieters/Bestellers, etc. Die §§ 323ff BGB betreffen damit die Gegenleistungs- oder auch Preisgefahr.

c) Vom Gläubiger zu vertretende Unmöglichkeit

Anspruch auf Gegenleistung, § 324 I BGB

Kann der Schuldner infolge eines Umstandes, den der Gläubiger zu vertreten hat, nicht leisten, so behält der Schuldner den Anspruch auf die Gegenleistung, § 324 I BGB.

Bsp: V verkauft dem K einen gebrauchten Fiesta. Noch ehe das Auto aber übergeben und übereignet werden kann, wird es dadurch zerstört, daß K beim Ausparken mit seinem alten Fahrzeug gegen den Fiesta fährt und ihn total zerstört.

§ 8 LEISTUNGSSTÖRUNGEN

V behält seinen Anspruch auf Zahlung des Kaufpreises. Er muß sich allerdings über § 324 I S.1 BGB die Aufwendungen abziehen lassen, die er sich durch die nach § 275 BGB eingetretene Befreiung von seiner Leistungspflicht erspart hat. Gleichgestellt werden hier auch Vorteile, die der Schuldner durch eine anderweitige Verwendung seiner wieder frei verfügbar gewordenen Arbeitskraft erwirbt, oder böswillig zu erwerben unterläßt.

> **"HEMMER-METHODE"**: Beachten Sie die im Verhältnis zu §§ 323, 325 unterschiedliche Systematik von § 324 I und § 324 II BGB: Während § 324 I BGB zu §§ 323 und 325 BGB in einem echten Alternativverhältnis steht, ist § 324 II nur eine Ausnahme zu § 323 BGB.
> Für die Fallösung bedeutet das: Sie müssen zunächst prüfen, von wem die Unmöglichkeit zu vertreten ist, ob von niemandem, vom Schuldner oder vom Gläubiger. Erst wenn Sie festgestellt haben, daß ein Fall der zufälligen Unmöglichkeit gegeben ist, können Sie § 324 II BGB als Ausnahme zu § 323 BGB prüfen.

322

d) Von Gläubiger und Schuldner zu vertretende Unmöglichkeit

Nichts ist unmöglich, deshalb gibt es durchaus Fälle, in denen die Unmöglichkeit sowohl vom Schuldner als auch vom Gläubiger zu vertreten ist.

323

abstellen auf überwiegendes Verschulden

Dieser exotische Fall ist im Gesetz nicht geregelt (und deshalb mitunter ein beliebtes Prüfungsthema). Die raffinierte Lösung liegt darin, je nach überwiegendem Verschulden entweder auf § 324 oder § 325 BGB abzustellen und den entsprechenden Anspruch dann nach § 254 BGB (entsprechend einer angemessenen Quote, die Sie anhand des Verschuldens bestimmen müssen) zu kürzen.

D. Der Verzug

verspätet

Nicht immer wenn der Schuldner seine Leistung nicht erbringt, heißt dies auch, daß er sie gar nicht mehr erbringen wird. Möglicherweise erfolgt seine Leistung später als vereinbart. Leistet der Schuldner eine fällige und in der Regel angemahnte Leistung infolge einer von ihm zu vertretenden Verzögerung später, so liegt Verzug vor.

324

nachholbare Leistung

Im Unterschied zur Unmöglichkeit ist die Leistung noch nachholbar.

I. Das absolute Fixgeschäft

Leistungszeit wesentlich

Es gibt allerdings Geschäfte, bei denen sich eine zu späte Leistung so katastrophal auswirkt, daß sie einer Unmöglichkeit gleich kommt. In solchen Fällen sind dann auch nicht mehr die etwas schonenderen Verzugs- sondern nur noch die Unmöglichkeitsregeln anwendbar.

325

Geschäft „steht und fällt" mit bestimmter Leistungszeit

Ein solches Geschäft, auch absolutes Fixgeschäft genannt, liegt dann vor, wenn die Parteien eines Schuldverhältnisses die Einhaltung einer bestimmten Leistungszeit als so wesentlich vereinbaren, daß damit das gesamte Geschäft „stehen und fallen" soll.

Jede Leistungsverspätung führt dann sofort zur Unmöglichkeit.

> *Bsp.: Ein Taxi wird bestellt, um einen bestimmten Zug zu erreichen. Das Taxi kommt erst nach Abfahrt des Zuges.*

II. Das relative Fixgeschäft

erleichterter Rücktritt nach § 361 BGB

Beim relativen Fixgeschäft ist der Zeitpunkt der Erfüllung nicht ganz so wichtig, wie beim absoluten Fixgeschäft. Da die Fristversäumung nicht ganz so dramatisch ist, scheidet Unmöglichkeit aus. Der Gläubiger ist nur zum erleichterten Rücktritt nach § 361 BGB berechtigt. Damit entfallen dann die strengen Voraussetzungen des § 326 BGB, wonach eine Nachfrist mit Ablehnungsandrohung erforderlich wäre. Auch bedarf es nicht des sonst in § 285 BGB geforderten Verschuldens.

> "HEMMER-METHODE": Maßgeblich dafür, ob eine Leistung noch rechtzeitig erfolgte oder nicht, ist übrigens nicht die Leistungshandlung, sondern allein der Leistungserfolg. Beim Taxibeispiel ist deshalb z.B. der Zweck des Vertrages und die Interessenlage festzustellen. Durch die Auslegung kann sich damit ergeben, daß die verspätete Leistung für den Gläubiger keine Erfüllung mehr darstellt.

E. Der Schuldnerverzug

Definition

Als Schuldnerverzug bezeichnet man die schuldhafte Nichtleistung trotz Fälligkeit und Mahnung.

I. Nichtleistung

nachholbarer Leistungserfolg

Geschuldet ist der Leistungserfolg, nicht die Leistungshandlung, aber das wissen Sie ja schon. Der Leistungserfolg muß noch nachholbar sein (ansonsten liegt Unmöglichkeit vor).

> *Bsp.: Malermeister M bekommt den Auftrag, am Haus des X die Fassade zu streichen. M weigert sich aber, die Arbeiten durchzuführen, weil ihm die Farbe nicht so gut gefällt. Damit das Haus noch vor dem Herbst gestrichen ist, läßt X die Malerarbeiten durch den Malermeister A durchführen.*

Hier befindet sich M zunächst im Schuldnerverzug. Dieser kann aber nur so lange angenommen werden, wie der Leistungserfolg durch den M noch herbeigeführt werden kann. Dies ist hier aber nur bis zum Streichen durch A der Fall. Zwar kann die Leistungshandlung, nämlich das Streichen der Fassade noch nachgeholt werden, der Leistungserfolg, also die Renovierung der Fassade, ist aber schon eingetreten.

Nachdem A die Fassade gestrichen hat, liegt deshalb Unmöglichkeit vor. Der Leistungserfolg ist bereits endgültig herbeigeführt.

II. Fälligkeit

Der Schuldner kann nur dann mit seiner Leistung in Verzug geraten, wenn diese auch fällig ist.

mit Abschluß des Vertrages

Fälligkeit besteht nach dem Grundsatz des § 271 BGB mit Abschluß eines wirksamen Vertrages, d.h. also sofort.

Stehen dem Anspruch des Gläubigers allerdings Einreden des Schuldners entgegen, so wirkt schon das Bestehen dieser Einreden verzugshindernd.

Einreden wirken verzugshindernd

Merken Sie sich bitte: Eine Einrede ist ein Leistungsverweigerungsrecht. Die Geltendmachung des Anspruches kann dadurch auf Dauer verhindert werden (peremptorische Einrede). Ein Beispiel ist die Verjährung, § 222 BGB, d.h. der Anspruch wurde nicht innerhalb der gesetzlich vorgeschriebenen Frist geltend gemacht.

Andere Einreden sind dagegen dilatorisch, d.h. sie verhindern die Geltendmachung eines Anspruches nur auf Zeit (z.B. die Zurückbehaltungsrechte der §§ 274, 320, 322 BGB, wenn der Schuldner eine Forderung gegen den Gläubiger und dieser wiederum eine Forderung gegen den Schuldner hat, beide Forderungen aber nicht gleichartig sind, z.B. A schuldet B die Rückgabe eines entliehenen Buches und B schuldet A die Rückzahlung eines Darlehens. Dann können A und B jeweils als Gläubiger die Erfüllung der ihnen zustehenden Forderung verlangen.)

III. Mahnung

nicht, wenn Zeitpunkt nach kalendarisch bestimmt ist oder bei endgültiger Leistungsverweigerung

Weitere Voraussetzung des Schuldnerverzugs ist eine ausreichend bestimmte, nicht formgebundene Mahnung, § 281 I BGB. Diese ist entsprechend ihrem Schutzzweck dann entbehrlich, wenn der Zeitpunkt der Leistung zuvor kalendarisch bestimmt war, § 284 II BGB. Mitunter kommt es vor, daß der Schuldner sich auch einfach ernsthaft und endgültig weigert, seine Leistung zu erbringen, obwohl diese schon fällig geworden ist. Auch in diesen Fällen muß der Gläubiger nicht noch extra mahnen.

331

IV. Vertretenmüssen

Gemäß § 285 BGB kann der Verzug entfallen, wenn der Schuldner diesen nicht zu vertreten hat. Der Schuldner muß diesen ihn begünstigenden und befreienden Umstand aber beweisen.

332

V. Keine Beendigung

Wurde der Vertrag aufgelöst, z.B. durch die Anfechtung, §§ 119ff BGB, so endet damit auch der Verzug. Genauso, wenn Unmöglichkeit eingetreten ist. (Erinnern Sie sich an den Fall der Restaurierung der Hauswand? Ist noch gar nicht lange her!). Das brauchen Sie in der Klausur allerdings nicht extra zu erwähnen, wenn sich dafür keinerlei Anhaltspunkte ergeben.

VI. Rechtsfolgen

Nachdem Sie nun einen Verzug anhand der oben aufgeführten Tatbestandsmerkmale erkennen können, wenn er ihnen in der Klausur versteckt präsentiert wird, müssen Sie natürlich auch wissen, was der Gläubiger in solch einem Fall verlangen kann, bzw. wozu der Schuldner durch das Gesetz verpflichtet wird.

333

Im einzelnen hängt dies wiederum davon ab, ob es sich um ein einseitiges Schuldverhältnis, oder aber einen gegenseitigen Vertrag handelt.

1. Beim einseitigen Schuldverhältnis

a) § 286 I BGB

Verzugsschaden

Nach § 286 I BGB hat der Schuldner den Verzugsschaden, also den sich aus der Verspätung resultierenden Schaden zu ersetzen.

334

> *Bsp.: Mietkosten, die anfallen, weil eine Maschine verspätet geliefert wird und der Käufer die Zwischenzeit mit einer gemieteten Maschine überbrücken muß. Entgangener Gewinn, wenn ein Kunde des Gläubigers wegen der Verspätung „abspringt". Kosten der Rechtsverfolgung, v.a. Mahngebühren.*

b) § 286 II BGB

Schadensersatz wegen Nichterfüllung

Interessiert sich der Gläubiger infolge des Verzuges nicht mehr für die Leistung, kann er nach § 286 II BGB unter Ablehnung der Leistung Schadensersatz wegen Nichterfüllung verlangen (positives Interesse), sich also so stellen lassen, als wäre der Vertrag ordnungsgemäß erfüllt worden.

Anders als bei § 286 I BGB tritt dieser Anspruch aber nicht neben, sondern an die Stelle des gestörten Primäranspruches. Es wäre dann doch zu viel, wenn er einerseits Erfüllung, andererseits aber zusätzlich auch noch Schadensersatz in etwa gleicher Höhe verlangen könnte.

c) § 287 BGB

Haftungsmaßstab

§ 287 BGB gewährt keinen Anspruch des Gläubigers. Er regelt „nur" den Haftungsmaßstab ab Verzugseintritt.

§ 287 S.1 BGB stellt klar, daß der Schuldner im Verzug für jede Fahrlässigkeit haftet. Er haftet damit also immer schon dann, wenn er die im Verkehr objektiv erforderliche Sorgfalt außer acht läßt.

Haftung auch für Zufall

Darüber hinaus erweitert § 287 S.2 BGB die Haftung sogar für Zufälle, wobei Zufall nicht nur Naturkatastrophen o.ä. meint, sondern auch die Fälle, in denen der Schaden nach allgemeinen Regeln weder vom Schuldner noch vom Gläubiger zu vertreten ist.

> Bsp.: Henry M und Mike T. hatten vereinbart, daß Henry dem Mike am 17.04.1996 100 Paar Bockhandschuhe liefern sollte, die Mike mit 5.000 DM Gewinn an den Arnold S. hätte weiterverkaufen können. Heny vergißt die Lieferung, in der Nacht zum 15.04. werden die Boxhandschuhe aus dem vorschriftsgemäß gesicherten Studio des Henry gestohlen. Mike verlangt von Henry den entgangenen Gewinn.

Mike könnte gegen Henry einen Anspruch aus § 325 I S.1 BGB haben:

Die Leistungspflicht aus dem Kaufvertrag (bei der es sich um eine gegenseitige Pflicht handelt) ist dem V unmöglich geworden, § 275 BGB. Allerdings hätte Henry dies nach allgemeinen Regeln nicht zu vertreten, wenn das Atelier ordnungsgemäß gesichert ist. Indes war Henry am 14.04. in Verzug geraten (§ 284 II BGB), so daß er auch für Zufall haftet. Mike's Anspruch ist also begründet.

d) Verzugszinsen

Für die Zeit des Verzugs sind schließlich noch 4 % Verzugszinsen nach § 288 I S.1 BGB zu zahlen. Für Kaufleute gilt die Sonderregel der §§ 352, 353 HGB: 5 % gesetzlicher Zins und zwar schon ab Fälligkeit.

Nach §§ 288 II, 286 BGB besteht auch die Möglichkeit, höhere Zinsen als Verzugsschaden geltend zu machen.

2. Rechtsfolgen bei gegenseitigen Verträgen

a) §§ 286 I, 287, 288 BGB

Was Sie bisher über die §§ 286 I, 287, 288 BGB gelernt haben, können Sie auch bei gegenseitigen Verträgen anwenden, denn diese Normen gelten auch für synallagmatische Pflichten.

§ 8 LEISTUNGSSTÖRUNGEN

b) § 326 BGB

erweiterte Möglichkeiten für den Gläubiger

Darüber hinaus erweitert § 326 BGB die Möglichkeiten des Gläubigers zum Rücktritt oder Schadensersatz.

Frist mit Ablehnungsandrohung

Der Gläubiger kann, wenn sich der Schuldner einer Hauptleistungspflicht im gegenseitigen Vertrag mit dieser im Verzug befindet, eine Frist mit Ablehnungsandrohung setzen. Sinngemäß wird er dem Schuldner also mitteilen, daß er bis zum x-ten Tag zu leisten habe, da man andernfalls seine Leistung nicht mehr annehmen werde. 340

Rücktritt/Schadensersatz

Erfüllt der Schuldner bis zum Fristablauf nicht (wobei es nach h.M. auf die Leistungshandlung und nicht den Leistungserfolg ankommt), kann der Gläubiger zurücktreten oder Schadensersatz wegen Nichterfüllung verlangen. Hierzu gelten im wesentlichen die Ausführungen zu § 325 (s. oben).

aa) Die Fristsetzung

Die vom Gläubiger gesetzte Frist muß angemessen sein.

angemessene Frist

Ist die Frist unangemessen kurz, bedeutet dies allerdings nicht, daß sie völlig wirkungslos ist. Es soll nach h.M. vielmehr eine angemessene Nachfrist in Gang gesetzt werden. 341

Hat der Schuldner die Frist verstreichen lassen, ohne aktiv zu werden, ist der Anspruch auf Erfüllung für den Gläubiger ausgeschlossen, aber natürlich auch seine Pflicht zur Gegenleistung.

> **"HEMMER-METHODE":** Ist ein Minderjähriger der Gläubiger einer Leistung und setzt er eine Frist mit Ablehnungsandrohung, so ist diese ohne Einwilligung seiner Eltern nicht wirksam. Da durch die Fristsetzung nämlich der Erfüllungsanspruch entfallen kann, ist diese rechtsgeschäftliche Handlung nicht lediglich rechtlich vorteilhaft. Vernetztes Denken! Sie müssen damit rechnen, daß die Problemfelder, die Sie lernen, an den unterschiedlichsten Stellen auftauchen.

bb) Eigene Vertragstreue

Bei entsprechenden Hinweisen im Sachverhalt ist noch darauf zu achten, daß ungeschriebene Voraussetzung für § 326 BGB bzw. bereits für den Verzug, die eigene Vertragstreue des Gläubigers sein kann; dabei ist aber immer auf die Interessenlage im Einzelfall (Art, Ausmaß und Grund der Vertragsstörungen) abzustellen. 342

F. Der Gläubigerverzug

Annahmeverzug

Seltener in der Klausur ist der Gläubiger- oder auch Annahmeverzug. Abgesehen von § 304 BGB gibt es für ihn keine eigenen Anspruchsgrundlagen oder Gestaltungsrechte.

Geprüft wird er aber deshalb recht gern, weil er häufig übersehen wird und aufbaumäßig mitunter hohe Anforderungen an den Bearbeiter stellt.

I. Voraussetzungen

Verweigerung der Annahme

Der Gläubiger muß in Verzug gekommen sein. Dies geschieht gem. § 293 BGB dann, wenn der Gläubiger die angebotene (und erfüllbare § 271 I, II BGB) Leistung nicht annimmt, wobei der Schuldner gem. § 294 BGB dem Gläubiger auch ein tatsächliches Angebot gemacht haben muß. 343

nachholbare Leistung

Im Unterschied zur Unmöglichkeit muß nach h.M. die Leistung noch nachholbar sein. Ist Nachholbarkeit nicht mehr möglich und damit die Leistung dauernd unmöglich, entfällt ein Annahmeverzug.

Ist der Schuldner nur vorübergehend zur Leistung außerstande, so scheidet zwar Unmöglichkeit aus, da diese gerade dauerndes Nichtleistenkönnen voraussetzt, aber auch hier entfällt wegen § 297 BGB der Annahmeverzug des Gläubigers.

Ist schon der Schuldner in Verzug, kann nicht auch noch der Gläubiger in Verzug geraten. Allerdings kann der Gläubiger durch die Nichtannahme einer Leistung sowohl in Gläubiger- als auch Schuldnerverzug geraten, wenn z.B. die Annahme als Rechtspflicht geschuldet wird, wie z.B. beim Kaufvertrag, § 433 II BGB.

II. Rechtsfolgen

1. § 304 BGB

Ersatz von Mehraufwendungen

Als Anspruch unmittelbar aus Gläubigerverzug ergibt sich nur der Ersatz von Mehraufwendungen, § 304 BGB, also z.B. vor allem Kosten für längere Lagerung und das zusätzlich erforderliche Angebot.

344

> **"HEMMER-METHODE":** Dieser (und noch weitere) Posten können auch als Verzugsschaden aus § 286 BGB zu ersetzen sein, wenn die Vertragsauslegung ergibt, daß bestimmte Obliegenheiten des Gläubigers zu einer Vertragspflicht werden sollten, z.B. die Abnahme bei schwieriger Lagerung. U.U. kann eine solche Pflicht sogar zur Hauptleistungspflicht werden, so daß §§ 325, 326 BGB anwendbar sind.

2. § 300 II BGB

Übergang der Leistungsgefahr

Bei Gattungsschulden geht die Leistungsgefahr mit dem Annahmeverzug auf den Gläubiger über, zumindest wenn – so die h.M. – auch schon eine Aussonderung stattfand. Vor Eintritt des Gläubigerverzugs wird freilich häufig schon eine Konkretisierung und damit ein Übergang der Leistungsgefahr nach § 243 II BGB stattgefunden haben:

345

Holschuld

- Bei Holschulden (beachte § 269 I, gesetzlicher Leistungsort) durch Aussonderung aus der Gattung und wörtliches Angebot, selbst wenn wegen § 293 BGB kein Gläubigerverzug eintritt.

Schickschuld

- Bei Schickschulden durch Übergabe an die Transportperson.

Bringschuld

- Bei Bringschulden durch ein tatsächliches Angebot in Annahmeverzug begründender Weise.

Merken Sie sich: § 300 II BGB regelt die Leistungsgefahr. Ohne daß es der Konkretisierung bedarf und auch unabhängig von einer Beschränkung der Gattungsschuld, wird der Schuldner von seiner Leistungspflicht befreit. Die vorschnelle Anwendung des § 300 II BGB ist ein häufiger Fehler! Zwar fallen Sie dadurch i.d.R. nicht „aus der Klausur", zeigen aber Lücken im Systemverständnis des Allgemeinen Schuldrechts.

§ 8 LEISTUNGSSTÖRUNGEN

3. § 301 BGB

Vorsatz/grobe Fahrlässigkeit

Der Schuldner hat, wenn sich der Gläubiger im Annahmeverzug befindet, nicht mehr schon für leichte Fahrlässigkeit zu haften, sondern er hat nur noch Vorsatz und grobe Fahrlässigkeit zu vertreten.

346

4. § 324 II BGB

Diese Norm ist als Ausnahme zu § 323 BGB zu verstehen: Trotz einer von niemandem zu vertretenden Unmöglichkeit behält der Schuldner seinen Anspruch auf die Gegenleistung.

347

anspruchserhaltend

§ 324 II BGB ist dabei so zu verstehen, daß anders als bei § 325 I BGB, der einen eigenen neuen Anspruch gibt, § 324 II BGB nur gleichsam anspruchserhaltend wirkt. Das bedeutet, daß der ursprüngliche vertragliche Anspruch (also z.B. auf Zahlung aus § 433 II BGB) nicht nach § 323 BGB untergeht, sondern bestehen bleibt.

Bsp.: Helmut K hat mit Manfred S einen Kaufvertrag über seinen alten Mercedes geschlossen. Wie verabredet will Helmut das Auto am 2. August um 18.00 Uhr mit allen erforderlichen Papieren zu Manfred bringen. Weil Manfred nicht zuhause ist, dieser hält gerade eine Rede vor dem Tierzüchterverein "Hasilein" und auch in der Folgezeit nicht auftaucht, fährt Helmut um 19.30 nach Hause, um das Auto nicht unbeaufsichtigt bei Manfred stehen zu lassen. Infolge leichter Fahrlässigkeit verursacht Helmut dabei einen Unfall, bei dem das Auto völlig zerstört wird. Manfred will jetzt nicht mehr und weigert sich, den Kaufpreis zu zahlen. Er erklärt, er „kündige den Vertrag, weil Helmut das Auto zerstört habe.

Helmlut könnte einen Anspruch aus § 433 II BGB haben.

1) Die „Kündigung" des Manfred könnte ein Rücktritt nach § 325 I BGB sein:

a) Die §§ 320ff BGB sind anwendbar, da es um eine synallagmatische Pflicht aus einem Kaufvertrag geht.

b) Die geschuldete Leistung wurde unmöglich, § 275 BGB.

c) Helmut handelte auch fahrlässig, indes hat er dies nach § 300 I BGB nicht zu vertreten, da sich Manfred im Annahmeverzug befand: Helmut hat die Leistung wie verabredet termingerecht tatsächlich angeboten; § 293 BGB. Manfred war nicht anwesend, auf ein Verschulden kommt es nicht an.

2) Allerdings hat auch Manfred den Untergang nicht zu vertreten, so daß § 323 eingreifen könnte; hier ist jedoch § 324 II BGB als Ausnahmevorschrift zu § 323 zu beachten: Da die Leistung zu einer Zeit unmöglich wurde, in der sich Manfred im Annahmeverzug befand, behält Helmut den Anspruch auf die Gegenleistung.

3) Ein Anspruch des Helmlut ist also aus § 433 II i.V.m. § 324 II BGB gegeben.

§ 9 GEWÄHRLEISTUNGSRECHT

weder Unmöglichkeit noch Verzug

Leider gibt es nicht nur Fälle, in denen es einer Vertragspartei unmöglich ist, den Leistungserfolg herbeizuführen, oder die Leistungshandlung rechtzeitig vorzunehmen. Für diese Fälle wissen Sie bereits, daß unabhängig davon, welcher Vertragstyp vorliegt, sich die entsprechenden Rechtsfolgen aus den Vorschriften des allgemeinen Schuldrechts (§§ 306ff, 275ff, 320ff BGB) ergeben.

Schlechtleistung

Es können auch Umstände vorliegen, die weder eine Unmöglichkeit, noch einen Verzug darstellen, sondern eine sog. „Schlechtleistung". Die Rechtsfolgen solch einer „Schlechtleistung" sind für die einzelnen Vertragstypen, die Sie bereits kennengelernt haben, im Besonderen Schuldrecht zum Teil speziell geregelt.

348

A. Sachmängel- und Rechtsmängelhaftung

Die Schlechtleistung läßt sich noch einmal nach der Art des ihr zugrundeliegenden Mangels differenzieren.

I. Sachmangel

negatives Abweichen von vereinbarter Beschaffenheit

Ein Sachmangel liegt vor, wenn der Vertragspartner eine Sache erhält, deren Beschaffenheit negativ von der vertraglich geschuldeten Beschaffenheit abweicht.

349

II. Rechtsmangel

„weniger" an Recht

Ein Rechtsmangel dagegen ist gegeben, wenn der eine Vertragsteil mangels einer ausreichenden Berechtigung dazu, weniger an Recht verschaffen kann, als er dem anderen Vertragspartner dem Vertrag nach schuldet.

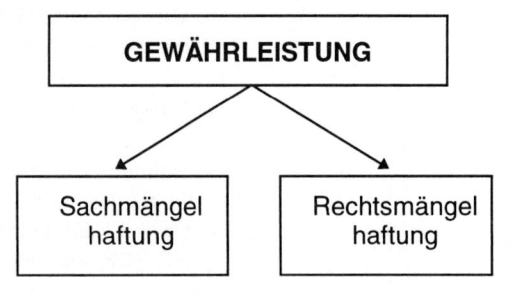

350

```
              GEWÄHRLEISTUNG
              /            \
       Sachmängel        Rechtsmängel
        haftung            haftung
```

B. Sachmängelhaftung

I. Mangelhaftigkeit

Grundvoraussetzung für die Sachmängelhaftung ist für alle bereits angesprochenen Vertragstypen ein Mangel.

Fehler/Fehlen einer zugesicherten Eigenschaft

Als Mangel bezeichnet man das Vorliegen eines Fehlers oder das Fehlen einer zugesicherten Eigenschaft (vg. §§ 459, 537, 633 I, 651c I BGB).

351

1. Fehler

Ist/Sollbeschaffenheit

Ein Fehler liegt grds. dann vor, wenn die Istbeschaffenheit der verkauften Sache ungünstig von der Sollbeschaffenheit abweicht.

352

§ 9 GEWÄHRLEISTUNGSRECHT

subjektiver Fehlerbegriff

Streitig ist hierbei, wie die Sollbeschaffenheit zu bestimmen ist. Nach der h.M. ergibt sich die Sollbeschaffenheit aber aus der vertraglichen Vereinbarung (subjektiver Fehlerbegriff).

2. Fehlen einer zugesicherten Eigenschaft

Mangelhaft ist eine Sache (ein Werk) auch dann, wenn eine zugesicherte Eigenschaft fehlt (vgl. §§ 459 II, 537 II S.1, § 633 I, 651 c I BGB).

Garantiewille

Eine Zusicherung liegt vor, wenn ein Vertragspartner – ausdrücklich oder konkludent – die Gewähr für das Vorhandensein einer Eigenschaft übernimmt und zu erkennen gibt, daß er für alle Folgen ihres Fehlens einstehen will (Garantiewille). Der Zusicherung einer Eigenschaft steht es gleich, wenn der Vertragspartner das Nichtvorhandensein eines Fehlers zusichert.

353

> **"HEMMER-METHODE"**: Hier ist wieder Ihr Wissen zur Auslegung von Willenserklärungen gefragt, denn ob nun eine Zusicherung im Einzelfall anzunehmen ist oder nicht, kann oft nur durch Auslegung gem. §§ 133, 157 BGB ermittelt werden. Grenzen Sie die Zusicherung insbesondere von der bloßen Wissenserklärung ab, wie sie z.B. bei Werbeaussagen und Warenbeschreibungen vorliegt. Hier fehlt dem Vertragspartner in aller Regel der Rechtsbindungswille für eine Zusicherung, also der Garantiewille.

Gewährleistungsausschluß

Haben Sie vor, sich ein gebrauchtes Fahrzeug zu kaufen? Dann ist für Sie die Entscheidung darüber, ob eine Zusicherung ihres Verkäufers vorliegt, besonders wichtig. Im Regelfall zeichnen sich die Gebrauchtwagenhändler in ihren Allgemeinen Geschäftsbedingungen von der Gewährleistung frei, d.h. sie entziehen Ihnen Ansprüche, die Sie bei Mangelhaftigkeit der Sache u.U. hätten geltend machen können.

kein Ausschluß bei Zusicherung

Können dagegen die Erklärungen Ihres Händlers als Zusicherung angesehen werden, so werden diese von einem eventuellen Gewährleistungsausschluß nicht erfaßt (vgl. § 11 Nr 11 AGBG), Sie können damit Ansprüche gegen den Verkäufer geltend machen.

354

Es reicht dabei auch aus, daß die Zusicherung von Eigenschaften durch einen Vertreter des anderen Vertragspartners erfolgte, denn letzterem werden bei wirksamer Vertretungsmacht, die Willenserklärungen gem. § 164 I S.1 BGB zugerechnet.

Eigenschaften einer Sache sind übrigens alle Merkmale, die für den Käufer erheblich sind und zwar nicht nur aufgrund ihrer körperlichen Beschaffenheit, sondern auch aufgrund der dauerhaften Beziehung der Sache zur Umwelt, ihres Wertes, des vertraglich vorausgesetzten Gebrauchs oder sonstiger Gründe, soweit diese Gründe aber nicht auf Umständen beruhen, die mit der Sache nichts zu tun haben.

355

II. Rechtsfolgen

Grundsätzlich ist immer die Erfüllung des Vertrages herbeizuführen, so wie dies vertraglich vereinbart wurde.

Liegt eine mangelhafte Leistung vor, könnte man diese einerseits als gar keine Erfüllung betrachten oder als minderwertige Erfüllung.

Soweit man annimmt, daß noch keine Erfüllung vorliegt, hätte der Empfänger der Leistung einen „Neuerfüllungsanspruch". Bei einer minderwertigen Erfüllung treten anstelle des Erfüllungsanspruches (es wurde ja erfüllt, nur leider nicht ordnungsgemäß) Ansprüche auf Rückgängigmachung des Vertrages, Herabsetzung des Entgelts oder Schadensersatz.

Der Gesetzgeber hat diese Ansprüche bei den verschiedenen Vertragstypen unterschiedlich konstruiert, wobei das Regelungssystem der gewöhnlichen Interessenverteilung beim jeweiligen Vertragstyp angepaßt wurde: So ist z.B. ein Nachbesserungsanspruch gegen einen i.d.R. sachkundigen Werkunternehmer sinnvoll, nicht aber gegenüber dem Verkäufer in einem Gemischtwarenladen, der nur weiterveräußert.

Zum besseren Überblick über die denkbaren Möglichkeiten folgendes Schema:

Vertragstyp	„Neuerfüllung"	Wandelung, Minderung, Schadensersatz
Kaufvertrag (Spezieskauf)	kein Anspruch	Wa, Mi oder SchaE, §§ 459, 462, 463
Kaufvertrag (Gattungskauf)	Nachlieferung, § 480	Wa, Mi oder SchaE, §§ 480 I, 462, 480 II
Mietvertrag	Erhaltungspflicht	Kü, Mi und SchaE, §§ 537, 538, 542
Werkvertrag	Nachbesserung, Neuherstellung, § 633, 631	Wa, Mi oder SchaE, §§ 634, 636
Reisevertrag	Abhilfe, § 651 c	Kü, Mi und SchaE, §§ 651d-f
Werklieferungs V: (vertretbare Sachen)	wie Kaufrecht (§§ 651 I, 459ff)	wie Kaufrecht
Werklieferungs V: (nicht vertretbare Sachen)	wie Werkvertrag (§§ 651 I/II, 633ff)	wie Werkvertrag
Schenkungsvertrag	Nachlieferung, § 524II	wie Kaufrecht, § 524 I/II, 542 II, 459ff

C. Sachmängelhaftung beim Kaufrecht

I. Nachlieferungsanspruch, § 480 I S.1 BGB

nur beim Gattungskauf

Beim Gattungskauf, aber auch nur bei diesem und nicht auch beim Spezieskauf, kann der Käufer einer Sache gem. § 480 I S.1 BGB nach Gefahrübergang die erneute Lieferung der Sache verlangen.

Bsp.: Käufer Scotty kauft beim Weinhändler Kirk 30 Flaschen Wein. Zu Hause stellt er fest, daß in jeder Flasche ein Wurm sitzt.

Es liegt ein Sachmangel vor. Der Käufer könnte den Kauf rückgängig machen. Weil es sich aber um einen Gattungskauf handelt, kann er von W auch alternativ die Lieferung neuer Flaschen dieses Weines (mittlerer Art und Güte) verlangen.

Hätte Scotty in unserem Beispiel aber eine ganz besondere Flasche Wein gekauft, von der es auf der Welt nur noch ein einziges Exemplar gibt, weil der Wein z.B. von 1899 ist, läge ein Spezieskauf vor. Eine Nachlieferung wäre dann nicht mehr möglich und kann deshalb auch nicht verlangt werden.

II. Wandelung, §§ 462, 459 BGB

Ist die Kaufsache mangelhaft, so hat der Käufer unter den Voraussetzungen der §§ 462, 459 BGB einen Anspruch auf Wandelung. Wandelung bedeutet soviel wie Rückgängigmachung des Kaufvertrages.

Rückgewährschuldverhältnis

Die Rückabwicklung richtet sich dann gem. § 467 BGB nach den für das vertragliche Rücktrittsrecht geltenden Vorschriften der §§ 346-348; 350-354 BGB. Es entsteht ein sogenanntes Rückgewährschuldverhältnis.

1. Voraussetzung für eine Wandelung ist zunächst, daß ein wirksamer Vertrag vorliegt.

2. Es muß außerdem ein Mangel i.S.d. § 459 BGB vorliegen. Die Definition des Mangels haben Sie ja bereits kennengelernt (s.o.).

Mangel im Zeitpunkt des Gefahrübergangs

3. Da der Verkäufer einer Sache aber nicht auf ewige Zeiten für die Fehlerfreiheit oder eine zugesicherte Eigenschaft haften kann und soll, kommt eine Wandelung nur in Frage, wenn der Mangel auch im Zeitpunkt des Gefahrübergangs vorliegt, § 459 I S.1 BGB.

Übergang der Preisgefahr

Unter Gefahrübergang i.d.S. versteht man den Übergang der Preis- (= Vergütungs-)gefahr auf den Käufer, also das Risiko, daß er bei zufälligem Untergang (§ 323 BGB) oder Verschlechterung der Sache trotzdem den (vollen) Kaufpreis zahlen muß.

Übergang der Preisgefahr nach Übergabe der Sache

Grundsätzlich geht die Preisgefahr gem. §§ 446, 447 BGB mit Übergabe der Sache, bei Grundstücken auch bereits mit der Eintragung des Käufers als Eigentümer in das Grundbuch, auf den Käufer über.

Erinnern Sie sich bitte in diesem Zusammenhang daran, daß Sie bereits gelernt haben, daß im Zeitpunkt des Annahmeverzugs des Gläubigers, dieser Zeitpunkt vorverlegt wird, § 324 II BGB. Lassen Sie bitte in diesem Zusammenhang die Finger von § 300 II BGB. Dieser meint wirklich nur den Übergang der Leistungsgefahr und hat im Rahmen des Problems „Gefahrübergang bei §§ 459ff BGB absolut nichts zu suchen!

Rückgabe der Kaufsache

4. Die vollzogene Wandelung hat zur Folge, daß der Verkäufer einen Anspruch darauf hat, daß ihm die Kaufsache zurückgegeben wird, § 346 S.1 BGB. Der Käufer muß die Sache allerdings nicht zu dem Verkäufer bringen, sondern dieser hat sie sich zu holen. Anders formuliert: Der Erfüllungsort für die Wandelung ist der Ort, an dem sich die Sache vertragsgemäß befindet.

Bsp.: Hat der Käufer sein Dach mit schadhaften Ziegeln gedeckt und wurde anschließend die Wandelung vollzogen, dann trägt der Verkäufer die Kosten für das Abdecken des Daches.

Ist die Kaufsache untergegangen oder beschädigt worden, oder ist die Herausgabe der Sache dem Käufer aus einem sonstigen Grunde unmöglich, ist er gegenüber dem Verkäufer zum Schadensersatz verpflichtet.

eingeschränkte Haftung, wenn Wandelungsgrund nicht zu vertreten

Seine Haftung ist allerdings eingeschränkt, wenn er (der Käufer) den Wandelungsgrund nicht zu vertreten hat. Wußte der Käufer nichts von dem Wandelungsgrund haftet er auch nicht auf Schadensersatz, sondern muß nur das tatsächlich noch Vorhandene (die sog. tatsächlich vorhandene Bereicherung) herausgeben.

5. Der Käufer dagegen hat gegen den Verkäufer einen Anspruch auf Rückzahlung des Kaufpreises, einschließlich von Zinsen, §§ 346 S.1, 347 S.3 BGB. Darüber hinaus hat er auch einen Anspruch auf Ersatz der Vertragskosten gem. § 467 S.2, worunter z.B. Maklergebühren zu verstehen sind.

modifizierte Vertragstheorie

6. Weil die Wandelung kein Gestaltungsrecht ist, sondern nur einen Anspruch gibt, ist die Wandelung erst dann vollzogen, wenn sich der Verkäufer auch mit ihr einverstanden erklärt hat (modifizierte Vertragstheorie), oder aber wenn der Richter über die Wandelung entschieden hat (§ 894 ZPO = richterlicher Gestaltungsakt).

III. Minderung, § 462 BGB

vereinbartes Entgelt wird herabgesetzt

Minderung bedeutet die Herabsetzung des ursprünglich vereinbarten Entgelts. Die Voraussetzungen für eine Minderung entsprechen weitgehend denen der Wandelung.

Die Höhe der Minderung ergibt sich in etwa aus dem Verhältnis, in welchem zur Zeit des Vertragsschlusses „der Wert der Sache in mangelfreiem Zustand zu dem wirklichen Werte gestanden haben würde" (§ 472 I BGB)

> *Bsp.: K kauft bei V einen Fernseher, dessen Wert ohne Fehler 600 DM betragen würde, für 750 DM. Das Gerät ist jedoch leicht defekt und daher tatsächlich nur 500 DM Wert. K will mindern.*

(1) Berechnung des tatsächlich geschuldeten Kaufpreises:

Tatsächlich geschuldeter Kaufpreis = (500 DM multipliziert mit 750 DM) geteilt durch 600 DM ist gleich 625 DM.

K schuldet dem V somit nach Vollzug der Minderung (§ 465 BGB) nur noch einen Kaufpreis in Höhe von 625 DM.

(2) Höhe des Rückzahlungsanspruches des K:

Der Rückzahlungsanspruch des K beträgt 750 DM minus 625 DM, also 125 DM.

K kann also von V 125 DM zurückverlangen.

IV. Schadensersatz wegen Nichterfüllung

Ersatz des positiven Interesses (Geldersatz)

Der Anspruch auf Schadensersatz wegen Nichterfüllung soll dem Geschädigten Ersatz für den gestörten Primäranspruch bieten. Der Geschädigte ist deshalb so zu stellen, wie er stehen würde, wenn der Schuldner ordnungsgemäß erfüllt hätte (Ersatz des positiven Interesses). Gemeint ist allerdings hier immer nur der Geldersatz, aber nicht die Nachbesserung.

Der Käufer kann daher gem. § 463 BGB Schadensersatz verlangen, wenn der verkauften Sache eine zugesicherte Eigenschaft fehlt, aber auch wenn der Verkäufer einen Fehler arglistig verschwiegen hat.

V. Verjährung der Gewährleistungsansprüche

Verjährungsfristen

Der Käufer kann seine Ansprüche nicht bis an sein Lebensende geltend machen. Die Möglichkeit der Wandelung, Minderung oder des Schadensersatzes ist nur innerhalb bestimmter kurzer Fristen gegeben. Man nennt diese auch Verjährungsfristen.

Nach § 477 I S.1 BGB verjähren die o.g. Rechte beim Kauf beweglicher Sachen in 6 Monaten von der Ablieferung an, beim Kauf von Grundstücken in einem Jahr seit der Übergabe.

VI. Verhältnis der Gewährleistungsvorschriften zu den Vorschriften des Allgemeinen Schuldrechts

1. Verhältnis zur Anfechtung

Wird der Vertrag durch den Käufer angefochten, erlischt dieser gem. § 142 I BGB und gleichzeitig damit auch seine Rechte und Pflichten.

unterschiedlicher Fristbeginn

Ob der Käufer nun anfechten kann, oder sich aber auf die Gewährleistungsrechte des Kaufrechts zu berufen hat, ist deshalb problematisch, weil gem. § 121 BGB der Anfechtungsberechtigte zwar die Anfechtung unverzüglich erklären muß, die Frist jedoch erst ab Kenntnis des Mangels zu laufen beginnt. Anders als im Gewährleistungsrecht kann dadurch die Frist sehr viel länger ausfallen.

Der Konflikt taucht auch nur dort auf, wo sich der Irrtum des Käufers auf einen Sachmangel bezieht. Liegt ein Inhalts- oder Erklärungsirrtum gem. § 119 I BGB vor, kann der Käufer selbstverständlich stets anfechten.

Wahlrecht bei arglistiger Täuschung

Wird der Käufer arglistig über einen Sachmangel getäuscht, wird eine Anfechtung stets zugelassen. Der Käufer hat in diesen Fällen das Wahlrecht, ob er nach § 123 I BGB anfechten möchte, oder seine Rechte aus den §§ 459ff BGB geltend machen will.

§ 119 II BGB ausgeschlossen bei Irrtum über verkehrswesentliche Eigenschaft

Verdrängt wird § 119 II BGB durch die §§ 459ff BGB dort, wo ein Irrtum über eine verkehrswesentliche Eigenschaft vorliegt, die gleichzeitig einen Sachmangel i.S.d. § 459 I BGB darstellt. Andernfalls würden die kurze Verjährungsfrist des § 477 BGB sowie der Gewährleistungsausschluß in § 460 S.2 BGB (bei grober Fahrlässigkeit des Käufers) durch die Anfechtungsmöglichkeit unterlaufen werden. Nach h.M. gilt dieses Prinzip aber erst ab Gefahrübergang.

> **"HEMMER-METHODE":** Übersehen Sie bitte nicht, was der Grundsatz und was die Ausnahme ist: Betrifft der Irrtum des Käufers nur eine sonstige verkehrswesentliche Eigenschaft, die nicht zugleich einen Sachmangel darstellt, so ist eine Anfechtung nach § 119 BGB unbeschränkt zulässig!
> Im übrigen regeln die §§ 459ff BGB nur die Rechtsbehelfe des Käufers. Versucht der Verkäufer allerdings, sich durch eine Anfechtung aus seinen Gewährleistungspflichten der §§ 459ff BGB „herauszumogeln", ist die Anfechtung auch für ihn nach § 119 II BGB ausgeschlossen.

2. Verhältnis zu § 306 BGB

§ 306 BGB ist im Kaufrecht nur dann anwendbar, wenn die Sache überhaupt nicht mehr geliefert werden kann. Der Anwendungsbereich der §§ 459ff BGB, die ja einen wirksamen Kaufvertrag voraussetzen (was § 306 BGB aber gerade verhindert), würde sonst zu sehr eingeschränkt.

3. Verhältnis zu § 320 BGB

a) Spezieskauf

Nach der h.M. ist auch eine mangelhafte Sache erfüllungstauglich, so daß § 320 BGB ausgeschlossen ist.

§ 320 BGB: nur bei Identitäts abweichung (= aliud)

Beim Kauf einer Speziessache greift § 320 BGB deshalb nur dann ein, wenn eine ganz andere, als die verkaufte Sache geliefert wird (= Identitätsabweichung), sog. aliud.

Merken Sie sich aber: Hat der Käufer die andere (und damit mangelhafte) Sache angenommen, ist er auf die Gewährleistungsrechte beschränkt. Ein Leistungsverweigerungsrecht kann er nicht mehr geltend machen.

b) Gattungskauf

Beim Gattungskauf ist eine mangelhafte Sache nicht erfüllungstauglich (von der verkauften Sache gibt es ja noch mehrere Exemplare, so daß man als Käufer durchaus erwarten kann, daß man eine mangelfreie Ware erhält).

Der Käufer kann deshalb die Annahme einer mangelhaften Gattungssache ablehnen und gemäß § 320 BGB die Zahlung des Kaufpreises verweigern.

§ 480 BGB: Schlechtlieferung

Nimmt er die mangelhafte Sache dagegen an, so richten sich seine Rechte ab diesem Zeitpunkt nach § 480 BGB.

§ 320 BGB: wenn Falschlieferung

Wird allerdings nicht eine mangelhafte Sache, sondern eine ganz andere (aliud) geliefert, die nicht mehr der vereinbarten Gattung unterfällt, kann der Käufer auch nach Annahme der Sache seine Rechte aus § 320 BGB geltend machen. § 480 BGB ist in diesen Fällen gar nicht erst anwendbar.

Im Einzelfall kann es ziemlich kompliziert sein, zu unterscheiden ob nun eine Schlecht- oder gar eine Falschlieferung vorliegt.

Bsp.: Es wird ein Granulat mit Dichte X geschuldet, geliefert wird ein Granulat mit der Dichte Y.

Nach der Rpsr. des BGH liegt nur dann eine Falschlieferung vor, wenn nach der Verkehrsauffassung (als objektive Grenze) die Sache nicht aus dem gleichen Material ist, nicht die gleiche Form hat und nicht vom gleichen Verwendungszweck bestimmt ist.

Lit.: erweiterter Fehlerbegriff des § 378 HGB

Die Literatur geht vom erweiterten Fehlerbegriff des § 378 HGB aus. Ein aliud liegt danach nur vor, wenn die gelieferte Sache so erheblich von der geschuldeten abweicht, daß der Verkäufer die Genehmigung des Käufers als ausgeschlossen betrachten muß. Andernfalls ist die gelieferte Sache lediglich fehlerhaft.

> **"HEMMER-METHODE":** Es gibt weder für die eine noch für die andere Seite schlagende Argumente. Im Einzelfall werden sie wieder einmal den Sachverhalt auslegen und argumentieren müssen. Beim Spezieskauf stellt sich dieses Problem der Abgrenzung zwischen Schlecht- und Falschlieferung nicht, da ein aliud nur dann vorliegt, wenn der Verkäufer eine andere als die vertraglich genau bestimmte, konkrete Sache liefert. Liefert er diese, kann kein aliud vorliegen, mag die gelieferte Sache auch noch so schlecht sein.

4. Verhältnis zu §§ 323-325 BGB

Untergang der Sache nach Vertragsschluß

Geht die Sache nach Vertragsschluß unter, kann der Käufer seine Rechte aus §§ 323ff BGB geltend machen.

Hat der Käufer die Sache beschädigt bzw. wird die Sache beschädigt, während er sich in Annahmeverzug befindet, muß er aber den Kaufpreisanspruch zahlen, Gewährleistungsansprüche entfallen.

5. Verhältnis zu § 326 BGB

Stückkauf

Beim Stückkauf ist die Anwendung des § 326 BGB schon vor Gefahrübergang ausgeschlossen, wenn der Verkäufer dem Käufer eine mangelhafte Sache anbietet.

Gattungskauf

Beim Gattungskauf ergibt sich dagegen aus § 480 I S.1 BGB, daß der Verkäufer zur Lieferung einer mangelfreien Sache verpflichtet ist. Mit dieser Verpflichtung kann der Verkäufer in Verzug geraten, so daß § 326 BGB anwendbar ist, wenn der Käufer die Annahme der mangelhaften Sache ablehnt und die Lieferung einer mangelfreien Sache aus der Gattung fordert.

D. Sachmängelhaftung beim Mietvertrag

Ähnliche Rechte, wie sie der Käufer hat, wenn sein Kaufvertrag nicht so erfüllt wird, wie das vereinbart war, hat auch der Mieter.

I. Nachbesserungsanspruch

Zur ordentlichen Erfüllung des Mietvertrages gehört es auch, daß der Vermieter Mängel beseitigt, die bei Übergabe des Mietobjektes vorliegen oder später entstehen.

II. Kündigung, §§ 542, 544 BGB

Wirkung: ex nunc

Eine Wandelung wie beim Kaufvertrag wäre hier bezüglich der Rückabwicklung problematisch, da es sich bei der Miete um ein Dauerschuldverhältnis handelt, bei dem ständig Leistungen ausgetauscht werden. Der Mieter hat aber die Möglichkeit zur Kündigung des Mietverhältnisses, daß dadurch mit Wirkung ex-nunc (also erst ab Kündigungserklärung, nicht aber von Anfang an) endet.

III. Minderung, § 537 I S.1 BGB

Hier tritt die Minderung – anders als beim Kaufvertrag – schon kraft Gesetzes ein. Der zuviel gezahlte Teil des Entgelts kann dann gem. § 812 I S.1 BGB zurückverlangt werden.

IV. Schadensersatz wegen Nichterfüllung, § 538 I 1.Alt. BGB

Besteht ein Mangel i.S.d. § 537 BGB schon im Zeitpunkt des Abschlusses des Mietvertrages, kann der Mieter gem. § 538 I 1.Alt. BGB Schadensersatz wegen Nichterfüllung verlangen.

ausreichend, wenn Gefahrenquelle/Ursache vorhanden

Der Mangel muß zu diesem Zeitpunkt noch nicht hervorgetreten sein, es reicht aus, wenn die Gefahrenquelle vorhanden war oder die Ursache des Mangels bereits vorlag.

Entsteht der Mangel erst später, ist Voraussetzung für den Schadensersatzanspruch, daß der Vermieter den Mangel entweder zu vertreten hat, oder mit der Mangelbeseitigung in Verzug kommt (§ 538 I 2. u.3.Alt. BGB).

> **"HEMMER-METHODE":** Zwischen den einzelnen Gewährleistungsansprüchen untereinander besteht kein Alternativverhältnis, so daß Minderung und Schadensersatz nebeneinander geltend gemacht werden können. Diese Rechte bleiben auch von der Kündigung unberührt, da diese nur in die Zukunft wirkt.

V. Verhältnis der Gewährleistungsvorschriften zu den Vorschriften des Allgemeinen Schuldrechts

1. Verhältnis zur Anfechtung, §§ 119ff BGB

Bezüglich der Anfechtungsgründe in § 119 I und § 123 BGB gelten dieselben Überlegungen wie im Kaufrecht: Diese Anfechtungsgründe werden von den Gewährleistungsvorschriften nicht berührt.

Aufgrund der Besonderheit, daß es sich bei dem Mietvertrag um ein Dauerschuldverhältnis handelt, soll der Anfechtung wegen der Schwierigkeiten bei der Rückabwicklung nur ex-nunc-Wirkung zukommen.

2. Verhältnis zu § 306 BGB

Die Abgrenzung zwischen § 306 BGB und § 538 I 1.Alt. BGB , wenn der Mangel bereits bei Vertragsschluß vorhanden ist, ist im Mietrecht sehr umstritten.

Rspr.: § 306 BGB (+), auch schon vor Überlassung

Die Rspr. nimmt aber an, daß § 538 I 1.Alt. BGB den § 306 BGB bereits vor Überlassung der Mietsache und auch dann verdrängt, wenn der Mangel unbehebbar ist.

> **"HEMMER-METHODE":** Die Argumente für diese Lösung finden sich auf der Wertungsebene: Bejaht man § 306 BGB hat der Mieter unter den Voraussetzungen des § 307 BGB nur einen Anspruch auf Ersatz des negativen Interesses, bejaht man § 538 I 1.Alt. BGB geht der Anspruch auf das positive Interesse. Es ist aber nicht einzusehen, warum der Mieter bei unbehebbaren Mängeln oder wenn ihm die Mietsache noch nicht überlassen worden ist, auf das negative Interesse beschränkt sein soll. Gerade in diesen Fällen ist er besonders schutzwürdig.

3. Verhältnis zu § 320 BGB

Der Erfüllungsanspruch (auf Überlassung einer mangelfreien Sache) gemäß § 536 BGB wird durch die Gewährleistungsansprüche nicht ausgeschlossen, so daß der Mieter bis zur Mängelbeseitigung neben den Rechten aus §§ 537, 538 BGB die Einrede des nichterfüllten Vertrages gem. § 320 BGB hat.

4. Verhältnis zu den §§ 323-325 BGB

Vor der Gebrauchsüberlassung ist § 537 BGB schon von seinem Wortlaut her nicht einschlägig, so daß die §§ 323ff BGB gelten. Dasselbe gilt grundsätzlich auch für § 538 BGB.

Nach Gebrauchsüberlassung ⇨ nur noch Gewährleistungsrecht

Nach der Gebrauchsüberlassung werden die §§ 323ff BGB von den Gewährleistungsregeln verdrängt, es sei denn, daß die Mietsache völlig zerstört wird. (dann kann man nicht mehr von einem Mangel i.S.d. § 537 BGB sprechen) oder daß dem Mieter die Beseitigung des Mangels nicht zugemutet werden kann. Ist der Mangel vom Mieter zu vertreten, schließt § 537 I BGB den § 324 I nicht aus.

5. Verhältnis zu § 326 BGB

Vor Übergabe der Mietsache ist § 326 BGB grundsätzlich anwendbar, wenn der Vermieter dem Mieter den Gebrauch der Sache nicht einräumt.

nach Übergabe: §§ 537ff

Nach Übergabe gehen die §§ 537ff BGB dem § 326 BGB vor.

Geht es um die Gebrauchstauglichkeit der Mietsache, verdrängt § 538 I 3.Alt. BGB den § 326 BGB dagegen schon vor Gefahrübergang. Für den Schadensersatzanspruch aus § 538 I. 3.Alt. BGB ist insbesondere im Gegensatz zu § 326 BGB keine Fristsetzung mit Ablehnungsandrohung erforderlich.

Nach Überlassung der Mietsache tritt anstelle des Rücktrittsrechts aus § 326 BGB das Recht zur fristlosen Kündigung nach § 542 BGB. Anders als § 326 BGB ist hierfür Verzug des Vermieter nicht notwendig.

Vor Übergabe bestehen die Rechte aus § 326 und aus § 542 BGB nebeneinander.

E. Sachmangelhaftung beim Werkvertrag

I. Nachbesserungsanspruch

Neuherstellung/Nachbesserung

1. Bis zur Abnahme hat der Besteller den eigentlichen Erfüllungsanspruch auf Herstellung eines mangelfreien Werks. Bei Mängeln kann der Werkunternehmer seiner Leistungspflicht durch Neuherstellung des Werks (§ 631 I BGB) oder durch Beseitigung der Mängel am hergestellten Werk (Nachbesserung, § 633 II S.1 BGB) nachkommen.

> *Bsp.: U hat das Haus des B verputzt. An einzelnen Stellen bröckelt der Putz ab.*
>
> U kann zunächst versuchen, das Werk nachzubessern, in dem er einzelne fehlerhafte Stellen ausbessert (Nachbesserung). Mißlingt die Nachbesserung oder ist sie nicht ausreichend, dann muß er das Haus nochmals verputzen (Neuherstellung).

nach Abnahme: nur noch Mängelbeseitigung

2. Nach der Abnahme kann der Besteller grundsätzlich nur einen Anspruch auf Mängelbeseitigung gem. § 633 II S.1 BGB geltend machen.

384

II. Wandelung, § 634 I S.3 , II BGB

Ist ein Werk mangelhaft, so hat der Besteller nach Maßgabe des § 634 I S.3, II BGB ebenfalls einen Anspruch auf Wandelung. Auf diesen sind gem. § 634 IV BGB die Vorschriften des Kaufrechts entsprechend anzuwenden.

385

III. Minderung, § 634 I S.3 BGB

Die Voraussetzungen der Minderung beim Werkvertrag entsprechen denen beim Kaufvertrag.

386

IV. Schadensersatz wegen Nichterfüllung, § 635 BGB

Verschulden

Voraussetzung eines solchen Anspruches ist grundsätzlich ein Verschulden des Werkunternehmers.

387

Der Besteller muß hierfür nachweisen können, daß der Unternehmer durch objektive Pflichtwidrigkeit einen Mangel verursacht hat und ihm dadurch ein Schaden entstanden ist.

Garantie: Haftung auch ohne Verschulden

Soweit der Werkunternehmer eine Garantie abgegeben hat, daß das Werk bestimmte Voraussetzungen erfüllen, bzw. bestimmte Merkmale aufweisen wird, haftet er hierfür auch ohne ein besonderes Verschulden.

> **"HEMMER-METHODE":** Die Sekundäransprüche gem. §§ 634 I S.3, 1. Hs, und 635 BGB hat der Besteller grundsätzlich erst, wenn dem Unternehmer eine angemessene Frist zur Mängelbeseitigung gesetzt wurde und diese fruchtlos abgelaufen ist. Grund ist, daß der Unternehmer die Möglichkeit haben soll, das Werk nachzubessern, da er es häufig anderweitig nicht mehr verwerten kann.

V. Verhältnis der Gewährleistungsvorschriften zu dem Vorschriften des Allgemeinen Schuldrechts

1. Verhältnis zur Anfechtung, §§ 119ff BGB

Die Anfechtungsmöglichkeiten der §§ 119 I und 123, BGB bleiben von den Gewährleistungsvorschriften grundsätzlich unberührt.

388

§ 633 I verdrängt 199 II

Betrifft ein Irrtum über eine verkehrswesentliche Eigenschaft i.S.d. § 119 II zugleich einen Mangel des Werkes i.S.d. § 633 I BGB, so wird § 119 II BGB verdrängt.

Grund ist: Der Unternehmer soll vor einer Rückabwicklung erst die Möglichkeit haben, den Mangel zu beseitigen (§ 633 II S.1 BGB). Diese Möglichkeit würde aber dem Unternehmer genommen, wenn man eine Anfechtung nach § 119 II zulassen würde.

Außerdem würde ansonsten die kurze Verjährung des § 638 BGB unterlaufen.

§ 9 GEWÄHRLEISTUNGSRECHT

2. Verhältnis zu § 306 BGB

Die §§ 633ff BGB gehen dem § 306 BGB vor, wenn die mangelfreie Herstellung des Werkes unmöglich ist.

§ 306 BGB: wenn Herstellung absolut unmöglich

§ 306 BGB findet nur dann Anwendung, wenn die Herstellung des Werkes überhaupt unmöglich ist.

3. Verhältnis zu § 320 BGB

Der Anspruch auf Herstellung eines mangelfreien Werks wird durch die Gewährleistungsansprüche nicht ausgeschlossen, so daß der Besteller auch nach der Abnahme bis zur Mängelbeseitigung die Einrede des nichterfüllten Vertrages gem. § 320 BGB hat.

4. Verhältnis zu den §§ 323-325 BGB

Bezieht sich die Unmöglichkeit auf die Herstellung des Werkes als solches, so sind die §§ 323 bis 325ff BGB anwendbar. Ihnen gehen jedoch die §§ 644, 645, welche die Vergütungsgefahr regeln (d.h., ob der Unternehmer das vereinbarte Entgelt verlangen kann), vor. Kann das Werk lediglich nicht mangelfrei erstellt werden, so werden die §§ 323 bis 325 BGB durch die spezielleren §§ 633ff BGB verdrängt.

Bsp.: U soll das Dach des B neu herrichten. Nachdem der Dachstuhl fertiggestellt, aber das Dach noch nicht gedeckt war, brannte das Haus infolge Verschuldens eines anderen Bauhandwerkers ab.

Vergütungsanspruch des U gegen B?

Mit Abschluß des Werkvertrages ist der Vergütungsanspruch entstanden. Jedoch wird die Vergütung gem. § 641 I S.1 BGB erst mit Abnahme des Werkes fällig. Diese ist jedoch noch nicht erfolgt.

Der noch nicht fällige Vergütungsanspruch könnte sogar durch den Brand gem. § 323 BGB erloschen sein.

Hier kann der Leistungserfolg wegen Wegfalls des Leistungssubstrats nicht mehr erreicht werden, somit liegt Unmöglichkeit vor. Da die Unmöglichkeit die Herstellung des Werkes als solches betrifft, sind die §§ 323ff BGB nicht durch die §§ 633ff BGB ausgeschlossen. Jedoch gehen ihnen die §§ 644, 645 BGB vor, die die Vergütungsgefahr regeln.

Gem. § 644 BGB trägt der Unternehmer bis zur Abnahme des Werkes die Preisgefahr, somit könnte der Vergütungsanspruch erloschen sein.

Hätte B aber die Unmöglichkeit zu vertreten, behielte U gemäß § 324 I S.1 und S.2 BGB einen Anspruch auf Teilvergütung. Daß dieser nicht durch die §§ 644ff BGB ausgeschlossen wird, folgt aus § 645 II BGB.

B trifft aber kein Verschulden. Auch muß er sich nicht das Verschulden des anderen Bauhandwerkers zurechnen lassen, da dieser nicht im Rahmen des Werkvertrages zwischen U und B sein Erfüllungsgehilfe (vgl. § 278 BGB) ist.

U hätte einen Anspruch auf Teilvergütung, wenn § 645 I S.1 BGB eingreifen würde.

§ 645 I S.1 BGB ist aber seinem Wortlaut nach nicht einschlägig. Zu denken wäre höchstens an eine analoge Anwendung, wenn man der Sphärentheorie folgt und alle Leistungshindernisse, die aus dem Gefahrenbereich des Bestellers stammen, diesem zur Last legt.

389

390

391

Eine so weit gehende Risikoverlagerung auf den Besteller widerspricht aber der gesetzlichen Regelung in den §§ 644, 645 BGB. So ergibt sich aus § 645 II BGB, daß der Besteller für die Leistungseignung seiner Sphäre nur bei Verschulden haftet. Umgekehrt erhält gemäß § 644 I S.2 BGB der Besteller beim zufälligen Untergang seines Stoffes in der Sphäre des Unternehmens keinen Ersatz.

Die herrschende Meinung bejaht deshalb eine analoge Anwendung des § 645 BGB nur, wenn die Gründe für die Unmöglichkeit in der Person des Bestellers liegen oder auf eine gefahrbegründende bzw. -erhöhende Handlung des Bestellers zurückzuführen sind. Dafür ist hier aber nichts ersichtlich, insbesondere ist für eine risikoerhöhende Handlung nicht ausreichend, daß zwei verschiedene Werkunternehmer tätig geworden sind.

Somit ist der Vergütungsanspruch gem. § 644 BGB erloschen.

5. Verhältnis zu § 326 BGB

vor Abnahme

a) Vor Abnahme des Werkes (§ 640 I BGB) hat der Besteller bei verspäteter Herstellung ein Rücktrittsrecht aus § 636 I S.1 BGB. Gemäß § 636 I S.2 BGB bleiben hiervon die Rechte des Bestellers aus § 326 BGB unberührt.

392

nach Abnahme

b) Nach Abnahme des Werkes kann der Unternehmer allenfalls mit der Mängelbeseitigung in Verzug kommen. Dann kann der Besteller nach § 633 III BGB vorgehen. Daneben hat er kein Rücktrittsrecht aus § 326 BGB.

> **"HEMMER-METHODE"**: Vermeiden Sie es, „den Wald vor lauter Bäumen nicht mehr zu sehen". Erinnern Sie sich deshalb nochmals: Die Anfechtung betrifft mangelhafte Willenserklärungen. Das Gewährleistungsrecht bezieht sich auf mangelhafte Sachen oder Rechte. Nur in Einzelfällen kann es zu Überschneidungen kommen, wenn sich der Irrtum auf eine Sache bezieht, die mangelhaft ist und für die das Gewährleistungsrecht anwendbar ist.

§ 10 DIE POSITIVE VERTRAGSVERLETZUNG (PVV)

Wie Sie gesehen haben, gibt es für nahezu jeden Fall der Nichtleistung, der verspäteten oder der mangelhaften Leistung, eine im Gesetz geregelte Lösung.

Regelungslücke

Dennoch gibt es darüber hinaus auch Fälle, die nicht von einer gesetzlichen Regelung erfaßt werden.

gewohnheitsrechtlich anerkannt

Um diese Regelungslücken zu schließen, haben Rechtsprechung und Lehre in Analogie zu den §§ 280, 285, 325, 326 BGB das Rechtsinstitut der pVV entwickelt, das mittlerweile als Gewohnheitsrecht anerkannt ist.

393

> **"HEMMER-METHODE":** Bei der pVV handelt es sich um eine „Bastelarbeit". Sie ist daher grundsätzlich gegenüber den gesetzlichen Regelungen subsidiär, d.h., daß sie nur dann Anwendung findet, wenn gesetzlich das Problem wirklich nicht geregelt ist.

A. Voraussetzungen der pVV

Im Überblick ergibt sich für die Voraussetzungen der pVV folgende Prüfungsreihenfolge:

394

1. Anwendbarkeit im Hinblick auf die Subsidiarität der pVV
2. Vertragliches oder gesetzliches Schuldverhältnis
3. Pflichtverletzung
4. Rechtswidrigkeit
5. Verschulden
6. Schaden
7. Haftungsausfüllende Kausalität
8. anspruchskürzendes Mitverschulden, Verjährung o.ä.

I. Vertragliches oder gesetzliches Schuldverhältnis

Die pVV greift nur dann ein, wenn im Zeitpunkt der maßgeblichen Pflichtverletzung ein vertragliches oder gesetzliches Schuldverhältnis bestanden hat.

395

auch nach Beendigung des Schuldverhältnisses

Die h.M. wendet die pVV darüber hinaus auch noch auf Fälle von Pflichtverletzungen nach Beendigung des Schuldverhältnisses an.

> *Bsp.:* Arzt A verkauft dem Arzt B seine Praxis, da er nicht länger praktizieren will. Doch nach einem Monat ist er des ewigen Golfspielens müde und eröffnet daher in der Nachbarschaft seiner alten Praxis erneut eine eigene Praxis.
>
> Dieser Verstoß gegen das sich aus dem Vertragszweck des Praxiskaufs ergebende Wettbewerbsverbot führt zu einer Haftung des A aus pVV wegen Verletzung einer nachvertraglichen Pflicht.

auch iRv. Gefälligkeitsverhältnissen

Diskutiert wird die pVV sogar im Rahmen sogenannter Gefälligkeitsverhältnisse mit rechtsgeschäftlicher Haftung. Es handelt sich hierbei um Sonderverbindungen, aus denen mangels Rechtsbindungswillens keine Primärpflicht entsteht, in der aber nach vertraglichen Grundsätzen gehaftet werden soll.

396

Bsp.: Das Versprechen an einen guten Freund, diesem für einen Tag den eigenen Ferrari Testarossa zu Repräsentationszwecken zu überlassen, führt zwar nicht zu einer schuldrechtlichen Überlassungspflicht. Für Beschädigungen des Wagens haftet der Freund aber möglicherweise aus pVV des Gefälligkeitsverhältnisses mit rechtsgeschäftlicher Haftung.

II. Die Pflichtverletzung

1. Die Schlechtleistung

Die pVV findet dort Anwendung, wo eine Schlechtleistung vorliegt. 397

Bsp.: Der Arzt behandelt seinen Patienten falsch, der Rechtsanwalt berät seinen Mandanten unrichtig oder der Heiratsvermittler vermittelt einen Heiratsschwindler.

Problematisch ist, daß die meisten Fälle der Schlechtleistung im Gewährleistungsrecht der einzelnen Vertragstypen bereits geregelt sind. Rspr und Lehre haben aber die Fälle, in denen die pVV anwendbar ist, genau abgegrenzt (s. dazu unten)

2. Nebenpflichtverletzungen

Verletzung von Nebenpflichten

Sie haben sicherlich noch in Erinnerung, daß bei der Darstellung der einzelnen Vertragstypen, die sich für die Vertragsparteien ergebenden Pflichten unterteilt nach Haupt- und Nebenpflichten dargestellt wurden. Es wurde darauf hingewiesen, daß sich für die Verletzung der verschiedenen Pflichten, unterschiedliche Rechtsfolgen ergeben. Nachdem sie mit Verzug, Unmöglichkeit und Gewährleistungsrecht die wichtigsten Rechtsfolgen für die Verletzung einer Hauptleistungspflicht kennengelernt haben, können Sie nun (mittels der pVV) feststellen, welche Rechtsfolge die Verletzung einer Nebenpflicht haben kann. 398

Die Nebenpflichten der einzelnen Vertragstypen lassen sich im groben wie folgt unterteilen:

a) Schutzpflichten

Jede Partei trifft im Rahmen der Abwicklung eines Vertrages die Pflicht, sich so zu verhalten, daß Person, Eigentum und andere Rechtsgüter des anderen Teils nicht verletzt werden. 399

Bsp.: Dachdecker läßt aus Unachtsamkeit einen Werkzeugkasten vom Baugerüst fallen. Dieser trifft den Besteller, der gerade in diesem Augenblick sein Haus verlassen hat und verletzt ihn schwer.

b) Leistungssichernde Aufklärungs- und Auskunftspflichten

Aus Gesetz/Vertrag/Treu und Glauben

Eine solche Pflicht kann sich aus dem Gesetz (§ 666 BGB), einer vertraglichen Vereinbarung oder aus Treu und Glauben (§ 242 BGB) ergeben. 400

Grundsätzlich muß sich zwar jede Partei die für den Vertragsschluß wichtigen Informationen selbst besorgen, etwas anderes ergibt sich jedoch, wenn der eine Teil ohne Verschulden bestimmte Umstände nicht kennt, der andere aber diese erkennbare Unkenntnis unschwer beseitigen kann.

Bsp.: Der für die A-GmbH tätige Handelsvertreter hat bezüglich der Kreditwürdigkeit des mit der A-GmbH in ständigem geschäftlichen Kontakt stehenden B erhebliche Zweifel. Dennoch weist er die A-GmbH nicht darauf hin, sondern schließt weiter für die A-GmbH Verträge mit B.

c) Leistungstreuepflicht

Jede Partei eines Schuldverhältnisses trifft die Pflicht, Vertragszweck und Leistungserfolg weder zu gefährden, noch zu beeinträchtigen. Dabei kann allerdings die Frage, ab wann eine für die Annahme einer pVV ausreichende schuldhafte Verletzung dieser Leistungstreuepflicht vorliegt, nur anhand des konkreten Einzelfalles beantwortet werden. Bei Dauerschuldverhältnissen, die ein dauerndes Zusammenwirken der Parteien erfordern, sind jedoch generell strengere Anforderungen zu stellen.

Bsp.: So stellt bereits die rechtswidrige Kündigung eines Mietvertrages wegen in Wahrheit nicht gegebenen Eigenbedarfs eine pVV des Mietvertrags dar.

III. Die Rechtswidrigkeit

Fehlen eines Rechtfertigungsgrundes

Eine Pflichtverletzung ist immer dann rechtswidrig, wenn kein anerkannter Rechtfertigungsgrund eingreift.

IV. Das Verschulden

§§ 276ff BGB

Das Verschulden ist im Rahmen der pVV immer anhand der §§ 276ff BGB zu ermitteln.

V. Schaden und haftungsausfüllende Kausalität

Soweit mit dem pVV-Anspruch Schadensersatz verlangt wird, setzt er selbstverständlich das tatsächliche Bestehen eines Schadens voraus: Dabei ist der ersatzfähige Schadensumfang anhand der §§ 249ff BGB zu ermitteln.

Schaden kausal + zurechenbar

Gegeben sein muß auch immer die sog. haftungsausfüllende Kausalität. Das bedeutet, daß der zu ersetzende Schaden kausal und zurechenbar durch die für den Tatbestand der pVV maßgebliche Pflichtverletzung verursacht sein muß.

VI. Anspruchskürzendes Mitverschulden und Verjährung

§ 254 BGB: anteilige Kürzung bei Mitverschulden

Auch der Anspruch aus pVV unterliegt gem. § 254 BGB einer anteiligen Kürzung, wenn den Geschädigten ein Mitverschulden im Hinblick auf Schadensentstehung oder Schadensabwendung trifft.

Verjährung: 30 Jahre

Der Anspruch aus der pVV verjährt nach 30 Jahren, insoweit gilt § 195 BGB. Etwas anderes kann sich nur ausnahmsweise für die Vertragstypen mit gesetzlich vorgesehenen kürzeren Verjährungsfristen ergeben (dazu unten).

B. Rechtsfolgen der pVV

I. Schadensersatz

Mit dem Anspruch aus pVV kann Ersatz aller Schäden verlangt werden, die unmittelbar oder mittelbar auf der Pflichtverletzung beruhen. Dieser Anspruch auf Ersatz der „Begleitschäden" tritt nicht an die Stelle, sondern neben den Primäranspruch aus dem Schuldverhältnis.

Bsp.: Bei Anlieferung des bestellten Schrankes beschädigt der Verkäufer V den Türstock an der Eigentumswohnung des Käufers.

Hier kann der Käufer natürlich weiter nach § 433 I S.1 BGB aus dem Kaufvertrag Übergabe und Übereignung des Schrankes verlangen. Zusätzlich erhält er nun aber Schadensersatz für seinen beschädigten Türstock.

II. Rücktritt oder Schadensersatz wegen Nichterfüllung

Bei gegenseitigen Verträgen wie Kauf oder Werkvertrag ist es in Analogie zu den Vorschriften der §§ 325, 326 BGB dem Geschädigten daneben unter bestimmten Voraussetzungen auch möglich, vom Vertrag zurückzutreten oder Schadensersatz wegen Nichterfüllung des ganzen Vertrages zu verlangen.

Voraussetzungen

Die besonderen Voraussetzungen sind hierbei:

- Bei der Pflichtverletzung muß es sich (unter Berücksichtigung des jeweiligen Vertragszweckes) um einen schweren, die Vertrauensgrundlage erschütternden Verstoß handeln.
- Der Geschädigte seinerseits muß sich vertragstreu verhalten haben.
- In der Regel ist auch eine Nachfristsetzung mit Ablehnungsandrohung erforderlich (wie bei § 326 BGB!).

anstelle des ursprünglichen Erfüllungsanspruchs

Im Unterschied zu dem oben dargestellten Ersatz der durch die pVV verursachten „Begleitschäden" tritt beim Schadensersatz wegen Nichterfüllung, dieser an die Stelle des ursprünglichen Erfüllungsanspruchs, so daß nicht länger Erfüllung verlangt werden kann.

daneben: Ersatz der Begleitschäden möglich

Andererseits kann neben dem Rücktritt oder dem Schadensersatzanspruch wegen Nichterfüllung weiter Ersatz der bis dahin aufgelaufenen Begleitschäden verlangt werden.

Bsp.: In einem Drei-Sterne-Restaurant verbessert der Gast G, der bereits ein fünfgängiges Menü bestellt hat, das Französisch des Kellners K. Dieser gerät daraufhin in Wut und leert den Inhalt einer Rotweinflasche über der Hose des Gastes aus.

In diesem Fall liegt eine dem Inhaber des Restaurants über § 278 BGB zuzurechnende schuldhafte Pflichtverletzung durch den Kellner vor. Der Gast kann infolgedessen nicht bloß wegen Erschütterung der Vertrauensgrundlage vom Bewirtungsvertrag zurücktreten, sondern zusätzlich auch Ersatz der Reinigungskosten für seine Hose verlangen.

C. Anwendbarkeit der pVV im Verhältnis zu den einzelnen Vertragstypen

Sie können in der Klausur vor Grenzsituationen gestellt werden, in denen möglicherweise Gewährleistungsrecht oder aber die Grundsätze der pVV anzuwenden sind.

Diese Grenzfälle sind aber bekannt und durch Rechtsprechung und Lehre gelöst worden und werden im folgenden dargestellt.

Es ist durchaus nicht nur eine Geschmacksfrage, ob Sie nun pVV oder das Gewährleistungsrecht anwenden.

§ 10 DIE POSITIVE VERTRAGSVERLETZUNG (PVV)

Gewährleistungsrecht: kürzere Verjährungsfrist

Der Anspruch auf Schadensersatz aufgrund Gewährleistungsrechts unterliegt der kurzen Verjährungsfrist der §§ 477, 638 BGB. Sie haben also nur eine sehr beschränkte Zeit zur Verfügung, um Ihre Ansprüche geltend zu machen. 410

Der Schadensersatzanspruch aus pVV dagegen verfährt gem. § 195 BGB erst in dreißig Jahren. 411

I. Kaufvertrag

1. Beim Kaufvertrag findet die pVV immer dann Anwendung, wenn der Verkäufer eine ihm obliegende Nebenpflicht verletzt. 412

   Bsp.: Verkäufer V liefert dem Käufer K die von K gekaufte Stereoanlage in dessen Wohnung. Bei der Lieferung stößt V fahrlässig eine wertvolle Vase aus der Ming-Dynastie im Wohnzimmer des K um.

   V haftet dem K aus pVV wegen Verletzung einer Schutzpflicht, d.h. der Pflicht, sich bei der Durchführung des Vertrages so zu verhalten, daß das Eigentum des K nicht verletzt wird.

2. Schwieriger und umstritten ist die Abgrenzung zwischen pVV und den §§ 459ff, wenn die Pflichtverletzung des Verkäufers in einer schuldhaften Schlechtlieferung besteht, sich sein Verschulden also unmittelbar auf einen Sachmangel bezieht. 413

   Es ist zu unterscheiden zwischen einem sog. Mangelschaden und dem Mangelfolgeschaden

Mangelschäden ⇨ §§ 459ff BGB

a) Mangelschäden sind diejenigen Schäden, die dem Käufer unmittelbar dadurch entstehen, daß er für seine Gegenleistung eine geringwertigere Sache als vereinbart erhält. 414

   Bsp.: Verkaufte Heizsonde ist fehlerhaft, sie verbrennt.

   In solchen Fällen scheidet die pVV aus, es sind nur die §§ 459ff, insbesondere §§ 436, 480 II BGB anwendbar.

Mangelfolgeschaden ⇨ pVV

b) Unter Mangelfolgeschäden versteht man solche, bei denen die Schäden infolge der Mangelhaftigkeit der Kaufsache nicht an dieser selbst, sondern an den sonstigen Rechtsgütern des Käufers auftreten. 415

   Bsp.: Die verkaufte Heizsonde ist fehlerhaft, deshalb brennt auch das Haus des Käufers ab.

   Nach h.M. bleibt in diesen Fällen der Schlechtlieferung Raum für Ansprüche aus pVV.

> **"HEMMER-METHODE"**: Lernen Sie Streitigkeiten nie ohne Einordnung! Ist die Frist des § 477 BGB noch nicht abgelaufen, so ist diese Diskussion regelmäßig „müßig". Wer streitet schon gern darüber, ob jemand eine halbe Glatze oder nur schütteres Haar hat! Denken Sie in diesem Zusammenhang klausurtaktisch.

II. Mietvertrag

§ 538 I BGB: auch Mangelfolgeschaden

Nach h.M. umfaßt die Haftung aus § 538 I BGB auch Mangelfolgeschäden. 416

Können Sie sich vorstellen warum? Logisch, weil es im Mietrecht für einen Anspruch aus § 538 BGB keine kurze Verjährung gibt! Deshalb braucht der „Umweg" über die pVV nicht gegangen werden.

Eine Regelungslücke besteht im Mietrecht nur bei Nebenpflichtverletzungen, die nicht im Zusammenhang mit einem Mangel i.S.d. § 537 BGB stehen. Hier ist die pVV dann anwendbar.

Bsp.: Urlaub auf dem Bauernhof; das Kind der Gastfamilie wird vom Hofhund gebissen, den der Bauer nicht angekettet hat.

Es besteht ein Anspruch des Kindes aus pVV des Mietvertrages nach den Grundsätzen des Vertrages mit Schutzwirkung zugunsten Dritter (was das ist, dazu später!).

III. Werkvertrag

vor Abnahme: pVV

1. Schäden, die vor der Abnahme des Werkes entstehen, sind nach den Grundsätzen der pVV zu erstatten. 417

nach Abnahme: § 635 BGB

2. Nach der Abnahme werden die Mangelschäden, also solche, die dem Werk unmittelbar anhaften, gem. § 635 BGB ersetzt. 418

3. Bei Schäden, die nicht dem Werk selbst anhaften, sondern an anderen Rechtsgütern des Bestellers entstehen, ist zu unterscheiden zwischen den sogenannten nahen (engen, unmittelbaren) und entfernten (weiten, mittelbaren) Mangelfolgeschäden. 419

enger Mangelfolgeschaden ⇨ § 635 BGB

a) Erstere fallen unter § 635 BGB und verjähren deshalb nach § 638 BGB.

weiter Mangelfolgeschaden ⇨ pVV

b) Für die weiten Mangelfolgeschäden sind die Grundsätze der pVV anwendbar. Die Ansprüche verjähren gem. § 195 BGB erst in dreißig Jahren.

Übersicht zur Abgrenzung von pVV und Gewährleistungsrecht bei Nebenpflichtverletzungen, Mangelschäden und Mangelfolgeschäden 420

	SchErs. bei Nebenpflichtverletzungen	SchErs. bei Mangelschäden	SchErs. bei Mangelfolgeschäden
Kaufvertrag	pVV, soweit nicht Mangel entsteht	nur §§ 463, 480 II	ggf. Zusicherung: §§ 436 S.1, 480 II, bei Arglist: §§ 463 S.2, 480 II sonst pVV
Mietvertrag	pVV, soweit nicht Mangel entsteht	nur § 538	nur § 538
Werkvertrag	vor und nach Abnahme pVV, soweit nicht Mangel entsteht	nur § 635	naher Folgeschaden § 635 weiter Folgeschaden pVV

§ 11 DIE CULPA IN CONTRAHENDO (C.I.C.)

Auch die c.i.c. gehört zu dem für Klausurlösungen unerläßlichen Handwerkszeug und muß deshalb von Ihnen beherrscht werden.

vor Vertragsschluß

Die c.i.c. bietet eine Lösung für solche Fälle, in denen zwar noch kein Vertrag vorliegt, aber bereits Vertragsverhandlungen aufgenommen wurden und es durch das Verschulden einer Vertragspartei zum Schaden gekommen ist. 421

Zwar besteht in solchen Fällen die Möglichkeit, über das sog. Deliktsrecht (§§ 823ff BGB) einen Anspruch geltend zu machen, das Vermögen als solches ist durch diese Normen allerdings nicht geschützt. Außerdem kann man sich als Schädiger, wenn man sich einer Hilfsperson bedient hat (§ 831 BGB) leicht von der Haftung befreien (= exculpieren)

Vertragsverhandlungen: „quasi-vertragliche" Haftung

Um diese Lücke zu schließen, haben Rechtsprechung und Lehre in Analogie zu den §§ 122, 179 II, 307, 309, 463 S.2 und 663 BGB die Lehre von der c.i.c. entwickelt. Danach besteht bereits durch die Aufnahme eines geschäftlichen Kontaktes ein Vertrauensverhältnis, in dessen Rahmen eine vertragsähnliche Haftung für Verschulden bei Vertragsverhandlungen gegeben ist. Diese quasi-vertragliche Haftung ist heute allgemein anerkannt und wird wie § 11 Nr 7 AGBG zeigt, auch vom Gesetzgeber bereits vorausgesetzt. 422

A. Voraussetzungen der c.i.c.

Als Arbeitsschema für Ihre Fallösung sollten Sie sich im Überblick folgende Prüfungspunkte merken:

Arbeitsschema

1. Anwendbarkeit der c.i.c. 423
2. Vorvertragliche Sonderverbindung
3. Pflichtverletzung
4. Rechtswidrigkeit
5. Verschulden
6. Schaden
7. Haftungsausfüllende Kausalität
8. Mitverschulden (§ 254 BGB), Verjährung

I. Die Anwendbarkeit der c.i.c.

Mängelgewährleistungsrecht schließt c.i.c. aus

1. Ähnlich wie die pVV scheidet auch die c.i.c. neben dem speziell geregelten Mängelgewährleistungsrecht aus, soweit dessen Anwendungsbereich reicht. 424

c.i.c.: wenn weder Fehler noch zugesicherte Eigenschaft

Neben den §§ 459ff BGB ist die c.i.c. daher nur anwendbar, soweit sich das Verschulden nicht auf Fehler oder zugesicherte Eigenschaften der Kaufsache bezieht.

> *Bsp.: Verkäufer wendet vor Beginn einer Probefahrt mit dem Wagen, den der K kaufen will und überfährt dabei den Dackel des K, den dieser zu den Vertragsverhandlungen mitgebracht hat.*

2. Ein Konkurrenzverhältnis kann sich auch zwischen der c.i.c. und den Anfechtungsregeln, insbesondere aber zu § 123 BGB entwikkeln: Mit der c.i.c könnte nämlich der Geschädigte u.U. nicht nur bei Arglist, sondern schon bei jeder Fahrlässigkeit Vertragsaufhebung verlangen; dies zudem nicht nur in der Frist des § 124 BGB, sondern 30 Jahre lang.

c.i.c.: schützt Vermögen
§ 123 schützt Willensfreiheit

Anders als § 123 BGB schützt jedoch die c.i.c. nicht die Willensfreiheit, sondern das Vermögen. Sie setzt daher auch zusätzlich noch einen Schaden voraus. Außerdem ist über § 254 BGB u.U. auch eine gegenüber dem Alles-oder-Nichts der Anfechtung flexiblere Rechtsfolge möglich. Deshalb läßt die h.M. die c.i.c neben den §§ 119ff BGB uneingeschränkt zu.

c.i.c. neben § 179 BGB anwendbar

3. Ähnliches gilt für das Vertretungsrecht. Auch hier wird § 179 BGB überwiegend als nicht abschließend angesehen, so daß daneben noch Raum für einen Anspruch aus c.i.c. gegen den Vertreter selbst, aber auch gegen den Vertretenen bleibt.

II. Die vorvertragliche Sonderverbindung

gesteigerter sozialer Kontakt

Hierfür ist nicht schon jede beliebige Form eines gesteigerten sozialen Kontakts ausreichend, erforderlich ist vielmehr ein geschäftlicher Kontakt, der auf Abschluß eines Vertrages oder zumindest auf Anbahnung geschäftlicher Beziehungen gerichtet ist.

> *Bsp.: A betritt den Laden des B, weil er dort sein Frühstücksmüsli besorgen möchte.*

> **"HEMMER-METHODE":** Beachten Sie, daß es für die Haftung aus c.i.c. keine Rolle spielt, ob später ein wirksamer Vertrag geschlossen wird. Allein entscheidend ist der Zeitpunkt der Pflichtverletzung, an die der Anspruch geknüpft wird. Liegt zu dieser Zeit bereits ein echtes Schuldverhältnis vor, so greift die pVV, liegt hingegen nur ein geschäftlicher Kontakt vor, so bleibt es beim Anspruch aus c.i.c., auch wenn später noch ein Vertrag geschlossen wird!

III. Die Pflichtverletzung

Die c.i.c. hat sich in der heutigen Praxis zu einer sehr flexiblen und schwer überschaubaren Haftungsgrundlage entwickelt. Die wichtigsten klausurrelevanten Fallgruppen sind:

1. Schutzpflichtverletzungen

Geschäftsanbahnung

Schon im Rahmen der Anbahnung eines geschäftlichen Kontaktes trifft alle Parteien die Pflicht, Leben, Eigentum und Rechtsgüter des anderen Teils nicht zu verletzen.

> *Bsp.: Patient wird im Flur der Praxis von einem herabstürzenden Halogenscheinwerfer getroffen, als er sich gerade bei seinem Arzt in Behandlung begeben wollte.*

begleitende Personen

Diese Pflicht erstreckt sich auch auf Personen, die zwar nicht selbst den geschäftlichen Kontakt aufnehmen wollen, die aber eine der Parteien begleiten.

> *Bsp.: Durch den in der Arztpraxis herabstürzenden Scheinwerfer wird nicht der Patient selbst verletzt, sondern sein ihn begleitendes Kind.*

Das Kind ist nicht selbst Partner einer vorvertraglichen Sonderverbindung, da es kein Patient ist. Allerdings greift hier der Vertrag mit Schutzwirkung zugunsten Dritter ein: Das Kind als Begleitperson war der Gefahr einer Schutzpflichtverletzung im selben Maße ausgesetzt, wie der Patient selbst. Der Patient war auch für das Wohl und Wehe seines Kindes verantwortlich, so daß der personenrechtliche Einschlag ebenfalls vorliegt. Zuletzt war beides auch für den Arzt erkennbar, so daß er durch die Einbeziehung des Kindes in die quasi-vertragliche Haftung nicht unbillig belastet wird.

2. Abbruch von Vertragsverhandlungen

Grundsätzlich besteht keine Verpflichtung zum Vertragsabschluß. Bis der Vertrag endgültig abgeschlossen ist, sind die Verhandlungspartner in ihren Entschließungen frei.

Bricht aber einer der Verhandlungspartner die Vertragsverhandlungen ohne triftigen Grund ab, nachdem er zunächst in zurechenbarer Weise das Vertrauen erweckt hat, der Vertrag komme wirksam zustande, so haftet er demjenigen, bei dem er dieses Vertrauen weckte, aus c.i.c. **430**

Bsp.: Arbeitgeber stellt dem A die Einstellung in Aussicht, obwohl er weiß, daß der A die ihm unbekannten Einstellungskriterien nicht erfüllt.

3. Abschluß unwirksamer Verträge

Sicherlich erinnern Sie sich noch daran, daß bei Fehlen bzw. Vorliegen bestimmter Voraussetzungen, der ganze Vertrag von Anfang an nichtig ist.

Unwirksamkeit aufgrund Verletzung von Auskunftspflichten

Ist einer dieser Unwirksamkeitsgründe von einer Partei zu vertreten, so ist die c.i.c auch in diesen Fällen anwendbar. Besonders häufig läßt sich das Vertretenmüssen durch die Verletzung einer Auskunfts- oder Aufklärungspflicht begründen. **431**

Bsp.: Rechtsanwalt Raffinius verspricht eines Tages, als er wegen eines gewonnenen Prozesses gut gelaunt ist,, seinem Neffen Willi einen gebrauchten PKW zu schenken. Der rechtsunkundige Willi hat von der Vorschrift des § 518 BGB schon mal gehört (für die Wirksamkeit des Schenkungsversprechens wäre notarielle Beurkundung erforderlich, § 518 BGB). Auf Nachfrage des Willi erklärt Raffinius, unter so lieben Verwandten sei eine notarielle Beurkundung natürlich überflüssig. Als Willi Erfüllung des Schenkungsversprechens verlangt, weigert sich Raffinius unter Berufung auf den Formmangel (§ 125 BGB) des Schenkungsversprechens, den PKW herauszurücken.

Soweit die Formnichtigkeit nicht bereits durch § 242 BGB überwunden wird, kann Willi gegen Raffinius wenigstens einen Schadensersatzanspruch aus c.i.c. geltend machen, der auf den für eine Ersatzanschaffung erforderlichen Geldbetrag gerichtet ist.

Hoffentlich haben Sie nicht vergessen, daß ein formwidriges nichtiges Rechtsgeschäft auch geheilt werden kann und damit wirksam wird. Oder waren Sie zwischenzeitlich doch wegen der versprochenen Weihnachtsgeschenke beim Notar? (Rn. 85)

> **"HEMMER-METHODE":** Zu dieser Fallgruppe gehört auch die Verwendung unwirksamer AGB oder sittenwidriger Vertragsbedingungen (§ 138 BGB) durch eine Partei. Zu beachten ist aber, daß für Verstöße gegen Verbotsgesetze i.S.v. § 134 BGB die c.i.c. unanwendbar ist, weil insoweit die Spezialregelungen der §§ 307, 309 BGB vorgehen.

4. Abschluß inhaltlich nachteiliger Verträge

pflichtwidriges Einwirken auf Willensbildung

Ausnahmsweise kann die c.i.c. auch Anwendung finden, wenn ein Vertrag wirksam abgeschlossen wurde. Voraussetzung ist allerdings, daß der Abschluß dieses Vertrages auf einer pflichtwidrigen Einwirkung auf die Willensbildung des anderen Teils beruht. Das erforderliche Verschulden kann dabei in einer Irreführung oder der Verletzung einer Aufklärungspflicht liegen.

432

> *Bsp.: Der A füllt das Bewerbungsformular der A-AG aus, während er gleichzeitig im Fernsehen gebannt ein Fußballänderspiel verfolgt. Aus Unachtsamkeit übersieht er daher, daß für die Stelle, für die er sich bewirbt, besondere Qualifikationen erforderlich sind. Er gibt folglich aus Fahrlässigkeit zu Unrecht an, diese Qualifikationen zu besitzen. Nachdem der Arbeitsvertrag mit der A-AG geschlossen worden war, stellt sich die fahrlässige Täuschung heraus.*
>
> Hier scheidet mangels Arglist des A eine Anfechtung nach § 123 BGB aus. In Betracht kommt aber ein Anspruch aus c.i.c.

5. Eigenhaftung des Vertreters

Normalerweise besteht der Anspruch aus c.i.c. nur zwischen den Personen, die Partner des zu schließenden Vertrages werden sollten. Eine Ausnahme hierzu haben Sie bereits kennengelernt (Vertrag mit Schutzwirkung zugunsten Dritter).

433

besonderes eigenes wirtschaftliches Interesse

Darüber hinaus nimmt aber die ganz h.M. auch eine persönliche Haftung von Vertretern und Verhandlungsgehilfen an, wenn diese ein besonderes eigenes wirtschaftliches Interesse am Abschluß des Vertrages oder wenn sie besonderes persönliches Vertrauen in Anspruch genommen haben.

> *Bsp:. Der V haftet für den A bei der B-Bank als selbstschuldnerischer Bürge (§ 773 Nr.1 BGB). Verhandelt er nunmehr als Vertreter des A mit der B über einen Kredit für den in akuten Geldnöten steckenden A, so hat er am Zustandekommen dieses Darlehens (§ 607 BGB) ein unmittelbares eigenes wirtschaftliches Interesse.*
>
> Ein besonderes persönliches Vertrauen nimmt beispielsweise der Kunstauktionator in Anspruch, der als Vertreter des Verkäufers einen Kunstgegenstand an einen Besucher seiner Auktion verkauft.

IV. Rechtswidrigkeit

keine Rechtfertigungsgründe

Jede Pflichtverletzung ist auch rechtswidrig, außer es greift ein Rechtfertigungsgrund ein.

434

V. Verschulden

§ 276ff BGB

Den Maßstab des Verschuldens geben auch im Rahmen der c.i.c. die §§ 276ff BGB an. Insbesondere ist an die Zurechnungsnorm des § 278 BGB zu denken: Schon im Rahmen der vorvertraglichen Sonderverbindung haftet jeder Teil für das Verschulden der von ihm eingeschalteten Erfüllungsgehilfen ohne Exkulpationsmöglichkeit.

435

VI. Schaden und haftungsausfüllende Kausalität

Der Umfang des durch einen c.i.c.-Anspruch ersatzfähigen Schadens wird anhand der Vorschriften der §§ 249ff BGB ermittelt.

436

kausale + zurechenbare Verursachung des Schadens

In jedem Fall muß dieser Schaden auch kausal und zurechenbar durch die Pflichtverletzung hervorgerufen worden sein.

VII. Mitverschulden und Verjährung

§ 254 BGB: Anspruchsverkürzung

Auch bei der c.i.c. ist bei Anzeichen für das Vorliegen eines Mitverschuldens an eine Anspruchskürzung aus § 254 BGB zu denken.

437

Es gilt grundsätzlich die Verjährungsfrist des § 195 BGB, wonach der Anspruch in 30 Jahren verjährt.

438

B. Rechtsfolgen der c.i.c.

Der Anspruch aus c.i.c. ist ein Schadensersatzanspruch, dessen Umfang sich nach den allgemeinen Vorschriften der §§ 249ff BGB richtet. Grundnorm ist dabei § 249 S.1 BGB: Danach ist der Geschädigte immer so zu stellen, wie er ohne das schädigende Ereignis stünde.

439

I. Vertrauensschaden

„Wegdenken" der schädigenden Handlung

Denkt man sich das Verschulden bei Vertragsverhandlungen als schädigende Handlung weg, so wären dem Geschädigten i.d.R. alle die Schadensposten nicht entstanden, die letztlich nur darauf beruhen, daß das durch den vorvertraglichen geschäftlichen Kontakt geweckte Vertrauen des Geschädigten enttäuscht wurde.

440

keine Begrenzung auf Erfüllungsinteresse ⇨ auch entgangener Gewinn

Dazu kann freilich neben den vom Geschädigten im Hinblick auf die Vertragsverhandlungen aufgewendeten Kosten beispielsweise der aus einem anderen Vertrag entgangene Gewinn gehören, wenn dieses Geschäft aus Rücksicht auf die laufenden Vertragsverhandlungen nicht abgeschlossen wurde. Anders als § 122 und § 179 BGB kennt nämlich der allgemeine Anspruch aus c.i.c. keine Haftungsbegrenzung auf den Betrag des Erfüllungsinteresses.

II. Erfüllungsinteresse

Ausnahmsweise gilt aber in den folgenden Fallkonstellationen etwas anderes:

Ausnahme: Vertragsschluß ⇨ nur Geldersatz, da sonst systemwidriger Abschlußzwang

Wäre ohne das Verschulden bei Vertragsverhandlungen der Vertrag mit dem vom Geschädigten erstrebten Inhalt zustande gekommen, so würde sich der Schadensersatzanspruch nach § 249 S.1 BGB an sich darauf richten, daß eben dieser gewünschte Vertrag wirksam abgeschlossen wird. Die h.M gibt dem Geschädigten einen Anspruch auf das Erfüllungsinteresse aber nur in der Form, als daß ihm der für eine adäquate Ersatzanschaffung erforderliche Geldbetrag zu zahlen ist. Andernfalls entstünde für den Schädiger ein systemwidriger Kontrahierungszwang (es soll aber niemand gezwungen werden können, eine vertragliche Verpflichtung einzugehen).

441

Bsp.: Der A verkauft dem B sein Seegrundstück. Obwohl er im Gegensatz zu B die Vorschrift des § 313 BGB kennt, hält er eine notarielle Beurkundung unter Freunden nicht für nötig. Zu B sagt er daher, das mit dem Verkauf gehe schon in Ordnung. Der Kaufvertrag wird formlos abgeschlossen.

Weigert sich der A später, unter Berufung auf den Formmangel, Auflassung und Eintragung vorzunehmen, so könnte B nach § 249 S.1 BGB an sich den Abschluß eines notariell beurkundeten Kaufvertrages verlangen. Damit würde aber der Schutzzweck des § 313 BGB ausgehebelt. Im Ergebnis kann der B daher nur den Geldbetrag von A fordern, den er benötigt, um sich ein angemessenes Ersatzgrundstück zu kaufen.

III. Vertragsaufhebung

Zuletzt kann sich aus der Anwendung des § 249 S.1 BGB im Rahmen eines c.i.c -Anspruches auch ein Anspruch auf Vertragsaufhebung ergeben. Ist nämlich der Vertrag infolge der vorvertraglichen Pflichtverletzung nur mit dem Geschädigten nachteiligen Bedingungen geschlossen worden, so besteht der zu beseitigende Schaden gerade in diesem nachteiligen Vertrag.

442

§ 12 WEGFALL DER GESCHÄFTSGRUNDLAGE

unvorhergesehene Änderung der tatsächlichen oder wirtschaftlichen Verhältnisse	Kein Fall des Irrtums oder der Mangelhaftigkeit einer Sache ist es, wenn sich die beim Abschluß des Rechtsgeschäftes bestehenden wirtschaftlichen oder tatsächlichen Verhältnisse in völlig unvorhersehbarer Weise grundsätzlich ändern. 443

Auch in solch einem Fall, möchten die Parteien aber regelmäßig wissen, welche Ansprüche sie haben und was sie mit diesem Vertrag noch machen können.

„allgemeine Billigkeitslehre" — Beim Wegfall der Geschäftsgrundlage, der von Rechtsprechung und Literatur zu einem allgemein anerkannten Rechtsinstitut entwickelt worden ist, handelt es sich um eine „allgemeine Billigkeitslehre". Weil es in manchen Situationen unbillig erscheint, die Parteien an der vertraglichen Bindung festzuhalten, wird der Vertrag entsprechend der geänderten Bedingungen angepaßt, oder sogar, wenn es „gar nicht mehr anders geht", auch aufgelöst. 444

A. Voraussetzungen

Die Voraussetzungen des Wegfalls der Geschäftsgrundlage sind: 445

---

1. Regelungslücke
2. Wegfall der Geschäftsgrundlage
3. Redlicherweise Einlassenmüssen des anderen Vertragsteils

I. Regelungslücke

subsidiär — Wie alles, was von Rechtsprechung und Lehre entwickelt worden ist, ist auch der Wegfall der GG nur subsidiär anwendbar, d.h. nur dann, wenn keine gesetzliche Regelung zu diesem Problem existiert. 446

Solche Regelungen sind insbes. die §§ 306-309, 321, 459 I S.1, 519, 528, 530, 610 BGB.

1. Unmöglichkeit

(-) bei Zweckerreichung oder Zweckfortfall — Keine Regelungslücke liegt z.B. bei den Fällen der Zweckerreichung oder des Zweckfortfalles vor. 447

> *Bsp.: Das vom Unternehmer zu reparierende Auto funktioniert plötzlich wieder einwandfrei (Zweckerreichung) oder es explodiert und wird völlig zerstört (Zweckfortfall).*

(+) bei Leistungserschwerung oder Äquivalenzstörung — Für die Fälle der Leistungserschwerung oder der Äquivalenzstörung sind die Grundsätze des Wegfalls der GG anwendbar. 448

> *Bsp.: U soll für den B ein Haus errichten. Beim Ausheben der Baugrube stellt sich heraus, daß der Boden für die Errichtung des Hauses nur nach umfangreichen Abstützarbeiten geeignet ist. Daher entstehen dem U jetzt wesentlich höhere Kosten als bei seiner ursprünglichen Kalkulation vorgesehen.*

2. Gewährleistungsrecht

Die in einigen Vertragstypen vorgesehenen Mängelgewährleistungsrechte (§§ 459ff, 537ff, 633ff, 651cff BGB) stellen eine abschließende Sonderregelung dar, die durch die Lehre vom Wegfall der Geschäftsgrundlage nicht unterlaufen werden dürfen.

449

3. Anfechtung

Wegfall der Geschäftsgrundlage: (+): bei Motivirrtum

Die Grundsätze über den Wegfall der GG treten regelmäßig gegenüber den Anfechtungsvorschriften zurück. Der Anwendungsbereich ist nur in solchen Fällen eröffnet, bei denen sich die Vertragspartner über Motive irren, die nicht zur Anfechtung berechtigen, die aber in den dem Vertragsschluß zugrunde liegenden Geschäftswillen beider Parteien aufgenommen worden sind.

450

> *Bsp.: V verkauft dem K eine hübsche blaueBriefmarke. Beide wissen zwar genau, daß es sich um eine Briefmarke der Insel Mauritius handelt, sie gehen beide aber irrtümlich davon aus, daß dieses Exemplar einen relativ geringen Wert hat.*
>
> Die Briefmarke ist nicht mangelhaft i.S.v. § 459ff BGB. Auch eine Anfechtung durch eine der Parteien scheidet aus: Es liegt nämlich lediglich ein Irrtum über den Wert der verkauften Sache vor, und der Wert einer Sache ist gerade keine verkehrswesentliche Eigenschaft i.S.v. § 119 II BGB.
>
> Eine Anpassung des gezahlten Kaufpreises an den tatsächlichen Wert der verkauften Marke kommt daher allein über die Grundsätze vom Fehlen der Geschäftsgrundlage in Betracht.

4. Zweckverfehlungskondiktion, § 812 I.S.2, 2.Alt. BGB

vereinbarter Zweck nicht erreicht
⇨ § 812 I S.2, 2.Alt. BGB

Nach § 812 I S.2, 2.Alt. BGB kann jemand von einem anderen herausverlangen, was dieser durch Leistung erlangt hat, wenn der nach dem Inhalt des Rechtsgeschäfts bezweckte Erfolg nicht eingetreten ist.

451

vorausgesetzer Zweck nicht erreicht
⇨ Wegfall der Geschäftsgrundlage

Während für die Anwendbarkeit des Wegfalls der GG ein „vorausgesetzter" Zweck nicht erreicht wird, tritt bei § 812 I S.2, 2.Alt. BGB der „vereinbarte" Zweck nicht ein.

452

> *Bsp.: Romeo schenkt Julia einen goldenen Ring mit den Worten „In Liebe und ewiger Treue". Am nächsten Tag ist Julia mit Ring und neuem Geliebten weg.*
>
> Anfechtung scheidet aus, da ein bloßes Motiv vorliegt und § 812 I S.2, 2.Alt. BGB auch, weil keine Vereinbarung getroffen wurde. Es bleibt daher nur Wegfall der GG.
>
> *Bsp.: A arbeitet bei einer Konzertagentur. Sein Freund B möchte unbedingt ein von dieser Agentur veranstaltetes Konzert besuchen, das aber bereits nahezu ausverkauft ist. Deshalb schenkt B dem A eine Kiste edlen Weins in der von A auch erkannten Erwartung, der A werde ihm dafür eine Eintrittskarte besorgen. A nimmt den Wein an und läßt ihn sich schmecken, die Karte für B aber vergißt er.*
>
> In derartigen Fällen besteht zwischen den Parteien der Abrede eine tatsächliche Einigung darüber, welcher besondere Zweck mit der Hingabe des Geschenkes erreicht werden soll. Wird dieser Zweck nicht erreicht, so greift nur § 812 I S.2, 2.Alt. BGB als Anspruchsgrundlage.

§ 12 WEGFALL DER GESCHÄFTSGRUNDLAGE

II. Wegfall der Geschäftsgrundlage

Sie wissen nun, wann Sie die Regeln über den Wegfall der Geschäftsgrundlage anwenden können.

Was aber sind eigentlich Geschäftsgrundlagen?

1. Geschäftsgrundlage

reales, hypothetisches und normatives Element,

Zur Geschäftsgrundlage eines Vertrages zählt jeder Umstand, den mindestens eine Partei bei Vertragsschluß vorausgesetzt hat (reales Element), ohne den sie den Vertrag bei wahrer Kenntnis der Sachlage nicht oder nicht in dieser Weise abgeschlossen hätte (hypothetisches Element). Die andere Partei muß sich auf die Berücksichtigung dieses Umstandes auch redlicherweise hätte einlassen müssen (normatives Element).

453

2. Fehlen bzw. Wegfall

Festhalten am Vertrag unzumutbar

Vom Fehlen oder Wegfall der Geschäftsgrundlage ist unter folgender Bedingung auszugehen: Die Wirklichkeit muß von dem oben beschriebenen Umstand derartig abweichen, daß ein unverändertes Festhalten an der vertraglichen Vereinbarung für die benachteiligte Partei unzumutbar geworden ist.

454

Es gibt im wesentlichen drei Fallgruppen des Wegfalls der Geschäftsgrundlage:

a) Doppelirrtum

Beide Vertragsparteien gehen irrtümlich vom Vorhandensein oder Eintritt eines bestimmten Umstandes aus, der für die Vertragsabwicklung von entscheidender Bedeutung ist.

455

Bsp.: Beide Kaufvertragsparteien gehen vom einem Aktienkurs zu 130 aus. Später stellt sich heraus, daß der Kurszettel einen Druckfehler enthält, und der wahre Kurs bei 230 liegt.

> **"HEMMER-METHODE":** Vergessen Sie aber bitte nicht, daß soweit sie möglich ist, die Anfechtung dem Wegfall der GG vorrangig ist. Irren sich z.B. Verkäufer und Käufer über den Urheber eines Bildes, so können sie nach h.M. das Geschäft nach § 119 II BGB anfechten. Liegt allein ein Irrtum über den Wert des Bildes vor, ist eine Anfechtung nach § 119 II BGB nicht möglich, dann aber die Anwendung des Wegfalls der GG.

b) Äquivalenzstörung

wirtschaftliche/politische Änderung ⇨ grobes Mißverhältnis von Leistung und Gegenleistung

Die Äquivalenzstörung betrifft Fälle, bei denen aufgrund später eintretender wirtschaftlicher oder politischer Änderungen der Wert von Leistung und Gegenleistung in ein grobes Mißverhältnis geraten.

456

Bsp.: Im Rahmen eines Mietvertrages von 1915 garantiert der Vermieter die Abgabe von Wasserdampf zu einem festgelegten Preis. Infolge der Inflation von 1922/23 kann der Mietpreis die Bereitstellung des Wasserdampfes nicht mehr decken.

c) Zweckstörung

vereinbarter Zweck kann nicht erreicht werden

Bei der Zweckstörung vereinbaren die Parteien einen bestimmten Leistungszweck. Später stellt sich heraus, daß dieser vereinbarte Zweck nicht erreicht werden kann.

Bsp.: V vermietet Fensterplätze, von denen aus der Faschingszug beobachtet werden kann. Der Faschingszug fällt dann aber aus.

457

3. Redlicherweise Einlassenmüssen des anderen Vertragsteils

Risikobereich

Der Geschäftspartner muß sich auf die Änderung oder Auflösung des Vertrages nicht einlassen, wenn das Vorhandensein der GG in den Risikobereich des anderen Vertragsteils fällt.

Bsp.: Der Geldleistungsschuldner trägt grundsätzlich das Risiko der Geldbeschaffung und Finanzierung. Rechte wegen Wegfalls der GG kommen nur in Betracht, wenn die Risikozuweisung immense Grenzen übersteigt, bspw. Kriegsinflation.

458

B. Rechtsfolgen

I. Vertragsanpassung

Anpassung an wirtschaftliche Verhältnisse

Grundsätzlich führt das Fehlen oder der Wegfall der Geschäftsgrundlage nur zu einer Anpassung des Vertrages an die wirklichen Verhältnisse, Entscheidende Kriterien für das Ausmaß dieser Anpassung sind dabei die Zumutbarkeit und der Vertragswille der Parteien.

459

II. Rücktritts- oder Kündigungsrecht

u.U. Vertragsauflösung

Ausnahmsweise kann das Fehlen oder der Wegfall der Geschäftsgrundlage auch zu einer Auflösung des Vertrages führen, wenn die weitere Fortsetzung des Vertrages für eine der Vertragsparteien unzumutbar geworden ist, v.a. wenn eine Vertragsanpassung unmöglich geworden ist oder der Vertragspartner seine Mitwirkung an der Anpassung verweigert.

460

Die Auflösung des Vertrages geschieht freilich nicht automatisch, vielmehr besteht nur ein Recht zum Rücktritt bzw. bei Dauerschuldverhältnissen ein Kündigungsrecht.

Nach erfolgtem Rücktritt muß ein noch nicht voll erfüllter Vertrag rückabgewickelt werden. Dabei ist umstritten, ob diese Rückabwicklung nach §§ 346ff BGB erfolgt, oder ob § 812 I S.1, 1.Alt./2.Alt. BGB anzuwenden ist. Für die Annahme einer Umwandlung des Vertrages in ein Rückgewährschuldverhältnis spricht in erster Linie, daß beim Wegfall der Geschäftsgrundlage eben nur die Grundlage des Geschäfts wegfällt, nicht aber das Geschäft als solches. Dennoch wendet insbesondere die Rechtsprechung in derartigen Fällen immer wieder das Bereicherungsrecht an.

§ 13 GESETZLICHE SCHULDVERHÄLTNISSE

Einen großen Teil des täglichen Lebens in Deutschland, können Sie nun schon juristisch einordnen. Sie haben die meisten Problemfelder kennengelernt, die im Zusammenhang mit Rechtsgeschäften, insbesondere mit Verträgen auftauchen können.

461 Dort wo Menschen zusammentreffen, werden aber nicht immer sogleich Verträge abgeschlossen. Es gibt vielmehr auch bestimmte Geschehensabläufe, also historische Ereignisse, die zum Entstehen eines gesetzlichen Schuldverhältnisses führen. Gesetzliche Schuldverhältnisse sind inhaltlich genauso leistungsorientiert wie rechtsgeschäftliche, setzen aber im Gegensatz zu diesen nicht die Abgabe einer oder mehrerer Willenserklärungen voraus.

auch unfreiwillige Leistungspflichten

462 Bei gesetzlichen Schuldverhältnissen können die Leistungspflichten daher auch unfreiwillig, d.h. gegen den Willen des Schuldners entstehen.

Eingriff in fremde Interessenssphären

463 Charakteristisch für gesetzliche Schuldverhältnisse ist, daß ohne rechtsgeschäftlich dazu verpflichtet oder berechtigt zu sein, in fremde Interessensspähren eingegriffen wird. Da die Parteien hier gerade keine Vereinbarungen getroffen haben jedoch häufig gerade hier Konflikte entstehen, hat das Gesetz auch für diese Fälle verschiedene Lösungen vorgesehen.

Ein Fall eines gesetzlichen Schuldverhältnisses ist die Geschäftsführung ohne Auftrag.

A. Geschäftsführung ohne Auftrag

I. Allgemeines

1. Begriff und Regelungsgehalt der GoA

Handeln für anderen ohne rechtsgeschäftliche Verpflichtung

464 Bei der Geschäftsführung ohne Auftrag handelt jemand ohne rechtsgeschäftliche Verpflichtung für einen anderen.

Bsp.: Als Tobias mit seinem Wohnwagen in Urlaub ist, fängt einer seiner Rosensträucher im Garten zu brennen an. Polid, ein Nachbar des Tobias, sieht dies, und schlägt mit seiner Wolldecke die Flammen aus, bevor sie noch weiter um sich greifen können.

Hier liegt keine Vereinbarung zwischen Tobias und Poldi darüber vor, daß Poldi das Feuer am Rosenbusch des Tobias löschen soll. Allerdings hat der Poldi ein Interesse daran, Ersatz für seine völlig verkohlte Wolldecke zu erhalten. Da Tobias sich nicht darauf berufen können soll, daß er Poldi nie darum gebeten hat, mit seiner Wolldecke die Flammen zu löschen, (immerhin hat Poldi in seinem Interesse gehandelt), regeln in diesen Fällen die Vorschriften über die GoA den Aufwendungsersatzanspruch des Poldi.

2. Abgrenzung

465 a) Zunächst ist zu unterscheiden zwischen der „echten" GoA, die in §§ 677-686 BGB geregelt ist, und der angemaßten Eigengeschäftsführung (mißverständlich auch unechte GoA genannte, vgl. § 687 II BGB).

sog. „echte" GoA

Echte GoA liegt nur vor, wenn der Geschäftsführer den Willen hat, ein Geschäft für einen anderen, in dessen Interesse zu führen (sog. Fremdgeschäftsführungswille). Fehlt dieser Wille, so handelt es sich um Eigengeschäftsführung und eine GoA liegt dann gerade nicht vor.

berechtigte/unberechtigte GoA

b) Zu unterscheiden ist innerhalb der „echten" GoA außerdem zwischen der berechtigten und der unberechtigten. Da das Gesetz einerseits grundsätzlich verhindern will, daß sich jemand ungebeten in fremde Angelegenheiten einmischt (unberechtigte GoA), andererseits aber will, daß derjenige, dessen Handeln dem Geschäftsherrn erwünscht ist und ihm zugute kommt (berechtigte GoA), nicht die Nachteile aus der Geschäftsführung tragen soll, ergeben sich hierfür jeweils unterschiedliche Rechtsfolgen. 466

Eigengeschäftsführung

c) Bei der Eigengeschäftsführung muß differenziert werden, ob der Geschäftsführer ein fremdes Geschäft irrtümlich als sein eigenes behandelt (§§ 677-686 BGB sind dann überhaupt nicht anwendbar), oder ob er weiß, daß er ein fremdes Geschäft führt und es dennoch wie ein eigenes behandelt (der Geschäftsherr hat dann Ansprüche aus §§ 987ff, 812ff, 823ff BGB, sowie zusätzlich auch aus GoA, § 687 II BGB). 467

Geschäftsführung ohne Auftrag				468
echte GoA		unechte GoA		
berechtigte, §§ 677, 683	*unberechtigte*, §§ 677, 684	*Eigengeschäftsführung*, § 687 I	*Geschäftsanmaßung*, § 687 II	
fremdes Geschäft im wirklichen o. mutmaßlichen Interesse des GH	fremdes Geschäft, aber Geschäftsführung entspricht nicht dem Interesse und Willen des GH	GF glaubt irrtümlich es liegt ein eigenes Geschäft vor	GF weiß, daß er ein fremdes Geschäft als eigenes behandelt	

Rechtsfolge:	Rechtsfolge:	Rechtsfolge:	Rechtsfolge:
§§ 677, 683, 670 Ersatz von Aufwendungen	§§ 677, 684 S.1/S.2 Herausgabe o. Aufwendungsersatz bzw. § 678 Schadensersatz	keine GoA	es gelten die §§ 677ff u. Schadensersatz

3. Voraussetzungen

Für die berechtigte als auch für die unberechtigte GoA gelten gleichermaßen folgende Voraussetzungen: 469

a) Besorgung eines fremden Geschäfts

b) Fremdgeschäftsführungswille

c) Ohne Auftrag oder sonstige Berechtigung

a) Besorgung eines fremden Geschäfts

rechtsgeschäftliches oder tatsächliches Handeln mit wirtschaftlichen Folgen

aa) Unter Geschäft i.S.d. § 677 BGB ist jedes rechtsgeschäftliche oder tatsächliche Handeln mit wirtschaftlichen Folgen außer bloßem Unterlassen, Dulden oder Geben zu verstehen.

Bsp.: GF füttert den Hund des GH

bb) Der GF muß ein fremdes Geschäft besorgen, d.h. das Geschäft muß (zumindest auch) dem Rechts- und Interessenkreis eines anderen angehören. Zu unterscheiden ist zwischen:

(1) Objektiv fremdem Geschäft

äußeres Erscheinungsbild

Das Geschäft gehört schon nach seinem äußeren Erscheinungsbild nicht zum Rechts- und Interessenkreis des GF.

Bsp.: Es ist Sache des Schuldners, seine Schulden zu bezahlen. Zahlt GF die Schulden des GH, so führt er ein objektiv fremdes Geschäft (§§ 362 I, 267 I BGB).

(2) Auch-fremdem Geschäft

eigenes / und fremdes Interesse

Dieses liegt vor, wenn die Geschäftsübernahme sowohl im eigenen als auch im fremden Interesse liegt

Bsp.: Peppone fährt mit seinem PKW auf einer Landstraße, als der vor ihm radelnde Camillo plötzlich nach links gerät. Um Camillo nicht zu überfahren, reißt Peppone das Steuer herum und fährt gegen einen Baum.

Hier liegt zunächst ein fremdes Geschäft vor, weil Camillo selbst darauf achten muß, daß ihm nichts geschieht. Zugleich führt Peppone durch sein Ausweichmanöver ein eigenes Geschäft: Er hat die gesetzliche Pflicht, andere Verkehrsteilnehmer nicht zu verletzen. Somit hat Peppone hier ein auch-fremdes Geschäft geführt.

(3) Subjektiv fremdem Geschäft

erkennbare deutliche Absicht, Geschäft für anderen zu führen

Von außen gesehen kann das Geschäft auch ganz neutral sein. Zu einem fremden Geschäft wird es dann, wenn die nach außen deutlich werdende Absicht des GF besteht, das Geschäft für einen anderen zu führen.

Bsp.: Hugo, der selbst keine Briefmarken sammelt, kauft ohne dazu beauftragt zu sein, eine wertvolle Briefmarke für seinen Freund Eugen, der ganz verrückt nach den kleinen Schnipseln ist. Er weiß, daß Eugen diese Marke noch für seine Sammlung benötigt.

Der Erwerb einer Sache ist das Standardbeispiel eines neutralen Geschäfts, da objektiv keine Beziehung zu einem fremden Rechts- oder Interessenkreis besteht. Erst durch den Willen des Hugo, die Briefmarke für den Eugen zu erwerben, wird das Geschäft zu einem fremden. Dieser Wille ist hier auch nach außen erkennbar, da Hugo selbst keine Briefmarken sammelt.

> **"HEMMER-METHODE":** Beim subjektiv fremden Geschäft müssen also die Besorgung eines fremden Geschäfts und der Fremdgeschäftsführungswille zusammen geprüft werden.
> Die Unterscheidung von objektiv und subjektiv fremden Geschäft hat Bedeutung für die Prüfung des Fremdgeschäftsführungswillens sowie für § 687 BGB, der ein objektiv fremdes Geschäft voraussetzt.

b) Fremdgeschäftsführungswille

Eine echte GoA liegt nur dann vor, wenn der GF Fremdgeschäftsführungswillen hat.

Abgrenzung

Der Geschäftsführer muß:

irrtümliche Eigengeschäftsführung

1. Das Bewußtsein haben, ein fremdes Geschäft zu führen, (sonst: irrtümliche Eigengeschäftsführung, § 687 I BGB)

angemaßte Eigengeschäftsführung

2. Den Willen haben, das Geschäft für einen anderen zu führen. (sonst: angemaßte Eigengeschäftsführung, § 687 II BGB)

c) Ohne Auftrag oder sonstige Berechtigung

Der Geschäftsführer darf nicht schon durch irgendein Rechtsverhältnis dazu ermächtigt sein, in einem fremden Rechts- und Interessenkreis tätig zu werden.

bestehendes Rechtsverhältnis geht vor

Besteht ein solches, so bestimmen sich die Rechte und Pflichten der Beteiligten ausschließlich nach den Bestimmungen dieses Rechtsverhältnisses. Die §§ 677ff BGB sind dann nicht anwendbar.

II. Die berechtigte GoA

Die Übernahme des fremden Geschäfts ist nur in den folgenden Fällen berechtigt:

---

1. Die Geschäftsübernahme entspricht dem objekiven Interesse und dem wirklichen oder mutmaßlichen Willen des GH, § 683 S.1 BGB.

2. Die Geschäftsübernahme widerspricht zwar dem wirklichen oder mutmaßlichen Willen des GH, sie liegt aber in dessen objektivem Interesse und dient der Erfüllung einer im öffentlichen Interesse liegenden Pflicht oder einer gesetzlichen Unterhaltpflicht des GH, §§ 683 S.2, 679 BGB.

3. Die zunächst unberechtigte Geschäftsübernahme wird vom GH nachträglich genehmigt, § 684 S.2 BGB.

---

1. Objektives Interesse und wirklicher oder mutmaßlicher Wille, § 683 S.1 BGB

a) Maßgebender Zeitpunkt und Umfang

objektives Interesse + subjektiver Wille des GH

Die Geschäftsführung muß im Zeitpunkt der Übernahme durch den GF objektiv dem Interesse und subjektiv dem Willen des GH entsprechen.

Dabei muß sich das Interesse und der Wille auf die Übernahme als solche, den Zeitpunkt, den Umfang, die Art und Weise und die Person des Geschäftsführers beziehen.

b) Objektives Interesse

Ein objektives Interesse an der Übernahme des Geschäfts liegt vor, wenn sie für den GH objektiv nützlich ist.

Dabei sind auch die besonderen Verhältnisse in der Person des GH zu beachten (subjektiver Einschlag).

Bsp.: Schuldet der Sepp dem Wurzel noch 5.000 DM für einige Fässer Bier und zahlt die Rosie für den Sepp, dann ist es für den Sepp objektiv nützlich, weil er dadurch von seiner Verpflichtung befreit wird (§§ 362 I, 267 BGB); nicht jedoch, wenn der Schuldner die Einrede der Verjährung gehabt hätte oder wenn er die Aufrechnung hätte erklären können.

c) Der mutmaßliche Wille

aa) Wirklicher Wille

ausdrücklich oder konkludent geäußerter Wille

Maßgeblich ist grundsätzlich der wirkliche, ausdrückliche oder konkludent geäußerte Wille des GH. Der GF muß diesen Willen nicht notwendig kennen, und es ist auch unbeachtlich, wenn er unvernünftig und interessenwidrig ist.

bb) Mutmaßlicher Wille

Zeitpunkt der Übernahme

Der mutmaßliche Wille darf erst geprüft werden, wenn der wirkliche Wille nicht festgestellt werden kann. Er ist gegeben, wenn der GH bei objektiver Beurteilung der Umstände im Zeitpunkt der Übernahme der Geschäftsführung zugestimmt hätte.

Merken Sie sich: Der mutmaßliche Wille wird bei Fehlen besonderer Anhaltspunkte aus dem objektiven Interesse geschlossen.

2. Rechtsfolgen der berechtigten GoA

a) Ansprüche des GF, §§ 683 S.1, 670 BGB

GF ist schutzwürdig ⇨ Ersatz für Aufwendungen

Bei der berechtigten GoA ist der Geschäftsführer schutzwürdig. Sein Verhalten ist rechtmäßig. Es entsteht ein gesetzliches Schuldverhältnis, kraft dessen er Ersatz seiner Aufwendungen verlangen kann.

aa) Aufwendungen

freiwillige Vermögensopfer

Aufwendungen sind Vermögensopfer, die der GF zum Zwecke der Ausführung des Geschäfts freiwillig macht (Schäden sind dagegen unfreiwillige Vermögensopfer), ferner aber auch solche Vermögensopfer, die sich als notwendige Folge der Ausführung ergeben, z.B. Steuern.

Bsp.: Das Getreidefeld des Bauern Dudel ist Opfer einer gräßlichen Heuschreckenplage. Der Hobbychemiker Asbestus, sein Nachbar, kauft in Abwesenheit des Dudel 10.000 l des Heuschreckenvernichtungsmittels „Heuschreckweg" und verteilt es über der Plage, die daraufhin verschwindet.

Hier kann Asbestus die Kosten für das „Heuschreckweg" von Dudel verlangen.

nur erforderliche Aufwendungen

Ersetzt werden nur die erforderlichen Aufwendungen, d.h. solche, die ein vernünftig Handelnder in der Situation des GF vorgenommen hätte. Waren die Aufwendungen erforderlich, so werden sie selbst dann ersetzt, wenn sie nutzlos waren.

Bsp.: Wenn Asbestus nicht wußte, was er gegen die Heuschrecken unternehmen soll und das Heuschreckenkrisenzentrum angerufen hätte, könnte er die Telefonkosten verlangen, auch wenn er den dortigen Sachbearbeiter nicht erreicht hat und er keine Auskunft erhalten hat.

bb) Arbeitskraft

Fraglich ist, ob Asbestus auch etwas dafür verlangen kann, daß er 5 Stunden lang die Heuschrecken mit dem „Heuschreckweg" übergossen hat.

Die Arbeitskraft stellt grundsätzlich keine Aufwendung i.S.d. § 670 BGB dar.

Allerdings liegt gem. § 1835 III BGB eine ersatzfähige Aufwendung vor, wenn die Tätigkeit zum Beruf oder Gewerbe des GF gehört.

Wäre Asbestus also professioneller Heuschreckenvernichter, hätte er von Dudel neben den Materialkosten auch Geld für seinen Arbeitseinsatz verlangen können und zwar in Höhe dessen, was er normalerweise für solche Tätigkeiten verlangt.

cc) Schäden

unfreiwillige Vermögensopfer

Schäden sind, wie bereits erwähnt, als unfreiwillige Vermögensopfer keine Aufwendungen.

Sie werden aber dennoch nach § 670 BGB ersetzt, wenn sich das typische Risiko der übernommenen Tätigkeit verwirklicht hat. Dabei ist ein Mitverschulden des GF analog § 254 BGB zu berücksichtigen.

Bsp.: Um die brennende Zündelmarie zu löschen, schlägt der nette Nachbar die Flammen mit seinem Sportjackett aus, das dabei Brandlöcher bekommt.

b) Ansprüche des Geschäftsherrn

aa) Herausgabeanspruch, § 667 BGB

erzielter Gewinn

Der GH kann von dem GF nach § 667 BGB einen vom GF erzielten Gewinn herausverlangen.

Bsp.: Herr Maison vermietet in Abwesenheit des Herrn Atrium dessen Ferienhaus, von dem er die Haustürschlüssel bekommen hat, für den Fall, „daß etwas passiert". Er weiß von Herrn Atrium, daß dieser verzweifelt Touristen gesucht hat, die sein Häuschen für die Ferien mieten.

Hat Herr Maison aufgrund seiner rhetorischen Fähigkeiten einen besonders hohen Mietzins vereinbaren können, so hat er den gesamten Mietzins herauszugeben, auch wenn der geschäftsunerfahrene Herr Atrium das Haus billiger vermietet hätte.

bb) Schadensersatzanspruch

bei Pflichtverletzung + Schaden ⇨ *Schadensersatzanspruch*

Der Geschäftsherr hat auch gegen den Geschäftsführer einen Anspruch auf Schadensersatz, wenn dieser seine Pflichten aus der Geschäftsführung verletzt hat und dem Geschäftsherrn dadurch ein Schaden entstanden ist.

Die Pflichten des Geschäftsführers bestehen vor allem darin, bei der Ausführung des Geschäfts das Interesse und den Willen des Geschäftsherrn zu beachten, § 677 BGB. Über § 681 S.2 BGB hat er darüber hinaus die gleichen Informations- und Herausgabepflichten, wie ein Beauftragter, §§ 666-668 BGB.

§§ 280, 286 BGB, pVV

Anspruchsgrundlage für den Schadensersatz sind die Vorschriften des allgemeinen Schuldrechts, §§ 280, 286 BGB und pVV.

Bsp.: Herr Maison teilt Herrn Atrium nicht mit, daß er dessen Haus vermietet hat. Weil Herr Atrium nichts davon weiß, fährt er noch am Samstag zu seinem Ferienhaus, um dort zu übernachten. Als er von der Vermietung erfährt, ist er zwar erfreut, will aber von Herrn Maison seine Fahrtkosten ersetzt haben, weil er nicht den weiten Weg gemacht hätte, wenn er gewußt hätte, daß sein Haus vermietet ist.

Eine berechtigte GoA liegt vor. Aus diesem gesetzlichen Schuldverhältnis hatte Herr Maison die Anzeigepflicht des § 681 S.1 BGB. Diese Pflicht hat er verletzt. Herr Maison hat schuldhaft gehandelt, § 276 BGB; er hätte Herrn Atrium telefonisch erreichen können. Daher hat Herr Maison als GF, den durch die Pflichtverletzung entstandenen Schaden zu ersetzen; hier die Fahrtkosten des Herrn Atrium.

Noch ein klassisches Beispiel:

Der zufällig vorbeikommende Arzt Hippokrates behandelt einen Bewußtlosen nach dessen Verkehrsunfall fehlerhaft. Er haftet aus pVV des gesetzlichen Schuldverhältnisses der GoA. Für professionelle Nothelfer gilt das Haftungsprivileg des § 680 BGB nicht.

III. Die unberechtigte GoA

1. Voraussetzungen

Bei der unberechtigten GoA hat der Geschäftsherr absolut kein Interesse daran, daß der Geschäftsführer für ihn handelt. Dieser meint aber, dem Geschäftsherrn „etwas Gutes zu tun" und in seinem Interesse zu handeln. | 492

Übernahme nicht im Interesse und im Willen des GH | Unberechtigt ist die Geschäftsübernahme also, wenn sie weder dem Interesse und dem Willen des GH (§ 683 S.1 BGB) entspricht, noch nach § 679 BGB berechtigt ist, noch durch den GH genehmigt worden ist (§ 684 BGB). | 493

Bsp.: Herr Atrium würde sein schönes Ferienhaus niemals an fremde Leute vermieten. Herr Maison glaubt aber, daß dieser sein Haus gern vermieten würde. Er erkundigt sich aber nicht bei ihm. In Abwesenheit des Herrn Atrium vermietet Herr Maison das Haus an die Familie Feuerstein.

2. Rechtsfolgen

gesetzliches Schuldverhältnis der GoA entsteht nicht | Bei der unberechtigten GoA handelt der GF rechtswidrig, das gesetzliche Schuldverhältnis der GoA entsteht nicht. Die Interessen des GF müssen hier gegenüber denen des GH zurückstehen. | 494

a) Ansprüche des Geschäftsführers

§ 684 S.1 BGB: Herausgabeanspruch | Der Geschäftsführer hat hier keinen Aufwendungsersatzanspruch nach §§ 683 S.1, 670 BGB (wie der berechtigte GF), sondern nur einen Herausgabeanspruch nach § 684 S.1 BGB. Danach kann er von dem GH verlangen, daß dieser ihm alles herausgibt, was er durch die unberechtigte GoA erlangt hat. Allerdings verweist diese Norm auf die §§ 812ff BGB. Das hat zur Folge, daß sich der GH u.U. darauf berufen kann, daß er entreichert ist (§ 818 III BGB), d.h. daß z.B. die Sache, die er erlangt hat, untergegangen ist. Dann hat der GF „Pech gehabt", denn er geht leer aus. | 495

> **"HEMMER-METHODE":** Nach h.M. ist § 684 S.1 BGB Rechtsfolgeverweisung, d.h. es wird nur auf die §§ 818ff verwiesen. Sie prüfen deshalb nicht den Tatbestand des § 812 BGB, sondern schauen sich nur die §§ 818ff BGB an und sehen dort nach, ob mit dem Gegenstand den der andere erlangt hat, etwas besonders passiert ist, so daß Sie an dieser Stelle die besonderen Folgen, die das im Einzelfall haben kann, entnehmen können.

Daß Sie im Rahmen des § 684 S.1 BGB die Tatbestandsvoraussetzungen des § 812 BGB nicht prüfen sollen, heißt nicht, daß Sie diesen Paragraphen überhaupt nicht prüfen sollen. Sie prüfen ihn nur nicht in diesem Zusammenhang.

§ 812 BGB: eigene Anspruchsgrundlage neben § 684 S.1 BGB

§ 812 BGB kann *neben* § 684 S.1 BGB eine eigene Anspruchsgrundlage sein (und eben nicht nur ein Rechtsfolgenverweis). Voraussetzung für diesen Anspruch ist, daß jemand ohne Rechtsgrund etwas erlangt hat. Wenn aber eine unberechtigte GoA vorliegt, so ist diese gerade keine Rechtsgrund, denn es entsteht laut Gesetz gerade kein gesetzliches Schuldverhältnis.

b) Ansprüche des Geschäftsherrn

Übernahmeverschulden: § 678 BGB: Schadensersatzanspruch

Der Geschäftsherr, der unschuldiges Opfer des guten aber leider vollkommen unerwünschten Willens des Geschäftsführers ist, hat gegen diesen einen Anspruch auf Schadensersatz aus § 678 BGB. Dieser knüpft an ein sog. Übernahmeverschulden an.

Es kommt also nur darauf an, ob der Geschäftsführer erkannt hat, oder hätte erkennen müssen und können, daß die Geschäftsübernahme dem maßgeblichen Willen des Geschäftsherrn widerspricht.

Der Widerspruch kann sich auf die Übernahme als solche, Zeitpunkt, Umfang, Art und Weise oder die Person des GF beziehen.

Bsp.: Das Kind der Feuersteins zündelt trotz ausreichender Beaufsichtigung durch seine Eltern mit Zündhölzern. Dadurch kommt es zu einem Brand, der das Ferienhaus des Herrn Atrium restlos vernichtet. Er verlangt nun Schadensersatz von Herrn Maison.

Anspruch aus § 678?

Die Vermietung entprach hier nicht dem Willen des Herrn Atrium. Die Geschäftsübernahme war daher unberechtigt. Herr Maison hätte den entgegenstehenden Willen des Herrn Atrium erkennen können (§ 276 BGB). Er hätte ihn bloß fragen müssen. Daher hat er jeden durch die Vermietung adäquat verursachten Schaden zu ersetzen. Dazu gehört der durch den Brand entstandene Schaden. Unbeachtlich ist, daß den Herrn Maison am Brand selbst kein Verschulden trifft.

> **"HEMMER-METHODE":** Überlegen Sie es sich deshalb gut, wenn Sie für einen anderen ein Rechtsgeschäft übernehmen wollen. Fragen Sie sich immer ob dieser das auch will und ob es in seinem Interesse liegt. Es ist nicht ausreichend, daß Sie annehmen, der andere wäre sicher mit Ihrem Verhalten einverstanden. Sie können immer darauf verwiesen werden, daß Sie sich hätten erkundigen können.

IV. Eigengeschäftsführung, § 687 BGB

Behandlung eines fremden Geschäfts als eigenes

Eine Eigengeschäftsführung liegt vor, wenn jemand ein fremdes Geschäft als eigenes behandelt, wenn also der Fremdgeschäftsführungswille fehlt.

Voraussetzung für § 687 BGB ist immer, daß ein objektiv fremdes Geschäft geführt wird.

§ 687 BGB enthält zwei Fälle der Eigengeschäftsführung: Die irrtümliche Eigengeschäftsführung und die Geschäftsanmaßung.

1. Irrtümliche Eigengeschäftsführung, § 687 I BGB

fehlendes Bewußtsein von Fremdheit

§ 687 I BGB behandelt den Fall, daß jemand irrtümlich ein objektiv fremdes Geschäft als eigenes behandelt. Dem Geschäftsführer fehlt das Bewußtsein, ein fremdes Geschäft zu führen.

Hier sind die §§ 677ff BGB überhaupt nicht anwendbar (auch keine Genehmigung nach § 684 S.2 BGB), auch wenn der Irrtum verschuldet war.

§§ 987ff, 812ff, 823ff BGB

Statt dessen gelten sowohl für die Ansprüche des GH, als auch für die des GF die §§ 987ff, 812ff, 823ff BGB.

Bsp.: Herr Maison will sein eigenes Ferienhaus vermieten, verwechselt aber die Schlüssel und gibt der Familie Feuerstein den Schlüssel zum Haus des Herrn Atrium. Anspruch des Herrn Atrium auf Herausgabe des Mietzinses?

Ein Anspruch aus berechtigter (§§ 681 S.2, 667 BGB) oder unberechtigter (§§ 684 S.1 BGB) GoA scheidet aus, da Herr Maison ohne Fremdgeschäftsführungswillen gehandelt hat, als er den Feuersteins die Schlüssel des Herrn Atrium gab. Auch eine Genehmigung nach § 684 S.2 BGB durch Herrn Atrium ist nicht möglich.

Herr Atrium kann aber einen Anspruch aus § 812 I S.1, 2.Alt.BGB geltend machen. Danach kann Herr Atrium aber nicht einen durch Herrn Maison möglicherweise erzielten überdurchschnittlich hohen Gewinn ersetzt verlangen, sondern nur das, was allgemein üblich für solch ein Ferienhaus gezahlt wird.

2. Geschäftsanmaßung, § 687 II BGB

positive Kenntnis

In § 687 II BGB ist der Fall geregelt, daß jemand ein objektiv fremdes Geschäft im eigenen Interesse führt, obwohl er positive Kenntnis von der Fremdheit des Geschäfts hat. Gemäß § 142 II BGB genügt auch positive Kenntnis von der Anfechtbarkeit.

Bsp.: Herr Maison weiß ganz genau, daß Herr Atrium sein Ferienhaus nicht vermieten will. Er nützt aber die Abwesenheit des Herrn Atrium aus, um dessen Haus zu vermieten. Den Mietzins will er für sich behalten.

Der Geschäftsführer ist in einem solchen Fall selbstverständlich überhaupt nicht schutzwürdig. Er haftet nach den allgemeinen Vorschriften (§§ 987ff, 812ff, 823ff BGB). Darüber hinaus gibt § 687II dem Geschäftsherrn die Möglichkeit, die Ansprüche aus berechtigter und unberechtigter GoA geltend zu machen, die u.U. für ihn günstiger sind (v.a. § 678 und der Anspruch aus §§ 681 S.2, 667 BGB, der auch auf Herausgabe eines Gewinns des Geschäftsführers geht.)

a) Ansprüche des Geschäftsherrn

Herausgabe des Erlangten

aa) Über § 687 II BGB kann der Geschäftsherr vom Geschäftsführer Herausgabe des Erlangten nach §§ 681 S.2, 667 BGB verlangen. Danach kann der Geschäftsherr auch vom Geschäftsführer erzielten Gewinn herausverlangen, den er selbst nicht gemacht hätte.

bb) Wichtig ist auch der Schadensersatzanspruch nach § 678 BGB, auf den § 687 II BGB verweist. Der Geschäftsführer haftet dann für Folgeschäden auch ohne Verschulden.

cc) Die §§ 987ff, 812ff, 823ff BGB sind daneben uneingeschränkt anwendbar. §§ 987ff BGB verdrängen § 687 II BGB nicht.

b) Ansprüche des Geschäftsführers

Aufwendungsersatz

Allzu sehr soll der Geschäftsführer aber auch nicht getroffen werden (es geht hier nicht um einen Racheakt, sondern einen gerechten Ausgleich). Macht der Geschäftsherr seine Ansprüche aus § 687 II BGB geltend, so hat der Geschäftsführer einen Anspruch aus § 684 S.1 BGB. Er kann dann zumindest seinen Aufwendungsersatz verlangen (mit den möglichen Einschränkungen des § 818 III BGB).

508

> *Bsp.: Hat Herr Maison das Haus des Herrn Atrium extra durch eine Putzfrau reinigen lassen, um einen höheren Mietzins zu erzielen, kann er die Kosten für die Putzfrau aus §§ 684 S.1, 818 I BGB ersetzt verlangen. Dies gilt allerdings nur dann, wenn Herr Maison durch diese Kosten auch tatsächlich einen höheren Mietzins erzielt hat oder wenn Herr Atrium das Haus hätte sowieso reinigen lassen müssen (er also eigene Aufwendungen erspart hat, § 818 III BGB). Nur dann ist eine entsprechende Bereicherung beim Geschäftsherrn vorhanden.*

B. Bereicherungsrecht, §§ 812ff BGB

Interessenausgleich

Ein weiteres gesetzliches Schuldverhältnis ist das sog. Bereicherungsrecht, das in den §§ 812ff BGB geregelt ist. Das Bereicherungsrecht beinhaltet mehrere Ansprüche mit jeweils verschiedenen Tatbestandsvoraussetzungen. Geregelt werden Fälle, in denen eine Vermögensverschiebung stattgefunden hat, die vom Gesetz nicht gebilligt wird, weil z.B. der ursprüngliche Grund, aufgrund dessen jemand etwas erhalten hat, wieder weggefallen ist oder nie wirksam bestanden hat. Ausgangspunkt dieser gesetzlichen Regelung ist die Frage, ob bei einer Person ein Zuwachs des Vermögens erfolgte, auf die sie keinen Anspruch hat.

509

Was bei dem einen grundlos zuviel existiert, fehlt einem anderen. Dieser kann aufgrund der Regelungen des Bereicherungsrechts dieses zuviel herausverlangen, sofern die Tatbestandsvoraussetzungen vorliegen.

"HEMMER-METHODE": Das Gesetz muß im Grunde weiter sehen als die Parteien. Diese schließen Verträge, treffen Vereinbarungen, gehen aber in der Regel davon aus, daß alles auch so funktioniert, wie sie das geplant haben. Das Gesetz denkt weiter. Es weiß, daß nichts immer so endet, wie es ursprünglich geplant war und die Parteien diese Möglichkeiten nicht berücksichtigt haben. Da es schwierig sein wird, daß sich die Parteien hinterher darüber einigen, wer nun für was verantwortlich sein soll und wer im einzelnen welche Konsequenzen zu tragen hat, regelt das Gesetz diese Problemfeder für die Parteien. So eben auch im Bereicherungsrecht. Versuchen Sie zu verstehen, warum es Gewährleistungsvorschriften gibt und Anfechtungsregeln und gesetzliche Schuldverhältnisse. Mißbrauchen Sie Ihren Kopf nicht als Festplatte, indem Sie Einzelheiten lernen, sondern versuchen Sie die Systematik zu verstehen. Mit dem richtigen Verständnis prägen sich Ihnen auch die verschiedenen Probleme und Lösungsansätze viel besser ein.

I. Zweck

Ausgleich nicht gerechtfertigter Vermögensverschiebungen

Die in den §§ 812ff BGB geregelten Bereicherungsansprüche dienen dem Ausgleich nicht gerechtfertigter Vermögensverschiebungen. Eine Vermögensmehrung beim Bereicherten soll zugunsten des Entreicherten wieder beseitigt werden. 510

Man unterscheidet zwischen der Leistungs- und der Nichtleistungskondiktion. 511

Leistungskondiktion	Nichtleistungskondiktion
Bereicherung „durch Leistung eines anderen"	Bereicherung „in sonstiger Weise".
Folgen einer fehlgeschlagenen Leistung sollen rückgängig gemacht werden	Alle Fälle einer ungerechtfertigten Bereicherung, die nicht auf einer Leistung beruhen
§ 812 I S.1, 1.Alt. BGB § 812 I S.2, 1.Alt. BGB § 812 I S.2, 2.Alt. BGB § 817 S.2 BGB	§ 812 I S.1, 2.Alt. BGB § 816 I S.1 BGB § 816 I S.2 BGB § 816 II BGB § 822 BGB

1. Leistungskondiktion:

Leistungskondiktion

1. § 812 I S.1, 1.Alt. BGB: Der rechtliche Grund fehlt von Anfang an. 512
2. § 812 I S.2, 2.Alt. BGB: Der rechtliche Grund fällt später weg.
3. § 812 I S.2, 2.Alt. BGB: Der mit einer Leistung bezweckte Erfolg tritt nicht ein.
4. § 817 S.1 BGB: Die Annahme der Leistung verstößt gegen ein Gesetz oder die guten Sitten.

Diese Unterteilung ist wichtig, weil die Ausschlußgründe der §§ 814, 815 BGB jeweils nur für bestimmte Kondiktionen gelten. Auch die §§ 819, 820 BGB knüpfen an diese Unterteilung an. 513

2. Nichtleistungskondiktion:

Nichtleistungskondiktion

1. § 812 I S.1, 2.Alt. BGB: Bereicherung in sonstiger Weise (Grundfall). 514
2. § 816 I S.1 BGB: Wirksame entgeltliche Verfügung eines Nichtberechtigten.
3. § 816 I S.2 BGB: Wirksame unentgeltliche Verfügung eines Nichtberechtigten.
4. § 816 II BGB: Wirksame Leistung an einen Nichtberechtigten.
5. § 822 BGB: Unentgeltliche Weitergabe der Bereicherung durch dinglich Berechtigten, aber bereicherungsrechtlich Haftenden (Empfänger).

Art und Umfang

3. In den §§ 818-820 BGB wird die Art und der Umfang des Bereicherungsanspruches geregelt.

515

Bereicherungseinrede

4. § 821 BGB gewährt die Bereicherungseinrede

516

II. Die Leistungskondiktion

1. Der Grundtatbestand, § 812 I S.1, 1.Alt. BGB

> **Voraussetzungen:**
> - Etwas erlangt
> - Durch Leistung
> - Ohne rechtlichen Grund

517

a) Etwas erlangt

jeder Vermögensvorteil

„Etwas" kann jeder Vermögensvorteil sein.

518

aa) Rechte aller Art und vorteilhafte Rechtsstellungen, z.B. Forderungen, Eigentum, Anwartschaftsrecht, Besitz.

bb) Befreiung von einer Verbindlichkeit

Bsp.: A erläßt dem B eine Schuld über 1.000 DM (§ 397 BGB), weil er irrtümlich annimmt, er schulde seinerseits dem B etwas. B ist von seiner Verbindlichkeit befreit worden, er hat damit etwas erlangt, nämlich einen vermögenswerten Vorteil.

cc) Gebrauchs- und Nutzungsvorteile, z.B. Dienstleistungen, Nutzung von Mietwagen, erschlichene Flugreise.

> **"HEMMER-METHODE":** Die Rspr. stellt bei Gebrauchsvorteilen schon bei der Prüfung, ob etwas erlangt wurde, darauf ab, ob der Bereicherte Aufwendungen erspart hat. Nur wenn das der Fall sei, hat er auch etwas erlangt. Richtiger Ansicht nach ist aber jeder Gebrauchsvorteil als ein Vermögensvorteil anzusehen. Ob Aufwendungen erspart wurden, ist ein Problem der Entreicherung, § 818 III BGB. Sammeln Sie mit obiger Begründung in der Klausur Punkte! Einfacher geht es nicht!

b) Durch Leistung

Definition: Leistung ist jede bewußte, zweckgerichtete Mehrung fremden Vermögens (doppelte Finalität)

519

Leistung (-), bei unbewußter Vermögensvermehrung

aa) Keine Leistung liegt vor, wenn fremdes Vermögen unbewußt vermehrt wird.

Bsp.: Hausmeister Malte verwendet versehentlich eigene Kohlen zum Heizen anstelle der von Hauseigentümer Edgar dafür vorgesehenen.

Hier liegt keine Leistung von Malte an Edgar vor, weil Malte mit der Verwendung der Kohlen unbewußt das Vermögen des Edgar vermehrt hat. In Betracht kommt daher nur eine Nichtleistungskondiktion.

§ 13 GESETZLICHE SCHULDVERHÄLTNISSE

zweckgerichtet

bb) Die Vermögensmehrung muß zweckgerichtet sein.

Der Zweck der Vermögensmehrung liegt bei § 812 I S.1, 1.Alt. BGB regelmäßig in der Erfüllung einer Verbindlichkeit.

Bsp.: Jürgen weist seine Bank Hydro an, der Roswitha 1.000 DM auszuzahlen, die Jürgen der Roswitha aus einem Kaufvertrag schuldet. Die Hydro zahlt 1.000 DM an Roswitha. Zwischen welchen Personen besteht eine Leistungsbeziehung?

Hier hat die Hydro-Bank zwar bewußt das Vermögen der Roswitha vermehrt. Eine Leistung der Bank an Roswitha liegt aber nicht vor, weil die Bank keine Verbindlichkeit gegenüber ihr erfüllen wollte. Die Vermögensvermehrung war gegenüber Roswitha also nicht zweckgerichtet.

Dagegen liegt eine Leistung der Bank an Jürgen vor, weil die Bank durch die Auszahlung der 1.000 DM ihren Vertrag mit ihm erfüllen wollte (darin liegt der maßgebliche Zweck). Jürgen ist dadurch von einer Verbindlichkeit befreit worden (damit auch Vermögensmehrung).

Außerdem hat Jürgen an Roswitha geleistet, da er seine Kaufpreisschuld ihr gegenüber erfüllen wollte (Zweckrichtung). Die Hydro-Bank diente dem Jürgen dabei als sog. Leistungsmittler. Es kann insoweit keinen Unterschied machen, ob A persönlich zahlt, oder aber eine Bank dazwischen geschaltet wird.

> **"HEMMER-METHODE":** Zur Bestimmung von Leistendem und Leistungsempfänger muß zunächst immer festgestellt werden, zwischen welchen Personen eine Verbindlichkeit besteht. Nur zwischen diesen Personen kann dann eine Leistungsbeziehung bestehen.

Bezüglich der Frage, auf wessen Sicht es zur Bestimmung des Leistenden oder des Leistungsempfängers (wichtiges klausurrelevantes Problem) ankommen soll, besteht ein Streit.

h.M.: objektiver Empfängerhorizont

Nach der h.M. entscheidet der objektive Empfängerhorizont, §§ 133, 157 BGB analog.

Bsp.: Carmen kauft bei Juan einen Kachelofen, den Juan in ihr Haus einbauen soll. Ohne von Carmen beauftragt zu sein, kauft Juan den Ofen in ihrem Namen bei Schnitzmüller. Dieser liefert den Ofen zum Haus der Carmen in der Meinung, er erfülle damit seine Verbindlichkeit aus dem Kaufvertrag mit ihr. Hat Schnitzmüller an Carmen geleistet?

Leistung ist nach der Definition, die wir bereits kennengelernt haben, die bewußte zweckgerichtete Mehrung fremden Vermögens. Schnitzmüller hat hier das Vermögen der Carmen sicherlich vermehrt. Fraglich ist aber, ob er ihr gegenüber einen Zweck verfolgt hat.

Aus der Sichtweise des Schnitzmüllers wollte er den mit Carmen vermeintlich abgeschlossenen Kaufvertrag erfüllen. Aus seiner Sicht liegt daher eine Leistung an Carmen vor. Zweckrichtung ist die Erfüllung einer (vermeintlichen) Verbindlichkeit.

Dagegen mußte Carmen annehmen, daß Schnitzmüller eine Leistung gegenüber Juan erbringt und Schnitzmüller nur als Leistungsmittler auftritt.

Ihre Sicht ist auch entscheidend dafür, wer als Leistender anzusehen ist, denn es kommt nach h.M. auf den objektiven Empfängerhorizont an. Maßgebend ist also, wen Carmen *vernünftigerweise* als Leistenden ansehen durfte.

520

Im Beispiel liegt demnach keine Leistung des Schnitzmüller an Carmen vor. Schnitzmüller kann also nicht mit der Leistungskondiktion den Ofen (oder dessen Wert) herausverlangen. Da die Nichtleistungskondiktion aber subsidiär (also nachrangig) ist, ist Schnitzmüller auf Ansprüche gegenüber Juan angewiesen. Juan haftet als falsus procurator gem. § 179 BGB.

c) Ohne rechtlichen Grund

aa) Mit der Leistungskondiktion sollen fehlgeschlagene Leistungen rückgängig gemacht werden. 521

Fehlen des rechtlichen Grundes von Anfang an

Fehlgeschlagen ist die Leistung im Falle des § 812 I S.1, 1.Alt. BGB, wenn der rechtliche Grund von Anfang an gefehlt hat. Als rechtlicher Grund in Betracht kommende (auch gesetzliche!) Schuldverhältnisse müssen auf ihre Wirksamkeit hin überprüft werden (Nichtigkeitsgründe, Minderjährigkeit, Anfechtung etc.) 522

> **"HEMMER-METHODE":** Sie erinnern sich hoffentlich noch daran, daß die Minderjährigkeit des Geschäftspartners zur Unwirksamkeit des Rechtsgeschäfts führen kann und die Anfechtung zur Nichtigkeit. Das Bereicherungsrecht kümmert sich um die Folgeprobleme, die diese Unwirksamkeit oder Nichtigkeit haben kann, wenn nämlich schon Leistungen erbracht worden sind, z.B. der Minderjährige den gekauften Gegenstand schon unter sein Bett gelegt hat, oder die gekauften Bonbons aufgegessen hat, obwohl die zugrundliegenden Kaufverträge unwirksam sind. Die Anfechtung und die Unwirksamkeitsregelungen verlören ihren Sinn, wenn man zwar das Rechtsgeschäft beseitigen könnte, aber die eigene Leistung nicht zurückbekäme, bzw, die fremde Leistung nicht zurückgeben müßte.

Bsp.: Der unerkannt geisteskranke Hartmut kauft von Ute einen alten gebrauchten Honda. Ute übereignet das Auto an Hartmut. Dieser hat Besitz (nicht Eigentum) an dem Auto durch die Leistung der Ute erlangt. Für diese Leistung fehlt der rechtliche Grund, da der Kaufvertrag wegen §§ 105 I, 104 Nr.2 BGB nichtig ist.

813 I S.1 BGB

bb) Eine Erweiterung bringt § 813 I S.1 BGB: Besteht zwar ein Anspruch (also ein rechtlicher Grund), so kann dennoch das Geleistete nach § 812 I S.1, 1.Alt. BGB zurückgefordert werden, wenn dem Anspruch eine dauernde (= peremptorische) Einrede (z.B. §§ 821, 853, 242 BGB) entgegensteht. 523

dauernde Einrede

Erfolgt allerdings eine Leistung auf eine verjährte Forderung (die Verjährung ist eine dauernde Einrede), so kann dennoch das Geleistete nicht zurückgefordert werden (§§ 813 I S.2, 222 II BGB).

Bsp.: Kai hat gegen Chris eine Kaufpreisforderung über 1.000 DM. Chris zahlt. Später will er die 1.000 DM zurück haben, weil er betrogen worden ist. Anspruch aus § 812 I S.1, 1.Alt. BGB?

Kai hat Eigentum und Besitz an den 1.000 DM durch Leistung des Chris erlangt. Es besteht allerdings ein rechtlicher Grund für die Leistung, nämlich der Kaufvertrag. Der Kaufpreisanspruch ist aber mit einer dauernden Einrede, der Arglisteinrede aus § 853 BGB behaftet. Wegen § 813 I S.1 BGB kann Chris daher die 1.000 DM aus § 812 I S.1, 1.Alt. BGB zurückfordern (möglich wäre auch eine Anfechtung nach § 123 BGB, wenn die Frist des § 124 BGB noch nicht abgelaufen ist; dann würde der Rechtsgrund fehlen).

Beachte: § 813 BGB gilt nicht für die anderen Arten der Leistungskondiktion. 524

d) Ausschluß

aa) Die Leistungskondiktion nach § 812 I S.1, 1.Alt. BGB ist in den Fällen des § 814 BGB ausgeschlossen. Für alle anderen Arten der Leistungskondiktion gilt diese Norm nicht.

Leistung trotz mangelnder Verpflichtung: § 814 BGB

Wenn der Leistende wußte, daß er zur Leistung gar nicht verpflichtet war und er trotzdem geleistet hat, kann er seine Leistung nicht mehr zurückverlangen. Allerdings muß er dies positiv gewußt haben und zwar hinsichtlich der Sach- als auch der Rechtslage.

817 S.2 BGB

bb) Liegt ein Fall des § 817 S.2 BGB vor (dieser gilt für alle Leistungskondiktionen), d.h. ist der Zweck der Leistung so bestimmt, daß der Empfänger mit der Annahme dieser Leistung gegen die guten Sitten oder sogar ein gesetzliches Verbot verstößt, und hat auch der Leistende gegen ein gesetzliches Verbot verstoßen, dann kann auch hier keine Herausgabe der Leistung mehr gefordert werden.

2. Späterer Wegfall des Rechtsgrundes, die Leistungskondiktion gem. § 812 I S.2, 1.Alt. BGB

a) Etwas erlangt

b) Durch Leistung

Zu beiden Punkten gilt das oben Gesagte.

Rechtsgrund entfällt später

Anders als bei der oben dargestellten Leistungskondiktion fehlt der Rechtsgrund für die Leistung nicht von Anfang an, sondern entfällt erst später.

Der Grund für das spätere Entfallen des Rechtsgrundes kann in einer Parteivereinbarung liegen, oder in der Willenserklärung einer Partei

aa) Parteivereinbarung

auflösende Bedingung, § 158 II BGB

Möglicherweise haben die Parteien eine auflösende Bedingung (§ 158 II BGB) vereinbart, dann endet die Wirkung des Rechtsgeschäfts zum Zeitpunkt des Eintritts der Bedingung und es tritt der frühere Rechtszustand ein. Das Geleistete ist nach Bereicherungsrecht (eben dem § 812 I S.2, 1.Alt. BGB) zurückzugewähren, es sei denn die Parteien hätten die schärfere Haftung der §§ 346ff BGB (Rücktritt) vereinbart (dann ist das Bereicherungsrecht nicht mehr anwendbar, denn dieses soll ja nur die Fälle erfassen, in denen die Parteien selbst nichts geregelt haben).

bb) Willenserklärung einer Partei

Widerruf

Auch die Willenserklärung einer Partei kann den Rechtsgrund später wegfallen lassen.

Bsp.: Widerruf einer Schenkung, §§ 530, 531 II BGB (str. für die Anfechtung; hier wird z.T. die Anwendbarkeit von § 812 I S.1, 1.Alt. BGB vertreten, wegen der ex tunc Wirkung nach § 142 I BGB)

> **"HEMMER-METHODE"**: Spielen Sie im Kopf noch einmal das Beispiel mit dem goldenen Ring durch. § 812 I S.2, 1.Alt. BGB kommt nur in Betracht, wenn eine auflösende Bedingung vereinbart wurde, z.B. mit folgendem Inhalt: „Wenn Du mich verläßt, dann her mit dem Ring!" Sie nickt. Eine Bedingung setzen die Parteien regelmäßig nur dann, wenn Zweifel bestehen. Bei § 812 I S.2, 2.Alt. BGB hingegen vertrauen beide auf den Fortbestand und treffen eine dementsprechende Zweckvereinbarung. Z.B. „Du bleibst immer bei mir." Sie nickt. Am wenigsten verlangt Wegfall der GG: Zugrundelegen eines bestimmten Umstandes. Bsp.: Er schenkt ihr den Ring, weil er hofft und erwartet, daß sie dann bei ihm bleibt.

c) Ausschluß

§ 817 S.2 BGB

Die Leistungskondiktion des § 812 I S.2, 1.Alt. BGB kann nur im Fall des § 817 S.2 BGB, als allgemeinem Ausschlußgrund, ausgeschlossen sein.

3. Nichteintritt des bezweckten Erfolges, § 812 I S.2, 2.Alt. BGB

Zweck der Leistung: ⇨ besonderer Erfolg

Zweck der Leistung ist auch hier eine bewußte, zweckgerichtete Vermögensmehrung. Zweck der Vermögensmehrung muß allerdings ein *besonderer* Erfolg sein.

Die Zweckbestimmung muß dabei folgende Voraussetzungen erfüllen:

a) Der bezweckte Erfolg darf nicht die Erfüllung einer Verbindlichkeit sein. Im diesem Fall greift nämlich schon § 812 I S.1, 1.Alt. BGB ein.

b) Erforderlich ist, daß ein besonderer zukünftiger Erfolg von den Parteien vorausgesetzt ist, der eben nicht in Erfüllung einer Verbindlichkeit besteht.

Die Kondiktion wegen Nichteintritt des Erfolgs findet v.a. in zwei Fallgruppen Anwendung:

aa) Die Leistung erfolgt, ohne daß eine Verpflichtung dazu besteht.

Leistung ohne Verpflichtung

Zweck der Vermögensvermehrung ist dann entweder die Begründung eines Rechtsverhältnisses oder das Erlangen eines nicht geschuldeten Gegenstandes oder Verhaltens des Leistungsempfängers.

> *Bsp.: Handschenkung: Wolfgang übereignet Herbert ein Fahrrad, um einen Schenkungsvertrag zu begründen (vgl. § 518 II BGB). Es besteht keine Verpflichtung des Wolfgang zur Übereignung. Zweck der Leistung ist die Begründung eines Rechtsverhältnisses zwischen Wolfgang und Herbert.*

> *Martin unterstützt die alte und kranke Kerstin des öfteren mit Lebensmitteln von Aldi. Martin will damit erreichen, daß er als Erbe der Kerstin eingesetzt wird. Martin ist zur Lieferung derr Lebensmittel nicht verpflichtet. Bezweckter Erfolg ist ein nicht geschuldetes Verhalten der Kerstin (vgl. auch § 2302 BGB).*

über Erfüllung der Verbindlichkeit hinausgehender Erfolg

bb) Soll mit der Leistung auch eine Verbindlichkeit erfüllt werden, so ist nach h.M. § 812 I S.2, **2.Alt.** BGB anwendbar, wenn ein über die Erfüllung der Verbindlichkeit hinausgehender Zweck verfolgt wird.

tatsächliche Willensübereinstimmung

cc) Schließlich ist Voraussetzung, daß über den bezweckten Erfolg eine tatsächliche Willensübereinstimmung zwischen den Parteien besteht („nach dem Inhalt des Rechtsgeschäfts bezweckter Erfolg").

§ 13 GESETZLICHE SCHULDVERHÄLTNISSE

> **In der Klausur müssen Sie den Fall des § 812 I S.2, 2.Alt. BGB in zwei Richtungen abgrenzen:**
>
> - Der Zweck darf nicht bloß einseitiges Motiv des Leistenden sein. Er muß dem Empfänger bekannt sein und dieser muß ihn billigen.
>
> - Der Erfolg darf nicht als auflösende Bedingung vereinbart worden sein, von deren Gültigkeit das RG abhängt (ist Fall des § 812 I S.2, 1.Alt. BGB).

536

Bsp.: Martin will die Kerstin durch Geldleistungen zur Erbeinsetzung veranlassen.

*Es genügt nicht, wenn Martin insgeheim hofft, Kerstin werde ihn als Erben einsetzen (Motiv). Die Absicht des Martin muß der Kerstin irgendwie erkennbar sein. Ist sie für Kerstin erkennbar, und nimmt sie weiterhin die Geldbeträge an, so liegt eine tatsächliche Willensübereinstimmung vor. Damit greift § 812 I S.2, **2.Alt. BGB** ein. Für § 812 I S.2, 1.Alt. BGB wäre die Vereinbarung einer auflösenden Bedingung, z.B. keine testamentarische Berücksichtigung, Voraussetzung gewesen.*

kein Eintritt des bezweckten Erfolges

c) Der Kondiktionsanspruch besteht, wenn der bezweckte Erfolg nicht eintritt.

537

Bsp.: siehe obige Beispiele:

- *Die Handschenkung kommt nicht zustande, weil Herbert geschäftsunfähig ist, Wolfgang kann Herausgabe des Fahrrades verlangen.*

- *Kerstin setzt Martin nicht zum Erben ein. Martin kann die geleisteten Geldbeträge zurückverlangen.*

d) Ausschluß

§ 815 BGB

aa) Die Leistungskondiktion wegen Nichteintritts des Erfolges kann nach § 815 BGB ausgeschlossen sein; für andere Kondiktionsarten gilt § 815 BGB nicht.

538

§ 817 S.2 BGB

Ferner ist auch hier ein Ausschluß nach § 817 S.2 BGB möglich.

539

bb) Zu beachten ist, daß § 812 I S.2, **2.Alt.** BGB nicht eingreift, wenn vertragliche Ansprüche bestehen. Insbesondere gehen auch die Ansprüche aus Wegfall der GG vor.

Erinnern Sie sich deshalb bitte kurz daran, was Sie schon bei den Ausführungen zum Wegfall der GG über die Abgrenzung zu § 812 I S.2 2. Alt. BGB

Abgrenzung zum Wegfall der Geschäftsgrundlage

Abgrenzung:		
§ 812 I S.2, 1.Alt. BGB	§ 812 I S.2, 2.Alt. BGB	Wegfall der GG
Bedingung vereinbart	zwar keine Bedingung, aber Zweck vereinbart	Zweck zwar nicht vereinbart, aber vorausgesetzt

540

4. Leistungskondiktion wegen Verstoßes gegen ein Gesetz oder die guten Sitten, § 817 S.1 BGB

Voraussetzungen:

Voraussetzungen

> 1. Etwas erlangt
> 2. Durch Leistung
> 3. Leistungszweck ist so bestimmt, daß der Empfänger durch die Annahme gegen ein gesetzliches Verbot oder die guten Sitten verstößt
> 4. Positive Kenntnis des Empfängers

541

a) Anwendungsbereich

Annahme: Verstoß gegen Gesetz oder gute Sitten

§ 817 S.1 BGB behandelt den Fall, daß durch die Annahme einer Leistung gegen ein Gesetz oder die guten Sitten verstoßen wird. Die Bedeutung dieser Kondiktion ist aber gering. I.d.R. ist in diesen Fällen das Verpflichtungsgeschäft nach §§ 134, 138 BGB nichtig, so daß die Rückabwicklung der erbrachten Leistungen schon nach § 812 I S.1, 1.Alt. BGB erfolgt.

542

b) Verwerflicher Leistungszweck

Leistung ist auch hier jede bewußte, zweckgerichtete Vermögensmehrung. Der Hauptzweck der Leistung muß gegen ein gesetzliches Verbot oder die guten Sitten verstoßen.

543

> *Bsp.: Der Beamte Bäuchle nimmt für eine Amtshandlung von Herrn Schmalhans eine wertvolle chinesische Vase als Geschenk an. Der Zweck der Leistung verstößt gegen ein gesetzliches Verbot (§ 331 StGB).*
>
> *Der Kaufhausdetektiv Schimansker droht der Süßling, sie wegen eines Kaufhausdiebstahles anzuzeigen, wenn er von ihr nicht 500 DM bekomme. Zahlt Süßling, so verstößt der Zweck ihrer Leistung gegen die guten Sitten.*

positive Kenntnis des Empfängers erforderlich

Wie bereits erwähnt, muß der Empfänger nach der Rspr. positive Kenntnis von dem Gesetzesverstoß haben, bzw. das Bewußtsein haben, sittenwidrig zu handeln.

c) Ausschluß

Der Bereicherungsanspruch ist nach § 817 S.2 BGB ausgeschlossen, wenn dem Leistenden gleichfalls ein Verstoß gegen das Gesetz oder die guten Sitten zur Last fällt.

544

Dieser Ausschluß greift auch, wenn nur dem Leistenden ein solcher Verstoß vorgeworfen werden kann.

> *Bsp.: Kredithai Haifisch gibt dem unerfahrenen Tümmler ein Darlehen, das mit 250%/Jahr zu verzinsen ist.*

nur bei endgültigem Übergang in Vermögen des Empfängers

Zu beachten ist, daß unter Leistung i.S.d. § 817 S.2 BGB nur das zu verstehen ist, was endgültig in das Vermögen des Leistungsempfängers übergegangen ist.

> *Bsp: Im Fall eines sittenwidrigen und daher nichtigen Darlehensvertrages könnte ein Rückzahlungsanspruch hinsichtlich der Darlehensvaluta aus § 812 I S.1, 1.Alt. BGB durch § 817 BGB ausgeschlossen sein.*
>
> Leistung i.S.d. § 817 S.2 BGB ist aber nur das, was endgültig im Vermögen des Leistungsempfängers bleiben sollte, hier also die durch die Zinsen abzugeltende Nutzungsmöglichkeit des Kapitals. Der Kreditgeber kann daher Rückzahlung der Darlehensvaluta nach Ablauf der für das Darlehen bestimmten Zeit verlangen. Er kann aber weder den vereinbarten, noch den verkehrsüblichen Zins verlangen. Insofern greift der Ausschluß nach § 817 S.2 BGB ein.

III. Bereicherung in sonstiger Weise

1. Subsidiarität

Subsidiarität der Eingriffskondiktion

Der wichtigste Grundsatz im Bereicherungsrecht ist die Subsidiarität der Eingriffskondiktion, d.h. es muß immer zunächst geprüft werden, ob bereits eine Leistung bezüglich des Bereicherungsgegenstandes vorliegt. Ist das der Fall, so findet die Kondiktion wegen Bereicherung „in sonstiger Weise" keine Anwendung. — 545

Zweipersonenverhältnis

Dies ist unproblematisch im Zweipersonenverhältnis: Dort kann etwas entweder durch Leistung oder „in sonstiger Weise" (d.h. eben nicht durch Leistung) erlangt sein.

Mehrpersonenverhältnis

Im Mehrpersonenverhältnis kann dagegen die Bereicherung durch Leistung gegenüber einer Person zugleich den Tatbestand der Bereicherung „in sonstiger Weise" gegenüber einem Dritten erfüllen. — 546

> *Bsp.: Asterix leiht Cleopatra ein Buch über asiatische Kampftechnik. Cleopatra verkauft und übereignet nun das Buch an den gutgläubigen Cäsar, den das Gebiet sehr interessiert. Hat Asterix gegen Cäsar einen Anspruch auf Rückübereignung und Herausgabe des Buches nach Bereicherungsrecht?*
>
> Anspruch aus § 812 I S.1, 2.Alt. BGB? Cäsar hat Eigentum (§§ 929 S.1, 932) und Besitz an dem Buch erlangt. Da Asterix an Cäsar nicht geleistet hat, liegt eine Bereicherung auf Kosten des Asterix „in sonstiger Weise" vor. Der Anspruch aus § 812 I S.1, 2.Alt. BGB könnte demnach bestehen.
>
> Hier greift aber der Grundsatz der Subsidiarität der Eingriffskondiktion: Cäsar hat das Eigentum und den Besitz an dem Buch durch eine Leistung (bewußte und zweckgerichtete Mehrung fremden Vermögens) seitens der Cleopatra erlangt. Wird aber an einen Bereicherungsschuldner etwas geleistet, so findet hinsichtlich desselben Bereicherungsgegenstandes die Nichtleistungskondiktion grundsätzlich keine Anwendung.
>
> Daher hat Asterix gegen Cäsar keinen Anspruch auf Rückübereignung und Herausgabe des Buches.

> **"HEMMER-METHODE":** Der Zweck dieses Subsidiaritätsgrundsatzes ist der Schutz des Empfängers einer Leistung. Stellen Sie sich vor, Sie kaufen bei einem Bekannten einen Computer, weil Sie annehmen dieser gehört Ihrem Bekannten und plötzlich kommt ein Ihnen völlig Unbekannter und verlangt den Computer heraus, mit der Begründung, daß es sich um seinen handle. Das Gesetz möchte aber, daß Sie darauf vertrauen können, daß nur Ihr Vertragspartner von Ihnen kondizieren kann. Wären Sie den Kondiktionsansprüchen des unbekannten Dritten ausgesetzt, könnten sie u.U. auch Einwendungen verlieren, die Sie gegenüber Ihrem Bekannten hätten, z.B. Nichtigkeit des Vertrages, §§ 125, 134, 138 BGB.

Merken Sie sich: In unserem Beispiel kommt auch noch hinzu, daß Cäsar das Buch gutgläubig erworben hat, § 932 BGB. Das Bereicherungsrecht darf aber nicht dazu führen, die Vorschriften über den gutgläubigen Erwerb auszuhebeln. Oder würden Sie das Gesetz noch ernst nehmen, wenn es auf der einen Seite regelt, daß jemand, wenn er guten Glaubens ist, Eigentum erwerben kann, auch wenn der Veräußerer zur Veräußerung nicht berechtigt war, man aber andererseits dem Berechtigten ermöglicht, dem gutgläubigen Erwerber das Eigentum wieder zu entziehen? Da könnte man doch auf die Vorschriften zum Gutglaubenserwerb verzichten!

2. Grundfall, § 812 I S.1, 2.Alt. BGB

Dieser Tatbestand umfaßt die Eingriffs-, Rückgriffs- und Verwendungskondiktion.

Der im Folgenden zu behandelnde Hauptfall ist die Eingriffskondiktion. Die anderen beiden Kondiktionen spielen kaum eine Rolle.

Voraussetzungen:

Eingriffskondiktion

1. Etwas erlangt
2. In sonstiger Weise; Eingriff in den Zuweisungsgehalt eines Rechtes
3. Auf Kosten eines anderen
4. Ohne Rechtsgrund

a) Etwas erlangt

Zu a) gilt das oben Gesagte.

Ist allerdings als Vermögensvorteil nur der Besitz (also die tatsächliche Sachherrschaft, ohne z.B. dazugehörige Eigentumsrechte) verschafft worden, so ist eine Eingriffskondiktion nicht möglich, da die §§ 858ff BGB, die den Besitz speziell regeln, vorgehen.

b) In sonstiger Weise

in sonstiger Weise = nicht durch Leistung

Die Bereicherung muß in sonstiger Weise, d.h. nicht durch Leistung, entstanden sein. Dies kann in der Weise erfolgen, daß der Bereicherte selbst durch eine Handlung in das Recht eines anderen eingreift und so sein Vermögen vermehrt (z.B. durch Verbrauch, Nutzung fremder Sachen).

Eine Bereicherung „in sonstiger Weise" liegt aber auch dann vor, wenn durch einen Dritten (z.B. Verarbeitung einer fremden Sache durch einen Dritten), durch den Entreicherten selbst (z.B. irrtümliche Verwendung eigener Sachen für fremde Zwecke) oder durch ein Naturereignis (z.B. unbeeinflußtes Verhalten von Tieren: Kühe grasen auf fremder Wiese) ein Eingriff erfolgt.

Eingriff in Zuweisungsgehalt

Erforderlich ist dabei, daß ein Eingriff in den Zuweisungsgehalt (= Vermögensmehrung ohne den Willen des Berechtigten) eines dem Bereicherungsgläubiger zustehenden Rechtes vorliegt.

Eingriffsobjekte können alle Rechtspositionen sein, deren wirtschaftliche Verwertung nach der Rechtsordnung dem Gläubiger zugewiesen ist.

552

Bsp.: Langfinger stiehlt das Auto des Kopez und fährt damit herum. Hier hat Langfinger in den Zuweisungsgehalt des Kopez eingegriffen. Der Besitz und die Nutzung einer Sache ist nämlich nach der Rechtsordnung dem Eigentümer zugewiesen, § 904 BGB.

c) Auf Kosten eines anderen

Bei der Eingriffskondiktion muß immer geprüft werden, ob der Eingriff „auf Kosten eines anderen" stattgefunden hat. Dagegen wird bei der Leistungskondiktion dieses Merkmal nicht geprüft!

553

Vorteil unmittelbar aus Verwertung fremder Rechtsposition

Das heißt nicht notwendig, daß bei dem anderen eine Vermögensminderung eingetreten sein muß. Auf Kosten eines anderen ist die Bereicherung erfolgt, wenn der Vorteil unmittelbar, d.h. durch ein und denselben Vorgang aus der Verwertung einer fremden Rechtsposition hervorgeht.

Bsp.: Ernie baut Ziegelsteine des Bert in das Haus des Grobi ein. Durch den Einbau ist Grobi Eigentümer der Ziegel geworden (§ 946 BGB). Gleichzeitig hat Bert sein Eigentum an den Ziegelsteinen verloren. Die Bereicherung des Grobi beruht also unmittelbar auf dem Eingriff in das Recht des Bert.

d) Ohne Rechtsgrund

Vorteil gebührt laut Rechtsordnung einem anderen

Ohne rechtlichen Grund ist die Bereicherung erlangt, wenn der erlangte Vorteil nach der Rechtsordnung einem anderen gebührt. Es darf weder ein vom Gesetz begründetes, noch ein vom Berechtigten abgeleitetes Recht (z.B. Einwilligung) zum Eingriff vorliegen.

554

3. Entgeltliche Verfügung eines Nichtberechtigten, § 816 I S.1 BGB

Voraussetzungen:

Voraussetzungen

1. Verfügung
2. Eines Nichtberechtigten
3. Wirksamkeit der Verfügung gegenüber Berechtigtem
4. Verfügung entgeltlich

Grundsatz der Subsidiarität der Eingriffskondiktion gilt nicht

§ 816 BGB ist ein Spezialfall der Eingriffskondiktion und ist daher immer vor § 812 I S.1, 2.Alt. BGB zu prüfen. Für § 816 gilt aber der Grundsatz der Subsidiarität der Eingriffskondiktion nicht.

555

a) Verfügung

Definition: Verfügung ist jedes Rechtsgeschäft, durch das ein Recht begründet, aufgehoben, übertragen oder inhaltlich geändert wird.

Bsp.: Übertragung von Eigentum, Belastung einer Sache mit einem Pfandrecht.

b) Nichtberechtigter

Die Verfügung muß von einem Nichtberechtigten vorgenommen worden sein.

Definition: Nichtberechtigter ist, wer weder Inhaber des Rechts ist, noch zu der Verfügung über das Recht ermächtigt war (§ 185 I BGB).

c) Wirksamkeit der Verfügung gegenüber dem Berechtigten

Erwerb kraft guten Glaubens

Die Verfügung ist dem Berechtigten gegenüber wirksam, wenn von dem Nichtberechtigten kraft guten Glaubens erworben wurde (§§ 932ff, 892, 1207 BGB).

> **"HEMMER-METHODE":** Denken Sie an den PC, den Sie sich sorglos bei Ihrem Bekannten gekauft haben, ohne zu wissen, daß dieser nicht Ihrem zwielichtigen Bekannten, sondern einem Dritten gehört. Der Dritte kann den PC nicht mehr von Ihnen herausverlangen, weil Sie gutgläubig Eigentum erworben haben, § 932 BGB.

nachträgliche Genehmigung möglich, § 185 II 1.Alt. BGB

Möglich ist auch, daß eine Verfügung erst durch nachträgliche Genehmigung des Berechtigten wirksam wird (§ 185 II, 1.Alt. BGB). Die Genehmigung kann auch konkludent erfolgen.

Bsp.: Findet der unbekannte Dritte es gar nicht so schlecht, daß Sie seinen PC gekauft haben (auch wenn Sie davon ausgingen, er gehörte Ihrem Bekannten), kann er das Geschäft genehmigen, § 183 II, 1.Alt. BGB und nach § 816 I S.1 BGB den Verkaufserlös von Ihrem Bekannten herausverlangen. Der Unbekannte muß nicht sagen:" Ich genehmige das ganze jetzt:" Wenn er den Verkaufserlös von Ihrem Bekannten herausverlangt, liegt darin eine konkludente Genehmigung.

d) Entgeltlichkeit

Die Verfügung muß entgeltlich sein. Für unentgeltliche Verfügungen gilt § 816 I S.2 BGB.

e) Rechtsfolge

Sind die Voraussetzungen des § 816 I S.1 BGB erfüllt, so hat der Berechtigte gegen den Nichtberechtigten einen Anspruch auf Herausgabe des Erlangten.

Hat also der Nichtberechtigte ein Entgelt erlangt, das geringer als der Wert der Sache ist, so hat er nur dieses Erlangte herauszugeben.

Herausgabe auch des höheren Entgelts

Ist das Entgelt höher als der Wert der veräußerten Sache, so ist strittig, ob auch dieses höhere Entgelt herauszugeben ist, oder aber nur der dem Wert der Sache entsprechende Anteil. Der Wortlaut der Bestimmung spricht dafür, daß auch das höhere Entgelt herauszugeben ist.

Bsp.: Hat Ihnen Ihr Bekannter also 2.000 DM für den PC abgeknöpft, der in Wirklichkeit nur 1.000 DM Wert ist, kann der wahre Eigentümer von Ihrem Bekannten durchaus die 2.000 DM und nicht nur 1.000 DM herausverlangen.

4. Unentgeltliche Verfügung eines Nichtberechtigten, § 816 I S.2 BGB

Hat Ihr Bekannter den PC nicht verkauft, sondern großzügigerweise das fremde Gerät an Sie verschenkt, so können Sie Ihren Bekannten beruhigen. Ein Anspruch aus § 816 I S.1 BGB gegen ihn scheidet aus, weil er nichts erlangt hat.

Allerdings sehen dann Sie sich einem Anspruch des wahren Eigentümers ausgesetzt. Weil Sie kein Vermögensopfer erlitten haben (Sie haben nichts zahlen müssen), kann es Ihnen zugemutet werden, den erlangten PC an den Berechtigten herauszugeben. Ausnahmsweise ist ein sog. Durchgriff kraft Gesetzes gestattet. (Wie gewonnen, so zerronnen!)

5. Abgrenzung zu § 822 BGB

Auch bei § 822 BGB ist jemand, der genau wie Sie, einen Gegenstand unentgeltlich erlangt hat, einem Bereicherungsanspruch ausgesetzt, da er als unentgeltlicher Erwerber weniger schutzwürdig ist.

Verfügung durch Berechtigten

Der entscheidende Unterschied liegt darin, daß im Falle des § 816 I S.2 BGB ein Nichtberechtigter verfügt hat, während bei § 822 BGB ein Berechtigter verfügt hat, gegen den aber ein (irgendein, auch § 822 BGB selbst denkbar) Bereicherungsanspruch wegen Entreicherung (§ 818 III BGB) nicht durchgreift.

> *Bsp.: Hannelore leiht dem Helmut ihren Rasenmäher. Helmut verschenkt den Rasenmäher an seinen gutgläubigen Freund Norbert.*
>
> Hier hat Hannelore gegen Norbert den Anspruch aus § 816 I S.2 BGB, weil Helmut als Nichtberechtigter verfügt hat.
>
> *Hannelore veräußert dem Helmut ihren Rasenmäher. Dieser verschenkt ihn an seinen Freund Norbert. Später ficht Hannelore den Kaufvertrag nach § 119 I BGB wirksam an.*
>
> Der Anspruch der Hannelore gegen Helmut aus § 812 I S.2, 1.Alt. BGB auf Herausgabe oder Wertersatz scheitert an § 818 III BGB, da Helmut entreichert ist. Hier greift § 822 BGB: Helmut hat als Berechtigter unentgeltlich an Norbert verfügt, da er Eigentümer des Rasenmähers war (die Übereignung Hannelore - Helmut ist von Hannelore nicht angefochten worden).

IV. Umfang des Bereicherungsanspruches

1. Herausgabe

Herausgabe des Erlangten

a) Nach §§ 812, 816, 817 BGB ist grundsätzlich das Erlangte in natura herauszugeben (also original das, was man erlangt hat). Daher ist immer genau zu untersuchen, was erlangt wurde.

> *Bsp.: Wurde Eigentum an einer Sache erlangt: Anspruch auf Rückübereignung. Wurde nur Besitz erlangt: Anspruch auf Wiedereinräumung der tatsächlichen Sachherrschaft. Wurde eine Forderung erlangt: Anspruch auf Rückabtretung*

auch Nutzungen

b) Der Anspruch auf Herausgabe der Erlangten erstreckt sich nach § 818 I BGB auch auf die vom Bereicherten gezogenen Nutzungen (§ 100; Sach-, Rechtsfrüchte, Gebrauchsvorteile).

> *Bsp.: Das Kalb einer Kuh. Zinsen einer Forderung*

Wertersatz, § 818 II BGB	Können die gezogenen Nutzungen nicht (mehr) in Natur herausgegeben werden, so ist gem. § 818 II BGB Wertersatz zu leisten.	565

Bsp.: Die Gebrauchsvorteile aus der unberechtigten Nutzung eines PKW können nicht mehr in Natur herausgegeben werden; daher ist Wertersatz zu leisten.

Surrogate, § 818 I BGB	c) Herauszugeben sind auch die für einen Gegenstand erlangten Surrogate (§ 818 I BGB).	566

Bsp.: Bolle bekommt aufgrund einer Forderung, die er an Albert herauszugeben hat, von dem Schuldner Manfred 3.000 DM.

Marion bekommt für eine beschädigtes Auto, das sie herausgeben muß, eine Versicherungssumme

Merke: Nicht zu den Surrogaten gehört, was durch ein vom Bereicherungsschuldner über den herauszugebenden Gegenstand abgeschlossenes Rechtsgeschäft erlangt wurde.

Bsp.: Mephisto hat das Eigentum an einem 500 DM wertem Bild ohne Rechtsgrund von Grete erlangt. Mephisto veräußert das Bild für 1.000 DM an Goethe.

Hier muß Mephisto an Grete nicht die 1.000 DM herausgeben, da sie kein Surrogat für das Bild sind. Mephisto hat nur Wertersatz in Höhe von 500 DM zu leisten (§ 818 II BGB; bei § 816 BGB ist allerdings der gesamte Erlös herauszugeben.)

2. Wertersatz

Wertersatz, § 818 II BGB	Ist die Herausgabe des Erlangten, der Nutzungen oder des Surrogates in Natur nicht mehr möglich, so ist nach § 818 II BGB Wertersatz zu leisten. Gemeint ist damit der Verkehrswert, nicht ein etwa erlangter Veräußerungserlös.	567

3. Wegfall der Bereicherung

keine Herausgabe bei Entreicherung, § 818 III BGB	Zweck der §§ 812ff BGB ist es, Vermögensvorteile beim Bereicherten abzuschöpfen. Ein Anspruch auf Herausgabe oder Wertersatz ist daher ausgeschlossen, wenn Vermögensvorteile beim Empfänger nicht mehr vorhanden sind, wenn er also entreichert ist, § 818 III BGB.	568

"HEMMER-METHODE": Der Umfang der Bereicherung und insbesondere § 818 III können auch einmal ein zentrales Problem in der Klausur sein! Gerade hier unterscheidet sich nämlich die Haftung nach §§ 812ff von der nach §§ 346ff, 987ff BGB. Achten Sie im Sachverhalt darauf, was mit dem herauszugebenden Gegenstand geschieht!

a) Entreicherung

Eine Entreicherung liegt in folgenden Fällen vor: 569

- Das ursprüngliche Erlangte ist nicht mehr vorhanden, weil es untergegangen, verbraucht oder verschenkt wurde.

In diesen Fällen muß immer geprüft werden, ob nicht doch noch ein wirtschaftlicher Vorteil beim Empfänger verblieben ist.

§ 13 GESETZLICHE SCHULDVERHÄLTNISSE

Bsp.: Hat B mit rechtsgrundlos erlangtem Geld eine Reise gemacht, so ist er entreichert, wenn er die Reise sonst nicht gemacht hätte (Luxusaufwendung).

- Ist das ursprünglich Erlangte noch vorhanden, so hat der Bereicherte dieses herauszugeben. Er kann aber entreichert sein, weil er sonstige Vermögensnachteile erlitten hat.

Nach der Rechtsprechung sind alle Vermögensnachteile abzugsfähig, die mit dem Erwerb in adäquat ursächlichem Zusammenhang stehen. 570

Dagegen will die h.L. nur solche Vermögensnachteile berücksichtigen, die dem Bereicherten gerade wegen seines Vertrauens auf die Endgültigkeit des Erwerbs entstanden sind. 571

Bsp.: Pinscher hat von Zottel rechtsgrundlos einen Hund übereignet bekommen. Für diesen hat Pinscher Fütterungskosten aufgewendet. Außerdem hat der Hund das Sofa zerbissen.

Nach der Rechtsprechung muß Pinscher den Hund nur Zug um Zug gegen Ersatz der Fütterungskosten und des Schadens am Sofa herausgeben (d.h. nicht, daß er bei Teilzahlungen den Hund scheibchenweise zurückzugeben hat, sondern er erst, wenn er die gesamte Zahlung erhalten hat, den gesamten Hund zurückgeben muß)

Nach der h.L. kann Pinscher nur die Fütterungskosten verlangen, da nur diese Aufwendungen im Vertrauen auf die Endgültigkeit des Erwerbs gemacht wurden.

b) Zweikondiktionentheorie – Saldotheorie

Leistung – Gegenleistung

Nun ist es bei gegenseitigen Verträgen, wie z.B. dem Kaufvertrag so, daß nicht nur von einer Seite Leistungen erbracht wurden, die zurückgefordert werden können. Die Leistung erfolgte vielmehr um einer Gegenleistung willen (der Verkäufer gibt die Sache nur gegen Bezahlung) und auch diese muß zurückverlangt werden können.

aa) Zweikondiktionentheorie

selbständige Bereicherungsansprüche

Die Zweikondiktionentheorie geht davon aus, daß bei einem gegenseitigen Vertrag jede Partei einen selbständigen Bereicherungsanspruch gegen den anderen Teil hat. 572

Bsp.: Luigi verkauft eine echte Pavarotti- Espressomaschine (Wert 700 DM) für 800 DM an seine Nachbarin. Bei einem Blitzeinschlag wird die Espressomaschine ohne Verschulden der Nachbarin zerstört. Daraufhin stellt sich heraus, daß der Kaufvertrag nichtig ist. Rechtslage?

Anspruch der Nachbarin gegen Luigi aus § 812 I S.1, 1.Alt. BGB, auf 800 DM? Luigi hat Eigentum und Besitz an den 800 DM ohne Rechtsgrund erlangt. Die Nachbarin hat daher gegen ihn einen Anspruch auf Zahlung von 800 DM.

Anspruch des Luigi gegen die Nachbarin aus § 812 I S.1, 1.Alt. BGB auf Wertersatz für die Espressomaschine. Die Nachbarin hat Eigentum und Besitz an der Pavarotti ohne Rechtsgrund erlangt. Die Herausgabe der Pavarotti ist der Nachbarin infolge der Zerstörung unmöglich geworden.

Hat die Nachbarin keinen Ersatzanspruch wegen der Zerstörung gegen einen Dritten (z.B. Versicherungssumme und dann Abtretung dieser als Surrogat, § 818 I BGB), so ist die Nachbarin entreichert und Luigi geht leer aus.

bb) Saldotheorie

Da dieses Ergebnis für Luigi und andere Betroffene in gleicher Situation sehr unbefriedigend ist, (zumal sie kein Verschulden daran trifft, daß ihre Leistung beim anderen untergegangen ist) wurde die Saldotheorie entwickelt.

Gegenseitigkeit auch bei Rückabwicklung

Dieser liegt die Auffassung zugrunde, daß wirtschaftlich gesehen beim gegenseitigen Vertrag zwei miteinander eng in Beziehung stehende Leistungen (Leistung und Gegenleistung) vorliegen. Diese Gegenseitigkeit soll auch bei der Rückabwicklung noch fortbestehen, mit der Folge, daß nicht zwei, sondern nur ein Bereicherungsanspruch vorliegt und zwar für denjenigen, zu dessen Gunsten beim Vergleich der beiden Leistungen ein positiver Saldo entsteht.

Es gilt daher:

Saldierung

- Stehen sich zwei gleichartige Bereicherungsansprüche gegenüber, so werden sie ohne Aufrechnungserklärung automatisch saldiert.

   Bsp.: Hat die Nachbarin im obigen Fall von der Versicherung 700 DM Schadensersatz erhalten, so hat Luigi gegen sie einen Anspruch auf diese 700 DM (Surrogat, § 818 I BGB) und die Nachbarin gegen Luigi einen Anspruch auf 800 DM. Als Saldo ergeben sich 100 DM, die die Nachbarin von Luigi beanspruchen kann (es werden also nicht jeweils die 700 und 800 DM hin- und hergeschoben, sondern es wird nur die Differenz zwischen den Leistungen von demjenigen herausgeben, der bei dem Geschäft ein höheres Ergebnis erzielt hat.).

Bei ungleichartigen Ansprüchen ist das Erlangte jeweils nur Zug um Zug herauszugeben (wie bei der Zweikondiktionentheorie)

   Bsp: Luigi hat die Pavarotti gegen einen Popcornautomaten getauscht. Ist die Pavarotti zerstört worden, hat er den Popcornautomaten Zug um Zug gegen den Versicherungserlös für die Pavarotti herauszugeben.

Wert der Entreicherung wird Abzugsposten für Bereicherungsanspruch

- Ist eine Partei entreichert, so wird der Wert der Entreicherung zum Abzugsposten.

   Bsp.: Ist die Nachbarin im obigen Fall entreichert, so hätte sie gegen Luigi nur einen Anspruch auf Zahlung von 800 DM. Nach der Saldotheorie wird aber der Wert der Entreicherung (hier 700 DM) zum Abzugsposten. Sie kann daher von Luigi nur 100 DM verlangen.

"HEMMER-METHODE": Achten Sie in bei der Saldotheorie darauf, bei welcher Person sie zu prüfen ist! Merken Sie sich dabei den Medicus-Satz: „Der Wert der Entreicherung wird zum Abzugsposten vom eigenen Bereicherungsanspruch des Entreicherten." Dieser Anspruch reduziert sich im Höchstfall bis auf Null.

In einigen Ausnahmefällen wird aus Wertungsgesichtspunkten die Zweikondiktionentheorie angewendet.

Ausnahmefall
⇨ Zweikondiktionentheorie

- Derjenige zu dessen Gunsten sich ein Saldo ergibt (die Nachbarin), ist minderjährig

Würde auch in diesem Fall die Saldotheorie angewendet, so würde der Minderjährige faktisch an dem Vertrag festgehalten werden. Das widerspricht jedoch der Wertung der §§ 107ff BGB. Hier gilt also die Zweikondiktionentheorie.

- Dasselbe gilt, wenn der Bereicherungsgläubiger (wieder die Nachbarin) durch Täuschung oder widerrechtliche Drohung zum Vertragsschluß bestimmt wurde.

Der Bereicherungsschuldner (Luigi) ist in diesem Fall nicht schutzwürdig und darf durch die Saldotheorie nicht besser gestellt werden.

- Ferner sollen nach einer Meinung in der Literatur auch die Wertung der §§ 350, 351 BGB herangezogen werden.

4. Verschärfte Haftung

Unter bestimmten Voraussetzungen kann sich der Bereicherte nicht uneingeschränkt auf den Wegfall der Bereicherung nach § 818 III BGB berufen.

Rechtshängigkeit des Bereicherungsanspruches

a) Ist der Bereicherungsanspruch bereits rechtshängig (vgl. §§ 261, 253 ZPO), also eine Klage bei Gericht eingereicht und dem Empfänger zugestellt, so kann sich der Bereicherte nicht mehr auf eine spätere Entreicherung berufen, weil er damit rechnen mußte, das Empfangene herauszugeben (§ 818 IV BGB).

b) Dasselbe gilt, wenn der Bereicherte den Mangel des rechtlichen Grundes kennt oder ihn später erfährt (§ 819 I BGB).

positive Kenntnis des Mangels

Erforderlich ist positive Kenntnis; Kennenmüssen genügt nicht!

Sonderproblem: Bei Minderjährigen differenziert die h.M. nach Leistungs- bzw. Nichtleistungskondiktion. Bei der Leistungskondiktion ist auf die Kenntnis des gesetzlichen Vertreters abzustellen (in der Regel die Eltern, §§ 1626, 1629 BGB), da es um die Rückabwicklung von fehlgeschlagenen Vertragsbeziehungen geht (dort gelten insbesondere §§ 107ff BGB) Bei der deliktsähnlichen Eingriffskondiktion findet dagegen § 828 II BGB entsprechende Anwendung, d.h. es ist auf die Einsichtsfähigkeit des Minderjährigen abzustellen.

> **"HEMMER-METHODE"**: Der Minderjährige eignet sich immer gut für Klausuren. Die Minderjährigkeit zieht sich dann durch alle Anspruchsgrundlagen. Es stellt sich immer die Frage, ob er einem Erwachsenen gleichgestellt werden kann.

§§ 819 II, 820 BGB

c) Weitere Fälle sind in §§ 819 II, 820 BGB geregelt.

d) Die §§ 819 I/II, 820 I BGB verweisen auf § 818 IV BGB, der bestimmt, daß der Bereicherte unter den genannten Voraussetzungen nach den allgemeinen Vorschriften (= Vorschriften des allgemeinen Schuldrechts) haftet.

aa) Bei Verschlechterung, Untergang oder sonstiger Unmöglichkeit der Herausgabe haftet der Bereicherte über § 292 BGB nach § 989 BGB auf Schadensersatz, wenn ihn ein Verschulden trifft. Ist er mit der Herausgabe in Verzug, so haftet er auch ohne Verschulden, § 287 S.2 BGB.

bb) Bei Herausgabe von Geld gilt § 279 BGB bzw. der Satz „Geld hat man zu haben".

cc) Der Bereicherte muß die Geldschuld außerdem nach § 291 BGB verzinsen.

C. Unerlaubte Handlung

I. Allgemeines

Wiedergutmachung eines verursachten Schadens

Beim Recht der unerlaubten Handlung geht es um die Wiedergutmachung eines Schadens, der dadurch entstanden ist, daß in einen fremden Rechtskreis eingegriffen wurde. Zwischen dem Schädiger und dem Geschädigten entsteht ein gesetzliches Schuldverhältnis, das die Parteien ebenfalls zu Schuldner (Schädiger) und Gläubiger (Geschädigter) macht, und zwar auch dann, wenn dies die Parteien– insbesondere der Schädiger– nicht wollen.

Bsp.: Mao will seinem Freund Holger seine neuesten Karatekünste vorführen. Bei einem sensationellen Sprung zerschlägt er mit seinem Fuß den Kronleuchter des Holger. Dieser hat gegen Mao einen Anspruch aus § 823 I BGB auf Ersatz des Schadens in Höhe von 1.200 DM (Wert der Lampe), auch wenn er keine entsprechende Verpflichtungserklärung (Willenserklärung) abgegeben hat, bzw. er sogar sagt, daß er auf keine Fall den Schaden an der Lampe bezahlen will. Das unfreiwillig entstandene gesetzliche Schuldverhältnis verpflichtet Mao zum Ersatz des Schadens.

"HEMMER-METHODE": Anders als das Bereicherungsrecht stellt das Deliktsrecht auf die Person des Geschädigten und damit auf den Gläubiger ab. Er ist verletzt, er hat den Schaden, bei ihm kommt Vorteilsanrechnung usw. in Betracht. Da das Deliktsrecht häufig zu anderen Rechtsinstituten, insbesondere dem EBV in Konkurrenz steht, ist zuerst darauf zu achten, ob es überhaupt anwendbar ist.

Man kann fünf Gruppen von Tatbeständen unterscheiden:

1. Haftung für tatsächliches, eigenes Verschulden (§§ 823, I u. II, 824-826, 830, 839 BGB); Beachte § 829 BGB!
2. Haftung für vermutetes, eigenes Verschulden (§§ 831, 832, 833 S.2, 834, 836-838 BGB)
3. Gefährdungshaftung (d.h. Haftung ohne Rücksicht darauf, ob Verschulden vorliegt; §§ 833 S.1 BGB)
4. Haftung für fremdes Verschulden (Art. 34 GG)
5. Unerlaubte Handlungen liegen auch vor bei: §§ 228, 231 ZPO

vertragliche Ansprüche zuerst prüfen!

Neben die deliktische Haftung kann auch eine vertragliche oder vertragsähnliche Haftung treten. Dabei sind Ansprüche aus Vertrag immer zuerst zu prüfen, da vertragliche Regelungen u.U. Einfluß auf die deliktische Haftung haben können (z.B. Verschuldensmaßstab, Verjährungsfristen).

II. § 823 I BGB

Die unerlaubte Handlung ist in der Regel wie folgt zu prüfen:

§ 13 GESETZLICHE SCHULDVERHÄLTNISSE

Prüfungsübersicht

Verletzungserfolg	Leben:	Tötung
	Körper, Gesundheit:	Beeinträchtigung der äußeren (Körper) und inneren (Gesundheit) körperlichen Integrität
	Freiheit:	Entzug der körperlichen Bewegungsfreiheit
	Eigentum:	Substanzverletzung
	sonstige Rechte:	Besitz, eingerichteter und ausgeübter Gewerbebetrieb
Verletzungshandlung	jede vom freien Willensentschluß getragene, selbstbestimmte Handlung	aktives Tun / Unterlassen
Kausalität zwischen Verletzungserfolg und -handlung	Äquivalenz, eingeschränkt durch Adäquanz und Schutzzweck der Norm	
Rechtswidrigkeit	h.M.: Lehre vom Erfolgsunrecht	Rechtfertigungsgründe schließen RW aus
Verschulden	Vorsatz:	Wissen und Wollen des tatbestandlichen Erfolges in Kenntnis der Pflichtwidrigkeit
	Fahrlässigkeit:	Außerachtlassen der im Verkehr erforderlichen Sorgfalt, § 276 I S.2 BGB.
Vermögensschaden	Differenzhypothese:	Differenz zwischen realer Vermögenslage nach Eintritt des Verletzungserfolges und der hypoth. Vermögenslage ohne schädigendes Ereignis
Kausalität zwischen Verletzungserfolg und Schaden	Äquivalenz eingeschränkt durch Adäquanz und Schutzzweck der Norm	

587

1. Verletzungserfolg

Ein Anspruch aus § 823 I BGB kommt nur in Betracht, wenn eines der dort genannten Rechtsgüter verletzt wurde.

588

Leben

a) Verletzung des Lebens ist so das schlimmste, was einem passieren kann, denn es bedeutet Tötung. Relevant insbesondere bei § 844 BGB.

Körper

b) Unter Körperverletzung versteht man einen Eingriff in die körperliche Unversehrtheit (z.B. Lehrer schneidet dem Schüler mit einem Messer das Ohr ab). Eine Gesundheitsverletzung liegt bei der Störung innerer Lebensvorgänge vor (die Mutter, die gerade durchs Fenster schaut, als ihrem Sohn das Ohr abgeschnitten wird, erleidet einen behandlungsbedürftigen Schock).

Freiheit

c) Verletzung der Freiheit bedeutet Entziehung der körperlichen Bewegungsfreiheit oder Nötigung zu einer Handlung durch Drohung, Zwang oder Täuschung. Beeinträchtigung der Entschlußfreiheit oder allgemeinen Handlungsfreiheit genügt nach h.M. nicht.

Eigentum

d) Bei Beeinträchtigung der dem Eigentümer durch § 903 BGB gewährten Befugnisse liegt eine Eigentumsverletzung vor (z.B. Zerstörung, Beschädigung, Entziehung, Veräußerung, Belastung einer fremden Sache).

sonstige Rechte

e) Unter den Begriff „sonstige Rechte" fallen nur solche Rechte, die wie das Eigentum absoluten Charakter haben (also gegen jedermann wirken und von jedermann verletzt werden können), z.B.:

- dingliche Rechte: z.B. Pfandrechte, Anwartschaftsrecht
- Besitz: jedenfalls der berechtigte (un-/mittelbare) Besitz
- eingerichteter und ausgeübter Gewerbebetrieb
- allgemeines Persönlichkeitsrecht
- Ehe: nach der Rechtsprechung nur der räumlich gegenständliche Bereich der Ehe (z.B. wenn der Geliebte der Ehefrau in die gemeinsame Wohnung der Eheleute einzieht, aber nicht, wenn der Ehemann vor lauter Ärger über ein Techtelmechtel seiner Ehefrau ein Magengeschwür bekommt).

Das Vermögen als solches ist kein sonstiges Recht **589**

allgemeines Persönlichkeitsrecht

f) Der BGH hat aus Art. 1, 2 GG das allgemeine Persönlichkeitsrecht abgeleitet und auch ihm den Schutz der absoluten Rechte anerkannt (diese Herleitung sollte in der Klausur kurz angesprochen werden). **590**

Es umfaßt das Recht des einzelnen auf Achtung und Entfaltung der Persönlichkeit. Drei Bereiche lassen sich unterscheiden: **591**

Individualsphäre: *Beziehungen des einzelnen zu seiner Umwelt, insbes. seine berufliche Tätigkeit*

Privatssphäre: *Umfaßt den häuslichen und familiären Bereich*

Intimsphäre: *Kern der Persönlichkeit, die innere Gedanken- und Gefühlswelt mit ihren äußeren Erscheinungsformen, wie z.B. vertrauliche Briefe, Tagebücher.*

Der Schutz der verschiedenen Bereiche ist entsprechend der Reihenfolge ihrer Aufzählung unterschiedlich. Während ein Eingriff in die Individualsphäre nur unter bestimmten Bedingungen rechtswidrig ist und zu einem Anspruch führt, ist ein Eingriff in die Intimsphäre immer rechtswidrig. **592**

2. Verletzungshandlung

⇒ *positives Tun*

⇒ *Unterlassen*

a) Erforderlich für einen Anspruch aus § 823 I BGB ist eine Verletzungshandlung des Schädigers, die in einem positiven Tun (z.B. Tom haut den Lukas auf den Kopf) oder einem Unterlassen (z.B. Aquarius sieht wie seine Tochter Arielle ertrinkt, unternimmt aber nichts dagegen). **593**

§ 13 GESETZLICHE SCHULDVERHÄLTNISSE 151

abstellen auf Schwerpunkt der Vorwerfbarkeit

Oftmals ist es schwierig festzustellen, ob die Verletzungshandlung ein Tun oder ein Unterlassen darstellt. Achten Sie auf den Schwerpunkt der Vorwerfbarkeit!

Bsp.: Die Mutter nimmt Rattengift aus dem Regal und läßt es nach Gebrauch auf dem Boden stehen. Die 2-jährige Tochter ißt von dem Gift und muß ins Krankenhaus.

Eine Gesundheitsverletzung liegt vor. Als Verletzungshandlung kommt das Hinstellen des Giftes auf den Boden (positives Tun) aber auch das Nichtwegräumen (Unterlassen) in Betracht. Ein Vorwurf kann der Mutter jedoch nicht deshalb gemacht werden, weil sie das Gift auf den Boden gestellt hat, sondern nur deshalb, weil sie vergessen hat, das Gift aufzuräumen. Der Schwerpunkt der Vorwerfbarkeit liegt daher auf dem Unterlassen.

> **"HEMMER-METHODE":** Die Abgrenzung ist deshalb so wichtig, weil ein Unterlassen nur dann rechtserheblich ist, wenn eine Pflicht zum Handeln besteht (Garantenpflicht). Das Unterlassen schafft damit in der Klausur ein Problem mehr – davon macht ein Prüfer gerne Gebrauch!
> Die Garantenpflicht kann sich aus Vertrag, Gesetz oder vorausgegangenem gefährdenden Verhalten (Ingerenz) ergeben. Bsp.: Bergführer läßt seine Gruppe an einer schwierigen Stelle sitzen, weil er eine Verabredung hat. Als er am nächsten Tag zurückkehrt, ist die Gruppe erfroren. Die Garantenpflicht ergibt sich hier aus Vertrag. Aufgrund dieser Pflicht ist das Unterlassen von Hilfsmaßnahmen genauso zu behandeln, als hätte der Bergführer die Gruppe durch aktives Tun getötet.

Verkehrssicherungspflichten
⇨ *Unterlassen wird Tun gleichgestellt*

b) Besondere Pflichten, deren Unterlassen einem Tun gleichgestellt werden, sind die sog. Verkehrssicherungspflichten. Darunter versteht man die Pflicht desjenigen, der eine Gefahrenquelle schafft oder unterhält, alle notwendigen und zumutbaren Vorkehrungen zu treffen, um Schäden anderer zu vermeiden. Dabei lassen sich unterscheiden:

594

| **VSP aus Verkehrseröffnung:** | Wer einen Verkehr für Menschen eröffnet, hat dafür zu sorgen, daß diese nicht geschädigt werden. |

Bsp.: Der Gemüsehändler hat dafür zu sorgen, daß seine Kunden nicht durch am Boden herumliegende Salatblätter zu Fall kommen.

| **VSP aus Beherrschung einer Gefahrenquelle:** | Wer gefährliche Gegenstände oder Anlagen gebraucht, muß andere vor Schäden bewahren, die aus dem Gebrauch der Gegenstände oder Anlagen entstehen können. |

Bsp.: Bei Bauarbeiten auf einer Straße müssen Warnlampen und Absperrungen aufgestellt werden.

| **VSP aufgrund beruflicher Stellung:** | Aus einer gefährlichen beruflichen Tätigkeit kann sich die Pflicht ergeben, Vorsichtsmaßnahmen zur Abwehr von Schäden anderer zu treffen. |

Bsp.: Der Zahnarzt hat die Pflicht, seine Patienten vor Infektionen zu schützen.

Eine Verkehrssicherungspflicht besteht nicht gegenüber Personen, die sich unbefugt in den Gefahrenbereich begeben.

3. Haftungsbegründende Kausalität

kausaler Zusammenhang zwischen Verletzungshandlung und Rechtsgutverletzung

Zwischen der Verletzungshandlung und der Rechtsgutsverletzung muß ein kausaler Zusammenhang bestehen. Diese haftungsbegründende Kausalität ist streng zu unterscheiden von der haftungsausfüllenden Kausalität, die die Frage betrifft, welche aus einer Rechtsgutsverletzung erwachsenden Schäden zu ersetzen sind.

Bsp.: Fällt Dachdecker Dieter ein Ziegel aus der Hand und dem Passanten Alfons auf den Kopf, so ist die Frage, ob die Kopfverletzung des Alfons auf den Fall des Ziegels zurückzuführen ist, ist ein Problem der haftungsbegründenden Kausalität. Liegt Alfons aufgrund seiner Verletzung eine Woche im Krankenhaus und kann eine weitere Woche lang wegen Sprachschwierigkeiten keine Vorträge mehr halten, stellt sich die Frage nach der haftungsausfüllenden Kausalität, nämlich ob Dieter die Krankenhauskosten und den Verdienstausfall des Alfons zu ersetzen hat.

a) Äquivalenztheorie

conditio sine qua non

Grundsätzlich ist jedes positives Tun ursächlich für den Erfolg, das nicht hinweggedacht werden kann, ohne daß der Erfolg entfiele (conditio sine qua non).

Ein Unterlassen ist dann ursächlich, wenn die unterlassene Handlung nicht hinzugedacht werden kann, ohne daß der Erfolg mit an Sicherheit grenzender Wahrscheinlichkeit entfiele.

Nennt Jens den Jochen einen Idioten und erleidet dieser daraufhin eine Gehirnblutung, so wäre das Verhalten des Jens nach der Äquivalenztheorie kausal für den Schaden des Jochen und letzterer könnte einen Schadensersatzanspruch geltend machen.

b) Adäquanztheorie

Adäquanztheorie

Da das allerdings wohl etwas zu weit geht, wurde die Adäquanztheorie entwickelt. Diese besagt, daß nur ein solches Verhalten als kausal gilt, das nach der allgemeinen Lebenserfahrung und dem gewöhnlichen Verlauf der Dinge einen Erfolg (Schaden) der eingetretenen Art herbeiführen kann.

4. Rechtswidrigkeit

keine Rechtfertigungsgründe

Bei Verletzung eines der in § 823 I BGB genannten Rechtsgüter ist die Rechtswidrigkeit gegeben (Schlagwort: Tatbestandsmäßigkeit indiziert Rechtswidrigkeit), sofern nicht ausnahmsweise ein Rechtfertigungsgrund vorliegt.

Einige wichtige Rechtfertigungsgründe sind Notwehr, § 227 BGB; defensiver Notstand, § 228; aggressiver Notstand, § 904 BGB; Selbsthilfe, §§ 229, 230; berechtigte GoA; Festnahmerecht, § 127 StPO; (mutmaßliche) Einwilligung; sonstige Selbsthilferechte, §§ 561, 859, 962 BGB.

5. Verschulden

§§ 827, 828 BGB: Verschuldensfähigkeit

Der Schädiger muß schuldhaft gehandelt haben. Dazu muß er gemäß §§ 827, 828 BGB verschuldensfähig gewesen sein, was vermutet wird, wenn er über 7 Jahre alt ist, § 828 II BGB.

601

Schuldhaft handelt er, wenn er vorsätzlich oder grob fahrlässig gehandelt hat, § 276 BGB.

602

Vorsatz

Vosätzlich handelt, wer den Verletzungserfolg mit Wissen und Wollen herbeiführt.

603

Fahrlässigkeit

Fahrlässig handelt, wer die im Verkehr erforderliche Sorgfalt außer acht läßt, § 276 I S.2 BGB. Dabei ist ein objektiver Sorgfaltsmaßstab anzulegen. Maßstab ist die Sorgfalt, die von einem durchschnittlichen Mitglied der Berufs- oder Altersgruppe des Schädigers erwartet wird.

604

Das Verschulden muß sich auf den gesamten Tatbestand beziehen, also auf Rechtsgutsverletzung, Verletzungshandlung und haftungsbegründende Kausalität (nicht auf die haftungsausfüllende Kausalität).

6. Vermögensschaden

Einbuße an Geld/Geldwerten Gütern/Schmerzensgeld

Unter Schaden ist der materielle Vermögensschaden zu verstehen. Dieser besteht regelmäßig in einer Einbuße an Geld oder geldwerten Gütern. Ausnahmsweise kann auch der Ersatz des sog. immateriellen Schadens verlangt werden, z.B. gem. § 847 BGB das sog. Schmerzensgeld.

605

> **"HEMMER-METHODE":** § 847 BGB ist übrigens nach h.M. nicht nur eine Frage des Schadensumfanges bei § 823 BGB, sondern eine eigene Anspruchsgrundlage, so daß sie in der Klausur auch als eine solche geprüft werden sollte.

7. Haftungsausfüllende Kausalität

Rechtsgutverletzung ⇔ Schaden haftungsausfüllende Kausalität

Mit der haftungsausfüllenden Kausalität ist der zwischen Rechtsgutsverletzung und Schaden erforderliche Zusammenhang gemeint; es gelten insoweit die gleichen Kausalitätsgesichtspunkte, wie bei der haftungsbegründenden Kausalität.

606

Doppelte Kausalitätsprüfung i.R.d. § 823 I BGB:	
Tatbestandsseite = „ob"	Rechtsfolgenseite = „wieviel"
haftungs*begründende* Kausalität	haftungs*ausfüllende* Kausalität
Zusammenhang zwischen Verletzungs*handlung* und *Rechtsgutsverletzung*	Zusammenhang zwischen *Rechtsgutsverletzung* und eingetretenem *Schaden*

607

III. Das Recht am eingerichteten und ausgeübten Gewerbebetrieb

Im Rahmen des § 823 I BGB wird auch das Recht am eingerichteten und ausgeübten Gewerbebetrieb geschützt.

Das Recht am Gewerbebetrieb ist als sonstiges Recht i.S.d. § 823 I BGB anerkannt. Damit soll eine Lücke im gewerblichen Rechtsschutz geschlossen werden. Daher ist dieses Recht subsidiär gegenüber ausdrücklich geregelten Sondertatbeständen aus dem UWG, UrhG, aber auch gegenüber den in § 823 I BGB ausdrücklich genannten Rechtsgütern, sowie gegenüber §§ 823 II, 824ff BGB. Ist einer dieser Tatbestände gegeben, darf eine Verletzung des Rechts am Gewerbebetrieb nicht mehr gem. § 823 BGB geprüft werden.

1. Begriff

Unternehmen

Geschützt ist das Unternehmen in seiner Gesamtheit. Von dem Schutz des § 823 I BGB umfaßt werden die Positionen, die den wirtschaftlichen Wert des Betriebes ausmachen, also nicht nur Betriebsräume, Grundstücke und Maschinen, sondern auch Erscheinungsform, Kundenstamm und Tätigkeitskreis.

Gewerbe

Gewerbe ist jede auf Dauer angelegte, mit Gewinnerzielungsabsicht ausgeübte Tätigkeit. Die freien Berufe (Arzt, Rechtsanwalt, Steuerberater) werden, obwohl eigentlich keine Gewerbe, ebenfalls durch § 823 I BGB geschützt.

2. Betriebsbezogener Eingriff

Eingriff unmittelbar gegen Gewerbebetrieb als solchen

Um den Schutz des § 823 I BGB auszulösen, muß es sich bei dem Eingriff des Schädigers um einen betriebsbezogenen handeln, also einen Eingriff, der sich unmittelbar gegen den Gewerbebetrieb als solchen richtet.

Bsp.: Herr Müller schlägt den Arbeitnehmer Herrn Huber krankenhausreif. Arbeitgeber Schniefens verlangt von Herrn Müller Schadensersatz nach § 823 I BGB, weil er wegen der Arbeitsunfähigkeit des Herrn Huber einen Produktionsausfall erlitten hat.

Hier liegt zwar ein Eingriff in die gewerbliche Tätigkeit des Schniefens vor, dieser richtet sich aber nicht unmittelbar gegen dessen Gewerbebetrieb, der Eingriff ist nicht betriebsbezogen. Daher kein Anspruch aus § 823 I BGB.

3. Rechtswidrigkeit

Interessen- und Güterabwägung erforderlich

Bei einem unmittelbaren Eingriff in das Recht am Gewerbebetrieb ist die Rechtswidrigkeit in Ausnahme von dem sonst geltenden Grundsatz nicht automatisch gegeben. Da es sich um ein sog. Rahmenrecht handelt, muß die Rechtswidrigkeit positiv durch eine umfassende Interessen- und Güterabwägung festgestellt werden.

Auf seiten des Verletzten ist insbesondere die Schwere des Eingriffs, sowie das eigene Verhalten des Verletzten zu berücksichtigen.

Auf seiten des Schädigers können v.a. der Zweck des Eingriffs, das Recht auf freie Meinungsäußerung und die Kunstfreiheit den Eingriff rechtfertigen. Das Verhalten des Schädigers muß ein angemessenes Mittel zur Erreichung des Zwecks darstellen.

> **"HEMMER-METHODE":** In der Klausur kommt es v.a. darauf an, daß die Interessenlage dargestellt wird und eine vernünftige Abwägung vorgenommen wird. Das Ergebnis der Abwägung ist für die Benotung der Klausur sekundär.

IV. § 823 II BGB

Prüfungsreihenfolge: 613

> 1. Vorliegen eines Schutzgesetzes
> 2. Verstoß gegen das Schutzgesetz
> 3. Rechtswidrigkeit
> 4. Verschulden
> 5. Schaden
> 6. Haftungsausfüllende Kausalität

auch Ersatz reiner Vermögensschäden

Nach § 823 II BGB ist schadenersatzpflichtig, wer gegen ein den Schutz eines anderen bezweckendes Gesetz verstößt. § 823 II BGB ersetzt – anders als § 823 I BGB – auch reine Vermögensschäden! 614

Bsp.: A dreht dem B aufgrund einer Täuschung ein schrottreifes Auto für 10.000 DM an.

Hier hat B einen Vermögensschaden erlitten. Ein Anspruch aus § 823 I BGB scheidet jedoch aus, weil das Vermögen kein sonstiges Recht i.S.d. § 823 I BGB ist. Dagegen besteht ein Anspruch aus § 823 II i.V.m. § 263 StGB (Betrug), weil A gegen ein Schutzgesetz (§ 263 StGB) verstoßen hat.

1. Schutzgesetz

muß auch Schutz des Einzelnen bezwecken

Ein Schutzgesetz liegt vor, wenn das Gesetz nach dem Willen des Gesetzgebers zumindest auch den Schutz des Einzelnen bezweckt und nicht nur im Interesse der Allgemeinheit erlassen wurde. Nicht ausreichend als Schutzgesetz sind die Verkehrssicherungspflichten. 615

Schutzgesetze sind z.B. die meisten Bestimmungen des Strafgesetzbuches wie die Körperverletzung (§ 223ff StGB), Eigentumsdelikte (§§ 242ff StGB) und zahlreiche Vorschriften aus dem Gewerbe- und Arbeitsrecht.

2. Verstoß

Der Schädiger muß alle Tatbestandsmerkmale des Schutzgesetzes erfüllen. 616

3. Rechtswidrigkeit

Rechtswidrigkeit wir indiziert

Durch die Verletzung des Schutzgesetzes wird die Rechtswidrigkeit bereits indiziert (als gegeben angesehen). 617

4. Verschulden

Wie die Rechtswidrigkeit, ist auch das Verschulden i.d.R. schon beim Verstoß gegen das Schutzgesetz zu prüfen. Das Verschulden ist für einen Anspruch aus § 823 II BGB auch dann erforderlich, wenn das Schutzgesetz selbst kein Verschulden erfordert. 618

5. Haftungsausfüllende Kausalität

Die Verletzung des Schutzgesetzes muß für den eingetretenen Schaden kausal sein.

Schaden im Schutzbereich der Norm

Der geltend gemachte Schaden muß im übrigen auch in den Schutzbereich der verletzten Norm fallen.

Dabei ist zu unterscheiden:

a) persönlicher Schutzbereich	b) sachlicher Schutzbereich
Geschädigter muß zum geschützten Personenkreis gehören	geltend gemachter Schaden muß in den Bereich fallen, zu dessen Abwendung das Gesetz erlassen wurde

Bsp zu a): A benutzt unbefugterweise das Auto des B (Verstoß gegen § 248b StGB). Dabei verletzt er bei einem Unfall den Fußgänger C.

C hat hier keinen Anspruch aus § 823 II i.V.m. § 248b StGB, weil § 248b StGB nur den Gebrauchsberechtigten schützen will, nicht aber andere Verkehrsteilnehmer. C fällt nicht in den persönlichen Schutzbereich des § 248b StGB (natürlich hat C einen Anspruch aus § 823 I und § 823 II i.V.m. § 230 StGB wegen Körperverletzung).

Bsp. zu b): A täuscht den B über den Wert seines Autos. Obwohl das Kfz nur 3.000 DM wert ist, kauft B es für 8.000 DM. Kurz darauf baut B einen alleinverschuldeten Unfall mit Totalschaden.

Hier kann B nach § 823 II i.V.m. § 263 StGB(Betrug) Ersatz der 5.000 DM verlangen, die er infolge der Täuschung zu viel gezahlt hat. Er kann jedoch nicht auch die restlichen 3.000 DM verlangen, weil das Risiko eines Unfalles durch die Täuschung nicht erhöht wurde. Der Schaden fällt daher nicht mehr in den sachlichen Schutzbereich der Norm.

D. Die Produzentenhaftung

Schaden durch Verwendung der Produkte

Die Produzentenhaftung ist ein besonderer Fall der Gefährdungshaftung und stellt regelmäßig auch einen Fall der Verletzung von Verkehrssicherungspflichten dar. Hierbei geht es um die Frage, inwieweit ein Hersteller für Schäden haftet, die durch Verwendung seiner Produkte beim Verbraucher eintreten. Die Haftung kann sich sowohl aus vertraglichen als auch aus deliktischen Ansprüchen ergeben. Die Produzentenhaftung ist insofern kein eigenes Rechtsinstitut (es ist vielmehr ein Sammelbegriff für die o.g. Fälle der Schädigung eines Verbrauchers).

Gefährdungshaftung

Die Schädigung des Verbrauchers kann auf verschiede Ursachen beim Hersteller zurückzuführen sein, z.B. auf:

- **Konstruktionsfehler:** *wenn ein Teil bei einem Fahrzeug nicht korrekt montiert wurde und alle Fahrzeuge dieser Serie zurückgeholt werden müssen*

- **Fabrikationsfehler:** *wenn das von einem Pharmaproduzenten hergestellte Schmerzmittel zu Mißbildungen bei Neugeborenen führt*

- **Instruktionsfehler:** *wenn der Hersteller von Elektroartikeln nicht auf die richtige Bedienung hinweist und durch den fehlerhaften Gebrauch der Verwender geschädigt wird.*

I. Vertragliche Haftung

Für die dem Verbraucher entstandenen Schäden könnte der Hersteller aus Vertrag haftbar sein.

1. Aus dem Kaufvertrag

Kauft der Endverbraucher ein Produkt von einem Verkäufer, der es seinerseits von dem Produzenten bezogen hat und wird der Käufer nun durch das Produkt geschädigt, so könnte man an einen Anspruch aus § 463 BGB denken.

keine Zusicherung/kein arglistiges Verschweigen

Dies ist jedoch regelmäßig abzulehnen, da der Verkäufer weder eine Zusicherung abgeben, oder etwas arglistig verschwiegen haben wird.

2. Garantievertrag / Vertrag mit Schutzwirkungen zugunsten Dritter

Zum Teil wird versucht, zwischen dem Verwender und dem Hersteller einen „Garantievertrag" zu konstruieren, oder einen zwischen dem Verkäufer und dem Produzenten geschlossenen Vertrag mit Schutzwirkungen zugunsten Dritter. Dies wird jedoch von der Rechtsprechung abgelehnt.

II. Deliktische Haftung

Mit dem BGB vereinbar sind deliktische Ansprüche des Geschädigten.

1. § 823 I BGB

Bei der Prüfung des Anspruches aus § 823 I BGB sind folgende Besonderheiten zu berücksichtigen:

weiterfressender Schaden

a) Bei der Frage der Rechtsgutsverletzung kann es Probleme geben, wenn es darum geht, ob die Beschädigung des fehlerhaften Produktes selbst eine Eigentumsverletzung darstellt (Stichwort: weiterfressender Schaden)

> *Bsp.: Oli kauft einen neuen Porsche, bei dem ein Gaszug defekt ist. Aufgrund dieses Fehlers verursacht er einen Unfall, bei dem der Porsche Totalschaden erleidet.*

Der BGH hat eine Eigentumsverletzung angenommen, weil zwischen dem Mangelunwert, den die Sache aufgrund des Fehlers aufweist und dem eingetretenen Schaden ein Unterschied besteht, diese Schäden nicht stoffgleich sind (zunächst war nur der Gaszug beschädigt, dann das ganze Auto; es war nicht schon von Anfang an das ganze Auto beschädigt).

Inverkehrbringen des Produktes = positives Tun

b) Die Verletzungshandlung besteht in dem Inverkehrbringen des Produktes, also einem positiven Tun.

c) Bei dem Verschulden ist zu prüfen, ob der Produzent die im Verkehr erforderliche Sorgfalt außer acht gelassen hat (§ 276 I S.2 BGB). Dies ist der Fall, wenn er seine Verkehrssicherungspflichten verletzt hat.

Der Produzent hat die Pflicht, Konstruktion, Fabrikation und Instruktion nach dem neuesten Stand der Technik auszurichten

Für die Frage, wer das Verschulden des Produzenten zu beweisen hat, hat der BGH für Konstruktions- und Fabrikationsfehler eine Beweislastumkehr statuiert, d.h. nicht der Geschädigte hat ein Verschulden des Produzenten zu beweisen, vielmehr muß umgekehrt der Produzent beweisen, daß ihn an dem Fehler des Produkts kein Verschulden trifft. Kann er nicht darlegen, daß er seinen Betrieb ordnungsgemäß organisiert hat, so gilt der Fehler als verschuldet.

> **"HEMMER-METHODE":** Für den Nachweis von Fehler, Schaden und Ursächlichkeit bleibt es aber bei dem Grundsatz, daß der Anspruchsteller (= Geschädigter) die anspruchsbegründenden Tatsachen zu beweisen hat.

Entlastungsmöglichkeiten des Produzenten können sein, bei:

Entlastungsmöglichkeiten

Konstruktionsfehlern: *kaum welche, da diese regelmäßig auf einem Organisationsmangel beruhen*

Fabrikationsfehlern: *es handle sich nur um „Ausreißer". d.h. der Fehler sei trotz ordnungsgemäßer Organisation entstanden*

Instruktionsfehlern: *der Produzent habe keine Erkenntnismöglichkeit gehabt oder habe sich diese auch nicht verschaffen müssen*

2. § 823 II BGB

Soweit für die Herstellung von bestimmten Produkten Schutzgesetze bestehen, ist eine Haftung nach § 823 II BGB möglich.

3. § 831 BGB

Verrichtungsgehilfen

Für Verrichtungsgehilfen, also solche Personen, derer sich der Produzent bei der Durchführung von Arbeiten bedient und die von ihm weisungsabhängig sind, haftet der Produzent nach § 831 BGB. Er hat jedoch die Möglichkeit, sich von der Haftung mittels des Entlastungsbeweises zu befreien, indem er sich z.B. darauf beruft, er habe den Verrichtungsgehilfen ordnungsgemäß ausgesucht und überwacht.

III. Produkthaftungsgesetz

seit dem 1.1.1990

Seit dem 1.1. 1990 gibt es außerdem die Möglichkeit, Ansprüche aus dem Produkthaftungsgesetz, das zu diesem Zeitpunkt in Kraft getreten ist, geltend zu machen.

Die Produkthaftung tritt neben die kaum noch überschaubare Einzelfallrechtsprechung der verschuldensabhängigen Produzentenhaftung nach § 823ff BGB.

Die zu § 823 I BGB dargelegten Grundsätze der Produzentenhaftung bleiben daher neben dem ProdHaftG anwendbar (§ 15 II ProdHaftG wird von vielen übersehen!).

1. Produktfehler

Der Hersteller ist nach dem ProdHaftG dazu verpflichtet, den Schaden zu ersetzen der dadurch entsteht, daß jemand durch den Fehler eines Produktes getötet, sein Körper oder seine Gesundheit verletzt oder eine Sache beschädigt wird.

Bei der beschädigten Sache muß es sich um eine andere als das fehlerhafte Produkt selbst handeln und sie muß ihrer Art nach gewöhnlich für den privaten Ge- oder Verbrauch bestimmt und hierzu von dem Geschädigten hauptsächlich verwendet worden sein (§ 1 Abs.1 PHG).

2. Hersteller

Zum Schadensersatz verpflichtet ist nur der Hersteller. Dieser Begriff wird in § 4 ProdHaftG definiert und im Interesse des Verbraucherschutzes über den Wortsinn ausgeweitet.

632

Hersteller ist derjenige, welcher industriell oder handwerklich als Unternehmer das Endprodukt, einen Grundstoff oder ein Teilprodukt tatsächlich herstellt. Außerdem wie Hersteller behandelt werden diejenigen, die nach außen hin den Eindruck erwecken, sie seien selbst der tatsächliche Hersteller, indem sie z.B. ein Produkt, eine Verpackung oder Begleitgegenstände mit ihrem Namen, Warenzeichen oder anderen Identifikationsmerkmalen versehen.

Bsp.: Warenhäuser oder große Handelsketten, die Billigprodukte aus Drittländern oder auch Markenware mit ihrem Firmennamen versehen und als eigenes Produkt verkaufen, z.B. No-Name-Artikel von Supermarktketten („A&P", „Die Weissen" u.v.m.)

Auch der Importeur ist Hersteller, gem. § 4 II ProdHaftG, sowie der Lieferant, soweit nicht festgestellt werden kann, wer Hersteller i.S.d. § 4 I, II ProdHaftG ist (§ 4 III ProdHaftG).

3. Kein Haftungsauschluß

Um einen Anspruch aus dem ProdHaftG zu begründen, darf die Haftung nach § 1 II, III ProdHaftG nicht ausgeschlossen sein.

633

Die Haftung ist ausgeschlossen, wenn:

634

Ausschluß der Haftung

- § 1 II Nr.1 ProdHaftG   der Hersteller das Produkt nicht willentlich in den Verkehr gebracht hat

- § 1 II Nr.2 ProdHaftG   nach den Umständen davon auszugehen ist, daß das Produkt den Fehler, der den Schaden verursacht hat, noch nicht hatte, als es in Verkehr gebracht wurde

- § 1 II Nr.3 ProdHaftG   das Produkt weder für den Verkauf noch eine andere Form des Vertriebs mit wirtschaftlichem Zweck hergestellt, noch i.R.d. beruflichen Tätigkeit hergestellt oder vertrieben wurde.

- § 1 II Nr.4 ProdHaftG   das Produkt zum Ztp. des Inverkehrbringens dazu zwingenden Rechtsvorschriften entsprochen hat.

- § 1 II Nr.5 ProdHaftG   der Fehler z. Ztp. des Inverkehrbringens nach dem Stand der Wissenschaft und Technik nicht erkannt werden konnte.

4. Beweislastverteilung

Der Geschädigte muß gem. § 1 Abs. 4 PHG im gerichtlichen Verfahren den Fehler, den Schaden sowie den ursächlichen Zusammenhang zwischen Fehler und Schaden beweisen.

635

Der Hersteller muß dagegen beweisen, daß seine Haftung ausgeschlossen bzw. vermindert ist.

5. Umfang und Art des Ersatzes

Haftung auf Höchstbetrag begrenzt

Im Produkthaftungsgesetz gibt es die Besonderheit, daß die Haftung des Herstellers durch einen Höchstbetrag (DM 160 Mio., §§ 10, 11 ProdHaftG) begrenzt ist. Ist eine Sache beschädigt, so hat der Geschädigte den Schaden bis zu einer Höhe von DM 1.125 selbst zu tragen.

636

Ansonsten orientierten sich die Vorschriften der §§ 7-11 ProdHaftG an den Regelungen des BGB (vgl. §§ 842ff BGB).

6. Verjährung

ab Kenntniserlangung, spätestens nach 10 Jahren

Die Ansprüche des Geschädigten verjähren in drei Jahren von dem Zeitpunkt an, in dem der Ersatzberechtigte von dem Schaden, dem Fehler und von der Person des Ersatzpflichtigen Kenntnis erlangt hat oder hätte erlangen müssen, spätestens aber nach 10 Jahren (§§ 12, 13 ProdHaftG).

637

7. Übersicht über die Unterschiede zwischen der Produkt- und der Produzentenhaftung

Beachten Sie die Unterschiede zwischen der Produzentenhaftung und der Produkthaftung!

638

Produzentenhaftung ⇨ §§ 823ff BGB	Produkthaftung ⇨ ProdHaftG
auch vor 1.1.1990	ab 1.1.1990
Quasihersteller (+)	Quasihersteller (-)
Produktbeobachtungspflicht (+)	Produktbeobachtungspflicht (-)
Ausreißer (-)	Ausreißer (+)
h.M. Resteigentum (+)	bzgl. Resteigentum str.
Verschulden notwendig	Gefährdungshaftung
Schmerzensgeld, § 847 BGB	kein Schmerzensgeld
kein Höchstbetrag	Höchstbeträge, §§ 7-10 PHG
kein Erlöschen	10 Jahre nach Inverkehrbringen Erlöschen, § 13 ProdHaftG

§ 14 SCHADENSERSATZRECHT

Ist eine Anspruchsgrundlage für Schadensersatz gefunden, stellt sich die Frage nach dem Anspruchsinhalt.

> **"HEMMER-METHODE":** Unterscheiden Sie genau: Ein Schadensersatzanspruch setzt voraus, daß sowohl der Anspruchsgrund (Haftungstatbestand) als auch ein Schaden (Anspruchsinhalt) gegeben ist.
> So ist z.B. kein Anspruch aus § 823 I BGB gegeben, wenn zwar eine Gesundheitsbeschädigung vorliegt, mangels Krankenhauskosten aber ein Schaden fehlt.

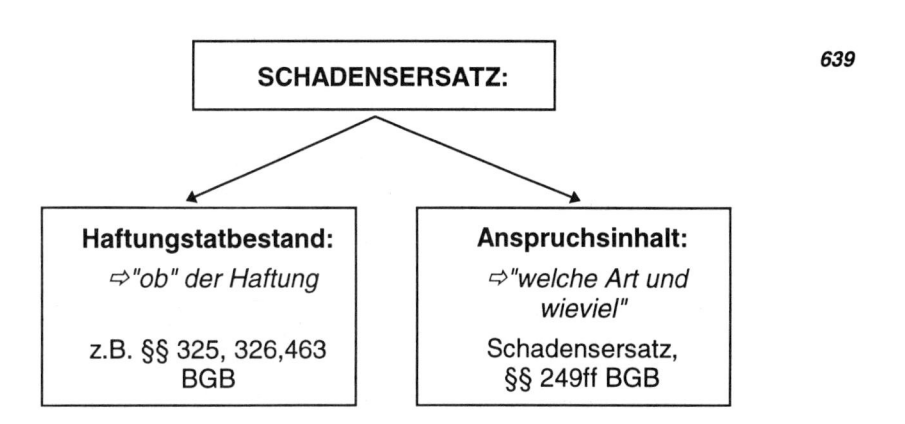

639

```
                    SCHADENSERSATZ:
                    /              \
        Haftungstatbestand:      Anspruchsinhalt:
        ⇨"ob" der Haftung        ⇨"welche Art und
                                    wieviel"
        z.B. §§ 325, 326, 463    Schadensersatz,
             BGB                 §§ 249ff BGB
```

A. Schadensermittlung

I. Begriff

Schaden: unfreiwillige Einbuße

Der Begriff des Schadens wird definiert als unfreiwillige (im Gegensatz zur Aufwendung) Einbuße an rechtlich geschützten Gütern und umfaßt damit auch Nichtvermögens- (= immaterielle) Schäden.

640

Differenzhypothese

Ob ein Schaden vorliegt, läßt sich anhand der Differenzhypothese feststellen. Danach ist ein Vermögensschaden gegeben, wenn der jetzige tatsächliche Wert des Vermögens geringer ist als der Wert, den das Vermögen ohne das die Ersatzpflicht begründende Ereignis jetzt haben würde.

641

> **"HEMMER-METHODE":** Falsch ist der häufig zitierte Satz:" Schaden ist der Vergleich der Vermögenslage vor und nach dem schädigenden Ereignis". Dem Schadensbegriff wohnt eine dynamische Betrachtungsweise inne, die die weitere (tatsächliche wie hypothetische) Entwicklung nach dem schädigenden Ereignis mit in die Schadensberechnung einbezieht.

II. Normativer Schaden

Nicht immer ist die Differenzhypothese ausreichend, um einen ersatzfähigen Schaden festzustellen.

642

> *Bsp.: Rocky verletzt fahrlässig den Almöhi, so daß dieser drei Tage lang seinen kleinen Laden nicht betreiben kann. Da der Almöhi für diese Zeit keine Aushilfe einstellen will, vertritt ihn unentgeltlich seine Tochter Heidi, die gerade drei Tage Urlaub hat.*

Die strenge Anwendung der Differenzhypothese würde dazu führen, daß der Almöhi (zumindest hinsichtlich seines dreitägigen Ausfalls) keinen Vermögensschaden erlitten hat. Da aber die Hilfsbereitschaft der Heidi nicht dem Schädiger Rocky zugute kommen soll, ist bei wertender Betrachtung ein sog. „normativer Schaden" des Almöhi zu bejahen. Der Schädiger (Rocky) soll nicht besser stehen, als wenn der Almöhi eine Ersatzkraft eingestellt hätte.

Damit ist von einem Schaden in Höhe der üblichen Lohnkosten für einen Vertreter auszugehen.

B. Art des Schadens

§§ 249-253 BGB

Die Frage nach der Form des Schadensersatzes ist in den §§ 249-253 BGB geregelt. **643**

Es ist grundsätzlich zu unterscheiden zwischen: **644**

Naturalrestitution

- **Naturalrestitution:** Herstellung des Zustandes, der bestehen würde, wenn der zum Ersatz verpflichtende Umstand nicht eingetreten wäre

Geldentschädigung

- **Geldentschädigung:** Ausgleich des Vermögensnachteils

Bsp.: A beschädigt im Verkehr fahrlässig B's Auto schwer. Die Reparatur würde 3.800 DM kosten, der Zeitwert des Autos vor dem Unfall war aber nur noch 3.500 DM, nach dem Unfall 500 DM.

Naturalrestitution würde also Reparatur (bzw. Ersatz der Reparaturkosten = 3.800 DM) bedeuten, Geldentschädigung nur Zahlung von 3.500 DM abzgl. 500 DM = 3.000 DM.

I. Grundsatz der Naturalrestitution, § 249 BGB

Soweit Naturalrestitution möglich ist, hat der Gläubiger grds. darauf gem. § 249 S.1 BGB einen Anspruch. Statt dessen kann er bei Körperverletzungen oder Sachbeschädigung nach § 249 S.2 BGB aber auch den für die Wiederherstellung erforderlichen Geldbetrag verlangen. Dies nach h.M. bei einer Sachbeschädigung (nicht bei einer Körperverletzung) selbst dann, wenn eine Reparatur gar nicht durchgeführt wird. **645**

II. Entschädigung, § 251 BGB

wenn Naturalrestitution nicht möglich oder nicht ausreichend

Ist die Naturalrestitution aus tatsächlichen oder rechtlichen Gründen nicht möglich oder nicht ausreichend oder erfordert sie unverhältnismäßig hohe Aufwendungen, ist statt Naturalrestitution eine Entschädigung in Geld vorzunehmen. **646**

Bsp. für § 251 I BGB: Wäre beim Auto im Bsp. oben eine Reparatur gar nicht möglich, bestünde nach § 251 I BGB nur ein Anspruch auf Geldentschädigung

Bsp. für § 251 II BGB: Die Naturalrestitution ist im obigen Beispiel um 26 % teurer als eine Geldentschädigung. Dies könnte eine unverhältnismäßig hohe Aufwendung sein. Indes läßt die Rechtsprechung bei Autos Reparaturkosten bis zu 30 % über der Geldentschädigung noch zu, wenn das Auto weiter gefahren wird. Das Prognoserisiko für einen insoweit verkehrten Kostenvoranschlag trägt der Schädiger, er muß die höheren Kosten tragen, die unvorhergesehen bei der Reparatur anfallen.

> **"HEMMER-METHODE":** Unterscheiden Sie also § 249 S.2 BGB und „§ 251 BGB voneinander! Obwohl beide Normen auf Geldzahlung abzielen, liegt bei § 249 S.2 BGB ein Fall der Naturalrestitution vor!

III. § 250 BGB

§ 250 BGB (lesen!) betrifft einen Sonderfall, in dem der Gläubiger auch ohne die Voraussetzungen der §§ 249 S.2, 251 BGB Geldzahlungen verlangen kann. Da § 250 BGB nach h.M. der Naturalrestitution zuzuordnen ist, ist die Höhe der Zahlungen wie bei § 249 S.2 BGB, nicht wie bei § 251 BGB festzusetzen. — 647

IV. §§ 252, 253 BGB

auch entgangener Gewinn

1. § 251 S.1 BGB stellt klar, was sich schon aus § 249 S.1 BGB ergibt, nämlich daß zum zu ersetzenden Schaden auch der entgangene Gewinn zählt. § 252 S.2 BGB ist eine Beweiserleichterung für den Gläubiger. — 648

Entschädigung für immaterielle Schäden nur in Ausnahmefällen

2. § 253 BGB legt fest, daß eine Geldentschädigung für immaterielle Schäden nur in gesetzlich geregelten Fällen zu gewähren ist (die wichtigsten: §§ 847, strittig bei § 651f II BGB). Daraus ergibt sich umgekehrt zugleich, daß ein Anspruch auf Naturalrestitution – soweit durchführbar – auch bei immateriellen Schäden ohne weiteres möglich ist! Diese hat freilich geringe praktische Relevanz.

V. Entgangene Gebrauchsvorteile

Schwierigkeiten kann die Feststellung bereiten, ob bestimmte Verletzungsfolgen überhaupt einen Vermögenswert besitzen, insbesondere wenn es um die Entschädigung für entgangene Gebrauchsvorteile geht. — 649

Bsp. ist vor allem die Beschädigung eines Pkw, wenn kein Ersatzfahrzeug angemietet wurde, so daß der Vermögenswert der entgangenen Gebrauchsmöglichkeit als solcher in Frage steht.

Kommerzialisierungsgedanke

Unter dem Aspekt, daß auch bestimmte Nutzungsmöglichkeiten zu kommerzialisieren (Kommerzialisierungsansätze) sind, läßt die h.M., mit Einschränkungen durch die Rspr., in bestimmten Fällen einen Schadensersatz auch dann zu, wenn sich der Verletzungserfolg nicht anhand eines bestimmten Vermögenswertes ablesen läßt. — 650

Voraussetzungen

Voraussetzungen für den Ersatz entgangener Gebrauchsvorteile wären dann: — 651

- die ständige Verfügbarkeit des geschädigten Gebrauchsgegenstandes, die für die eigenwirtschaftliche Lebensführung von zentraler Bedeutung sein muß (z.B. Auto, nicht aber Pelzmantel)

- ein Eingriff in den Gegenstand des Gebrauchs (also z.B. nicht ausreichend, daß Gegenstand wegen einer Verletzung nicht gebraucht werden kann: Autofahrer kann das Auto infolge eines durch einen anderen verursachten Beinbruchs nicht fahren)

- eine fühlbare Beeinträchtigung des Geschädigten, der also den Nutzungswillen und (hypothetische) Nutzungsmöglichkeit haben muß.

VI. Vorteilsanrechung

Es kann auch passieren, daß dem Geschädigten durch das schädigende Ereignis zugleich Vorteile erwachsen.

Bsp.: Das Kind, das durch den Unfall seine ihm unterhaltspflichtigen Eltern verliert (§ 844 II BGB!), wird deren Erbe

Wird ein gegen Feuer versichertes Haus bei einem Brand zerstört, so verliert der Eigentümer zwar sein Haus, er erhält dafür aber die Versicherungssumme.

Anrechnen von Vorteilen

In derartigen Fällen stellt sich die Frage, inwieweit sich der Geschädigte i.R.d. Differenzhypothese diese Vorteile (schadens- und damit anspruchsmindernd) anrechnen lassen muß.

Dieses Problem ist gesetzlich kaum geregelt. Auf der einen Seite bejaht § 642 II BGB eine Vorteilsanrechnung und auf der anderen Seite lehnt § 843 IV BGB eine Vorteilsanrechnung dagegen explizit ab.

Die Rechtsprechung hat zwei Voraussetzungen aufgestellt, nach denen eine Vorteilsanrechnung möglich sein soll. Dazu gehört,

- daß in tatsächlicher Hinsicht zwischen dem Schadensereignis und dem Vorteil ein adäquater Kausalzusammenhang bestehen muß

- und daß bei normativer (also wertender) Betrachtung, eine Anrechnung des Vorteils auf den zu ersetzenden Schaden dem Zweck des Schadensersatzes entspricht, dem Geschädigten zumutbar ist und keine unbillige Entlastung des Schädigers darstellt.

> **"HEMMER-METHODE":** Bei dieser Wertungsfrage wird in der Klausur regelmäßig der Schwerpunkt liegen. Ähnlich wie bei der Kausalität im Rahmen des § 823 BGB gilt: Die reine Tatsachenebene (kausaler Vorteil) ist in der Regel gegeben. Bei der Wertungsfrage können Sie Begründungskunst zeigen.

Wichtige Fallgruppen sind:

1. Erbrechtlicher Erwerb

Besteht wegen einer Tötung ein Schadensersatzanspruch eines Dritten aus § 844 BGB, so gilt, wenn der Dritte zugleich Erbe des Getöteten ist, bezüglich der Anrechnung der Erbschaft folgendes:

Anzurechnen sind nur solche Erträge aus dem Nachlaß, die nicht den Stammwert (das Grundvermögen des Verstorbenen) vermehrt hätten, sondern vom Getöteten verbraucht worden wären.

2. Freiwillige Leistungen Dritter

Spendiert die Tante dem Neffen, der sich infolge eines vom Schädiger verursachten Unfalles im Krankenhaus befindet, 100 DM, damit er sich als Trostpflaster etwas zum Zeitvertreib kaufen kann, so reduzieren diese Leistungen nicht den Schadensersatzanspruch des Geschädigten, denn sie verfolgen nicht den Zweck, den Schädiger zu entlasten, sondern sollen nur dem Opfer helfen.

3. Vom Geschädigten erkaufte Vorteile

Hat sich der Geschädigte in Befürchtung eines kommenden Unheils gegen den vom Schädiger verursachten Schaden versichert, kann die Leistung, die er dann von dem Versicherer erhält, nicht von dem zu ersetzenden Schaden abgezogen werden. Derartige Vorteile dürfen nicht angerechnet werden.

657

Dies gilt auch z.B. für Lohnfortzahlungen, denn diese gelten als durch die Arbeitsleistung miterkaufte Leistungen.

4. Unterhaltsleistungen

Erfüllt der Dritte mit dem Schadensausgleich gegenüber dem Geschädigten eine Unterhaltspflicht, so greift § 843 IV BGB ein. Nach dieser Vorschrift ist eine Vorteilsanrechnung ausdrücklich unzulässig.

658

> **"HEMMER-METHODE":** Folgendes einfaches Beispiel kann man sich in diesem Zusammenhang gut merken: Das Kind wird schuldhaft verletzt, Eltern zahlen Krankenhauskosten. Der Anspruch des Kindes gegen den Schädiger entfällt nicht. Der Vorteil der Unterhaltsleistungen der Eltern wird nicht angerechnet. Dies stellt das Deliktsrecht in § 843 IV BGB ausdrücklich fest. Es handelt sich um eine klausurtypische Bestimmung, die dem Ersteller als imaginären Gegner weitere Problemfelder eröffnet, in denen er Sie prüfen kann, wie z.B. der Regreß der Eltern gegenüber dem Schädiger.

5. Eigene überpflichtmäßige Anstrengungen des Geschädigten

Schadensminderungspflicht

Den Geschädigten trifft gegenüber dem Schädiger die Schadensminderungspflicht aus § 254 II S.1 BGB, d.h. er muß sich bemühen, den Schaden so gering wie möglich zu halten. Verstößt er gegen diese Pflicht, so mindert sich sein Anspruch entsprechend. Daraus ergibt sich aber zugleich, daß über diese Pflicht hinausgehende Anstrengungen des Geschädigten nicht zu einer Vorteilsanrechnung führen dürfen.

659

Bsp.: Durch Unachtsamkeit des S wird der Fahrschulwagen des K beschädigt. Während der Reparaturzeit fallen 20 Unterrichtsstunden aus. K holt diese außerhalb der üblichen Zeit am späten Abend nach.

Bei den von K geleisteten Überstunden am späten Abend handelt es sich um Anstrengungen, die nach § 254 BGB nicht hätten gefordert werden können. Überpflichtmäßige Anstrengungen sollen aber dem Schädiger nicht zugute kommen. K kann also Ersatz des an den 20 Reparaturtagen entgangenen Gewinns verlangen, auch wenn er durch sein eigenes Bemühen den Verlust ausgeglichen hat.

6. Ersparte Aufwendungen

werden vom Schaden abgezogen

Typisches Beispiel für eine zulässige Vorteilsanrechnung sind auch die sogenannten ersparten Aufwendungen: Der Geschädigte muß sich von seinem Schaden alle Aufwendungen abziehen lassen, die er infolge des schädigenden Ereignisses nicht tätigen mußte.

660

Bsp.: Der verletzte Arbeitnehmer hat zwar für die Zeit seines Krankenhausaufenthaltes einen Verdienstausfallsschaden, von dem er sich aber die Fahrtkosten abziehen lassen muß, die er sich dadurch erspart, daß er während dieser Zeit nicht zu seiner auswärts gelegenen Arbeitsstätte pendeln muß.

7. Durchführung der Vorteilsanrechnung

Der Vorteil wird, ohne daß es dazu einer Erklärung durch den Schädiger bedarf, automatisch vom Schaden abgezogen.   *661*

§ 15 DER DRITTE IM SCHULDVERHÄLTNIS

Alle bisher dargestellten Problemfelder, die Sie schon kennengelernt haben, beziehen sich i.d.R. auf ein Zweipersonenverhältnis. Wie in einer Oper agieren meistens aber nicht nur zwei, sondern mehrere Personen, wodurch das Arrangement sehr viel interessanter wird. Auch in der Juristerei bieten Mehr-Personenverhältnisse interessante und vielseitige Möglichkeiten.

Einen Bereich, in dem ein Dritter auftaucht, haben Sie bereits kennengelernt – die Stellvertretung!

> **"HEMMER-METHODE"**: Bedenken Sie: Der Klausurersteller steht vor dem Problem, wie schaffe ich Möglichkeiten der Notendifferenzierung, welche Fallen und Stolpersteine baue ich in den Sachverhalt ein. Der Dritte ist nicht nur bei Krimis, sondern auch in den Klausuren eine interessante Möglichkeit, Problemfelder zu erweitern.

A. Stellvertretung

Ohne Sie langweilen zu wollen, an dieser Stelle noch einmal eine kurze Wiederholung zum Stellvertreter, insbesondere die für eine Klausur wichtige Unterscheidung zwischen § 164 BGB und § 166 BGB.

I. Abgrenzung § 164 – § 166 BGB

Während über § 164 BGB eine Willenserklärung des Vertreters für den Vertretenen wirkt, geht es bei § 166 BGB um die Zurechnung von Willensmängeln bzw. Kenntnissen. Deutlich wird dies bei § 463 BGB: In Satz 1 wird für eine Zusicherung, also eine Willenserklärung gehaftet; wird diese von einem Vertreter abgegeben, gilt § 164 BGB. Die Haftung nach Satz 2 setzt Arglist voraus, also eine Wissenskomponente; das Wissen des Vertreters wird nach § 166 BGB zugerechnet.

II. Anwendung des § 166 BGB außerhalb des Vertragsschlusses

Auch wenn eine rechtsgeschäftliche Vertretung nicht vorliegt, kann eine vergleichbare Interessenlage dahingehend bestehen, daß es angemessen erscheint, demjenigen, der einen Dritten für sich tätig werden läßt, auch dessen Wissen zuzurechnen bzw. bei beschränkt Geschäftsfähigen auch außerhalb des Vertrages auf den Willen der gesetzlichen Vertreter abzustellen.

Hier hilft der Rechtsgedanke des § 166 BGB weiter, z.B.

Zurechnung der Bösgläubigkeit ⇨ analog § 166 BGB

1. Beim Besitzerwerb durch Besitzdiener rechnet die h.M. dem Besitzer die Bösgläubigkeit des Besitzdieners analog § 166 BGB zu.

2. Für die Frage nach der Bösgläubigkeit i.S.d. § 819 BGB wird die Kenntnis des Vertreters ebenfalls nach § 166 BGB zugerechnet bzw. bei Minderjährigen auf die Kenntnis der Eltern abgestellt; dies zumindest bei der Leistungskondiktion, weil diese der Abwicklung eines fehlgeschlagenen Vertrages dient.

III. Organtheorie

Eine noch weitreichendere Zurechnung erfolgt in den Fällen, in denen § 166 I BGB nicht greifen würde, nach der sog. Organtheorie.

„Ein faules Ei verdirbt den Brei."

Danach gilt das Wissen, das ein Organ hatte, als Wissen der juristischen Person selbst und soll nach der Rechtsprechung auch bestehen bleiben, wenn das Organ schon ausgeschieden ist. („Gedanke der Repräsentation" oder „Ein faules Ei verdirbt den ganzen Brei").

Bsp.: Geschäftsführer Hinkelstein der Flintstein GmbH verkauft unter Ausschluß der Gewährleistung einen gebrauchten Golf an Herrn Rubin. Bei einer Untersuchung stellt sich zufällig heraus, daß der Wagen nicht unerheblich unfallbeschädigt war, was jedoch Hinkelstein nicht wußte, sondern nur sein Vorgänger Herr Mausgrau, der aus dem Unternehmen bereits ausgeschieden ist.

Herr Rubin könnte den Vertrag nach § 123 BGB anfechten. Das Unterlassen der Aufklärung über den Unfall stellt eine Täuschung dar. Da nicht Herr Hinkelstein persönlich Vertragspartner von Herrn Rubin ist, sondern die Flintstein GmbH, für die Herr Hinkelstein nur aufgetreten ist, wäre eine Anfechtung aber nur dann zulässig, wenn die GmbH selbst von dem Unfall gewußt hatte.

Das Wissen des Herrn Mausgrau kann der Flintstein GmbH über § 166 BGB nicht zugerechnet werden, da dieser zum Zeitpunkt des Vertragsschlusses bereits ausgeschieden war. Aufgrund der Zurechnungsregelung der Organtheorie wird aber das einmal vorhandene Wissen des Herrn Mausgrau der Flintstein GmbH zugerechnet und da somit ein „Wissen" der GmbH vorlag, bzw. diese sich so behandeln lassen muß, kann Herr Rubin den Vertrag nach § 123 BGB anfechten.

"HEMMER-METHODE": Merken Sie sich: Die Organtheorie gilt auch bei Vereinen und bei den Gemeinden, z.B. ausgeschiedener Bürgermeister wußte von verseuchtem Grundstück, welches die Gemeinde durch den neuen Bürgermeister verkauft hat. Sie soll aber nicht gelten bei Personengesellschaften, wie BGB-Gesellschaft, OHG und KG.

667

B. Erfüllungs- und Verrichtungsgehilfe

Gerade in einer modernen, arbeitsteiligen Gesellschaft wird es häufig passieren, daß eine Hilfsperson H des A dem B in einer Situation Schaden zufügt, in der eigentlich A selbst tätig werden würde und deshalb B vom (häufig solventeren) A seinen Schaden ersetzt bekommen möchte. In dieser Situation greifen die §§ 278, 831 BGB ein, nach denen A auf Grund des Fehlverhaltens des H dem B haftet.

668

§ 278: bestehende schuldrechtliche Sonderverbindung vorausgesetzt

Die Unterscheidung zwischen § 278 BGB und § 831 BGB ist deshalb so wichtig, weil die Zurechnungsnorm des § 278 BGB wesentlich strenger ist als § 831 BGB. Das hängt damit zusammen, daß § 278 BGB eine bestehende schuldrechtliche Sonderverbindung voraussetzt und innerhalb dieser Sonderverbindung die Sorgfaltspflichten des Schuldners weiter reichen als die gegenüber jedermann sonst.

669

"HEMMER-METHODE": Es kann also durchaus sein, daß dasselbe Verhalten des H dem A im Rahmen eines vertraglichen Schadensersatzanspruches des B zugerechnet wird, während er deliktisch nicht nach § 831 BGB haftet.

I. Erfüllungsgehilfe, § 278 BGB

1. Erfüllungspersonen sind die „Personen, denen der Schuldner sich zur Erfüllung seiner Verbindlichkeiten bedient", § 278 S.1 BGB, bzw. Personen, die mit Wissen und Wollen des Schuldners in dessen Gesamtpflichtenkreis tätig werden, wobei es auf die Rechtsbeziehung zwischen ihnen nicht ankommt. Er kann also sowohl ein Angestellter, als auch ein (sozial nicht abhängiger) anderer Unternehmer sein.

670

§ 15 DER DRITTE IM SCHULDVERHÄLTNIS

Verschulden des Erfüllungsgehilfen

2. § 278 BGB setzt eine schon bestehende Sonderverbindung voraus, die v.a. in Verträgen, aber auch einem vorvertraglichen Schuldverhältnis bestehen kann.

eventuelle Haftungsbeschränkungen sind zu berücksichtigen

3. Dem Erfüllungsgehilfen muß Verschulden, § 276 BGB zur Last fallen. Da der Geschäftsherrn für seinen Erfüllungsgehilfe nicht strenger haften soll, als für eigenes Verschulden, sind eventuelle Haftungsbeschränkungen zu berücksichtigen, z.B. §§ 521, 529, 690 BGB.

innerer Zusammenhang zur Aufgabe

4. Das schuldhafte Verhalten muß nach der h.M. in einem inneren Zusammenhang zur Aufgabe stehen, die der Erfüllungsgehilfe zur Pflichterfüllung des Schuldners übernommen hat („bei Erfüllung, nicht nur bei Gelegenheit, z.B.: Arbeiter stiehlt Pelzmantel bei Reparaturarbeiten")

II. Verrichtungsgehilfe, § 831 BGB

Weisungsgebundenheit

1. Verrichtungsgehilfe ist derjenige, dem eine Tätigkeit vom Geschäftsherrn übertragen wurde und der von den Weisungen des Geschäftsherrn abhängig ist. Die Weisungsgebundenheit ist das wesentliche Kriterium für den Verrichtungsgehilfen; sie liegt vor, wenn der Geschäftsherr die Tätigkeit des Gehilfen jederzeit beschränken, untersagen oder nach Zeit und Umfang beschränken kann.

Bsp.: Verrichtungsgehilfen sind: Arbeiter, Angestellte.

Merke: Keine Verrichtungsgehilfen sind: Architekt, Handwerker und Bauunternehmer; diese können im wesentlichen über ihre Arbeitszeit selbst bestimmen.

Geschäftsherr haftet für vermutetes eigenes Verschulden

2. Der Verrichtungsgehilfe muß den objektiven Tatbestand einer unerlaubten Handlung (§§ 823ff BGB) erfüllen und rechtswidrig gehandelt haben. Ein Verschulden des Gehilfen ist nicht erforderlich, da der Geschäftsherr für vermutetes eigenes Verschulden haftet.

3. Zum „Handeln in Ausführung der Verrichtung" gilt das zu § 278 BGB Ausgeführte grds. entsprechend; während aber zur Auslegung bei § 278 BGB auch auf die vertraglich geschuldeten Pflichten zurückzugreifen ist, ist hier auf die dem Verrichtungsgehilfen übertragenen Aufgaben abzustellen. Im Ergebnis werden sich freilich selten Unterschieden ergeben.

4. Der Geschäftsherr haftet nur, wenn er sich nicht entlasten kann (§ 831 I S.2 BGB).

Entlastungsmöglichkeiten

Die Entlastung ist ihm unter verschiedenen Aspekten möglich:

a) Er kann sich entlassen, indem er nachweist, daß er den Gehilfen sorgfältig ausgewählt hat.

b) Hat der Geschäftsherr Geräte zu beschaffen und die Verrichtung zu leiten, so muß er auch insofern sorgfältig gehandelt haben.

c) Er kann sich ferner entlasten, wenn er nachweist, daß der Schaden auch bei Anwendung der erforderlichen Sorgfalt entstanden wäre, daß also die Sorgfaltspflichtverletzung für den Schaden nicht ursächlich war.

Im einzelnen unterscheiden sich § 278 BGB und § 831 BGB also wie folgt:

Übersicht

§ 278 BGB	§ 831 BGB
Zurechnungsnorm keine Anspruchsgrundlage	eigene Anspruchsgrundlage, ggf Zurechnungsnorm (str.)
Sonderverbindung notw.	Sonderverbindung nicht notw.
Weisungsgebundenheit (-)	Weisungsgebundenheit notw.
Exculpation (-)	Exculpation mögl. § 831 I S.2 BGB

III. § 31 BGB

Zurechnung von Handeln des Vertreters zum Verein

1. § 31 BGB rechnet Vereinen das Handeln verfassungsmäßig berufener Vertreter umfassend als eigenes zu. Er ist nach h.M. anwendbar bei Delikt und Vertragsverletzungen.

2. Nicht zuletzt, um § 831 BGB zurückzudrängen (Exculpationsmöglichkeit!) hat die Rechtsprechung den Begriff des „verfassungsmäßig berufenen Vertreters" ausgeweitet, insbesondere ist nicht erforderlich, daß das Tätigwerden in der Satzung vorgesehen ist.

anwendbar auf alle Handelsgesellschaften mit eigener Rechtspersönlichkeit, auch OHG, KG

Auch wird § 31 BGB nicht nur auf den rechtsfähigen Verein angewandt, sondern unstreitig auf alle Handelsgesellschaften mit eigener Rechtspersönlichkeit und nach ganz h.M. auch auf OHG und KG. Dagegen nach wohl h.M. nicht auf BGB-Gesellschaften.

3. Das Handeln „in Ausführung der zustehenden Verrichtungen" bildet ein bei §§ 278, 831 BGB vergleichbar kennengelerntes Zurechnungskorrektiv, ist aber tendenziell eher weit auszulegen, weil das Organ den Verein eben repräsentiert.

> **"HEMMER-METHODE":** So handelt auch der Filialleiter einer Bank, genauso wie der Chefarzt eines Krankenhauses als Organ „in Ausführung der ihm zustehenden Verpflichtungen", selbst wenn er eine unerlaubte Handlung begeht. Lag z.B. ein Betrug gegenüber einem Kunden vor, so haftet die Bank aus pVV i.V.m. § 31 BGB und aus § 823 II BGB, 263 StGB und § 826 BGB jeweils i.V.m. § 31 BGB. Die Exculpationsmöglichkeit ist damit abgeschnitten.

4. Dritter i.S.d. § 31 BGB kann auch ein Vereinsmitglied sein, etwa wenn ihm gegenüber eine satzungsmäßige Pflicht verletzt wird.

5. Kraft gesetzlicher Verweisung in §§ 86, 89 BGB findet § 31 BGB auf Stiftungen und juristische Personen des öffentlichen Rechts (etwa Handeln des Bürgermeisters für die Gemeinde) Anwendung.

C. Vertrag zugunsten Dritter

Es geht in den Klausuren aber nicht nur darum, den sog. „schuldigen" Dritten zu suchen. Der Dritte kann z.B. auch in einen Vertrag mit einbezogen werden, in der Weise, daß dadurch für ihn Rechte begründet werden. Diese Verträge nennt man Verträge zugunsten Dritter. Hinsichtlich der Rechtsstellung des Dritten ist zu differenzieren:

I. Echter Vertrag zugunsten Dritter

eigenes Forderungsrecht des Dritten

Dieser ist in §§ 328ff BGB geregelt und gewährt dem Dritten ein selbständiges Forderungsrecht, ohne daß dieser aber in die Rechtsposition des Versprechensempfängers eintritt.

II. Unechter Vertrag zugunsten Dritter

nur Gläubiger kann Leistung verlangen

Beim gesetzlich nicht geregelten unechten Vertrag zugunsten Dritter dagegen kann nur der Gläubiger, nicht aber der Dritte selbst Leistung an den Dritten verlangen.

> **"HEMMER-METHODE"**: Die Problematik echter/unechter Vertrag zugunsten Dritter stellt sich z.B. im Reisevertragsrecht. „Frau bucht für Mann und Kind Reise, um sie zu überraschen". Neben Fragen des Vertretungsrechts (§§ 164ff, 1357 im Beispiel abzulehnen) kommt dann auch die Abgrenzung zum Vertrag mit Schutzwirkung zugunsten Dritter in Betracht. Letztlich ist entscheidend, wie Sie argumentieren.

D. Vertrag mit Schutzwirkung zugunsten Dritter

Vom Vertrag zugunsten Dritter ist streng zu unterscheiden der Vertrag mit Schutzwirkung zugunsten Dritter, der in den Klausuren von wesentlich größerer Bedeutung ist.

Einbeziehung in Sorgfalts- und Obhutspflichten

Anders als der Vertrag zugunsten Dritter, erlangt der Dritte keinen Leistungsanspruch (Primäranspruch), sondern wird nur in die vertraglichen Sorgfalts- und Obhutspflichten, die zwischen den Vertragspartnern bestehen, mit einbezogen. Werden diese Pflichten verletzt, kann der Dritte, obwohl er selbst kein direkter Vertragspartner ist, Schadensersatz nach vertraglichen Grundsätzen verlangen.

> **"HEMMER-METHODE"**: "Achten Sie in der Klausur auf die richtige Wortwahl: Anspruchsgrundlage ist nicht der Vertrag mit Schutzwirkung zugunsten Dritter selbst, sondern z.B. pVV des Werkvertrages i.V.m. den Grundsätzen über den VSD!

Bsp.: Hägar bringt seinen PKW in die Werkstatt des Attila, um ihn dort reparieren zu lassen. Seine 5-jährige Tochter Helga hatte ihn dabei begleitet. Als Hägar und Helga den Wagen am nächsten Tag abholen, explodiert während der Heimfahrt aufgrund unsachgemäßer Reparatur der Motor. Hägar und Helga werden schwer verletzt.

Hier kommt im Regelfall der Reparaturvertrag (§ 631 BGB) ausschließlich zwischen Hägar und Attila zustande. Helga kann daher nicht ihrerseits die Durchführung der Reparatur einfordern.

Ein möglicher Vertrag mit Schutzwirkung zugunsten der Helga führt lediglich dazu, daß sie für die erlittenen eigenen Verletzungen nicht bloß aus Delikt (§ 823 BGB) sondern auch aus Vertrag (pVV des Werkvertrages) Schadensersatz verlangen kann.

I. Anwendbarkeit des Vertrags mit Schutzwirkung zugunsten Dritter

„Drittschutztauglichkeit" des Rechtsverhältnisses

Da der VSD keine eigene Anspruchsgrundlage ist, sich die Ansprüche vielmehr aus einem bestehenden Vertrag oder aber einem bestehenden vorvertraglichen Schuldverhältnis ableiten, muß zunächst erst einmal festgestellt werden, ob ein derartiges „drittschutztaugliches Rechtsverhältnis" vorliegt. Die sich hieraus ergebenden Obhuts- und Sorgfaltspflichten müssen verletzt worden sein und zu einem Schaden bei dem Dritten geführt haben.

686

II. Einbeziehung des Dritten in den geschützten Personenkreis

Nicht jeder, der zufällig daneben steht, wenn zwei Personen einen Vertrag schließen, wird in die besonderen Sorgfalts- und Obhutspflichten, die sich aus einem solchen Vertrag ergeben, mit einbezogen.

Um die Haftung des Schuldners gegenüber Dritten nicht ausufern zu lassen, müssen die Grenzen des zu schützenden Personenkreises sehr eng gezogen werden. Es haben sich daher drei ganz bestimmte Kriterien herausgebildet, anhand derer das Vorliegen einer Schutzwirkung zugunsten Dritter zu prüfen ist:

687

geschützter Personenkreis

> 1. Leistungsnähe des Dritten
> 2. Personenrechtlicher Einschlag
> 3. Erkennbarkeit

688

> **"HEMMER-METHODE":** Diese drei Schlagworte sollten Sie kennen. In Fallösungen wird auf diese drei Begriffe Wert gelegt, weil es sich um einen standardisierten Prüfungsablauf handelt. Bringen Sie dabei stets auch die genannten Stichworte. Das Auge des Korrektors sucht diese Begriffe und er hakt dann schnell ab. Denken Sie daran: Er hat noch sehr sehr viele Klausuren vor sich. Es gilt den Abhakmechanismus des Korrektors zu erfassen.

1. Die Leistungsnähe des Dritten

gleichen Gefahren ausgesetzt wie Gläubiger

Ein Dritter ist nur dann schützenswert, wenn er mit der aus dem betreffenden Rechtsverhältnis geschuldeten Leistung bestimmungsgemäß in Berührung kommt und folglich den Gefahren einer Pflichtverletzung ebenso ausgesetzt ist, wie der Gläubiger selbst.

689

> *Bsp.: Verletzt der Vermieter seine Instandhaltungspflicht bezüglich der Mietsache, so sind den Gefahren, die sich hieraus ergeben, nicht nur der Mieter selbst ausgesetzt, sondern auch seine Kinder oder Besucher, die sich ebenfalls in den gemieteten Räumen aufhalten dürfen.*

2. Der personenrechtliche Einschlag

Es werden nur solche Dritte in die Schutzwirkung eines Vertrages einbezogen, die in der Nähe des Gläubigers stehen, denn nur dann hat dieser gegenüber dem Dritten auch bestimmte Schutzpflichten.

690

Wie diese Nähe des Dritten zu dem Gläubiger beschaffen sein muß, ist umstritten.

§ 15 DER DRITTE IM SCHULDVERHÄLTNIS

„Wohl und Wehe"

a) Ursprünglich mußte der Gläubiger für das Wohl und Wehe des Dritten verantwortlich sein, ihm Schutz und Fürsorge schulden.

Rspr.: Parteiwille entscheidend

b) Die Rspr. stellt ausschließlich auf den Parteiwillen ab, wonach derjenige bereits unter den Schutzbereich des Vertrages fällt, dem die Leistung aus diesem Vertrage zumindest nach dem hypothetischen Parteiwillen bestimmungsgemäß zugute kommen soll.

Diese Ansicht erweitert jedoch den Anwendungsbereich des VSD sehr stark und droht die Abgrenzung zur deliktischen Haftung zu verwischen, weshalb erstere Ansicht vorzugswürdiger erscheint. Andernfalls würde z.B. auch im folgenden Beispiel ein Vertrag mit Schutzwirkung zugunsten Dritter zu bejahen sein.

> *Bsp.: Der Architekt Schneider will ein Grundstück erwerben, um dieses mit einer Hypothek belasten zu können. Er will dafür bei der Hydro-Bank einen günstigen Kreditvertrag in Anspruch nehmen. Er gibt daher bei dem Bausachverständigen Dödel ein Gutachten über den Wert des zu erwerbenden Grundstücks in Auftrag. Dieser arbeitet allerdings unsorgfältig und kommt daher zu einem falschen Ergebnis. Dadurch erleidet auch die das Grundstück beleihende Hydro-Bank einen Vermögensschaden.*

Nach der Rspr. wäre hier ein VSD des zwischen Schneider und Dödel geschlossenen Vertrages auch zugunsten der Hydro-Bank anzunehmen. Denn der nach dem Üblichen und Billigen zu ermittelnde hypothetische Parteiwillen von Schneider und Dödel (§§ 133, 157 BGB) war darauf gerichtet, auch die Hydro vor einem unrichtigen Gutachten zu schützen.

Nicht gegeben wäre der personenrechtliche Einschlag nach der „Wohl- und Wehe"- Formel.

Keinesfalls gegeben ist der personenrechtliche Einschlag bzw. die Gläubigernähe im Verhältnis zwischen Käufer und Verkäufer. Daher ist der Endabnehmer nicht in den Schutzbereich des Vertrages zwischen Produzent und Händler einbezogen.

> **"HEMMER-METHODE":** Klausurtaktik: Ist im Sachverhalt erkennbar das Problem angelegt, inwieweit ein Dritter in den Schutzbereich eines Vertrages fällt, so müssen Sie natürlich dieses Problem auch dann erörtern, wenn Sie einen Anspruch an sich schon am Fehlen einer schuldhaften Pflichtverletzung des Schuldners scheitern lassen wollen. Verschenken Sie keine Punkte, indem Sie stur nach Schema prüfen, sondern versuchen Sie den intellektuellen Rahmen, den Ihnen die Klausur bietet, voll auszuschöpfen.

3. Die Erkennbarkeit

Die Leistungsnähe des Dritten, sowie der personenrechtliche Einschlag müssen dem Schuldner zumindest erkennbar gewesen sein. Nur dann konnte er sich nämlich auf die ihm drohende ausgedehnte Haftung entsprechend einstellen

III. Die Rechtsfolgen des Vertrages mit Schutzwirkung zugunsten Dritter

eigener vertraglicher Schadensersatzanspruch des Dritten

1. Fällt ein Dritter unter den Schutzbereich eines Vertrages, so steht ihm bei einer Pflichtverletzung durch den Schuldner ein eigener vertraglicher Schadensersatzanspruch zu, in dessen Rahmen insbesondere eine Verschuldenszurechnung nach § 278 BGB möglich ist.

> **"HEMMER-METHODE"**: Merken Sie sich: Beim Vertrag mit Schutzwirkung zugunsten Dritter wird die Anspruchsgrundlage zum Schaden gezogen! Das bedeutet, daß der geschädigte Dritte hier ausnahmsweise einen eigenen Anspruch zugesprochen erhält. An diesem Punkt liegt somit zugleich der entscheidende Unterschied zu der im folgenden behandelten Drittschadensliquidation: Dort wird nämlich der Schaden zum Anspruch gezogen! Bei der Drittschadensliquidation erhält der Dritte daher keinen eigenen Schadensersatzanspruch, vielmehr liquidiert der Gläubiger auch den Schaden des Dritten.

Zurechnung eines etwaigen Mitverschuldens

2. Da der Dritte die Vorteile eines eigenen vertraglichen Schadensersatzanspruches gewährt bekommt, muß er auch deren Nachteile akzeptieren. Dazu gehört neben möglichen Haftungsausschlüssen und kürzeren Verjährungsfristen, vor allem auch die Zurechnung eines Mitverschuldens von Hilfspersonen des Dritten über §§ 254 II S.2, 278 BGB.

695

> **"HEMMER-METHODE"**: Denken Sie daran: Das Mitverschulden der Eltern bei der Schädigung ihres Kindes ist ein typisches Klausurfeld.

Bsp.: Wollen die Eltern etwas kaufen und wird das Kind durch Verschulden eines bisher sorgfältigen Angestellten des Verkäufers verletzt und haben gleichzeitig auch die Eltern ihre Aufsichtspflicht verletzt, so gilt: Das Kind hat gegen den Verkäufer einen Anspruch aus c.i.c. i.V.m. Vertrag mit Schutzwirkung; das Verschulden des Angestellten wird gem. § 278 BGB zugerechnet.

Anspruchsmindernd wirkt im Rahmen dieser Anspruchsgrundlage dann aber §§ 254 II S.2, i.V.m. § 278 BGB: Danach wird dem Kind das Verschulden der Eltern zugerechnet. § 831 BGB entfällt wegen der Exculpationsmöglichkeit.

E. Die Drittschadensliquidation

Vertragliche Ansprüche stehen nur dem Vertragspartner zu oder einem durch die Drittschutzwirkung des Vertrages begünstigten Dritten. Ansprüche aus unerlaubter Handlung (§§ 823ff BGB) kann grundsätzlich nur der Verletzte selbst geltend machen.

mittelbare Vermögensschädigung

Wer durch die Verletzung eines Dritten nur mittelbar in seinem Vermögen geschädigt wird, hat deshalb grds. keinen Schadensersatzanspruch. Damit eine für den Schädiger zufällige Schadensverlagerung diesem nicht zugute kommt, gibt es die Regelungen der Drittschadensliquidation.

696

I. Voraussetzungen der Drittschadensliquidation

Das Eingreifen des Rechtsinstituts der Drittschadensliquidation wird anhand von drei Kriterien überprüft:

Voraussetzungen

1. Der Anspruchsberechtigte hat keinen Schaden
2. Der Geschädigte hat keinen eigenen Anspruch
3. Zufällige Schadensverlagerung

697

Bsp.: Donald verkauft Goofy eine alte Kommode. Auf dessen ausdrücklichen Wunsch hin erklärt sich Donald bereit, eine geeigneten Spediteur auszusuchen, der sie dem Goofy auf dessen Kosten liefern soll. Nachdem Donald dem Spediteur die Kommode übergeben hatte, wird diese auf der Fahrt zu Goofy dadurch zerstört, daß über den Wagen des Spediteurs ein Panzer rollt, dessen Fahrer den PKW übersehen hat.

1. Der Anspruchsinhaber hat keinen Schaden

Risikoverteilungsregel

Durch eine Risikoverteilungsregel darf der Anspruchsinhaber keinen Schaden haben.

Im Bsp. ist Donald noch Eigentümer, also Anspruchsinhaber nach § 823 BGB. Allerdings hat er keinen Schaden: Von der Übereignungspflicht aus dem Kaufvertrag wird er nach § 275 BGB frei, seinen Zahlungsanspruch behält er wegen § 477 BGB weiterhin.

2. Der Geschädigte hat keinen eigenen Anspruch

kein eigener Anspruch des Dritten

Der Dritte darf keine eigenen Ansprüche gegen den Schädiger haben. Sie müssen deshalb zumindest gedanklich alle möglichen Anspruchsgrundlagen, die für den Dritten in Betracht kommen, durchgehen. Zu diesen eigenen Ansprüchen kann insbesondere ein Anspruch aus Vertag mit Schutzwirkung zugunsten Dritter gehören.

Darüber hinaus läßt die Rspr die Drittschadensliquidation aus einem vertraglichen Ersatzanspruch auch in den Fällen zu, in denen dem Dritten ein eigener, aber bloß deliktischer Schadensersatzanspruch zusteht.

Im Bsp. hat Goofy keinen eigenen Anspruch gegen den Panzerfahrer, da er noch nicht Eigentümer ist. Selbst wenn man dem Speditionsvertrag Drittschutzwirkung zuspräche, würde ein Anspruch gegen den Spediteur mangels Verschulden ausscheiden. Da Goofy aber wegen § 477 BGB weiterhin den Kaufpreis schuldet, ist ihm aus dieser Situation ein Schaden erwachsen, für dessen Ersatz er keine Ansprüch hat.

3. Die zufällige Schadensverlagerung

zufällige Schadensverlagerung auf Person ohne Anspruch

Die zufällige Schadensverlagerung ist das maßgebliche Kriterium zur Bestimmung des Anwendungsbereiches der Drittschadensliquidation. Der Schädiger soll aus einer für ihn zufälligen Verlagerung des Schadens auf eine „Person ohne Anspruch" keinen Vorteil ziehen dürfen. Für die Frage des Vorliegens einer Risikoverlagerung hat die Rechtsprechung verschiedene Fallgruppen entwickelt, die Sie unbedingt kennen müssen. Eine Erstreckung über diese Fallgruppen hinaus wird nur ganz ausnahmsweise möglich sein.

a) Mittelbare Stellvertretung

Fallgruppen:

Häufig ergibt sich eine zufällige Schadensverlagerung aus dem Auftreten eines mittelbaren Stellvertreters: Typische Beispiele hierfür sind der Kommissionär (§ 383 HGB), der Spediteur (§ 408 HGB), aber auch der Beauftragte.

In diesen Fällen, in denen ein mittelbarer Stellvertreter für fremde Rechnung einen Vertrag abgeschlossen hat, kann der mittelbare Stellvertreter den Schaden des Geschäftsherrn gegen den zum Schadensersatz verpflichteten Vertragsgegner geltend machen.

b) Die Obhutsfälle

Die Drittschadensliquidation greift auch ein bei den sog. Obhutsfällen, für die § 701 BGB (Haftung des Gastwirts) gesetzlich geregeltes Vorbild ist. Wer als berechtigter Besitzer einer fremden Sache einen Vertrag schließt, der eine Obhutspflicht für die Sache begründet, kann bei Verletzung dieser Pflicht den Schaden des Eigentümers geltend machen.

> *Bsp.: Anna gibt das von Sissy geliehene Ballkleid verabredungsgemäß in die Reinigung, wo es verloren geht. Anna ist von der Rückgabepflicht frei geworden und hat somit keinen Schaden, Sissy hat keinen vertraglichen Anspruch gegen die Reinigung (VSD zugunsten der S ist fernliegend), eine Drittschadensliquidation ist möglich. Ein etwaiger deliktischer Anspruch der Sissy schließt hier ausnahmsweise die Drittschadensliquidation nicht aus, sonder steht in Konkurrenz dazu.*

c) Die Gefahrtragungsregeln

Die bekannteste und zugleich auch klausurrelevanteste Fallgruppe der Drittschadensliquidation ist aber zweifelsohne die durch die Regeln über die Gefahrtragung entstehende Risikoverlagerung. In dieser Fallgruppe lassen sich nämlich Probleme des allgemeinen Schuldrechts mit der Drittschadensliquidation verbinden.

§§ 446, 447 und § 644 BGB

Insbesondere die Vorschriften der §§ 446, 447 und § 644 BGB führen nämlich dazu, daß der wahre Schaden nicht bei dem durch die Verletzungshandlung unmittelbar Betroffenen liegt, sondern bei einem Dritten.

> *Im Bsp. von oben entspricht die Gefahrverlagerung gerade der Vorschrift des § 477 BGB, es liegt also eine anerkannte Fallgruppe der Drittschadensliquidation vor.*

II. Die Rechtsfolgen der Drittschadensliquidation

„Schaden wird zum Anspruch gezogen"

Der Schaden wird zum Anspruch gezogen. Damit bleibt der Anspruchsinhaber weiter alleine der Inhaber der verletzten Rechtsstellung. Er darf bzw. muß den Schaden des Dritten liquidieren: Der Dritte kann nach § 281 BGB (entsprechend) Herausgabe des Schadensersatzes bzw. schon vorher Abtretung des (jetzt „kompletten") Schadensersatzanspruches von Gläubiger verlangen.

> **"HEMMER-METHODE":** Zeigen Sie dem Korrektor, daß Sie die hinter der Drittschadensliquidation stehende Wertung verstanden haben und bauen Sie Ihre Prüfung nach dem oben aufgeführten Dreischrittschema auf: In den ersten zwei Punkten wird das Bestehen eines unbilligen Wertungswiderspruches aufgezeigt, in Punkt drei wird geklärt, ob dieser Widerspruch tatsächlich mit der Drittschadensliquidation gelöst werden kann!

Drittschadensliquidation und Vertrag mit Schutzwirkung zugunsten Dritter unterscheiden sich in erster Linie von der Rechtsfolgenseite. Gerade deshalb ist es wichtig, sich immer darüber im klaren zu sein, welche Anspruchsrichtung man gerade prüft und welches der beiden Institute in diese Anspruchsrichtung paßt. Unterscheiden Sie deshalb nochmals:

	Vertrag mit Schutzwirkung:	Drittschadensliquidation
Unterscheidung	Anspruch wird zum Schaden gezogen	Schaden wird zu Anspruch gezogen
	⇨ eigener Anspruch des Dritten	⇨ Gläubiger liquidiert Schaden des Dritten („Paket" wird abgetreten)
	Fall der Risikokumulierung für den Schuldner, da zusätzlicher Anspruch eines Dritten	Fall der Risikoverlagerung

706

F. Mehrheit von Gläubigern und Schuldnern

Eine weitere Variante, mehrere Personen in einem Fall auftauchen zu lassen, sind Gläubiger- und Schuldnermehrheit.

I. Gläubigermehrheiten

Es gibt drei verschiedene Arten von Gläubigermehrheiten, die durch unterschiedliche Tatbestände entstehen können.

707

1. Teilgläubiger

anteilsmäßige Berechtigung Man spricht von Teilgläubigern, wenn die Gläubiger anteilsmäßig berechtigt werden.

708

> *Bsp.: Herr und Frau Mäusezahn kaufen zusammen ein Kaffee- und ein Eßservice und jeder soll eine Kiste mit dem Geschirr abholen.*

Da es sich um eine teilbare Leistung handelt (die geschuldete Leistung muß ohne Wertminderung und ohne Beeinträchtigung des Leistungszweckes in Teilleistungen zerlegt werden können), § 420 1. HS 2.Fall BGB, kann jeder Gläubiger zu einem gleichen Anteil auf Leistung klagen.

> *Sowohl Herr Mäusezahn, als auch Frau Mäusezahn kann jeweils eine Kiste mit Geschirr verlangen.*

2. Gesamtgläubiger

jeder „aufs Ganze" berechtigt Wird jeder Gläubiger auf das Ganze berechtigt, liegt Gesamtgläubigerschaft vor.

709

> *Bsp.: Eine WG mietet eine Wohnung*

Gemäß § 428 BGB sind mehrere Personen dazu berechtigt, eine Leistung zu fordern, wobei „jeder die ganze Leistung fordern kann, der Schuldner aber die Leistung nur einmal zu bewirken verpflichtet ist". Der Schuldner kann auch nach seinen Belieben an jeder der Gläubiger leisten.

3. Gesamthandsgläubiger

Leistung nur an alle Eine Gesamthandsgläubigerschaft liegt gem. § 432 I S.1 BGB vor, wenn mehrere Gläubiger die Leistung nur an alle fordern können.

710

Bsp.: A, B und X sind Gesellschafter der Holldrio-Karnevals-OHG. Aus einem mit M getätigten Geschäft steht der OHG noch eine Forderung in Höhe von 30.000 DM zu.

Jeder Gläubiger kann die Leistung fordern, er kann aber nur verlangen, daß an alle geleistet wird, nicht nur an sich selbst.

Jeder der drei Gesellschafter A, B und X kann von M Zahlung der 30.000 DM verlangen, allerdings nur an die OHG, nicht an sich selbst.

II. Schuldnermehrheiten

1. Teilschuldner

anteilsmäßige Verpflichtung

Werden die Schuldner einer Leistung anteilsmäßig verpflichtet, so sind sie Teilschuldner. Voraussetzung ist wie auch bei der Teilgläubigerschaft gem. § 420 BGB, daß es sich bei der Leistung um eine teilbare handelt.

711

Die Schuldner sind zu jeweils gleichen Anteilen verpflichtet.

2. Gesamtschuldner

Verpflichtung jedes einzelnen, nur einmal Forderungsberechtigung

Schulden mehrere Personen eine Leistung in der Weise, daß jeder die ganze Leistung zu bewirken verpflichtet ist, der Gläubiger die Forderung allerdings nur einmal zu fordern berechtigt ist, liegt Gesamtschuldnerschaft vor.

712

Bsp.: Unterschreibt jeder der Mietglieder aus der Wohngemeinschaft den Mietvertrag, so haften sie als Gesamtschuldner. Der Vermieter kann sich wegen der Mietzahlung an jeden der WG-Mitglieder halten und Zahlung verlangen.

Auch wenn eine unteilbare Leistung gefordert wird, liegt i.d.R. eine Gesamtschuld vor, z.B. bei der Verpflichtung zur Herstellung einer Sache nach Werkvertragsrecht.

Außerdem gibt es gesetzlich geregelte Fälle, die eine gesamtschuldnerische Haftung begründen (s. §§ 419 I, 556 III, 30, 840 BGB).

G. Übergang von Rechten und Pflichten auf Dritte

Nachdem festgestellt wurde, daß es nicht nur Zwei-Personen-Verhältnisse gibt, sondern auch Dritte in ein Vertragsverhältnis mit einbezogen werden können, auf jeder Vertragsseite auch nicht nur eine sondern mehrere Personen stehen können, ist nun zu untersuchen, ob einzelne Personen auch ausgetauscht werden können.

Vertragsautonomie

Aufgrund der Vertragsautonomie (§§ 241, 305 BGB; Art. 2 I GG) ist es bei Zustimmung aller Beteiligten grds. möglich, daß eine Vertragspartei durch eine andere ausgewechselt wird. Es gibt sogar Auswechselungen, die kraft Gesetzes vorgesehen sind, z.B. in den §§ 571, 613a BGB.

713

Wichtiger ist der bloße Wechsel der Gläubiger- oder Schuldnerposition: ersteres durch Legalzession, Forderungspfändung und v.a. Abtretung, letzteres durch Schuldübernahme.

§ 15 DER DRITTE IM SCHULDVERHÄLTNIS

I. Forderungsabtretung

Übertragung einer Forderung = Verfügung

Hat jemand eine Forderung gegen einen anderen, so kann er diese Forderung an einen Dritten abtreten. Nach § 398 BGB ist die Übertragung der Forderung von Gläubiger (Zedent) auf einen anderen (Zessionar) eine Verfügung.

Der Übergang der Forderung auf den Zedenten hat folgende Voraussetzungen:

1. Voraussetzungen

a) Gültiger Abtretungsvertrag

grds. formfrei

Zedent und Zessionar müssen einen gültigen Abtretungsvertrag abschließen. Dieser ist i.d.R. formfrei, auch wenn eine Forderung aus einem z.B. nach § 313 BGB formbedürftigen Vertrag abgetreten wird.

Wichtig ist es, den (verfügenden) Abtretungsvertrag vom zugrundeliegenden schuldrechtlichen Vertrag zwischen dem Abtretenden und dem Schuldner, genau zu trennen.

b) Abzutretende Forderung

kein gutgläubiger Forderungserwerb möglich

Die Forderung muß bestehen, da ein gutgläubiger Forderungserwerb grds. nicht möglich ist (d.h. auch wenn der Erwerber annimmt, die Forderung würde bestehen, kann er sie nicht erwerben, da sie nicht existiert). Möglich ist aber nach h.M. die Abtretung einer zukünftigen Forderung.

c) Bestimmtheit

Die abgetretene Forderung muß bestimmt, bei zukünftigen Forderungen wenigsten z.Z. ihrer Entstehung bestimmbar sein.

> *Bsp.: Nicht hinreichend bestimmt wäre es z.B., wenn der Händler mit seinem Gläubiger vereinbart: "Aus der nächsten Warenlieferung, die ich erhalte, kannst Du Dir einige Stücke aussuchen."*

d) Übertragbarkeit

Abtretungsverbote

Die Übertragbarkeit der Forderung ist durch sog. Abtretungsverbote eingeschränkt (vgl. §§ 514, 717, 399 2.Alt. BGB). Zu beachten ist hier v.a. der hier ausnahmsweise auch dinglich wirkende rechtsgeschäftliche Abtretungsausschluß nach § 399, 2.Alt. BGB (Ausnahmevorschrift zu § 137 S.1 BGB). Statt eines völligen Verbots können die Parteien die Abtretung auch von einer Anzeige oder einer Genehmigung abhängig machen.

> **"HEMMER-METHODE":** Vereinbaren die Parteien ein Abtretungsverbot, so hat dies Auswirkungen auf den späteren gutgläubigen Erwerb! So zeigt die Vereinbarung eines Abtretungsverbotes, daß mit fremden Rechten gerechnet wird und zerstört damit den guten Glauben an die Verfügungsbefugnis und das Eigentum des Verfügenden.

2. Schuldnerschutz

§§ 404ff BGB

Da die Forderungsabtretung ohne Mitwirkung, ja sogar ohne Wissen des Schuldners vor sich gehen kann, wird er durch die §§ 404ff BGB (lesen!) geschützt; Grundgedanke ist hier, daß seine Rechtsposition letztlich nicht schlechter sein soll als ohne Abtretung (die tatsächliche Position kann es natürlich sein, so z.B. wenn er statt eines nachsichtigen einen besonders strengen Gläubiger erhält!)

Bsp.: Hat der Schuldner vor Abtretung gegenüber dem alten Gläubiger aufgerechnet, kann er die Erlöschenswirkung des § 389 BGB dem neuen Gläubiger nach § 404 BGB entgegenhalten (bzw. streng begrifflich hat der Zessionar nur noch den nach der Aufrechnung evtl. noch bestehenden Rest bzw. gar nichts mehr erworben).

Bei einer Aufrechnung gegenüber dem alten Gläubiger nach Aufrechnung gilt § 407 I BGB, wenn der Schuldner gar nichts davon weiß.

Weiß der Schuldner von der erfolgten Abtretung, kann er nach § 406 BGB gegenüber dem Zessionar aufrechnen.

> **"HEMMER-METHODE":** Merken Sie sich die §§ 407-409 BGB auch als Ausgangspunkt bereicherungsrechtlicher Fälle nach § 816 II BGB! Wiederum gilt: Nur wer im Zusammenhang lernt, schöpft auch den intellektuellen Rahmen der Klausur aus und kann dann mit den klausurtypischen Schlüsselbegriffen umgehen. Gutes Lernmaterial muß die Beziehungen der Rechtsgebiete zueinander klar darlegen (Relationslogik). Gebetsmühlenhaftes Lernen und Meinungsschwulst sind zu meiden. Geben Sie dem Korrektor bloß nicht das Gefühl es handle sich bei Ihren Ausführungen um ein „Tohuwabohu". Seine Gedanken könnten folgendermaßen sein: "Was wurde bejaht? Alles miteinander, alles durcheinander, alles gegeneinander?"

II. Schuldübernahme

Die Schuldübernahme bietet für den Schuldner die Möglichkeit, „seine" Schuld einem anderen „aufzuhalsen".

Während die Abtretung einer Forderung grundsätzlich ohne Mitwirkung des Schuldners erfolgen kann, hat aber bei einer Schuldübernahme der Gläubiger einer Forderung ein berechtigtes Interesse daran, daß ihm „sein Schuldner" erhalten bleibt und nur durch einen ihm genehmen (v.a. ähnlich kreditwürdigen) Schuldner ersetzt wird.

Andernfalls könnte der für den Gläubiger äußerst unerfreuliche Fall eintreten, daß sein Schuldner, der reiche Baron von Turm und Büssle, mit dem armen und todkranken Schlucker Theo Weible einen Vertrag abschließt, aufgrund dessen dieser seine Schulden gegenüber dem Gläubiger in Höhe von 10 Mio. DM übernimmt und dafür bis zu seinem Ende auf dem Schloß des Barons leben darf.

Auf die Frage, wie auf rechtlich einwandfreie Art und Weise, ein Schuldner durch einen anderen ersetzt werden kann, bietet das BGB zwei Möglichkeiten an:

1. Vertrag zwischen Gläubiger und Übernehmer

ausnahmsweise zulässige Verfügung zugunsten eines Dritten

Nach § 414 BGB können Gläubiger und Übernehmer die Übernahme vertraglich vereinbaren. Konstruktiv handelt es sich um eine ausnahmsweise zulässige Verfügung zugunsten eines Dritten.

2. Vertrag zwischen Schuldner und Übernehmer

Zustimmung des Gläubigers erforderlich

Auch der Schuldner und der Übernehmer können einen Vertrag schließen, wonach der Übernehmer die Verpflichtung des Schuldners übernimmt. Dieser Vertrag bedarf dann aber der Zustimmung des Gläubigers.

a) Solange der Gläubiger nicht genehmigt, bzw. nach Verweigerung der Genehmigung, liegt nach § 415 III BGB im Zweifel zwischen Schuldner und Übernehmer eine Erfüllungsübernahme, vgl. § 329 BGB, vor.: Der Schuldner kann also im Innenverhältnis vom Übernehmer Befreiung verlangen.

> **"HEMMER-METHODE":** Beachten Sie, daß das Risiko der Nichterfüllung dann aber beim alten Schuldner und nicht beim Gläubiger liegt. Der Gläubiger kann sich daher zur Befriedigung seiner Forderung immer noch an den Baron halten und muß sich nicht auf Herrn Weible verweisen lassen. Die Vereinbarung zwischen dem Schuldner und dem Übernehmer hat damit keine Außenwirkung.

hypothekarisch gesicherte Forderung

b) Bei hypothekarisch (str. für Grundschuld) gesicherten Forderungen gilt wegen der insoweit geringeren Schutzwürdigkeit des Gläubigers nach § 416 I S.2 BGB ausnahmsweise eine Genehmigungsfiktion des Schweigens, wenn der (nach § 416 II s.2 BGB belehrte) Gläubiger sechs Monate auf eine Mitteilung nicht reagiert.

Exkurs: Abgrenzung zum Schuldbeitritt

Schuldbeitritt

Im Gegensatz zur befreienden Schuldübernahme wird der einer Schuld Beitretende neben dem alten Schuldner Gesamtschuldner. Der nach §§ 305, 241 BGB zulässige Schuldbeitritt kann zwischen Beitretendem und Schuldner oder zwischen Beitretendem und Gläubiger vereinbart werden. Da er nach ganz h.M. formfrei ist, ist er dann v.a. von der formbedürftigen Bürgschaft abzugrenzen.

III. Die Bürgschaft

Personalsicherheit

Bei der Bürgschaft handelt es sich um die wohl bekannteste und im Rahmen einer Kreditvergabe durch Banken häufige Form der Personalsicherheit. Sie als Sonderfall der Schuldnermehrheit anzusehen würde ihre Stellung im Gesetz nicht berücksichtigen, wo sie im Rahmen der besonderen Schuldverhältnisse behandelt wird.

Einstehen für Verbindlichkeit eines Dritten

Die Bürgschaft zeichnet sich dadurch aus, daß sich der Bürge gegenüber dem Gläubiger eines Dritten verpflichtet, für die Erfüllung der Verbindlichkeit eines Dritten einzustehen.

einseitig verpflichtend

Es handelt sich bei dem Bürgschaftsvertrag um einen einseitig verpflichtenden Vertrag, da der Verpflichtung des Bürgen keine Gegenleistung gegenübersteht.

1. Voraussetzungen

wirksame Hauptschuld

a) Eine Bürgschaft kommt nur dann wirksam zustande, wenn auch eine wirksame Hauptschuld besteht. Existierte diese Schuld nicht, würde seine Bürgschaftserklärung ins Leere gehen. Die Abhängigkeit der Bürgschaft von der Hauptschuld nennt man Akzessorietät.

Schriftform erforderlich

b) Die Verpflichtungserklärung des Bürgen (nicht der gesamte Vertrag!), bedarf gem. § 766 BGB der Schriftform.

2. Rechtsfolgen

Kann der Schuldner der Hauptschuld seiner Leistungsverpflichtung nicht nachkommen, kann sich der Gläubiger zur Begleichung seiner Forderungen an den Bürgen halten. *726*

Abhängigkeit von Hauptschuld

Die Abhängigkeit der Bürgschaft von der Hauptschuld hat aber zur Folge, daß der Bürge sämtliche Einreden und Einwendungen, erheben kann, die dem Hauptschuldner auch zustehen (§ 768 I S.1 BGB)

Einrede der Vorausklage

Eine wichtige Einrede ist z.B. die Einrede der Vorausklage gem. § 771 BGB. Danach ist der Bürge berechtigt, gegenüber der Leistungsaufforderung des Gläubigers geltend zu machen, dieser solle zunächst fruchtlos die Zwangsvollstreckung in das Vermögen des Hauptschuldners durchführen, bevor ihn (den Bürgen) in Anspruch nehme.

> **"HEMMER-METHODE":** Diese Möglichkeit besteht allerdings dann nicht, wenn der Bürge Vollkaufmann ist und die Bürgschaft für ihn ein Handelsgeschäft darstellt, §§ 349, 343, 351 HGB)

Übergang der Forderung auf Bürgen nach Befriedigung

Hat der Bürge den Gläubiger befriedigt, geht die Forderung des Gläubigers gegen den Hauptschuldner kraft Gesetzes auf ihn über, § 774 BGB. Gleichzeitig gehen auch alle Neben- und Sicherungsrechte auf den Bürgen über, §§ 774 I 1 i.V.m. 401, 412 BGB.

> **"HEMMER-METHODE":** Behalten Sie bei der Abgrenzung zwischen Schuldbeitritt und Bürgschaft immer die gesetzliche Wertung im Auge: Wer zu leicht einen Schuldbeitritt annimmt, unterläuft das schützende Schriftformerfordernis der gesetzlich geregelten Bürgschaft: "Im Zweifel Bürgschaft gewollt!".

§ 16 SACHENRECHT

Gegenstand des Sachenrechts sind – wie sich aus dem Namen ergibt – Sachen. Seine gesetzliche Regelung findet der Sachbegriff in den §§ 90-103 BGB

körperliche Gegenstände

Die Ausgangsnorm bildet § 90 BGB. Danach sind Sachen nur körperliche Gegenstände.

Das Gesetz unterscheidet im folgenden ausdrücklich vier verschiedene Arten von Sachen:

1. § 91 BGB, vertretbare/nicht vertretbare Sachen
2. § 92 BGB, verbrauchbare/nicht verbrauchbare Sachen
3. § 92 II BGB, Sachgesamtheiten/Einzelsachen
4. §§ 97, 98 BGB, Zubehör/Hauptsache
5. § 99 BGB, Früchte/Gebrauchsvorteile

Nicht ausdrücklich geregelt, aber später im Gesetz vorausgesetzt sind die folgenden Begriffspaare:

6. Bewegliche (Mobilien)/unbewegliche (Immobilien) Sachen
7. Teilbare/unteilbare Sachen

A. Grundprinzipien

I. Das Spezialitätsprinzip

nur an bestimmten einzelnen Sachen

Das Prinzip der Spezialität im Sachenrecht besagt, daß dingliche Rechte nur an bestimmten einzelnen Sachen, nicht dagegen an Sachgesamtheiten begründet werden. Man spricht hierbei auch vom Bestimmtheitsgrundsatz.

Bsp.: Man hat nicht das Eigentum an einer Farm, sondern an den Gebäuden, den Grundstücken, den Tieren und den landwirtschaftlichen Maschinen

II. Das Absolutheitsprinzip

Wirkung gegenüber jedermann

Nach dem Absolutheitsprinzip wirken dingliche Rechte gegenüber jedermann. Als sog. Herrschaftsrechte gewähren sie einen umfassenden Rechtsschutz.

Das bekannteste dingliche Recht ist hierbei wohl das Eigentum.

Bsp.: Wirft jemand das von ihm zusammengetragene Laub seiner Birke und noch ein bißchen Sperrmüll auf den englischen Rasen seines Nachbarn, kann dieser dagegen darauf klagen, daß alles wieder entfernt wird und für die Zukunft derartige Störungen zu unterlassen sind, § 1004 BGB.

III. Das Abstraktionsprinzip

Dieses Prinzip haben Sie bereits ganz zu Anfang kennengelernt. Lesen Sie deshalb nochmals das Kapitel § 3 B.

733

IV. Das Publizitätsprinzip

Erkennbarkeit nach außen

Damit soll verdeutlicht werden, daß dingliche Rechte nach außen hin für einen anderen erkennbar sein müssen.

734

Bei beweglichen Sachen wird dies über den Besitz kenntlich gemacht, bei Grundstücken gibt das Grundbuch Auskunft über den dinglich Berechtigten.

Das Gesetz regelt die Vermutung, daß derjenige, der den Besitz an einer beweglichen Sache hat, auch das Eigentum daran hat, in § 1006 BGB und für die Rechte an Immobilien in § 891 BGB, durch die Eintragung im Grundbuch.

V. Der Gutglaubenserwerb

Erwerb vom Nichtberechtigten möglich

Diese gesetzlichen Vermutungen des Publizitätsprinzips, die auch die allgemeine Lebenserfahrung widerspiegeln (man geht davon aus, daß derjenige, der eine Sache in Besitz hat und sie gebraucht, auch der Eigentümer dieser Sache ist) haben eine weitere Konsequenz: Für den Erwerber einer Sache besteht die Möglichkeit, diese gutgläubig zu erwerben, auch wenn der Veräußerer nicht der wahre Rechtsinhaber sein sollte. Voraussetzung ist allerdings, daß man den Nichtberechtigten auch tatsächlich für den Berechtigten hält.

735

B. Der Besitz

I. Begriff

tatsächliche Sachherrschaft

Der Begriff des Besitzes wird im BGB nicht definiert. Nach h.M. ist Besitz die vom Verkehr anerkannte tatsächliche Sachherrschaft einer Person über eine Sache.

736

"HEMMER-METHODE": Im Gegensatz zum Besitz bezeichnet das Eigentum die rechtliche Herrschaft einer Person über eine Sache.

II. Arten des Besitzes

Aufgrund unterschiedlicher Kriterien lassen sich verschiedene Arten des Besitzes unterscheiden, die regelmäßig in Kombination vorliegen:

737

1. Intensität der Sachbeziehung	unmittelbarer Besitz, §§ 854, 855 BGB mittelbarer Besitz § 868 BGB
2. Umfang der Sachherrschaft	Alleinbesitz Mitbesitz § 866 BGB Teilbesitz § 865 BGB
3. Willensrichtung des Besitzers	Eigenbesitz § 872 BGB Fremdbesitz
4. Berechtigung des Besitzers	rechtmäßiger Besitz unrechtmäßiger Besitz
5. Art der Besitzerlangung	nicht fehlerhafter Besitz fehlerhafter Besitz § 858 BGB

§ 16 SACHENRECHT

III. Funktionen des Besitzes

1. Erhaltungsfunktion – Kontinuitätsfunktion

738 Das Gesetz erkennt an verschiedenen Stellen das Interesse des Besitzers an der Erhaltung der Besitzlage an, auch wenn er in keiner dinglichen Rechtsbeziehung zu der Sache steht.

a) § 986 II BGB

Besitzberechtigung auch gegenüber neuem Eigentümer

739 Überläßt der Eigentümer eine bewegliche Sache einem Dritten, ist der Dritte auch gegenüber einem neuen Eigentümer nach Veräußerung zum Besitz berechtigt, § 986 II BGB.

> Bsp.: Emil leiht Otto seinen Computer für die nächsten zwei Jahre. Nach einem halben Jahr verkauft Emil den PC an Herrn Grün. Verlangt Herr Grün nun den PC von Otto heraus, kann dieser die Herausgabe wegen § 986 II BGB verweigern, denn danach hat Otto ein Recht zum Besitz.

> **"HEMMER-METHODE":** Der gleiche Gedanke liegt auch dem § 571 BGB zugrunde: Kauf bricht nicht Miete, d.h. auch wenn eine Wohnung verkauft wird, besteht das Mietverhältnis weiter, nur der Vermieter wechselt.

b) Ersitzung, § 973 I BGB

Besitz erstarkt zum Vollrecht

740 Die mit dem Besitz verbundenen Kontinuitätsinteressen können durch Zeitablauf so stark werden, daß der Besitz zum Vollrecht erstarkt (Ersitzung), also der Besitzer Eigentum erwirbt.

bewegliche Sachen

Bewegliche Sachen muß der Besitzer dabei gem. § 937 I BGB 10 Jahre in Eigenbesitz (§ 872 BGB) gehabt haben, also wie ein Eigentümer besessen haben. Weitere Voraussetzungen ergeben sich aus §§ 937 II, 938-945 BGB.

unbewegliche Sachen

Bei unbeweglichen Sachen erfordert die Ersitzung einen Eigenbesitz von 30 Jahren (§ 900 I BGB).

2. Publizitätsfunktion

741 Nach der allgemeinen Lebenserfahrung ist der Besitzer einer Sache auch deren Eigentümer. An dieser Offenkundigkeit knüpft das Gesetz an. Dem Besitz kommen in diesem Rahmen drei Funktionen zu:

a) Übertragungswirkung

742 Um die Publizität nach außen zu wahren, erfordert die Rechtsänderung bei beweglichen Sachen grundsätzlich die Übergabe der Sache bzw. ein Übergabesurrogat (§§ 929ff BGB) Bei Grundstücken ist die Rechtsänderung im Grundbuch einzutragen (§ 873 BGB)

b) Vermutungswirkung

743 § 1006 I S.1 BGB stellt die Vermutung auf, daß der Besitzer einer beweglichen Sache auch deren Eigentümer ist, genauer: Daß die in § 1006 I- III BGB genannten Besitzer bei Erwerb dieses Besitzes Eigenbesitz begründeten, dabei unbedingtes Eigentum erwerben und es während der Besitzzeit behielten.

§ 891 BGB spricht eine vergleichbare Vermutung zugunsten des im Grundbuch eingetragenen aus.

c) Gutglaubenswirkung

Der Besitz ist auch die Grundlage für den Eigentumserwerb an beweglichen Sachen kraft guten Glaubens (§ 932ff BGB).

IV. Erwerb des Besitzes

1. Der unmittelbare Besitz

originärer ⇔ derivativer Besitzerwerb

Der unmittelbare Besitz kann originär –durch einseitige Besitzergreifung– oder derivativ –durch Besitznachfolge– erworben werden.

a) Erwerb nach § 854 I BGB

tatsächliche Gewalt + Besitzbegründungswille (h.M.)

Gemäß § 854 I BGB wird der unmittelbare Besitz durch die Erlangung der tatsächlichen Gewalt über die Sache erworben. Die h.M. verlangt daneben noch einen auf die Erlangung der tatsächlichen Sachherrschaft gerichteten Willen, den sog. Besitzbegründungswillen.

räumliche Beziehung mit gewisser Dauer

Die tatsächliche Sachherrschaft richtet sich nach der Verkehrsanschauung, da dieser Begriff nicht im Gesetz definiert ist. Voraussetzung ist wohl jedenfalls eine gewisse räumliche Beziehung zur Sache und eine gewisse Dauer dieser Sachbeziehung.

Für den Besitzwillen genügt ein allgemeiner Beherrschungswille. Er ist kein rechtsgeschäftlicher Wille, sondern nur ein natürlicher Wille, da er ein tatsächliches Machtverhältnis betrifft.

> **"HEMMER-METHODE":** Damit sind die Regeln über die Geschäftsfähigkeit, §§ 104ff BGB, auf den Besitzwillen nicht anwendbar mit der Folge, daß auch beschränkt Geschäftsfähige oder Geschäftsunfähige ohne Zustimmung eines gesetzlichen Vertreters Besitz erwerben können.

b) Erwerb nach § 854 II BGB

§ 854 II BGB bietet eine Erleichterung für den derivativen Besitzerwerb.

Bsp.: E ist Eigentümer eines Stapels Holz im Tannenwäldchen an der großen Wegkreuzung. Er will das Holz an K übereignen. Wie ist das am einfachsten möglich?

Einigung über Besitzübergang reicht aus

Es reicht aus, wenn sich die Beteiligten über den Besitzübergang einigen. Hierbei handelt es sich um eine rechtsgeschäftliche Einigung, auf welche die Regeln des Allgemeinen Teils über Rechtsgeschäfte uneingeschränkt Anwendung finden.

Möglichkeit der Sachherrschaft ausreichend

Damit ermöglicht § 854 II BGB den Besitzerwerb auch ohne Erlangung der tatsächlichen Sachherrschaft. Die bloße Möglichkeit der Sachherrschaft ist ausreichend. Voraussetzung ist allerdings, daß der Erwerber ohne weitere Gestattungshandlung des alten Besitzers oder eines Dritten den erlangten Besitz ausüben kann (sog. „offener Besitz").

§ 16 SACHENRECHT

Im Fall genügt es also, wenn E und K sich i.S.d. § 929 S.1 BGB über den Eigentumsübergang einigen. Die Übergabe erfolgt nach § 854 II BGB durch Einigung über den Besitzübergang. E und K müssen nicht in den Wald gehen und das Holz tatsächlich übergeben.

2. Der mittelbare Besitz

a) Definition

tatsächliche Sachherrschaft durch einen anderen

Mittelbarer Besitzer ist gem. § 868 BGB derjenige, der die tatsächliche Sachherrschaft durch einen anderen ausüben läßt. Seine Beziehung zur Sache ist nur mittelbar. Sie wird durch den unmittelbaren Besitzer (Besitzmittler) vermittelt. 748

> *Bsp.: E verleiht seinen Taschenrechner an L. L verleiht ihn an D weiter. D ist unmittelbarer Besitzer, B ist mittelbarer Besitzer 1. Stufe (sog. Oberbesitzer) gem. § 868 BGB und E ist Eigentümer und mittelbarer Besitzer 2. Stufe gem. § 871 BGB.*

Der mittelbare Besitz hat folgende Voraussetzungen: 749

1. unmittelbarer Besitz des Besitzmittlers
2. Besitzmittlungsverhältnis i.S.d. § 868 BGB
3. Besitzmittlungswillen
4. Herausgabeanspruch des mittelbaren Besitzers gegen den Besitzmittler

---

mittelbarer Besitzer: Wille, als Fremdbesitzer zu besitzen

Der unmittelbare Besitzer muß den Willen haben, die Sache (z.B. als Mieter, Verwahrer) als Fremdbesitzer zu besitzen, d.h. er muß anerkennen, daß eine weitere Person sog. „Oberbesitzer" ist.

Besitzmittlungsverhältnis

Das Besitzmittlungsverhältnis ist jedes hinreichend konkrete Rechtsverhältnis, das auf Zeit einen anderen zum Besitz berechtigt oder verpflichtet (z.B. Leihe, Miete etc.)

Aus diesem Besitzmittlungsverhältnis ergibt sich regelmäßig auch der Herausgabeanspruch des mittelbaren Besitzers gegen den Besitzmittler, so ist z.B. nach Ablauf des vereinbarten Zeitraumes bei einer Leihe, die Sache wieder zurückzugeben.

b) Übertragung / Erwerb

originär/derivativ

aa) Der Erwerb des mittelbaren Besitzes erfolgt originär durch Entstehen seiner Voraussetzungen oder derivativ durch Übertragung bereites bestehenden mittelbaren Besitzes. 750

> *Beispiele für einen originären Besitzerwerb sind:*
>
> *Übertragung des unmittelbaren Besitzes durch den bisherigen unmittelbaren Besitzer unter Vereinbarung eines Besitzmittlungsverhältnisses auf einen Dritten (z.B. Vermietung einer Sache)*
>
> *Durch das Besitzmittlungsverhältnis wird nur der mittelbare Besitz auf einen Dritten übertragen, so daß der unmittelbare Besitzer den unmittelbaren Besitz behält (z.B. Sicherungsübereignung)*

bb) Beim derivativen Besitzerwerb kann die Übertragung des mittelbaren Besitzes gem. § 870m BGB durch Abtretung des Herausgabeanspruches erfolgen.

V. Der Verlust des Besitzes

Der Besitz an einer Sache kann nicht nur erworben werden, er kann auch wieder verloren werden.

1. Der unmittelbare Besitz

Aufgabe der tatsächlichen Sachherrschaft

Nach § 856 I BGB endet der Besitz dadurch, daß der Besitzer die tatsächliche Sachherrschaft aufgibt oder in anderer Weise verliert.

a) Besitzaufgabe

Aufgabehandlung + Wille

Die Besitzaufgabe setzt neben einer äußerlich erkennbaren Aufgabehandlung hinsichtlich des tatsächlichen Herrschaftsverhältnisses auch einen Besitzaufgabewillen voraus.

Die Besitzaufgabe kann auf zwei unterschiedliche Weisen erfolgen:

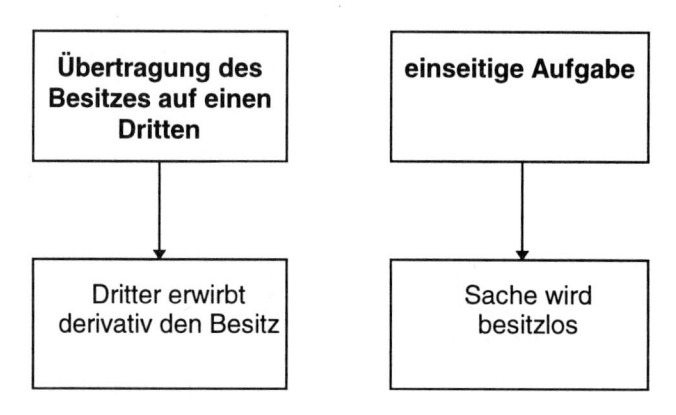

Übertragung des Besitzes auf einen Dritten	einseitige Aufgabe
Dritter erwirbt derivativ den Besitz	Sache wird besitzlos

b) Besitzverlust in „anderer Weise"

unfreiwilliger Verlust

Dies bedeutet, daß die Beendigung der Sachherrschaft unabhängig vom Willen des Besitzers, also unfreiwillig erfolgt, z.B. durch Diebstahl der Sache.

2. Der mittelbare Besitz

Beendigung des Besitzmittlungsverhältnisses

Der Verlust des mittelbaren Besitzes erfolgt durch die Beendigung des Besitzmittlungsverhältnisses.

VI. Besitzdiener

Ausübung der tatsächlichen Sachherrschaft für einen anderen

Von dem Grundsatz, daß die tatsächliche Ausübung der Sachherrschaft zugleich den Besitz begründet, macht das Gesetz eine Ausnahme für den Besitzdiener: Nach § 855 BGB übt der Besitzdiener die tatsächliche Gewalt für einen anderen, den sog. Besitzherrn aus.

Es ist jedoch nicht der Besitzdiener der Besitzer der Sache, sondern alleiniger Besitzer ist der Besitzherr, obwohl er keine tatsächliche Sachherrschaft hat. Ansprüche aufgrund des Besitzes stehen damit nur dem Besitzherrn zu, nicht dem Besitzdiener. (Ausnahme Selbsthilfe nach § 859, die nach § 860 BGB ausdrücklich auch dem Besitzdiener zusteht).

Bsp.: Die Platzanweiserin im Kino findet eine wertvolle Perlenkette. Besitzer ist allein der Kinobetreiber. Er ist auch Finder i.S.d. §§ 965ff BGB.

soziales Abhängigkeitsverhältnis

Voraussetzung für § 855 BGB ist, daß zwischen Besitzdiener und Besitzherrn ein soziales Abhängigkeitsverhältnis besteht. Charakteristisch hierfür ist die Weisungsgebundenheit des Besitzdieners, der insofern als das Werkzeug des Besitzherrn erscheint.

VII. Erbenbesitz, § 857 BGB

Besitzstellung des Erblassers

Nach § 857 BGB geht der Besitz auf den Erben über. Der Erbe erlangt daher mit dem Erbfall genau die Besitzstellung, welche auch der Erblasser innehatte. War der Erblasser unmittelbarer Besitzer, so wird dies auch der Erbe, unabhängig davon, ob der Erbe die tatsächliche Sachherrschaft innehat bzw. von seinem Erbe weiß. Ein Besitzbegründungswille ist nicht erforderlich.

VIII. Besitz von juristischen Personen / Gesamthandsgemeinschaften

1. Juristische Personen

Organbesitz

Juristische Personen (e.V.; GmbH; AG e.G.) sind rechtlich den natürlichen Personen gleichgestellt. Sie handeln durch ihre Organe. Der Besitz der Organe wird dabei der juristischen Person unmittelbar zugerechnet. Die juristische Person erwirbt somit selbst Besitz, den sie durch ihre Organ ausübt (sog. Organbesitz). Die Organe sind dabei weder Besitzdiener, noch Besitzmittler. Streiten mehrere Organe untereinander gilt § 866 BGB analog.

2. Gesamthandsgemeinschaften

Gesellschafter sind Mitbesitzer, § 866 BGB

Gesamthandsgemeinschaften, wie die BGB-Gesellschaft oder die Erbengemeinschaft, haben als solche grundsätzlich keinen Besitz. Besitzer sind die einzelnen Gesellschafter als Mitbesitzer gem. § 866 BGB. Wegen der gesamthänderischen Bindung liegt regelmäßig qualifizierter Mitbesitz vor.

3. OHG / KG

h.M.: geschäftsführenden Gesellschafter

Umstritten sind die Besitzverhältnisse bei den Personengesellschaften OHG und KG. Die wohl h.M. lehnt einen Organbesitz wie bei juristischen Personen mangels körperschaftlicher Organisation ab. Besitz haben daher wie bei den Gesamthandsgemeinschaften die geschäftsführenden Gesellschafter als solche.

IX. Besitzschutz

Es ist möglich, daß der Besitz durch das Verhalten einer Dritten Person entzogen oder in sonstiger Art und Weise beeinträchtigt wird.

verbotene Eigenmacht

§ 858 I BGB bezeichnet die Besitzentziehung oder Besitzstörung ohne (nicht notwendig gegen) den Willen des Besitzers und ohne Gestattung als verbotene Eigenmacht.

fehlerhafter Besitz

Der durch verbotenen Eigenmacht erlangte Besitz wird gem. § 858 II S.1 BGB als fehlerhaft bezeichnet.

Der Besitzer hat aber das Recht, seinen bestehenden Besitz zu verteidigen.

1. Besitzwehr, § 859 I BGB

Notwehrrecht

Gegen Handlungen, durch die der unmittelbare Besitzer ohne seinen Willen den Besitz verliert oder in seinem Besitz gestört wird, hat der Besitzer ein eigenes Notwehrrecht.

> **"HEMMER-METHODE":** Als Erweiterung zum Notwehrrecht des § 227 BGB, das dem Eigentümer zusteht, verzichtet § 859 I BGB auf das Erfordernis, daß obrigkeitliche Hilfe nicht rechtzeitig zu erlangen ist.

nicht über gebotenes Maß hinaus

Dabei ist dem Besitzer aber nicht jede Gewaltanwendung gestattet. Eine Einschränkung erfährt § 859 I BGB insoweit, als die Gewaltanwendung nicht über das zur Abwehr gegenwärtiger, verbotener Eigenmacht gebotene Maß hinausgehen darf. Überschreitet der Besitzer das zulässige Maß, begeht er seinerseits eine widerrechtliche Handlung und macht sich bei Verschulden aus § 823 BGB schadensersatzpflichtig.

Bsp.: A möchte die Wiese des B überqueren, um den Weg abzukürzen. Trotz des Verbotes des B betritt A die Wiese. B legt daraufhin mit seinem Gewehr auf A an. A wehrt sich mit einem Stock und beschädigt dabei das Gewehr des B. B verlangt Schadensersatz für das Gewehr

A hat objektiv den Tatbestand des § 823 I BGB erfüllt, wenn sein Handeln nicht nach § 227 BGB gerechtfertigt war. Dies würde einen rechtswidrigen Angriff des B erfordern. B handelt rechtmäßig, wenn sein Verhalten von § 859 I BGB gedeckt ist. Zwar stellt das unbefugte Betreten der Wiese eine Besitzstörung dar. Jedoch überschreitet der Waffeneinsatz des B das erforderliche Maß der Besitzwehr, da der durch die Verteidigung drohenden Schaden in einem krassen Mißverhältnis zu der Besitzstörung steht. Damit war das Verhalten des B rechtswidrig und die Abwehr des A rechtmäßig. A muß daher keinen Schadensersatz leisten.

2. Besitzkehr, § 859 II, III BGB

Das Recht der Besitzkehr gibt dem Besitzer die Befugnis, dem Störer die bewegliche Sache wieder abzunehmen, wenn er auf frischer Tat betroffen oder verfolgt wird, § 859 II BGB. Entsprechendes gilt für Grundstücke nach § 859 III BGB.

possessorischer Anspruch

Der Besitzer muß sein Gewaltrecht aber unmittelbar bei oder alsbald nach der Tat, notfalls im Wege der sog. Nacheile durchsetzen. Danach bleibt dem Besitzer nur noch eine Klage aus § 861 BGB: Hierbei handelt es sich um sog. possessorische Ansprüche, die sich aus dem Besitz als solchen ergeben. Auf ein Recht am Besitz (sog. petitorische Ansprüche, § 1007 BGB) kommt es hierbei nicht an.

C. Das Eigentum

rechtliche Sachherrschaft

Während Besitz die tatsächliche Sachherrschaft über eine Sache bedeutet, ist Eigentum die rechtliche Sachherrschaft.

I. Erscheinungsformen

So wie es verschiedene Besitzarten gibt, hat auch das Eigentum verschiedene Erscheinungsformen:

§ 16 SACHENRECHT

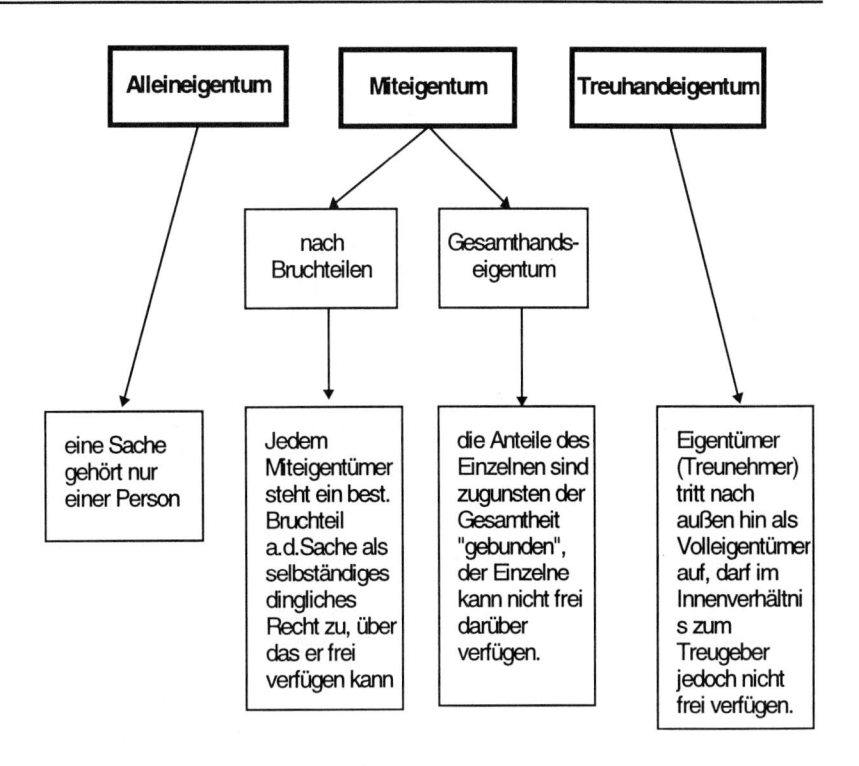

```
                    ┌──────────────┐  ┌──────────────┐  ┌──────────────────┐
                    │ Alleineigentum│  │ Miteigentum  │  │ Treuhandeigentum │
                    └──────┬───────┘  └──────┬───────┘  └─────────┬────────┘
                           │                 │                    │
                           │          ┌──────┴──────┐             │
                           │          │             │             │
                           │    ┌─────▼─────┐ ┌─────▼──────┐      │
                           │    │   nach    │ │Gesamthands-│      │
                           │    │ Bruchteilen│ │ eigentum   │      │
                           │    └─────┬─────┘ └─────┬──────┘      │
                           ▼          ▼             ▼             ▼
```

| eine Sache gehört nur einer Person | Jedem Miteigentümer steht ein best. Bruchteil a.d.Sache als selbständiges dingliches Recht zu, über das er frei verfügen kann | die Anteile des Einzelnen sind zugunsten der Gesamtheit "gebunden", der Einzelne kann nicht frei darüber verfügen. | Eigentümer (Treunehmer) tritt nach außen hin als Volleigentümer auf, darf im Innenverhältnis zum Treugeber jedoch nicht frei verfügen. |

II. Verfügungsfreiheit

Der Eigentümer ist hinsichtlich seines Eigentums wie ein kleiner König. Er hat ein unbeschränktes dingliches Beherrschungsrecht über die Sache, das seinem Wesen nach sowohl ein Nutzungs- als auch ein Verwertungsrecht ist.

767

Der Eigentümer einer Sache kann also damit nach Belieben verfahren und andere von jeder Einwirkung ausschließen. Er kann die Sache nutzen, veräußern, verwerten, belasten und wenn er will, auch zerstören.

III. Schranken des Eigentums

§ 903 BGB

So wie den König aber sein „Adel verpflichtet", so bestimmt Art. 14 GG auch: "Eigentum verpflichtet". Gem. § 903 BGB endet die Verfügungsfreiheit des Eigentums auch dort, wo das Gesetz, oder aber die Rechte Dritter entgegenstehen.

768

IV. Schutz des Eigentums

1. Anspruch aus § 1004 BGB

Beseitigung der Beeinträchtigung/Unterlassung

Der Eigentümer kann, wenn sein Eigentum in anderer Weise als durch Entziehung oder Vorenthaltung des Besitzes beeinträchtigt wird, vom Störer nach § 1004 BGB die Beseitigung der Beeinträchtigung verlangen. Sind weitere Beeinträchtigungen zu befürchten, kann der Eigentümer auch auf Unterlassung klagen.

769

Diejenigen, die das Eigentum des Eigentümers beeinträchtigen, können in zwei Gruppen unterteilt werden:

770

Handlungsstörer

a) Handlungsstörer, die die Störung durch eine Handlung herbeiführen.

Bsp.: Derjenige, der auf dem Vorgarten seines Nachbarn eine Garage baut; dessen Haus mit grünen Tupfen anmalt etc.

Zustandsstörer

b) Zustandsstörer, die die Störung durch einen Zustand herbeiführen.

Bsp.: Jemand, der seine gekauften Fische auf dem Balkon liegen läßt, deren Gerüche in die angrenzende Nachbarwohnung dringen.

2. Herausgabeanspruch gem. § 985 BGB

Der Eigentümer kann, wenn ihm sein Eigentum entzogen wurde, von dem Besitzer der Sache deren Herausgabe verlangen.

kein Herausgabeanspruch, wenn Recht zum Besitz, § 986 BGB

Der Herausgabeanspruch ist allerdings ausgeschlossen, wenn der Besitzer ein Recht zum Besitz hat, § 986 BGB.

Bsp.: D klaut dem E das Fahrrad. Anschließend leiht D dem B das Rad. Hat E gegen B einen Anspruch aus § 985?

E ist Eigentümer und B unmittelbarer Besitzer des Rades. B könnte jedoch aus dem Leihvertrag ein Besitzrecht haben. Da der Leihvertrag nur gegenüber D wirkt, hat B kein Recht zum Besitz gegenüber E. Der Anspruch aus § 985 BGB ist gegeben. Daneben besteht noch ein Anspruch aus § 812 I S.1 2.Alt. BGB und bei Verschulden des B aus §§ 823 I, 249 S.1 (Naturalrestitution führt hier zur Herausgabe des Rades.).

Merken Sie sich: Schuldrechtliche Rechtsbeziehungen z.B. aus einem Miet-, Leih-, aber auch Kaufvertrag wirken nur relativ, d.h. nur wenn der Vertrag zwischen Eigentümer und Besitzer besteht.

D. Rechtsgeschäftlicher Eigentumserwerb

Verpflichtungsgeschäft ⇔ Erfüllungsgeschäft

Um Eigentümer einer Sache zu werden reicht es nicht aus, in ein Geschäft zu gehen und mit dem Verkäufer zu vereinbaren, daß man nun eine Sache kaufen will. Der schuldrechtliche Vertrag (Kaufvertrag) begründet nur eine Verpflichtung zur Übereignung (Verpflichtungsgeschäft). Zur Erfüllung der dadurch begründeten Verpflichtung ist ein gesondertes Vollzugsgeschäft (Erfüllungsgeschäft) erforderlich. Dieses Erfüllungsgeschäft stellt die sog. Übereignung dar. Für die Übereignung ist es unerheblich, ob die Verpflichtung auf einem Kauf, einer Schenkung oder etwa auf einem Vermächtnis beruht. Sie erfolgt in allen Fällen nach den §§ 929ff BGB. Diese systematische Trennung von Verpflichtungs- und Erfüllungsgeschäft wird Trennungsprinzip genannt.

> **"HEMMER-METHODE"**: Unterscheiden Sie bitte von dem Trennungsprinzip das Ihnen schon bekannte Abstraktionsprinzip. Dieses besagt, daß das dingliche Rechtsgeschäft keiner kausalen Zweckbestimmung (inhaltliche Abstraktion) bedarf, sowie in seiner Wirksamkeit von der des Verpflichtungsgeschäftes unabhängig ist (äußerliche Abstraktion). Die Übereignung ist daher auch dann wirksam, wenn ihr kein Verpflichtungsgeschäft zugrunde liegt. Das Abstraktionsprinzip bedeutet jedoch nicht, daß eine ohne Rechtsgrund erfolgte Rechtsänderung hingenommen werden muß. Fehlt es an einem Rechtsgrund für den Eigentumswechsel, so muß der neue Eigentümer die Sache nach den §§ 812ff BGB zurückübereignen.

§ 16 SACHENRECHT

1. Anwendungsbereich

Die §§ 929ff BGB regeln die Übertragung des Eigentums an beweglichen Sachen. Unbewegliche Sachen (Grundstücke) werden nach §§ 873, 925 BGB übereignet.

Für die Übertragung anderer Rechte als das Eigentum gelten nicht die §§ 929ff BGB, sondern die jeweiligen Sondervorschriften und subsidiär die §§ 398ff, 413 BGB.

Übersicht

Grundform der Übereignung		
§ 929 S.1 BGB	→ Einigung	und Übergabe

Sonderformen der Übereignung		
§ 929 S.2 BGB	→ Einigung	Übergabe entfällt
§§ 929, 930 BGB	→ Einigung	und Besitzkonstitut
§§ 929, 931 BGB	→ Einigung	und Abtretung v. Herausgabeanspruch

II. Erwerb vom Berechtigten

1. Grundform, § 929 S.1 BGB

Einigung + Übergabe

§ 929 S.1 BGB regelt die Grundform der Übereignung, zu der Einigung und Übergabe erforderlich sind.

„dinglicher Vertrag"

Die Einigung besteht aus zwei übereinstimmenden Willenserklärungen der beteiligten Parteien, die sich über den Eigentumsübergang einigen müssen (deshalb auch „dinglicher Vertrag").

Realakt

Die Übergabe (denken Sie an das Publizitätsprinzip) erfolgt durch eine Besitzübertragung, die ein Realakt ist.

Ausnahmsweise genügt für die Übereignung nach § 929 S.2 BGB die Einigung, wenn der Erwerber bereits Besitzer ist (z.B. derjenige, der sich den Taschenrechner geliehen hat, kauft ihn dem Eigentümer ab).

2. Übergabesurrogate

Bsp.: Händler H möchte seiner Bank zur Sicherheit für einen Kredit 1.000 Tiefkühlhähnchen übereignen. Er fährt mit seinem Kühlwagen zur Bank, welche die Hähnchen in ihren Tresor legt.

ersetzen nur die Übergabe

Wie das Beispiel zeigt, ist die Übereignung durch Einigung und Übergabe nicht immer praktikabel. Daher stellt das Gesetz in den §§ 930, 931 BGB Übergabesurrogate zur Verfügung. Wie sich aus dem Wortlaut des Begriffes „Übergabesurrogat" ergibt, ersetzen die §§ 930, 931 BGB nur die Übergabe. Daneben ist immer eine Einigung nach § 929 BGB erforderlich.

> **"HEMMER-METHODE":** Zu zitieren ist daher: Übereignung nach §§ 929, 930 BGB bzw. §§ 929, 931 BGB. Das fehlende Zitat nach § 929 BGB wirkt anfängerhaft und kann sich auf die Benotung negativ auswirken.

§ 930 BGB

- **§ 930 BGB** Bietet als Übergabeersatz die Vereinbarung eines Besitzmittlungsverhältnisses (§ 868 BGB) zwischen Veräußerer und Erwerber an. Diese Vereinbarung wird Besitzkonstitut genannt (lat. constitutum = Verabredung).

§ 931 BGB

- **§ 931 BGB** Danach kann die Übergabe durch die Abtretung des Herausgabeanspruches gegen einen dritten Besitzer ersetzt werden.

Besitzkonstitut und Abtretung sind Rechtsgeschäfte, auf welche die Regeln des BGB-AT Anwendung finden. Das Publizitätsprinzip wird durch die Übergabesurrogate stark eingeschränkt, so daß für einen Außenstehenden die Rechtsänderung nicht mehr erkennbar ist.

> **"HEMMER-METHODE":** Allen Varianten des Eigentumserwerbs nach § 929 BGB ist gemeinsam, daß der Veräußerer keinen Besitz an der Sache zurückbehalten darf. § 930 BGB gibt dem Veräußerer die Möglichkeit, den unmittelbaren Besitz zu behalten. § 931 BGB ermöglicht dem Veräußerer die Eigentumsübertragung an einer Sache, die ein Dritter besitzt.

a) Das Übergabesurrogat des § 930 BGB

Vereinbarung eines konkreten Besitzmittlungsverhältnisses

§ 930 BGB ermöglicht die Ersetzung der Übergabe durch Vereinbarung eines konkreten Besitzmittlungsverhältnisses (§ 868 BGB), wenn der Veräußerer auch nach der Eigentumsübertragung noch Besitzer bleiben möchte. Eine Übereignung nach § 929 S.1 BGB scheidet in diesem Fall aus, da diese den vollständigen Besitzverlust des Veräußerers verlangt.

> Bsp.: Michael J. hat aus der Schallplattensammlung des Udo L eine LP gekauft und bezahlt. Udo möchte daher auch sofort Eigentümer werden. Michael aber will die LP zuerst noch auf Tonband überspielen und benötigt daher die Platte noch einen Tag.

> Hier könnte Michael dem Udo die Platte übergeben und dadurch übereignen. Sofort danach könnte Udo dem Michael die Platte für einen Tag leihweise zurückgeben. Dieses Hin und Her der Übergabeakte kann durch eine Übereignung nach §§ 929, 930 BGB vermieden werden. Michael und Udo einigen sich über den Eigentumsübergang und ersetzen die Übergabe durch Abschluß eines Leihvertrages.

Voraussetzungen einer Übereignung nach §§ 929, 930 BGB sind:

- Der Veräußerer muß auch nach der Übereignung noch im Besitz der Sache bleiben.

- Zwischen Veräußerer und Erwerber muß ein Besitzkonstitut i.S.d. § 868 BGB vereinbart werden, aufgrund dessen der Veräußerer dem Erwerber den Besitz mittelt. Es genügt jedes Rechtsverhältnis, soweit es konkrete Rechte und Pflichten festlegt. Die Vereinbarung des Besitzkonstitutes kann auch schon erfolgen, bevor der Veräußerer im Besitz der betreffenden Sache ist. Man spricht in diesem Fall von einem vorweggenommenen oder auch einem ante- bzw. antizipierten Besitzkonstitut.

Bsp.: Sicherungsübereignung einer noch nicht existierenden, erst herzustellenden Sache

Sicherungsübereignung

Die Sicherungsübereignung ist in der Praxis auch der wichtigste Anwendungsfall der §§ 929, 930 BGB

Die von der Rspr. entwickelte Sicherungsübereignung ermöglicht es einem Darlehensnehmer, der einen Kredit absichern möchte, das Sicherungsgut in seinem Besitz zu erhalten und es vor allem weiter zu nutzen.

Das Sicherungseigentum ist keine besondere Art des Eigentums. Der Sicherungsnehmer wird Volleigentümer i.S.d. § 903 BGB.

Voraussetzungen

Voraussetzung für eine Sicherungsübereignung ist die Einigung nach § 929 BGB, die insbesondere bei Warenlagern hinreichend bestimmt sein muß. Außerdem ist ein konkretes Besitzmittlungsverhältnis nach § 930 BGB erforderlich. Nach h.M ist die bloße Sicherungsabrede schon selbst ein konkretes Besitzinstitut i.S.d. § 868 BGB.

Beendigung des Sicherungszwecks

Nach Beendigung des Sicherungszwecks gibt es zwei Wege, wie der Sicherungsgeber sein Eigentum zurückerlangt:

aa) Die Sicherungsübereignung war auflösend bedingt (§ 158 II BGB) durch die Rückzahlung des Kredits erfolgt. Dann wird der Sicherungsgeber mit Bedingungseintritt (Zahlung der letzten Rate) automatisch wieder Eigentümer.

bb) Es wurde im Sicherungsvertrag (insbesondere bei Banken) vereinbart, daß der Sicherungsnehmer nach Erledigung des Sicherungszwecks schuldrechtlich verpflichtet ist, das Eigentum auf den Sicherungsgeber zurück zu übertragen. Die Erfüllung erfolgt dann nach § 929 S.2 BGB, da der Sicherungsgeber ja immer noch den unmittelbaren Besitz an der Sache hat.

b) Das Übergabesurrogat des § 931 BGB

Abtretung des Herausgabeanspruches

Befindet sich die zu übereignende Sache in unmittelbaren oder mittelbaren Besitz eines Dritten, so kann nach § 931 BGB die Übergabe durch Abtretung des Herausgabeanspruches des Veräußerers gegen den Dritten nach § 398 BGB ersetzt werden. An die Stelle des Realaktes tritt hier ebenso wie bei § 930 BGB neben den dinglichen Vertrag der Einigung ein weiteres Rechtsgeschäft, nämlich die Abtretung des Herausgabeanspruchs.

Bsp.: Michael Düse hat dem Stefan Wirbel seinen Motorradhelm für einen Monat geliehen. Nach einem Unfall verzichtet Michael lieber ganz auf das Motorrad fahren und übereignet den Helm an Margareta, die den Helm beim Cabriofahren tragen will, durch Einigung und Abtretung seines Herausgabeanspruches gegen Stefan aus § 604 BGB nach §§ 929, 931 BGB.

Die Übereignung nach §§ 929, 931 BGB hat also folgende Voraussetzungen:

1. Einigung über den Eigentumsübergang nach § 929 BGB
2. Abtretung des Herausgabeanspruches nach §§ 931, 389 BGB
3. Einigsein im Zeitpunkt des Eigentumsübergangs
4. Verfügungsbefugnis des Veräußerers

> **"HEMMER-METHODE"**: Gäbe es die Möglichkeit der Übereignung nach §§ 929, 931 BGB nicht, müßte der Eigentümer, wenn er einen Sache verkaufen will, die er z.B. an einen Dritten verliehen hat, diese zurückverlangen und dem Erwerber übergeben. Häufig würde dies aber schon daran scheitern, daß der derzeitige unmittelbare Besitzer ein Recht zum Besitz hat und die Rückgabe somit ablehnen könnte.

III. Erwerb vom Nichtberechtigten

Die §§ 929-931 BGB sprechen von Eigentümer und Erwerber. Sie setzen also voraus, daß der Veräußerer auch Eigentümer und damit zur Eigentumsübertragung berechtigt ist. Leider laufen aber auch Personen durch Deutschland, die sich für die §§ 929-931 BGB überhaupt nicht interessieren und Rechte übertragen, die ihnen nicht zustehen. Für alle Erwerber eine unangenehme Situation, denn man kann die Berechtigung des Veräußerers nicht immer überprüfen und ist möglicherweise einem Herausgabeanspruch des wahren Eigentümers nach § 985 BGB ausgesetzt.

(-) bei Abhandenkommen

Um den ("unschuldigen") Erwerber zu schützen, ermöglichen die §§ 932ff BGB unter bestimmten Voraussetzungen den Eigentumserwerb vom Nichtberechtigten. Schutzwürdig ist aber nur der Erwerber, der bzgl. des Eigentums des Veräußerers gutgläubig ist (§ 932 II BGB). Im Fall des Abhandenkommens sieht das Gesetz in § 935 BGB den wirklichen Eigentümer als schutzwürdiger an, so daß ein gutgläubiger Erwerb ausgeschlossen ist.

§ 936 BGB regelt, was bei der Übereignung mit Rechten Dritter geschieht, die auf der Sache lasten. Auch diese können gutgläubig „wegerworben" werden.

> **"HEMMER-METHODE"**: Obwohl der Veräußerer nicht Eigentümer ist, so kann dennoch auch ein Erwerb vom Berechtigten, nämlich vom Verfügungsberechtigten vorliegen. Die Verfügungsbefugnis kann kraft Gesetzes oder kraft Amtes (Testamentsvollstrecker, Konkursverwalter) einem anderen zustehen, oder auch durch Rechtsgeschäft einem anderen erteilt werden, § 185 BGB. Denken sie z.B. an die Sicherungsübereignung. Der Kaufmann, der seine Waren sicherungsübereignet hat, muß diese weiterverkaufen, um sein Geschäft weiterzuführen. Er verfügt dabei mit der Einwilligung seines Gläubigers gem. § 185 BGB. Der §§ 932ff BGB bedarf es in diesen Fällen nicht.

1. Rechtsgeschäft / Verkehrsgeschäft

Verkehrsgeschäft

Ein gutgläubiger Erwerb ist nur möglich, wenn ein Rechtsgeschäft i.S.e. Verkehrsgeschäfts vorliegt. Ein solches liegt vor, wenn auf der Erwerberseite mindestens eine Person beteiligt ist, die nicht auch auf der Veräußererseite beteiligt ist.

Merken Sie sich: Für die Identität der Personen ist dabei eine wirtschaftliche Betrachtungsweise anzulegen.

2. Der gute Glaube

Der Erwerber ist dann nicht in gutem Glauben, wenn er weiß oder infolge grober Fahrlässigkeit nicht weiß, daß der Veräußerer nicht Eigentümer ist.

789

> **"HEMMER-METHODE"**: Bei Einschaltung eines Vertreters gilt § 166 BGB, so daß es nach § 166 I BGB grundsätzlich auf die Kenntnis des Vertretenen ankommt. Nach § 166 II BGB ist auf die Kenntnis des Vertretenen abzustellen, wenn der Vertreter auf Weisung gehandelt hat. Er ist auch anwendbar, wenn die Einigung erst durch eine Genehmigung wirksam wurde, z.B. weil für den Erwerber ein vollmachtloser Vertreter auftrat, vgl. § 177ff, 184 BGB. Da die letzte Entscheidung übe das Rechtsgeschäft beim Genehmigenden liegt, muß dessen Bösgläubigkeit auch beachtlich sein.

3. Gegenstand des guten Glaubens

nur Eigentum des Veräußerers

Gegenstand des guten Glaubens ist das Eigentum des Veräußerers. Nicht geschützt wird von §§ 932ff BGB der gute Glaube an die Geschäftsfähigkeit, an die Vertretungsmacht o.ä.

790

4. Zeitpunkt des guten Glaubens

bei Vollendung des Rechtserwerbs

Der gute Glaube muß bei Vollendung des Rechtserwerbs vorliegen, also bei vorangegangener Einigung bis einschließlich Übergabe und bei nach folgender Einigung bei dieser Einigung.

791

5. Ausschluß des gutgläubigen Erwerbs

Gemäß § 935 I BGB ist ein gutgläubiger Erwerb ausgeschlossen, wenn die betreffende Sache dem Eigentümer abhanden gekommen ist.

792

verlorene, gestohlene Sachen

„Verloren" und „gestohlen" sind dabei nur Unterfälle für den Begriff des Abhandenkommens. Das Abhandenkommen schließt jeden Erwerb aus. Nicht nur der Ersterwerber, sondern auch alle nachfolgenden Erwerber innerhalb der Veräußerungskette können nicht gutgläubig erwerben.

Geld, Inhaberpapiere, öffentliche Versteigerung

Kein Abhandenkommen i.S.d. § 935 I BGB liegt nach § 935 II BGB dann vor, wenn es sich um Geld, Inhaberpapiere oder einen Erwerb im Rahmen einer öffentlichen Versteigerung handelt. In diesen Fällen ist das Abhandenkommen unbeachtlich. Die sonstigen Voraussetzungen der §§ 932-934 BGB müssen aber vorliegen.

793

> **"HEMMER-METHODE"**: Wegen der Umlauffähigkeit des Geldes wird auf § 935 BGB verzichtet. Denken sie frühzeitig daran, daß bei Geld deswegen ein gutgläubiger Erwerb möglich ist. Der Dieb haftet dann u.a. aus § 816 I 1 BGB auf Herausgabe des erlangten Surrogats, z.B. Pelzmantel, der mit dem gestohlenen Geld gekauft wurde.

Übersicht über die zusammengehörigen Vorschriften			
Erwerb vom Berechtigten	*Erwerb vom Nichtberechtigten*	*lastenfreier Erwerb*	
§ 929 S.1 BGB	§ 932 I S.1 BGB	§ 936 I S.1 BGB	
§ 929 S.2 BGB	§ 932 I S.2 BGB	§ 932 I S.2 BGB	
§§ 929, 930 BGB	§ 933 BGB	§ 936 I S.3, 2.Alt.BGB	
§§ 929, 931 -§ 870 BGB	§ 934 1.Alt. BGB § 934 2.Alt. BGB	§ 936 I S.2, III BGB § 936 I S.3, 3.Alt. BGB	
	jeweils + §§ 923 II, 935 BGB	jeweils + §§ 936 II, 932 II + 935 BGB	

794

IV. Eigentumserwerb an Grundstücken

Die rechtsgeschäftliche Übertragung des Grundstückeigentums setzt voraus: **795**

- einen rechtsgeschäftlichen Akt
- einen tatsächlichen Vorgang

Grundstück Ein Grundstück im Rechtssinne ist unabhängig von der Art der Nutzung ein räumlich abgegrenzter Teil der Erdoberfläche, der im Grundbuch als „Grundstück" – sei es auf einem besonderen Grundbuchblatt, sei es unter einer besonderen Nummer eines gemeinschaftlichen Grundbuchblattes – geführt wird.

1. Erwerb vom Berechtigten

Der Erwerb bzw. die Übertragung des Eigentums an Grundstücken richtet sich nach den allgemeinen Vorschriften über Rechte an Grundstücken (§§ 873ff BGB) und den speziellen Vorschriften über Erwerb und Verlust von Eigentum an Grundstücken (§§ 925ff BGB). **796**

Grundlegende Voraussetzungen für den Eigentumserwerb an Grundstücken sind nach §§ 873 I, 925 BGB somit: **797**

1. Einigung zwischen Veräußerer und Erwerber
2. Eintragung des Erwerbers im Grundbuch
3. Berechtigung des Veräußerers
4. Verfügungsbefugnis des Veräußerers

§ 16 SACHENRECHT

a) Einigung

Auflassung und Einigung

Die nach § 873 I BGB erforderliche Einigung über den Eigentumsübergang ist ein dinglicher Vertrag, besteht somit aus zwei übereinstimmenden Willenserklärungen und wird auch als Auflassung (so in den §§ 925ff BGB) bezeichnet. Auflassung und Eintragung bilden nach § 873 I BGB das dingliche Rechtsgeschäft der Übereignung.

798

b) Form

Obwohl die Auflassung nach der allgemeinen Vorschrift des § 873 I BGB grundsätzlich formfrei ist, ergibt sich aus der spezielleren Vorschrift des § 925 I S.1 BGB, daß die Auflassung bei gleichzeitiger Anwesenheit der Parteien vor der zuständigen Stelle zu erklären ist. Da es sich um Willenserklärungen handelt, ist aber natürlich auch eine Stellvertretung auf beiden Seiten möglich (§§ 164ff BGB).

799

c) Sachenrechtlicher Bestimmtheitsgrundsatz

Da die Einigung nach § 873 I BGB, wie auch die Einigung zur Übereignung beweglicher Sachen, zu einer dinglichen Rechtsänderung führt, und dingliche Rechte absolut d.h. gegenüber jedermann wirken, muß diese Änderung auch nach außen für Dritte erkennbar sein.

800

Der sachenrechtliche Bestimmtheitsgrundsatz erfordert deshalb eine genaue und eindeutige Erklärung hinsichtlich der Person des Erwerbers und des zu übereignenden Grundstückes.

d) Eintragung

Die durch die Einigung bezweckte Rechtsänderung muß gem. § 873 I BGB in das Grundbuch eingetragen werden. Erst durch diese Eintragung kommt die Rechtsänderung materiellrechtlich zustande.

801

Einigung und Eintragung müssen inhaltlich übereinstimmen.

2. Erwerb vom Nichtberechtigten

§ 892 BGB gestattet auch den Erwerb vom Nichtberechtigten, wenn neben den Voraussetzungen des normalen Erwerbstatbestandes, also Einigung und Eintragung nach §§ 873 I, 925 BGB, zur Überwindung des Mangels der Berechtigung folgende zusätzliche Voraussetzungen vorliegen:

802

Voraussetzungen

1. Rechtsgeschäft i.S.e Verkehrsgeschäfts
2. Unrichtigkeit des Grundbuches
3. Legitimation des Veräußerers
4. Gutgläubigkeit des Erwerbers
5. Keine Eintragung eines Widerspruchs

a) Rechtsscheinstatbestand

Grundbucheintrag

Wie bei den §§ 932ff BGB der Besitz, ist Rechtsscheinstatbestand bei §§ 892, 893 BGB die Grundbucheintragung. Geschützt wird hier sogar, anders als bei den §§ 932ff BGB der gute Glaube an die Verfügungsbefugnis gem. § 892 I S.2 BGB.

nur positive Kenntnis schadet

Während nach § 932 II BGB schon die grob fahrlässige Unkenntnis einem gutgläubigen Erwerb schadet, ist dies bei §§ 892, 893 BGB nur bei positiver Kenntnis der Fall.

b) Unrichtigkeit des Grundbuches

nur rechtliche Inhalte

Hiermit sind nur rechtliche Inhalte gemeint, also z.B. bzgl des Bestehens oder Nichtbestehens von Rechten an Grundstücken bzw Rechten an solchen Rechten (Hypothek, Grundschuld).

Rein tatsächliche Angaben (Grundstücksgröße, persönliche Angaben) unterliegen dagegen nicht dem öffentlichen Glauben des Grundbuches

§ 892 I S.2 BGB fingiert auch die Vollständigkeit des Grundbuches hinsichtlich relativer Verfügungsbeschränkungen. Das bedeutet, daß nicht eingetragene relative Verfügungsbeschränkungen als nicht existent gelten. Kein Gutglaubensschutz dagegen besteht hinsichtlich der Existenz einer nicht bestehenden, aber eingetragenen Verfügungsbefugnis.

c) Legitimation des Veräußerers

Eintragung als Berechtigter im Grundbuch

Der nichtverfügende Dritte ist als Berechtigter legitimiert, wenn er im Grundbuch als Berechtigter eingetragen ist.

d) Gutgläubigkeit des Erwerbers

Die Gutgläubigkeit wird gem. § 892 BGB grundsätzlich vermutet. Sie ist nur dann zu verneinen, wenn der Erwerber positive Kenntnis von der Unrichtigkeit des Grundbuches hat.

e) Zeitpunkt der Gutgläubigkeit

Zeitpunkt der Vollendung des Rechtserwerbs

Nach § 892 I S.1 BGB muß die Redlichkeit des Erwerbers noch im Zeitpunkt der Vollendung des Rechtserwerbs vorliegen.

Ausnahmsweise muß die Gutgläubigkeit nur bis zum Zeitpunkt der Antragstellung beim Grundbuchamt vorliegen, wenn für den Erwerb des Rechts nur noch die Eintragung erforderlich ist.

f) Widerspruch

Widerspruch schließt Gutglaubenserwerb aus

Ist im Grundbuch ein Widerspruch gegen die Richtigkeit des Grundbuches eingetragen (§ 899 BGB), schließt dieser den Erwerb kraft guten Glaubens aus.

3. Die Vormerkung

Schutz vor zwischenzeitlichen Verfügungen

Zwischen Abschluß eines Kaufvertrages über ein Grundstück und dessen Erfüllung vergeht oft viel Zeit. Weil der Verkäufer in dieser Zeit noch Verfügungen über das Grundstück treffen kann, es z.B. mit einer Hypothek belasten könnte, besteht ein Interesse des Käufers daran, dieses Risiko möglichst zu umgehen. Dies geschieht mittels einer Vormerkung.

relative Unwirksamkeit der Verfügungen

§ 883 II BGB bestimmt die relative Unwirksamkeit von Verfügungen des Verkäufers gegenüber Dritten im Verhältnis zwischen Verkäufer und Vormerkungsinhaber. Die Vormerkung dient somit der grundbuchmäßigen Sicherung des schuldrechtlichen Anspruches auf eine dingliche Rechtsänderung.

Voraussetzungen

Die Voraussetzungen der Vormerkung sind:

1. vormerkungsfähiger Anspruch
2. Bewilligung oder einstweilige Verfügung
3. Eintragung ins Grundbuch
4. Berechtigung und Verfügungsbefugnis

a) Vormerkungsfähig ist der schuldrechtliche Anspruch auf dingliche Rechtsänderung. Ohne Anspruch entsteht keine Vormerkung –die Vormerkung ist somit streng akzessorisch.

Zu den vormerkungsfähigen Ansprüchen zählen nach § 883 S.1 BGB z.B. Ansprüche auf Einräumung oder Aufhebung eines Rechts an einem Grundstück.

b) Die Vormerkung muß von dem Betroffenen bewilligt werden. Diese ist eine einseitige empfangsbedürftige Willenserklärung gegenüber dem Vormerkungsberechtigten.

c) Nach § 883 BGB muß die Vormerkung in das Grundbuch eingetragen werden.

§ 17 EIGENTUMSERWERB DURCH GESETZ

originärer Erwerb

Neben dem rechtsgeschäftlichen Eigentumserwerb, bei welchem der Erwerb von einem Rechtsvorgänger abgeleitet wird (sog. derivativer Erwerb), kann das Eigentum an beweglichen Sachen auch ohne ein darauf gerichtetes Rechtsgeschäft erworben werden (sog. originärer Erwerb).

Folgende Rechtsinstitute führen einen Eigentumserwerb durch Gesetz herbei:

- Ersitzung, §§ 937-945 BGB
- Verbindung/Vermischung/Verarbeitung, §§ 946-952 BGB
- Erwerb von Erzeugnissen/Bestandteilen, §§ 953-957 BGB
- Aneignung, §§ 958- 946 BGB
- Fund, §§ 965-984 BGB

A. Ersitzung, §§ 937ff BGB

Hat jemand über 10 Jahre hinweg eine Sache ununterbrochen im Eigenbesitz gehabt, also eine Sache als ihm gehörend besessen, so wird er mit Ablauf der 10 Jahre Eigentümer der Sache. Der bisherige Eigentümer verliert sein Eigentum an der Sache.

Die Ersitzung eines Grundstückes regelt sich nach § 900 BGB. Danach erwirbt der Eigenbesitzer Eigentum, wenn er seit 30 Jahren im Grundbuch als Eigentümer eingetragen ist und das Grundstück während dieser Zeit ununterbrochen in Eigenbesitz hatte.

B. Verbindung / Vermischung / Verarbeitung, §§ 946ff BGB

wesentlicher Bestandteil

I. § 946 BGB bestimmt für den Fall, daß eine bewegliche Sache mit einem Grundstück in der weise verbunden wurde, daß es wesentlicher Bestandteil des Grundstücks geworden ist, daß der Eigentümer an dem Grundstück auch Eigentümer des wesentlichen Bestandteils ist. Dadurch soll die wirtschaftliche Einheit des Grundstückes erhalten bleiben.

§§ 93, 94 BGB

Wesentlicher Bestandteil wurde die Sache dann, wenn beide Sachen nicht voneinander getrennt werden können, ohne daß die eine oder die andere zerstört oder in ihrem Wesen verändert wird, §§ 93, 94 BGB.

Lieferanten/Hersteller

II. § 950 BGB will den wirtschaftspolitischen Interessenkonflikt zwischen dem Lieferanten von Rohstoffen bzw. Produzenten niedrigerer Produktionsstufen und dem Hersteller lösen, indem grundsätzlich dem Hersteller des neuen Produktes das Eigentum zugewiesen wird.

Ob eine neue Sache hergestellt wurde bestimmt sich nach h.M. nach der Verkehrsanschauung. Dabei ist die Neuheit wirtschaftlich zu verstehen. Der Wert der Verarbeitung darf auch nicht erheblich geringer sein als der Wert des Stoffes.

Hersteller i.S.d. § 950 BGB ist nicht nur derjenige, welcher die Sache tatsächlich herstellt, sondern derjenigen, in dessen Namen und wirtschaftlichen Interesse die Herstellung nach der Verkehrsanschauung erfolgt. Hersteller ist daher der Unternehmer, wenn die Sache in seinem Betrieb hergestellt wird, sowie der Besteller, wenn die Sache aufgrund eines Werkvertrages erstellt wird.

„Verarbeitungsklausel"

Die Person des Herstellers kann nach h.M. auch mittels Parteivereinbarung durch eine sog. Verarbeitungsklausel bestimmt werden.

816

> **"HEMMER-METHODE":** Relevant sind die Verarbeitungsklauseln insbesondere beim Verkauf unter Eigentumsvorbehalt. Auf diese Weise kann der Verkäufer sicherstellen, daß er auch nach der Verarbeitung des Stoffes noch Eigentümer ist.

Mit dem Erwerb des Eigentums erlöschen die an dem Stoff bestehenden Rechte Dritter nach § 950 II BGB.

817

Der Eigentümer, der sein Eigentum aufgrund der §§ 946-950 BGB verliert, ist für seinen Eigentumsverlust zu entschädigen. § 951 BGB stellt dabei nach ganz h.M. eine Rechtsgrundverweisung auf die §§ 812ff BGB dar. Es müssen somit alle Voraussetzungen eines Bereicherungsanspruches nach §§ 812ff BGB vorliegen.

C. Aneignung, §§ 958-964 BGB

herrenlose Sachen

Nach § 958 I BGB kann an herrenlosen Sachen oder Sachen die herrenlos waren, durch den Realakt der Aneignung Eigentum erworben werden.

818

Herrenlos ist eine Sache, die keinen Eigentümer hat. Dabei kann das Eigentum entweder nie bestanden haben (ursprüngliche Herrenlosigkeit wie z.B. bei Muscheln, Fischen, wilden Elefanten), oder aber das Eigentum kann auch aufgegeben worden sein (Dereliktion), § 958 BGB.

kein gesetzliches Verbot

Für die Aneignung genügt die Begründung des Eigenbesitzes an der Sache. Sie darf aber nicht gesetzlich verboten sein, z.B. nach dem Artenschutzgesetz.

D. Fund, §§ 965-984 BGB

Der Finder einer Sache erwirbt gem. § 973 BGB nach Ablauf von sechs Monaten originäres Eigentum an der Fundsache. Die Frist beginnt aber erst, wenn der Finder seinen Fund auch bei der zuständigen Behörde angezeigt hat, § 965 BGB.

819

WIEDERHOLUNGSFRAGEN:

RANDNUMMER

§ 1 Methode der Fallbearbeitung

1. Welche zentrale Frage müssen Sie sich zu Beginn jeder Klausur stellen? *3*
2. Was ist eine Anspruchsgrundlage und wie findet man die richtige Anspruchsgrundlage? *4*
3. Was heißt Subsumtion? *5*
4. Nennen Sie das Prüfungsschema für die Prüfung einer Anspruchsgrundlage! *10*

§ 2 Einführung

1. Was ist die Rechtsfähigkeit? *14,15*
2. Was versteht man unter einer juristischen Person und was unter einer natürlichen Person? *15*
3. Wie unterscheiden sie sich? *15*
4. Welche mögliche Anspruchsarten kennen Sie? *17ff*

§ 3 Der Vertragsschluß

1. Nennen Sie die möglichen Auswirkungen, die ein Vertragsschluß auf andere Ansprüche haben kann! *24ff*
2. Wie entsteht ein Primäranspruch? *27*
3. Worin unterscheidet er sich vom Sekundäranspruch *28*
4. Was beinhaltet das Abstraktionsprinzip? *29*
5. Definieren Sie das Verpflichtungsgeschäft und das Verfügungsgeschäft! *30f*
6. Beschreiben Sie am Beispiel eines Kaufvertrages den Unterschied zwischen Verpflichtungs- und Verfügungsgeschäft *31*
7. Was sind die Mindestvoraussetzungen für das Zustandekommen eines Vertrages *33*
8. Erklären Sie den Unterschied zwischen einem einseitigen Rechtsgeschäft und einem einseitig verpflichtenden Vertrag. Nennen Sie jeweils ein Beispiel! *34*
9. Woraus besteht ein Vertrag? *34*
10. Was ist eine Willenserlärung? *35*
11. Aus welchen Bestandteilen besteht eine Willenserklärung? *36*
12. Kann ein Wille auch konkludent erklärt werden? Nennen Sie Beispiele! *39*
13. Stellt Schweigen eine Willenserlärung dar? *40*
14. Gilt dies auch für Kaufleute? *40*
15. Welche Folge hat das Fehlen des Erklärungsbewußtseins? *43*
16. In welchen Fällen wird eine Zurechnung des fehlenden Erklärungsbewußtseins verneint? *44*
17. Was ist der Rechtsbindungswille und wie läßt er sich ermitteln? *45f*
18. Welche Folge hat das Fehlen des Geschäftswillens? *49*
19. Wann wird eine Willenserlärung wirksam? *50*
20. Nennen Sie die Unterschiede zwischen einer empfangsbedürftigen und einer nicht empfangsbedürftigen WE. Wann werden diese jeweils wirksam? *53f*
21. Wann ist eine Willenserlärung zugegangen? *55ff*
22. Wie gehen Sie vor, wenn der Wille der beteiligten Pesonen nicht klar erkennbar ist? *63ff*
23. Nennen Sie die Voraussetzungen für die Auslegung von Willenserklärungen *65ff*
24. Welche Auslegungsmethoden kennen Sie? *69ff*

25. Was müssen Sie bei der Auslegung von empfangsbedürftigen Willenserlärungen beachten? 73
26. Was verstehen Sie unter einer invitatio ad offerendum und wie grenzen Sie diese vom Angebot ab? 74
27. Erklären Sie, was ein Dissens ist und welche unterschiedlichen Arten es hierbei gibt! 75ff
28. Welche Formvorschriften kennen Sie und welche Funktionen haben Formvorschriften? 82,88ff
29. Unter welchen Voraussetzungen kann ein Rechtsgeschäft trotz Verstoßes gegen eine Formvorschrift noch wirksam sein? 85
30. Was bedeutet Geschäftsfähigkeit? 89
31. Wer ist nicht geschäftsfähig? 93
32. Wie kann ein Geschäftsunfähiger am Rechtsverkehr teilnehmen? 95
33. In welchen Fällen ist eine Willenserklärung, die ein Minderjähriger abgibt, wirksam? 100ff
34. Wann liegt ein rechtlicher Vorteil vor? 100
35. Was regelt der sog. "Taschengeldparagraph", § 110 BGB? 108ff
36. Unter welchen Voraussetzungen wirkt die Willenserklärung eines Vertreter für und gegen den Vertretenen? 116
37. Wodurch unterscheidet sich der Vertreter vom bloßen Boten? 121
38. Was versteht man unter dem Offenkundigkeitsprinzip und welche Ausnahmen gibt es? 122ff
39. Welche Arten der Vollmachtserteilung kennen Sie? 133
40. Wie wird eine Vollmacht erteilt und wann und wie erlischt diese wieder? 140f
41. Erklären Sie den Unterschied zwischen einer Anscheins- und einer Duldungsvollmacht! 142
42. Nennen Sie die Rechtsfolgen der Anscheins- und der Duldungsvollmacht! 144
43. Wie behandeln Sie den Fall, daß ein Vertreter seine Vertretungsmacht überschreitet? 145,157
44. In welchen Fällen entfällt eine rechtliche Bindung des Vertretenen? 147
45. Was versteht man unter Abstraktheit der Vollmacht? 160
46. Welche Funktion hat § 1357 BGB? 128

§ 4 Rechtshindernde Einwendungen

1. Was ist eine rechtshindernde Einwendung und welche Folge hat ihr Vorliegen für ein Rechtsgeschäft? 162
2. Zählen Sie Beispiele für rechtshindernde Einwendungen auf! 164ff
3. Ist bei einem geheimen Vorbehalt, das Erklärte nicht zu wollen, die Willenserklärung wirksam? 165
4. Was versteht man unter einer Scheinerklärung und welche Rechtsfolgen hat sie? 167f
5. Erläutern Sie den Begriff des Strohmannes und erklären Sie, warum für diese Fälle § 117 I BGB i.d.R gerade nicht gilt! 169
6. Welche Anhaltspunkte kennen Sie, um festzustellen, ob es sich bei einem Gesetz um ein gesetzliches Verbot i.S.d § 134 BGB handelt, oder um eine bloße Ordnungsvorschrift? 172
7. Nennen Sie die Voraussetzungen des § 138 BGB! 177
8. Lösen Sie den Fall, daß eine handgeschnitzte einmalige Statue, die Sie kaufen wollten, bereits vor Vertragsschluß von einem Panzerwagen überrollt worden ist. 180

§ 5 Rechtsvernichtende Einwendungen

1. Was ist eine rechtshindernde Einwendung und welche Folge ergibt sich für das Rechtsgeschäft, wenn eine rechtshindernde Einwendung vorliegt?. 181
2. Zählen Sie die wichtigsten Einwendungen auf! 182ff
3. Nennen Sie die drei Voraussetzungen für eine wirksame Anfechtung! 182

4. Wie wird der Begriff Irrtum definiert? *184*

5. Welche Irrtümer regelt der § 119 BGB? *186,192*

6. Grenzen Sie diese Irrtümer von Motivirrtum, Kalkulationsirrtum und Rechtsfolgeirrtum ab! *188ff*

7. Wann liegt Verkehrswesentlichkeit vor? Für welchen Irrtum ist diese bedeutsam? *192,196*

8. Wie ist der Fall der unrichtigen Übermittlung von Willenserklärungen geregelt? *198*

9. In welchen Fällen liegt eine arglistige Täuschung i.S.d. § 123 BGB vor? *201f*

10. Welche Besonderheit gilt, wenn der Täuschender ein sog. Dritter i.S.d § 123 II BGB ist und wer ist Dritter i.S.d. § 123 II BGB? *203*

11. Nennen Sie die Rechtsfolgen der Anfechtung! *208ff*

12. Welche Widerrufsmöglichkeiten kennen Sie? *211*

13. Warum tritt bei Dauerschuldverhältnissesn an die Stelle eines Rücktritts die Kündigung? *214*

14. Wann liegt Erfüllung vor? *216*

15. Erklären Sie die Begriffe Leistungs- und Erfüllungsort anhand der Schickschuld! *221*

16. Unterscheiden Sie die Leistung an Erfüllungs statt von der Leistung erfüllungshalber! *225f*

17. Unter welchen Voraussetzungen kann mit einer Forderung aufgerechnet werden? *228*

§ 6 Vertragsarten

1. Welches Prinzip liegt den §§ 305, 241 BGB zugrunde? *231*

2. Welche Kaufvertragstypen kennen Sie? *237ff*

3. Grenzen Sie den Kaufvertrag zur Leihe, dem Pachtvertrag und Leasing-Vertrag ab! *250ff*

§ 7 Allgemeine Geschäftsbedingungen

1. Was sind Allgemeine Geschäftsbedingungen und unter welchen Voraussetzungen werden sie in den Vertrag mit einbezogen? *272f,278*

2. Was gilt bei Individualvereinbarungen? *281*

3. Wie erfolgt die Inhaltskontrolle von AGB? *282*

4. Welche Folge hat die Verwendung unwirksamer AGB für das Rechtsgeschäft? *283*

5. Was gilt bei sich kreuzenden, widersprechenden AGB-Klauseln? *285*

§ 8 Leistunsstörungen

1. Welche Arten von Leistungsstörungen kennen Sie? *290*

2. Unterscheiden Sie die verschiedenen Formen von Unmöglichkeit voneinander und zeigen Sie deren unterschiedliche Rechtsfolgen auf! *292,300ff*

3. Wann liegt Unmöglichkeit vor? *293*

4. Nennen Sie mögliche Gründe für Unmöglichkeit! *294ff*

5. Wonach müssen Sie bei der Prüfung der Unmöglichkeit differenzieren? *303*

6. Wann nur sind die §§ 320ff BGB anwendbar? *311*

7. Erläutern Sie § 275 I BGB und erläran Sie insbesondere den Unterschied zwischen Leistungs- und Gegenleistungsgefahr *307,312f*

8. Welche Möglichkeiten hat der Gläubiger bei einer vom Schuldner zu vertretenden Unmöglichkeit? *316*

9. Wie lösen Sie den Fall, wenn weder Gläubiger noch Schuldner die Unmöglichkeit zu vertreten haben? *323*

10. Für welche Art von Schulden gilt § 279 BGB? *305*

11. Welchen Fall regelt § 323 BGB? Welche Leistung betrifft er? Welche Ausnahmen kennen Sie? *313f*

12. Welche Wahlmöglichkeiten hat der Gläubiger nach § 325 BGB? *316*
13. Wann nur ist § 287 S1 BGB von Bedeutung? Was regelt § 287 S2. BGB? *336*
14. Welche Schäden werden nach § 286 I BGB, welche nach § 326 BGB ersetzt? *334,340*
15. Wann ist die Fristsetzung des § 326 BGB entbehrlich? *325*
16. Wie ist das Verhältnis von § 300 II BGB zu § 243 II BGB? *345*
17. Was ist Rechtsfolge des § 324 BGB? Zu welcher Vorschrift bildet er eine Ausnahme? *347*
18. Unterscheiden Sie Verzug von Unmöglichkeit! *324*
19. Was ist ein absolutes, was ein relatives Fixgeschäft *325f*
20. Nennen Sie die Voraussetzungen des Verzuges! *327ff*
21. Welche Ausirkungen hat das Vorliegen von Einwendungen auf den Verzug? *330*
22. Was müssen Sie beachten, wenn eine Frist mit Ablehnungsandrohung durch einen Minderjährigen gesetzt wurde? *341*
23. Welche Besonderheiten gelten beim Gläubigerverzug? *343*
24. In welchem Verhältnis stehen §§ 323 und 324 II BGB zueinander? *347*

§ 9 Gewährleistungsrecht

1. Was regelt das Gewährleistungsrecht? *348*
2. Definieren Sie die Begriffe Rechtsmangel und Sachmangel! *349,650*
3. Was ist ein Fehler? *352*
4. Was gilt in den Fällen einer zugesicherten Eigenschaft? *353ff*
5. Welche generellen Gewährleistungsansprüche kennen Sie? *355,357*
6. Wann hat der Käufer einer Sache einen Nachlieferungsanspruch? *358*
7. Nennen Sie die Voraussetzungen und Rechtsfolgen einer Wandelung im Kaufrecht! *359ff*
8. Nennen Sie die Voraussetzungen und Rechtsfolgen einer Minderung im Kaufrecht! *266ff*
9. In welchem Verhältnis stehen die Gewährleistunsvorschriften zur Anfechtung? *369ff*
10. Was gilt für das Gewährleistunsrecht im Verhältnis zu § 320 BGB? *371f*
11. Welche Rechte hat der Besteller aus einem Werkvertrag vor Abnahme des Werks? *383ff*
12. Können Minderung und Schadensersatzansprüche auch nebeneinander geltend gemacht werden? *378*

§ 10 Positive Vertragsverletzung (PVV)

1. Was sind die Anspruchsvoraussetzungen der pVV und sind diese gesetzlich geregelt? *393f*
2. Zeigen Sie anhand einiger Beispiele den Anwendungsbereich der pVV auf! *395ff*
3. Wie wirkt sich ein eigenes Mitverschulden auf den Anspruch aus pVV aus? *405*
4. Nennen Sie die möglichen Rechtsfolgen der pVV! *406ff*
5. Unter welchen Voraussetzungen findet die pVV im Kaufrecht Anwendung? *412*
6. Welche Besonderheiten gelten im Werkvertragsrecht? *417ff*

§ 11 Culpa in contrahendo (C.I.C)

1. Wann ist die c.i.c. anwendbar? *421,424*
2. Nennen Sie die Anspruchsvoraussetzungen der c.i.c.! *423*
3. Ist die c.i.c. neben dem Gewährleistungsrecht anwendbar? *424*
4. Wann liegt eine sog. vorvertragliche Sonderbindung vor? *427*
5. Schließen sich § 123 BGB und c.i.c. gegenseitig aus und wenn ja warum? *425*

WIEDERHOLUNGSFRAGEN

6. Eröffnet die c.i.c einen Anwendungsbereich für die Eigenhaftung eines Vertreters und wenn ja unter welchen Voraussetzungen? *433*

7. Wonach berechnet sich der Umfang eines Schadensersatzanspruches aus c.i.c.? *436*

8. Erläutern Sie die möglichen Rechtsfolgen der c.i.c.! *439ff*

§ 12 Wegfall der Geschäftsgrundlage

1. Nennen Sie die Anspruchsvoraussetzungen des Wegfalls der Geschäftsgrundlage! *445*

2. In welchem Verhältnis steht der Wegfall der Geschäftsgrundlage zur Unmöglichkeit? *447*

3. Grenzen Sie den Wegfall der Geschäftsgrundlage vom Fall des § 812 I S.2, 2. Alt. BGB ab! *451*

§ 13 Gesetzliche Schuldverhältnisse

1. Charakterisieren Sie das gesetzliche Schuldverhältnis! *463*

2. Welche Formen der Geschäftsführung ohne Auftrag kennen Sie? *465*

3. Was ist unter Geschäft i.S.d. § 677 BGB zu verstehen? *470*

4. Was versteht man unter einem auch-fremdem Geschäft? *473*

5. Wann liegt ein Fremdgeschäftsführunswille vor? *475*

6. Nennen Sie die möglichen Rechtsfolgen, die das Vorliegen einer GoA eröffnet? *483ff*

7. Definieren Sie den Begriff der Aufwendungen und grenzen Sie ihn zum Begriff des Schadens ab! *484, 488*

8. Welche Ansprüche hat der Geschäftsherr einer berechtigten GoA? *489ff*

9. Grenzen Sie Eigenschäftsführung und Geschäftsanmaßung voneinander ab! *500, 505*

10. Was regelt das Bereicherungsrecht? *509*

11. Welchem Zweck dient das Bereicherungsrecht? *510*

12. Unterscheiden Sie die einzelnen in §§ 812ff BGB geregelten Bereicherungsansprüche voneinander! *512ff*

13. Was sind die Voraussetzungen der Leistungskondiktion nach § 812 I S.1, 1.Alt BGB? *516*

14. Wie ist der Begriff der Leistung zu definieren? Aus wessen Sicht ist zu entscheiden, ob eine Leistung vorliegt? *519, 520*

15. Wann ist die Leistunskondiktion des § 812 I S.2, 1.Alt BGB ausnahmsweise ausgeschlossen? *530*

16. Welche Voraussetzungen muß die in § 812 I S.2, 2. Alt. BGB vorausgesetzte Zweckbestimmung erfüllen? *531*

17. Wann ist die Leistungskondiktion des § 812 I S.2, 2. Alt. BGB ausgeschlossen? *538f*

18. Nennen Sie die Voraussetzungen des § 817 S.1 BGB! *541*

19. Was bedeutet Subsidiarität der Eingriffskondiktion? *545*

20. Was sind die Voraussetzungen des § 816 I S.1 BGB? *554*

21. Definieren Sie den Begriff der Verfügung in § 816 I BGB! *555*

22. Kann § 816 BGB auch eingreifen, wenn die Verfügung an sich nicht gegenüber dem Berechtigten wirksam wäre? *558*

23. Grenzen Sie § 816 I S.2 zu § 822 BGB ab und nennen Sie deren jeweilige Voraussetzungen! *561ff*

24. Erklären Sie anhand des § 818 BGB Umfang und Inhalt des Bereicherungsanspruches! *563*

25. Was ist unter Wegfall der Bereicherung zu verstehen? *568*

26. Nennen Sie die wichtigsten Aussagen der Saldotheorie! Welche Ausnahmen gibt es? *573, 577f*

27. Wann kann sich der Bereicherte nicht mehr auf den Wegfall der Bereicherung berufen? *581*

28. Wie ist die unerlaubte Handlung zu prüfen? *587*

29. Welche "sonstigen Rechte" i.S.d. § 823 BGB kennen Sie? *588*

30. Wie grenzen Sie Tun und Unterlassen voneinander ab? Nur wann ist ein Unterlassen eine taugliche Verletzungshandlung i.S.d. § 823 I BGB? *593f*

31. Unterscheiden Sie haftungsbegründende und haftungsausfüllende Kausalität voneinander! *596,606*

32. Wie prüfen Sie die doppelte Kausalität i.R.d. § 823 I BGB? *607*

33. Wie prüfen Sie eine Verletzung des Rechts am Gewerbebetrieb und was verstehen Sie unter Betirebsbezogenheit? *608ff*

34. Was bedeutet der Begriff Rahmenrecht i.R.d Rechtswidrigkeitsprüfung des § 823 II BGB? *612*

35. Welche Hauptbesonderheiten bestehen bei der Produzentenhaftung nach §§ 823 ff BGB gegenüber den allgemeinen Grundsätzen? *621ff*

36. Welche Entlastungsmöglichkeiten kennen Sie für den Produzenten? *625*

37. Wie unterscheiden sich Produzentenhaftung und Produkthaftung nach dem Produkthaftungsgesetz voneinander? *628,638*

§ 14 Schadensersatzrecht

1. Was setzt ein Schadensersatzanspruch voraus? *639*

2. Definieren Sie den Begriff des Schadens! *640*

3. Wie ermitteln Sie einen Schaden? *641*

4. Was heißt Naturalrestitution, was bedeutet Geldentschädigung? *644*

5. In welchem Verhältnis steht § 250 zu den §§ 249 S.2 und 251 BGB? *647*

6. Können auch immaterielle Schäden geltend gemacht werden und wenn ja, unter welchen Voraussetzungen? *648*

7. Nennen Sie die Voraussetzungen für die Geltendmachung entgangener Gebrauchsvorteile! *649*

8. Was bedeutet Vorteilsansrechnung? Nennen Sie einige Fallgruppen! *652ff*

§ 15 Der Dritte im Schuldverhältnis

1. Grenzen Sie § 164 BGB von § 166 BGB ab! *664*

2. Wann findet § 166 BGB auch außerhalb eines Vertragsverhältnisses Anwendung? *665*

3. Was besagt die sog. "Organtheorie? *667*

4. Wer kann Erfüllungsgehilfe sein? *670*

5. Was sind Verrichtungsgehilfen? *831*

6. Wie unterscheiden sich § 278 BGB und § 831 BGB voneinander? *679*

7. Wie kann sich der Geschäftsherr nach § 831 BGB entlasten? *677*

8. Wie ist der Anwendungsbereich des § 31 BGB? *680*

9. Wie unterscheiden sich echter und unechter Vertrag zugunsten Dritter? *682f*

10. Was regelt der Vertrag mit Schutzwirkung zugunsten Dritter? *684*

11. Was setzt die Einbeziehung eines Dritten in die Schutzwirkungen des Vertrages voraus? *687f*

12. Nennen Sie die Voraussetzungen der Drittschadensliquidation! *696ff*

13. Welches sind die wichtigsten Fallgruppen der zufälligen Schadensverlagerung? *700ff*

14. Welche Fälle der Gläubiger- und Schuldnermehrheiten kennen Sie? *707, 711ff*

15. Wie kann eine Forderung abgetreten werden? Nennen Sie die Voraussetzungen der Forderunsabtretung *714ff*

16. Wie wird der Schuldnerschutz gewährleistet? *719*

17. Was regelt die Schuldübernahme? *720*

WIEDERHOLUNGSFRAGEN

18. Was ist eine Bürgschaft und welche Voraussetzungen hat sie? *724ff*
19. Was bedeutet die Einrede der Vorausklage? *726*

§ 16 Sachenrecht

1. Wo ist der Sachbegriff gesetzlich geregelt? *727*
2. Welche verschiedenen Sachbegriffe kennen Sie? *729*
3. Nennen Sie die vier Grundprinzipien des Sachenrechts! *731ff*
4. Welche verschiedenen Besitzarten kennen Sie? *737*
5. Was bedeutet "Gutglaubenserwerb"? *735*
6. Welche Funktionen übt der Besitz aus? *738ff*
7. In welchen Fällen kann aus dem Besitzrecht ein Eigentumsrecht werden? *740*
8. Wie wird Besitz erworben? *745ff*
9. Wie unterscheidet sich der Besitzerwerb nach § 854 I von dem nach § 854 II BGB? ... *746f*
10. Kann Besitz auch ohne Erwerb der tatsächlichen Sachherrschaft erlangt werden? *747*
11. Nennen Sie die Voraussetzungen des mittelbaren Besitzes! *749*
12. Wie kann man sich gegen Besitzstörungen wehren? *762*
13. Was besagt das Trennungsprinzip und worin besteht der Unterschied zum Abstraktionsprinzip? *772*
14. Wonach kann der Eigentümer einer Sache deren Herausgabe fordern? *771*
15. Wann ist der Herausgabeanspruch ausgeschlossen? *771*
16. Welche Eigentumsformen kennen Sie? *766*
17. Welcher Anspruch ergibt sich aus § 1104 BGB? *769*
18. Welche Möglichkeiten der Eigentumsübertragung kennen Sie? *774*
19. Nennen Sie die Voraussetzungen der Ihnen bekannten Übergabesurrogate! *777ff*
20. Wie erfolgt die Übergabe bei einer Sicherungsübereignung? *782f*
21. Kann Eigentum auch vom Nichteigentümer erworben werden und wenn ja unter welchen Voraussetzungen? *789,786*
22. Zu welchem Zeitpunkt muß der gute Glaube beim Erwerber vorliegen? *791*
23. Wann ist ein Eigentumserwerb kraft guten Glaubens nicht möglich? *792f*
24. Was bedeutet "Verkehrsgeschäft" und wofür ist es Voraussetzung? *788*
25. Wie wird Eigentum an einem Grundstück erworben? *795*
26. Was heißt Auflassung und wo wird sie vorausgesetzt? *798*
27. Unter welchen Voraussetzungen kann ein Grundstück von einem Nichtberechtigten erworben werden? *802*
28. Welche Fälle sind mit Unrichtigkeit des Grundbuches gem. § 892 I S.2 BGB gemeint? ... *804*
29. Welche Konsequenz hat ein im Grundbuch eingetragener Widerspruch? *808*
30. Was ist eine Vormerkung und welche Funktion soll diese Erfüllen? *809ff*
31. Nennen Sie die Voraussetzungen der Vormerkung! *810*

§ 17 Eigentumserwerb durch Gesetz

1. Wie kann das Eigentum an beweglichen Sachen auch ohne Rechtsgeschäft wirksam erworben werden? Nennen Sie Beispiele! *812*
2. Was regeln die §§ 946ff BGB? *814*
3. Wann liegt ein wesentlicher Bestandteil vor? *815*
4. Wann liegt eine neue Sache i.s.d. § 950 BGB vor? *815*

5. Wer kann Hersteller sein? *816*
6. Was ist eine sog. Verarbeitungsklausel und was bezweckt diese? *816f*
7. Wie kann an herrenlosen Sachen Eigentum erworben werden? *818*

STICHWORTVERZEICHNIS

Die Zahlen verweisen auf die Randnummern des Skripts

Abgabe	18
abhandengekommene Willenserklärungen	19
Abhandenkommen	200; 202
Abnahme	73; 107
absolutes Fixgeschäft	88
Absolutheitsprinzip	187
Abstraktionsprinzip	11; 12; 28; 32; 188; 197
Verfügungsgeschäft	11
Verpflichtungsgeschäft	11
Abtretung	
Forderungsabtretung	183
Adäquanztheorie	156
Äquivalenzstörung	120; 122
Wegfalll der Geschäftsgrundlage	120
Äquivalenztheorie	
conditio sine qua non	156
aliud	
erweiterter Fehlerbegriff	101
Falschlieferung	101
Gattungskauf	101
Identitätsabweichung	100; 101
Spezieskauf	101
Alleineigentum	195
Allgemeine Geschäftsbedingungen	74ff
sich kreuzende	76
allgemeines Persönlichkeitsrecht	154
Aneignung	208
Anfänglich objektive Unmöglichkeit	79
Anfänglich subjektive Unmöglichkeit	79, 81
anfängliche Unmöglichkeit	52; 81
Anfechtung	18; 53; 100; 103; 105
Anfechtungserklärung	53
Anfechtungsfrist	53
Anfechtungsgrund	53
Rechtsfolgen	60
Theorie der Doppelnichtigkeit	60
Anfechtungsgegner	60
Anfechtungsgrund	
arglistige Täuschung	58
Eigenschaftsirrtum	56
Erklärungsirrtum	54
Inhaltsirrtum	54
Angebot	13, 15
am Telefon	20
angemaßte Eigengeschäftsführung	125
Annahme	13; 15
Annahmeverzug	82; 92; 94
Anscheinsvollmacht	43
Ansprüche	
bereicherungsrechtliche	9
deliktische	9
dingliche	9
possessorische	195
vertragsähnliche	8
Anspruchsgrundlagen	2
Prüfungsschema	5
Anspruchskürzung	118
Arbeitskraft	129
Arglisteinrede	44; 45
Arglistige Täuschung	58; 100
Auch-fremdes Geschäft	126
auflösende Bedingung	139
Aufrechnung	64
Auftrag	70
Aufwendungen	128
ersparte	169
Auskunftspflichten	
Verletzung	116
Auslegung	17; 21
Auslegungsbedürftigkeit	21
Auslegungsfähigkeit	22
Erklärungstatbestand	21
Methoden	22
Voraussetzungen	21
Außenvollmacht	40
Bargeschäfte des tägl. Lebens	38
Bedingung	41
auflösende	139
berechtigte GoA	125; 127
Bereicherung	
Wegfall der	148
Wertersatz	148
Bereicherung in sonstiger Weise	142
Bereicherungsanspruch	
Rechtshängigkeit	150
Umfang	147
Bereicherungsrecht	12; 13; 86; 133
Leistungskondiktion	134
Nichtleistungskondiktion	134
Saldotheorie	148
Verschärfte Haftung	150
Zweikondiktionentheorie	148
bereicherungsrechtliche Ansprüche	9
beschränkte Geschäftsfähigkeit	30
Besitz	188
Alleinbesitz	189
Erwerb	190
derivativer	190
originärer	190
Mitbesitz	189

mittelbarer	189
Teilbesitz	189
unmittelbarer	189
Besitz juristischer Personen/Gesamthandsgem.	193
Besitzaufgabe	192
Besitzdiener	193
Bösgläubigkeit	
Zurechnung	171
Besitzkehr	195
Besitzkonstitut	
Besitzmittlungsverhältnis	198
Besitzmittlungsverhältnis	198
Besitzschutz	194
Besitzverlust	193
Besitzwehr	194
Bestandteil	
wesentlicher	207
Betriebsbezogener Eingriff	158
Beweislastumkehr	161
BGB-Gesellschaft	194
Billigkeitslehre	
allgemeine	120
Bote	37
Bringschuld	62; 93
Bürgschaft	185
Rechtsfolgen	186
Voraussetzungen	185
Bürgschaftserklärung	20
conditio sine qua non	156
culpa in contrahendo	8; 113
Dauerschuldverhältnisse	61
deliktische Ansprüche	9
Dienstvertrag	69
Differenzhypothese	165
Differenztheorie	86
dilatorische Einreden	89
dingliche Ansprüche	9
Dissens	23; 77
offener	24
versteckter	24
Doppelirrtum	122
Drittschadensliquidation	178
Mittelbare Stellvertretung	179
Obhutsfälle	180
Rechtsfolgen	180
Risikoverlagerung	180
Voraussetzungen	178
Drohung	58
Duldungsvollmacht	42
Echter Vertrag zugunsten Dritter	175
Eigenbesitz	189
Eigengeschäftsführung	125; 132
angemaßte	127
irrtümliche	127; 132
Eigenmacht	
verbotene	194
Eigenschaften	96
verkehrswesentliche	56
wesentliche	57
Eigenschaftsirrtum	56
Eigentum	29; 195
Schranken	196
Schutz	196
Eigentumserwerb	
rechtsgeschäftlicher	196
Eigentumserwerb durch Gesetz	206
Eingriff	
betriebsbezogener	158
Eingriffskondiktion	143
Einigung	31
Einrede	89
peremptorische	89; 137; 138
Einrede der Vorausklage	186
Einrede des nichterfüllten Vertrages	105; 106
Einreden	
dilatorisch	89
einseitige Rechtsgeschäfte	13
Einwendungen	
rechtshindernde	48
rechtsvernichtende	52
Einwilligung	32
konkludente	33
Empfängerhorizont	41
Objektiver	136
empfangsbedürftige Willenserklärung	19, 22
Empfangszuständigkeit	
Minderjähriger	36
Entgangene Gebrauchsvorteile	167
Entgangener Gewinn	90; 118; 167
Entgeltliche Verfügung eines Nichtberechtigten	145
Entgeltlichkeit	146
Entreicherung	32; 146; 148
Erbenbesitz	193
Erbengemeinschaft	194
Erfolgsort	62
Erfüllung	62
Erfüllungsanspruch	96
Erfüllungsgehilfe	106; 172
Erfüllungsgeschäft	196; 197
Erfüllungsinteresse	81; 82; 118
Erfüllungsort	
Wandelung	98

STICHWORTVERZEICHNIS

Erfüllungssurrogat	63; 64
Erklärungsbewußtsein	14, 15
Fehlen	
Rechtsfolge	15
kraft Zurechnung	
Ausnahmen	16
Erklärungsbewußtsein kraft Zurechnung	16
Erklärungsbote	58
Erklärungsempfänger	17
objektiver	16
Erklärungsirrtum	54
Erklärungsrisiko	16
Ersatz von Mehraufwendungen	92
Ersitzung	189; 207
Ersparte Aufwendungen	169
Erwerb kraft guten Glaubens	145
Erwerb vom Nichtberechtigten	200
essentialia negotii	24; 25
Evidenz	44
Exculpation	114; 174
Fabrikationsfehler	160
Fahrlässigkeit	90; 93; 156
Fahrniskauf	66
faktische Unmöglichkeit	80
Fallbearbeitung	
Methode	1
Fälligkeit	88; 89
falsa demonstratio non nocet	
Falschbezeichnung	22
Falschlieferung	101
falsus procurator	44; 46
Fehlen einer zugesicherten Eigenschaft	95
Fehler	95
aliud	
erweiterter Fehlerbegriff	101
arglistiges Verschweigen	99
Istbeschaffenheit	95
Sollbeschaffenheit	95
subjektiver Fehlerbegriff	95
Fehlerbegriff	
subjektiver	95
fehlerhafter Besitz	189
Finanzierungs-Leasing	68
Fixgeschäft	
absolutes	88
relatives	88
Forderungsabtretung	183
Form	25
rechtsgeschäftlich vereinbart	26, 27
Formerfordernisse	
Funktionen	25
Beratungsfunktion	25
Klarstellungs- und Beweisfunktion	25
Kontrollfunktion	25
Wanrfunktion	25
Formmangel	
Heilung	26
Formvorschriften	
Ausnahmen	26
gesetzliche	25
Nichtbeachtung	26
Frachtgeschäft	70
Fremdbesitz	189
Fremdgeschäftsführungswille	125; 127
Frist	
angemessene	91
Frist mit Ablehnungsandrohung	91
Früchte	68
Fund	208
Garantenpflicht	154; 155
Garantie	
Werkvertrag	105
Garantiehaftung	81
Garantievertrag	161
Garantiewille	95
Gattung	82
Gattungskauf	66; 97; 101; 102
Gattungsschuld	
nicht zu vertretende Unmöglichkeit	82
Leistungsgefahr	93
Gebrauchsüberlassung	68; 103; 104
Gebrauchsvorteile	
entgangene	167
Gefährdungshaftung	152
Produzentenhaftung	160
Gefahrübergang	97; 98; 100
Gefälligkeitsverhältnis	17; 108
Gefälligkeitsvertrag	17
Gegenleistungsgefahr	83; 86
Geheimer Vorbehalt	49
Geldentschädigung	166
Geldschuld	63
Genehmigung	35
Generaleinwilligung	34
Generalvollmacht	41
Gesamtgläubiger	181
Gesamthandsgemeinschaften	193
Gesamthandsgläubiger	182
Gesamtschuldner	182
Geschäft für den, den es angeht	38

Geschäft zur angem. Deckung d. Lebensbedarfs	39
Geschäftsanmaßung	132
Geschäftsbesorgung	70
Geschäftsfähigkeit	27; 48
beschränkte	30
Geschäftsführung ohne Auftrag	8; 124
berechtigte	125
echte	125
unberechtigte	125
unechte	125
Voraussetzungen	126
Geschäftsgrundlage	122
normatives Element	122
reales Element	122
hypothetisches Element:	122
Geschäftsunfähiger	37
Geschäftsunfähigkeit	28; 29
Geschäftswille	14, 18
Fehlen	18
gesetzliche Schuldverhältnisse	
Geschäftsführung ohne Auftrag	124
Unerlaubte Handlung	151
gesetzliche Vertreter	29
Gesetzliches Verbot	51
Gewährleistungsausschluß	95
Zusicherung	
AGBs	96
Gewährleistungsrecht	94ff
Gewährleistunsgansprüche	
Verjährung	99
Gewerbe	157
Gewerbebetrieb	157
Gewohnheitsrecht	108
Gläubigermehrheiten	181
Gläubigerverzug	84; 92
Grundbuch	
Unrichtigkeit	204
Grundsatz des Vertrauensschutzes	42
Grundschuld	204
Grundstücke	
Eigentumswerwerb	202
Grundstückskauf	66
Gutachtenstil	5
guter Glaube	30; 201
Gutglaubenserwerb	188
Gutglaubenswirkung	190
Haftung	90
quasi-vertragliche	114
Haftungsausfüllende Kausalität	157; 159
Handeln im fremden Namen	37
Handeln unter falscher Namensangabe	38
Handeln unter fremdem Namen	38
Handelsregister	42
Handlungsstörer	196
Handlungswille	14
HaustürWG	61
Herausgabeansprüche	9
herrenlose Sachen	208
Hersteller	207
Produkthaftung	162
Hinterlegung	64
Holschuld	62; 93
Hypothek	80; 204
hypothetisches Element	122
Identitätsabweichung	100; 101
Identitätstäuschung	38
Immobilien	187
Individualsphäre	154
Individualverein	76
Inhaltsirrtum	54
Inhaltskontrolle	75
Innenvollmacht	40; 41
Insichgeschäft	45
Instruktionsfehler	160
Intimsphäre	154
invitatio ad offerendum	18, 23
Irrtum	53
über verkehrswesentliche Eigenschaft	100
juristische Personen	7, 28; 193
Juristische Unmöglichkeit	80
Kalkulationsirrtum	55
offener	56
verdeckter	55
Kaufleute	
AGB	75
Verzugszinsen	91
kaufmännisches Bestätigungsschreiben	14
Kaufrecht	
Sachmängelhaftung	97
Kaufvertrag	5; 8; 9; 12; 65; 96
Hauptleistungspflichten	67
Nebenleistungspflichten	67
positive Vertragsverletzung	112
Kausalität	
Adäquanztheorie	156
Äquivalenztheorie	156
haftungsausfüllende	110; 157; 159
Klauselverbote	76

Kollusion	44
Kommerzialisierungsgedanke	167
Kommission	70
Kommissionär	179
Kongruenz	23
Konkretisierung	82
Konstruktionsfehler	160
Kontinuitätsfunktion	189
Körperverletzung	153
Kündigung	19; 61; 102
Kundmachung	40
Ladenangestellter	39
Lagerhaltung	70
Lagertheorie	59
Leasing	
Finanzierungs-Leasing	68
Operating-Leasing	68
Legaldefinition	74
Leihe	68
Leistung	86; 136
nachholbar	87
verspätete	87
Leistung an Erfüllungs Statt	63
Leistung erfüllungshalber	64
Leistungsempfänger	62
Leistungserfolg	88
Leistungserschwerung	120
Leistungsgefahr	83; 84
Gattungsschulden	93
Leistungshandlung	63; 88
Leistungskondiktion	134; 139
Ausschluß	138
Leistungsort	62
Leistungsstörung	78
Leistungstreuepflicht	109
Leistungsverweigerungsrecht	89; 101
Leistungszeit	63; 88
Leistungszweck	
verwerflicher	141
Lieferanten	207
Luxusaufwendungen	32
Mahnung	88; 89
Mangel	95
Mangelfolgeschäden	112
Mangelschäden	112
Mehraufwendungen	
Ersatz	92
Mehrvertretung	45
Methode	1

Miete	
Untervermietung	69
Mietvertrag	67; 96
Gegenstand	67
positive Vertragsverletzung	112
Sachmängelhaftung	102
Minderjähriger	
Arbeitsverhältnis	34
Bereicherungsrecht	137
Empfangszuständigkeit	36
Erfüllung an	36
neutrales Geschäft	31
Ratenzahlungsgeschäft	33
Selbständiger Betrieb eines Erwerbsgeschäftes	34
zustimmungsfreies Rechtsgeschäft	
rechtlicher Vorteil	30
Zweikondiktionentheorie	150
Minderung	99; 102
Werkvertrag	104
Mißbrauch der Vertretungsmacht	44
Evidenz	44
Insichgeschäft	45
Mehrvertretung	45
Selbstkontrahieren	45
Kollusion	44
Miteigentum	195
Mittelbare Stellvertretung	179
Mittelbarer Besitz	191
Mitverschulden	110
Anspruchskürzung	117
Mobilien	187
modifizierte Vertragstheorie	98
Motiv	140
Motivirrtum	55
Nachbesserung	104
Nachbesserungsanspruch	96
Nachfrist	88
Nachlieferungsanspruch	97
Nachträglich objektive Unmöglichkeit	79
Nachträglich subjektive Unmöglichkeit	79
nachträgliche Unmöglichkeit	82
Naturalrestitution	166
natürliche Personen	7,28
Nebenpfichten	
Aufklärungs- und Auskunftpflichten	109
Schutzpflichten	109
negatives Interesse	16
Neuherstellung	104
Neutrales Geschäft	31
nicht verkörperter Willenserklärungen	20
Nicht zu vertretende Unmöglichkeit	82

Nichtberechtigter	
Entgeltliche Verfügung	145
Erwerb vom	200
unentgeltliche Verfügung	146
Nichteintritt des bezweckten Erfolges	139
Nichtleistungskondiktion	134; 135
Norm	
Schutzbereich	159
Normativer Schaden	165
normatives Element	122
Notwehrrecht	194
notwendige Verwendungen	
Mietsache	69
Nutzungen	68
Obhutsfälle	180
Objektiv fremdes Geschäft	126
objektive Unmöglichkeit	52
objektiver Empfängerhorizont	22, 23 25
objektiver Erklärungsempfänger	16
objektiver Tatbestand	14
Objektives Interesse	128
Obliegenheiten	92
Offener Dissens	24
offener Kalkulationsirrtum	56
Offenkundigkeitsprinzip	37
Bargeschäfte des täglichen Lebens	38
Geschäft für den, den es angeht	38
Handeln in fremden Namen	37
Handeln unter falscher Namensangabe	38
Handeln unter fremdem Namen	38
Operating-Leasing	68
Organbesitz	193
Organtheorie	171
originärer Erwerb	206
Pachtvertrag	68
Parteivereinbarung	138
Perplexität	56
Personalsicherheit	
Bürgschaft	185
Personen	7
juristische	28; 193
natürliche	7, 28
Persönlichkeitsrecht	
allgemeines	154
Individualsphäre	154
Intimsphäre	154
Privatsphäre	154
Pfandrecht	
gesetzliches	72
Physische Unmöglichkeit	80
positive Vertragsverletzung	78
Kaufvertrag	113
Mietvertrag	113
Rechtsfolgen	110
Voraussetzungen	108
Positive Vertragsverletzung (PVV)	107ff
positives Interesse	86; 90, 99
possessorischer Anspruch	195
Preisgefahr	86; 87; 98
Grundstücke	98
Primäranspruch	11
Privatssphäre	154
Produktfehler	162
Produkthaftung	162; 164
Produkthaftungsgesetz	162
Produzentenhaftung	160; 164
Prokura	42
Publizitätsfunktion	190
Übertragungswirkung	190
Vermutungswirkung	190
Publizitätsprinzip	188; 198
qualifizierte Schickschuld	63
Ratenzahlungsgeschäfte	
Minderjähriger	33
Realakte	31, 36
reales Element	122
Recht am einger. u. ausg. Gewerbebetr.	157
Rechtfertigungsgründe	156
rechtlicher Vorteil	30
Rechtsbindungswille	13; 16, 17
Rechtsfähigkeit	7; 28
Rechtsfolgenirrtum	55
Rechtsfolgeverweisung	131
Rechtsgesamtheiten	66
Rechtsgeschäft	201
mehrseitiges	13
zustimmungsbedürftiges	32
zustimmungsfreies	30
Rechtsgeschäfte	
einseitige	13
rechtsgeschäftlicher Eigentumserwerb	196
Rechtskauf	65; 66
Rechtsmangel	94
Rechtsscheinstatbestand	44
Grundbuch	204
Rechtssubjekte	7
rechtsvernichtende Einwendungen	52ff
Rechtswidrigkeit	110

STICHWORTVERZEICHNIS

Reflex	14
Reisevertrag	97
relative Fixgeschäft	88
Risikoverlagerung	180
Rückgewährschuldverhältnis	61; 97; 123
Rücktritt	61; 85; 86; 88
Sachen	187
Eigenschaften	96
Einzelsachen	187
Früchte	187
Immobilien	187
Mobilien	187
nicht verbrauchbare	187
nicht vertretbare Sachen	187
Sachgesamtheite	187
Sachgesamtheiten	187
verbrauchbare	187
vertretbare	72; 187
Zubehör	187
Sachen	
Gebrauchsvorteile	187
Sachkauf	65; 66
Sachmangel	94; 97
Sachmangelhaftung	
Werkvertrag	104
Sachmängelhaftung	95; 97
Mietvertrag	102
Saldierung	149
Saldotheorie	149
Schaden	71, 165
Mangelfolgeschaden	112
Mangelschaden	112
normativer	165
weiterfressender	161
Schadensabwendungspflicht	71
Schadensermittlung	165
Schadensersatz	98
Differenzhypothese	165
entgangene Gebrauchsvorteile	167
entgangener Gewinn	167
ersparte Aufwendungen	169
Geldentschädigung	166
Kommerzialisierungsgedanke	167
Naturalrestitution	166
Vorteilsansrechnung	167
wegen Nichterfüllung	81
Schadensersatz wegen Nichterfüllung	85; 90
Mietvertrag	102
positives Interesse	90
positives Intersse	99
Werkvertrag	105
Schadensersatzanspruch	83
Schadensersatzrecht	164
Schadensminderungspflicht	169
Schadensverlagerung	
zufällige	179
Scheinerklärung	49
Scherzerklärung	50
Schickschuld	63; 93
qualifizierte	63
Schlaf	14
Schlechtleistung	94; 109
Schönheitsreparaturen	68
Schriftform	26
Schuldbeitritt	185
Schuldnermehrheiten	182
Schuldnerverzug	88
Schuldübernahme	184
Schuldverhältnis	
gesetzliches	108
Schuldverhältnisse	
gesetzliche	124
Schutzbereich der Norm	159
Schutzgesetz	159
Schutzpflichtverletzungen	115
schwebend unwirksam	35
Schweigen	14; 53
Sekundäranspruch	11
Selbstkontrahieren	45
Sicherungsübereignung	199
Sittenwidrigkeit	51
Sonderverbindung	108
vorvertragliche	115
sonstige Rechte	153
Spediteur	179
Spedition	70
Spezialitätsprinzip	187
Spezialvollmacht	41
Spezieskauf	66; 100
Sphärentheorie	106
stellvertretendes commodum	83; 84, 86
Stellvertretung	36; 171
mittelbare	
Drittschadensliquidation	179
Voraussetzungen	36
Willensmängel	37
Strohmann	49
Stückkauf	66; 102
Subjektiv fremdes Geschäft	126
Subsidiarität	142
Subsumtion	3
Surrogate	147
Surrogationstheorie	86

STICHWORTVERZEICHNIS

Taschengeldparagraph	33
Taschengeldsurrogate	33
Tatbestand	14
objektiver	14
Tatbestandsvoraussetzungen	3
Täuschung	58
Teil-Geschäftsfähigkeit	34
Teilgläubiger	181
Teilleistung	82
Teilschuldner	182
Testament	19
Theorie der Doppelnichtigkeit	60; 61
Theorie des letzten Wortes	77
Tiere	7
Trennungsprinzip	197
Treu und Glauben	42
Treuhandeigentum	195
Typenzwang	65
Übergabe	31
Übergabesurrogate	198
Übernahmeverschulden	131
Übertragungswirkung	190

U

unberechtigte GoA	125
Unechter Vertrag zugunsten Dritter	175
Unerlaubte Handlung	151
Kausalität	152
Rechtswidrigkeit	152
Verletzungserfolg	152
Verletzungshandlung	152
Verschulden	152
unmittelbarer Besitz	192
Unmöglichkeit	78
anfänglich objektive	52
anfängliche	81
Begriff	80
Gattungsschuld	82
juristische	80
nicht zu vertretende	82
physische	80
vom Gläubiger zu vertretende	87
vom Schulder zu vertreten	83, 85
von Gläubiger und Schuldner zu vertretende	87
von keiner Seite zu vertreten	84
wirtschaftliche	80
Zweckerreichung	80
Unmöglichkeit	
Zweckfortfall	80
Unmöglichkeit	
Wegfall des Leistungssubstrats	106
Unterlassen	9, 154
Unternehmensbezogene Geschäfte	39
Unternehmerpfandrecht	72
Verarbeitung	207
Verarbeitungsklausel	207
Verbindung	207
Verbot geltungserhaltender Reduktion	76
verbotene Eigenmacht	194
Verbotsnormen	51
VerbrKrG	61
verdeckter Kalkulationsirrtum	55
Verfügung	145
nachträgliche Genehmigung	145
Verfügungsfreiheit	195
Verfügungsgeschäft	11; 12; 30, 60
Vergütungsgefahr	106
Verjährung	110
Verjährungsfristen	99
Verkehrsgeschäft	201
Verkehrssicherungspflichten	155
verkehrswesentliche Eigenschaft	56
Irrtum	105
Verkehrswesentlichkeit	57
Vermieterpfandrecht	69
Vermischung	207
Vermögen	154
Vermögensopfer	146
Vermögensschaden	157
Vermögensvorteil	135
Vermutungswirkung	190
Vernehmungstheorie	20
Verpflichtungsgeschäft	11; 12; 30; 60; 196; 197
Verrichtungsgehilfe	172; 173
Verschulden	
Fahrlässigkeit	156
Übernahmeverschulden	131
Vorsatz	156
verschuldensunabhängige Garantie haftung	81; 82
Versprechen, Verschreiben	54
Versteckter Dissens	24
Verstoß gegen die guten Sitten	141
Vertrag	8; 10; 97
atypischer	65
einseitiger	82
gegenseitiger	84
Vertrag m. Schutzwirkg. zug. Dritter	115; 161 175, 181
Erkennbarkeit	177
Leistungsnähe	176
personenrechtlicher Einschlag	176

STICHWORTVERZEICHNIS

Vertrag zugunsten Dritter	175
Echter Vertrag zugunsten Dritter	175
Unechter Vertrag zugunsten Dritter	175
vertragsähnliche Ansprüche	8
Vertragsanpassung	123
Vertragsaufhebung	
Anspruch auf	119
Vertragsbedingungen	
Allgemeine	74
Vertragsfreiheit	65
Vertragsschluss	10
Vertragstheorie	
modifizierte	98
Vertragsverhandlungen	
Abbruch	116
Vertrauensschaden	118
Vertreter	37
Eigenhaftung	117
gesetzliche	29
Willenserklärung	
Zurechnung	171
Zusicherung	96
Vertreter ohne Vertretungsmacht	44; 46
Vertretungsmacht	39
gesetzliche	40
Grenzen	44
Mißrauch	44
rechtsgeschäftliche	40
Verzug	78; 87; 89
Rechtsfolgen	90
Verzugsschaden	90
Verzugszinsen	91
Vollmacht	40
Abstraktheit	47
Außenvollmacht	40
Erlöschen	41
Innenvollmacht	40
nach außen kundgemachte Innenvollmacht	40
notarielle Beurkundung	41
Umfang	41
Vollmachtserteilung	40
Form	41
Vorausklage	
Bürgschaft	
Einrede der	186
Vormerkung	205
Vorsatz	93; 156
Vorteilsanrechnung	167
erbrechtlicher Erwerb	168
erkaufte Vorteile	169
freiwillige Leistungen Dritter	168
Unterhaltsleistungen	169
Vorwerfbarkeit	
Schwerpunkt	154
Wandelung	97
Schadensersatz	98
Werkvertrag	104
Wegfall der Geschäftsgrundlage	56, 120
Leistungserschwerung	120
Motivirrtum	121
Rechtsfolgen	123
Voraussetzungen	120
Zweckverfehlungskondiktion	121
Weinversteigerung	15
weiterfressender Schaden	161
Werklieferungsvertrag	72, 97
Werkvertrag	70; 71; 97
Positive Vertragsverletzung	113
Sachmangelhaftung	104
Wertersatz	147
wertschätzende Merkmale	57
wesentlicher Bestandteil	207
Widerruf	61
Widerspruch	56
Wille	
mutmaßlicher	128
wirklicher	128
Willenserklärung	13
abhandengekommene	19
Bestandteile	13
empfangsbedürftige	19, 22
Erklärungsbewußtsein	14
Geschäftswille	14
Handlungswille	14
konkludente	14
nicht verkörperte	20
objektiv mehrdeutig	25
rechtsverrnichtende	61
Schein	14
Schweigen	14
unrichtige Übermittlung	58
Zurechnung	
Organtheorie	171
wirtschaftliche Unmöglichkeit	80
Wissenserklärung	40
Wissenszurechnung	60
Zedent	183
Zessionar	183
Zinsen	98

Zugang	19	**Zustimmungsfreies Rechtsgeschäft**	30
gegenüber Abwesenden	19	**Zuweisungsgehalt**	
gegenüber Anwesenden	20	Eingriff	144
Zugangsvereitelung	20	**Zwang**	14
Zusicherung	95	**Zweckerreichung**	80; 120
Zustandsstörer	196	**Zweckfortfall**	80, 120
Zustimmung	32	**Zweckstörung**	123
vorherige	32	**Zweckverfehlungskondiktion**	121
Zustimmungsbedürftiges Rechtsgeschäft	32	**Zweikondiktionentheorie**	149

Juristisches Repetitorium
hemmer

hemmer/wüst
Verlagsgesellschaft

hemmer! Die Skripten

Unsere Skripten

.mini-basics

BGB für Einsteiger

.Basics

Basics

Assessor-Basics

.Zivilrecht

BGB-AT/SchR-AT

Schadensersatzrecht I–III

Schuldrecht-BT I/II

Gewährleistungsrecht

Bereicherungsrecht

Deliktsrecht I–II

Sachenrecht I–III

Kreditsicherungsrecht

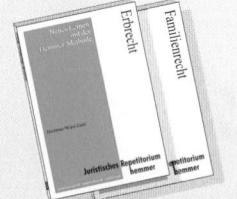

Erb-/Familienrecht

ZPO I/II

Handels-/Gesellschaftsrecht

Arbeitsrecht

Rückgriffs-/Herausgabeansprüche

IPR

Privatrecht für BWL'er, WiWis & Steuerberater

Überblick

EXAMENSTYPISCH · ANSPRUCHSVOLL · UMFASSEND

auf einen Blick

hemmer! Die Skripten

.Strafrecht

- Strafrecht AT I/II
- Strafrecht BT I/II 
- StPO 
- Kriminologie, Jugendstrafrecht und Strafvollzug 

.Öffentliches Recht

- Verwaltungsrecht I–III
- Staatsrecht I–II 
- Europarecht 
- Völkerrecht 
- Baurecht 
- Polizeirecht 
- Kommunalrecht 
- Steuererklärung leicht gemacht 

.Classics

- Classics

.Fallsammlungen

- Musterklausuren für die Scheine
- Musterklausuren für's Examen 

Überblick

EXAMENSTYPISCH · ANSPRUCHSVOLL · UMFASSEND

Neues Lernen mit der Hemmer-Methode

Der Aufbau

hemmer! Die Skripten

Unsere Skriptenreihe ist logisch und durchdacht aufgebaut:

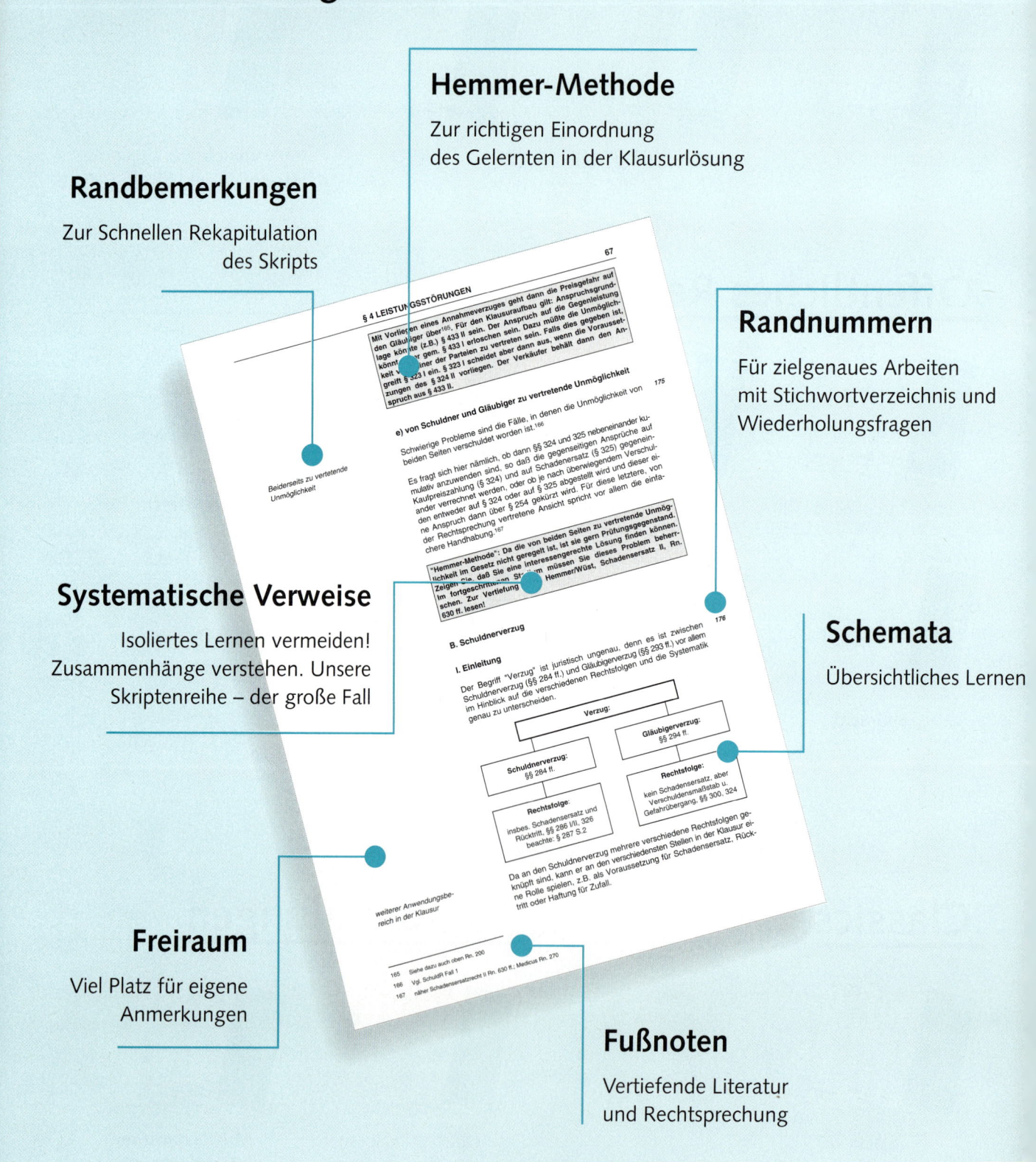

Hemmer-Methode
Zur richtigen Einordnung des Gelernten in der Klausurlösung

Randbemerkungen
Zur Schnellen Rekapitulation des Skripts

Randnummern
Für zielgenaues Arbeiten mit Stichwortverzeichnis und Wiederholungsfragen

Systematische Verweise
Isoliertes Lernen vermeiden! Zusammenhänge verstehen. Unsere Skriptenreihe – der große Fall

Schemata
Übersichtliches Lernen

Freiraum
Viel Platz für eigene Anmerkungen

Fußnoten
Vertiefende Literatur und Rechtsprechung

EXAMENSTYPISCH · ANSPRUCHSVOLL · UMFASSEND

mini-basics
Basics

Neues Lernen mit der Hemmer-Methode

hemmer! Die Skripten

Das Wichtigste in möglichst knapper Form leicht verständlich und klausurtaktisch aufbereitet. Konkrete Hinweise und Hintergrundinformationen erleichtern den Einstieg. Nichts ist wichtiger als richtig zu lernen! Sie sparen Zeit und Nerven! Das Studium macht Ihnen mehr Spaß, wenn Sie schon in den ersten Semestern wissen, mit welchem Anforderungsprofil Sie in Prüfungen zu rechnen haben und wie Sie den Vorstellungen, Ideen und Denkweisen von Klausurerstellern und Korrektoren möglichst nahe kommen. Die Basics behandeln das absolut notwendige Grundwissen. Die Hemmer-Methode vermittelt Ihnen Hintergrundwissen und gibt Ihnen Tips, wie Sie möglichst sicher durch Klausur und Hausarbeit kommen. Stellen Sie die Weichen für ein erfolgreiches Studium mit der Hemmer-Methode frühzeitig richtig.

.BGB für Einsteiger — nur DM 14,80

Jura leicht gelernt! Prüfungstypische Problemfelder des BGB im Westentaschenformat. Der ideale Einstieg ins Zivilrecht für Juristen, aber auch für BWL'er und WiWi's. Verschaffen Sie sich einen schnellen Überblick u.a. über BGB-AT, Schuldrecht, Bereicherungsrecht und Sachenrecht. Leicht und verständlich formuliert und mit vielen kleinen Beispielen. Und Jura macht Spaß!

.Basics Zivilrecht — nur DM 19,90

Vom Vertragsschluß bis zum EBV zeigt Ihnen dieses Skript, worauf es im Zivilrecht ankommt. Die wichtigsten Problemfelder des BGB werden mit der Hemmer-Methode kommentiert und zusätzlich anhand von Grafiken veranschaulicht. Dieses Skript ist sowohl für den Studienanfänger als auch für Endsemester ein unverzichtbares Hilfsmittel zur Prüfungsvorbereitung!

.Basics Strafrecht — nur DM 19,90

Alle klausurwichtigen Probleme und Fragestellungen des materiellen Strafrechts auf einen Blick: Vom StGB-AT bis hin zum StGB-BT finden Sie all das dargestellt, was als Grundlagenwissen im Strafrecht angesehen werden muß. Außerdem werden die wichtigsten Aufbaufragen mit der Hemmer-Methode einfach und leicht nachvollziehbar erläutert.

.Basics Öffentliches Recht — nur DM 19,90

Materielles und prozessuales Verfassungsrecht, ebenso wie Grundfragen des allgemeinen und besonderen Verwaltungsrechts, bilden zusammen mit wichtigen Problemstellungen des Staatshaftungsrechts die Grundlage für dieses Skript. Öffentliches Recht setzt Basiswissen voraus. Nur wenn Sie darin sicher sind, schreiben Sie die gute Klausur. Mit der Hemmer-Methode vermeiden Sie die typischen Fehler.

Basics

EXAMENSTYPISCH · ANSPRUCHSVOLL · UMFASSEND

Neues Lernen mit der Hemmer-Methode

BGB-AT / Schuldrecht-AT

Die Aufteilung der Unwirksamkeitsgründe nach den verschiedenen Büchern des BGB (z.B. BGB-AT, Schuldrecht) entspricht nicht der Struktur des Examensfalls. Unsere Skripten Primäranspruch I–III unterscheiden entsprechend der Fallfrage in Klausur, Hausarbeit und Examen zwischen wirksamen und unwirksamen Verträgen. Die Skripten Primäranspruch I–III sind als großer Fall gedacht und dienen auch als Checkliste für Ihre Prüfung.

.BGB-AT/SchR-AT — nur DM 19,90

BGB-AT · Der Primäranspruch I: Besteht der Vertrag, so kann der Anspruchsteller Erfüllung, z.B. Übereignung, Überlassung der Mietsache verlangen. Dies setzt unter anderem Rechtsfähigkeit der Vertragspartner, eine wirksame Willenserklärung, Zugang und ggf. Bevollmächtigung voraus. Nur wenn ein wirksamer Vertrag vorliegt, entsteht die Leistungspflicht des Schuldners und deren Folgeproblematik wie Wandelung und Schadensersatz.

BGB-AT/SchR-AT · Der Primäranspruch II: Scheitert der Vertrag von vornherein, so entfallen Erfüllungsansprüche. Die Unwirksamkeitsgründe sind im Gesetz verstreut, wie z.B. § 125, § 134, § 2301 BGB. Als konsequentes Rechtsfolgenskriptum sind alle klausurtypischen rechtshindernden Einwendungen zusammengefaßt. Lernen Sie mit der Hemmer-Methode frühzeitig, die im BGB verstreuten Unwirksamkeitsgründe richtig einzuordnen.

BGB-AT/SchR-AT · Der Primäranspruch III: Der Primäranspruch (bzw. Leistungs- oder Erfüllungsanspruch) fällt nachträglich weg, wie z.B. durch Erfüllung, Aufrechnung, Anfechtung, Unmöglichkeit. Nur wer Unwirksamkeitsgründe im Kontext des gescheiterten Vertrags einordnet, lernt richtig. Die rechtshemmenden Einreden bewirken, daß der Berechtigte sein Recht nicht (mehr) geltend machen kann.

EXAMENSTYPISCH · ANSPRUCHSVOLL · UMFASSEND

Schuldrecht-AT/BT

Neues Lernen mit der Hemmer-Methode

Fast in jeder Prüfung werden Sie mit Schadensersatzansprüchen konfrontiert. Schadensersatz ist Ausgleich eines vom Schädiger erlittenen Nachteils, nicht Strafe. Die klausurtypischen Problemfelder des Schadensersatzes (wie u.a. Vermögens-/Nichtvermögensschaden; unmittelbarer/mittelbarer Schaden; Primär- und Sekundärschadensansprüche) werden grundlegend dargestellt. Dabei wird der Reihenfolge in der Klausur Rechnung getragen. Wiederum gilt: Schadensersatz I–III sind Checkliste zur Vorbereitung auf Klausur und Hausarbeit.

Schadensersatzrecht

nur DM 19,90

Schadensersatzrecht I: Unterschieden wird zwischen vertraglichem Primäranspruch auf Schadensersatz (z.B. selbständiger Garantievertrag), gesetzlicher Garantiehaftung (z.B. §§ 463 S.1, 538 I 1.Alt. BGB) verschuldensabhängigen Gewährleistungsansprüchen sowie Rechtsmängelhaftung. Wichtig ist, die verschuldensunabhängige Schadensersatzverpflichtung von der schuldhaften abzugrenzen.

Schadensersatzrecht II: Behandelt die Klassiker wie Unmöglichkeit, Verzug, pVV, c.i.c. Dabei wird insbesondere Wert gelegt auf die Nahtstellen zum Besonderen Schuldrecht. Das Skriptum will Verständnis schaffen auch für neue Tendenzen im Schadensersatzrecht, wie z.B. die immer weitergehende Billigkeitshaftung bei der c.i.c.

Schadensersatzrecht III: Befaßt sich schwerpunktmäßig mit dem Anspruchsinhalt, d.h. mit der Frage des Umfangs der Ersatzpflicht, also dem "wieviel" eines dem Grunde nach bereits bestehenden Anspruchs. Ein Schadensersatzanspruch setzt bekanntlicherweise voraus, daß sowohl Anspruchsgrund (Haftungstatbestand) als auch der Anspruchsinhalt (Rechtsfolge) gegeben ist.

Schuldrecht-BT I/II

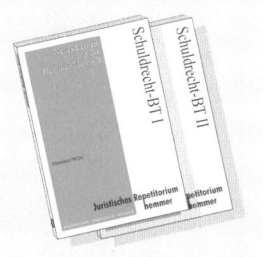

in Vorbereitung — *nur DM 19,90*

Schuldrecht-BT I: Kaufrecht, Tausch, Schenkung, Miete, VerbrKrG, HaustürWG.

Schuldrecht-BT II: Pacht, Leihe, Darlehen, Leasing und Factoring bis hin zu Schuldversprechen und Schuldanerkenntnis werden umfassend dargestellt. Auch die examenstypischen Problemkreise des Dienst- und Werkvertrags sowie des Reisevertrags dürfen nicht fehlen. Natürlich mit der Hemmer-Methode kommentiert. Ein "Muß" für jeden Juristen.

Erscheinungstermin voraussichtlich Mai 1998

EXAMENSTYPISCH · ANSPRUCHSVOLL · UMFASSEND

hemmer! Die Skripten — Schuldrecht AT/BT

Neues Lernen mit der Hemmer-Methode

Schuldrecht-BT

Gewährleistungsrecht, Bereicherungsrecht und Deliktsrecht sind die "Klassiker" jedes Examens. Genaue Kenntnisse der Zusammenhänge innerhalb der einzelnen Rechtsgebiete sowie deren Konkurrenzverhältnis sind absolut unerläßlich. Die Hemmer-Methode schärft Ihr Problembewußtsein.

.Gewährleistungsrecht

nur DM **19,90**

Im Vordergrund des Gewährleistungsrechts steht die Störung des Äquivalenzinteresses: Leistung und Gegenleistung sind nicht gleichwertig. Nur wer die Möglichkeiten des Gläubigers wie Erfüllung/Nachlieferung/Nachbesserung/ Wandelung/Minderung/Schadensersatz im Verhältnis zu den allgemeinen Bestimmungen (z.B. §§ 119 II; 320 ff. BGB; pVV) verstanden hat, hat klausurtypisch gelernt. Die Hemmer-Methode dient der Orientierung und erleichtert es, das Gewährleistungsrecht als Ganzes einzuordnen und zu verstehen.

.Bereicherungsrecht

nur DM **19,90**

Die §§ 812 ff. BGB sind regelmäßig die Folge unwirksamer Verträge. Abgrenzungsprobleme gibt es u.a. zum Wegfall der Geschäftsgrundlage (z.B. Rückabwicklung bei der nichtehelichen Lebensgemeinschaft) und §§ 987 ff. BGB. Die Hemmer-Methode versteht sich als Gebrauchsanweisung für die erfolgreiche Bewältigung des anspruchsvollen Rechtsgebiets Bereicherungsrecht. Ohne Verständnis für dieses Rechtsgebiet bleibt der Zusammenhang im Zivilrecht im Dunkeln.

.Deliktsrecht

nur DM **19,90**

Deliktsrecht I: Sämtliche klausurrelevanten Problemfelder der §§ 823 ff. werden umfassend behandelt. § 823 I BGB ist als elementarer, strafrechtsähnlicher Grundtatbestand leicht erlernbar. Die typischen Klausurprobleme wie Kausalität wurden besonders mit der Hemmer-Methode kommentiert. So vermeiden Sie häufig vorkommende Fehler. Auch bei § 831 BGB sollte nicht zu oberflächlich gelernt werden. Keinesfalls darf man sich zu früh auf den sog. "Entlastungsbeweis" stürzen.

Deliktsrecht II: Bei der Gefährdungshaftung steht im Vordergrund nicht die Tat, sondern die Zurechnung für einen geschaffenen Gefahrenkreis. Aus diesem Grund entfällt z.B. die Adäquanz bei § 833 S. 1 BGB im Rahmen der Kausalitätsprüfung. Klausurrelevant sind auch die Haftung nach StVG und ProdHaftG.

EXAMENSTYPISCH · ANSPRUCHSVOLL · UMFASSEND

Sachenrecht

Neues Lernen mit der Hemmer-Methode

Sachenrecht ist durch immer wiederkehrende examenstypische Problemfelder gut ausrechenbar. Anders als das Schuldrecht ist es ein klar strukturiertes Rechtsgebiet. In der Regel besteht deswegen eine feste Vorstellung, wie der Fall zu lösen ist. Deshalb gilt es gerade hier, mit der Hemmer-Methode den Ersteller der Klausur als imaginären Gegner zu erfassen. Es gilt, Begriffe wie Widerspruch und Vormerkung in ihrer rechtlichen Wirkung zu begreifen und in den Kontext der Klausur einzuordnen.

Sachenrecht — nur DM 19,90

Sachenrecht I: Die allgemeinen Lehren des Sachenrechts wie z.B. Abstraktionsprinzip, Publizität, numerus clausus sind für den Einstieg und ein grundlegendes Verständnis der Materie unabdingbar. Die Hemmer-Methode vermittelt den ständigen Fallbezug, "trockenes" Lernen wird vermieden. Im Vordergrund stehen Be-sitzrecht und das examenstypische Eigentümer-Besitzer-Verhältnis. Schließlich lernen Sie auch den Beseitigungsanspruch aus § 1004 BGB kennen.

Sachenrecht II behandelt den Erwerb dinglicher Rechte an beweglichen Sachen. Neben dem Erwerb kraft Gesetzes ist Schwerpunkt der rechtsgeschäftliche Erwerb des Eigentums. Daneben geht es um die klausurrelevanten Probleme beim Pfandrecht, der Sicherungsübereignung und dem Anwartschaftsrecht des Vorbehaltsverkäufers. Zahlreiche Beispiele und Hinweise in der Hemmer-Methode ermöglichen ein anschauliches Lernen und stellen die nötigen Querverbindungen her.

Sachenrecht III gibt einen umfassenden Überblick über die examensrelevanten Gebiete des Grundstückrechts. Lernen Sie die klassischen im Examen immer wiederkehrenden Probleme gutgläubiger Erst- und Zweiterwerb der Vormerkung, Mitreißtheorie beim gutgläubigen Erwerb einer Hypothek etc., richtig einzuordnen.

Kreditsicherungsrecht — nur DM 19,90

Der Clou! "Wettlauf der Sicherungsgeber", "Verhältnis Hypothek zur Grundschuld", "Verlängerter Eigentumsvorbehalt und Globalzession/Faktoring" sind häufig Prüfungsgegenstand. Lernen Sie das, was zusammen gehört, als zusammengehörend zu betrachten: Wie sichere ich neben dem bestehenden Rückzahlungsanspruch einen Kredit? Unterschieden werden Personalsicherheiten (Bürgschaft, Schuldbeitritt, Schuldmitübernahme und Garantievertrag), Mobiliarsicherheiten (Sicherungsübereignung, Sicherungsabtretung, Eigentumsvorbehalt und Pfandrecht) sowie Immobiliarsicherheiten (Grundschuld und Hypothek). Nur wer die Unterscheidung zwischen akzessorischen und nichtakzessorischen Sicherungsmitteln verstanden hat, geht unbesorgt in die Prüfung.

EXAMENSTYPISCH · ANSPRUCHSVOLL · UMFASSEND

Neues Lernen mit der Hemmer-Methode

Erbrecht
Familienrecht

Grundlegendes zum Erb- und Familienrecht gehört schon fast zum "Allgemein-Wissen". Das Gesetz selbst ist klar strukturiert. Es geht hier um Nachvollziehbarkeit und Berechenbarkeit. Für den Ersteller der Klausur ist Erb-/Familienrecht eine dankbare Fundgrube für Prüfungsfälle (u.a.: im Erbrecht die gesetzliche oder die gewillkürte Erbfolge, Widerruf, Anfechtung, gemeinschaftliches Testament, Vermächtnis; u.a. im Familienrecht: Ehestörungsklage, Zugewinnausgleich, nichteheliche Lebensgemeinschaft, Kindschaftsrecht).

.Erbrecht

nur DM 19,90

"Erben werden geboren, nicht gekoren" oder "Erben werden gezeugt, nicht geschrieben" deuten auf germanischen Einfluß mit seinem Sippengedanken. Das Prinzip der Universalsukzession und die Testamentsidee sind römisch-rechtliche Tradition. Die Spannung zwischen individualistischem (der Erbe steht im Vordergrund) und kollektivistischem Ansatz (die Sippe ist privilegiert) ist auch für die Klausur von großer praktischer Relevanz, z.B. gesetzliche oder gewillkürte Erbfolge, Formwirksamkeit des Testaments (auch gemeinschaftliches Testament und Erbvertrag), Widerruf und Anfechtung, Bestimmung durch Dritte, Vor- und Nach- sowie Ersatzerbschaft, Vermächtnis, Pflichtteilsrecht, Erbschaftsbesitz, Miterben, Erbschein. Auch die dingliche Surrogation, z.B. bei § 2019 BGB, und das Verhältnis Erbrecht zum Gesellschaftsrecht sollten als prüfungsrelevant bekannt sein.

.Familienrecht

nur DM 19,90

Das Familienrecht wird häufig in Verbindung mit anderen Rechtsgebieten geprüft. So sind z.B. §§ 1357, 1365, 1369 BGB Schnittstelle zum BGB-AT und nur in diesem Kontext verständlich. Die sog. "Ehestörungsklage" hat ihre Bedeutung bei §§ 823 und 1004 BGB. Da nur der geschädigte Ehegatte einen eigenen Schadensersatzanspruch gegen den Schädiger hat, stellen sich Probleme der Vorteilsanrechnung, vgl. § 843 IV BGB und Fragen beim Regreß. Von Bedeutung sind bei der "Nichtehelichen Lebensgemeinschaft" Bereicherungsrecht und, wie bei Eheleuten auch, familienrechtliche Bestimmungen sowie das Recht der BGB-Gesellschaft. Die typischen Problemkreise des Familienrechts sind berechenbar und damit leicht erlernbar.

EXAMENSTYPISCH · ANSPRUCHSVOLL · UMFASSEND

ZPO · HGB · ArbR

Neues Lernen mit der Hemmer-Methode

hemmer! Die Skripten

ZPO, HGB und Arbeitsrecht werden auch im Ersten Examen immer beliebter. Grund dafür ist die überragende Bedeutung dieser Rechtsgebiete in der Praxis. Nur wer rechtzeitig prozessuale, handelsrechtliche und arbeitsrechtliche Fragestellungen beherrscht, meistert dann auch die verkürzte Referendarzeit.

.Zivilprozeßrecht I/II

nur DM 19,90

Versäumnisurteil, Erledigung, Streitverkündung, Berufung (ZPO I, sog. Erkenntnisverfahren) sowie Drittwiderspruchsklage, Erinnerung (ZPO II, sog. Vollstreckungsverfahren) sind mit der Hemmer-Methode leicht verständlich für die Klausuranwendung aufbereitet. Von den vielen Bestimmungen der ZPO sind insbesondere diejenigen, die mit materiellrechtlichen Problemen verknüpft werden können, klausurrelevant. ZPO-Probleme werden nur dann richtig erfaßt und damit auch für die Klausur handhabbar, wenn man den praktischen Hintergrund verstanden hat. Dies erleichtert Ihnen die Hemmer-Methode.

.Handels-/Gesellschaftsrecht

nur DM 19,90

Handelsrecht ermöglicht den Klausurerstellern bestehende BGB-Probleme durch Sonderbestimmungen (z.B. § 15 HGB, Prokura) und/oder Handelsbrauch zu verlängern. Fragen des Gesellschaftsrechts, insbesondere die Haftungsproblematik, sind schwerpunktmäßig mit der Hemmer-Methode für die Klausurbearbeitung aufbereitet. Dabei gilt: Richtig gelernt ist häufig mehr! Mit Kenntnis der angesprochenen Problemkreise gehen Sie sicher in die (Examens-)klausur.

.Arbeitsrecht

nur DM 19,90

Arbeitsrecht ist stark von Richterrecht geprägt und hat sich auch, wie z.B. im Streikrecht, praeter legem entwickelt. Gerade aus diesen Gründen ist die Arbeitsrechtsklausur im Regelfall standardisiert: Kündigungsschutz (Feststellungsklage) und Lohnzahlung (Leistungsklage) bilden häufig das Grundgerüst. Eingestreut sind regelmäßig Probleme wie z.B. Gratifikationen, Urlaubsabgeltungsanspruch, faktische Bindung und Anwendbarkeit der Grundrechte. Das Skript ist klausurorientiert aufgebaut und wird mit der Hemmer-Methode zur idealen Gebrauchsanweisung für Ihre Arbeitsrechtsklausur.

EXAMENSTYPISCH · ANSPRUCHSVOLL · UMFASSEND

Sonderskripten

Neues Lernen mit der Hemmer-Methode

Über 20 Jahre Erfahrung in der Juristenausbildung kommen jetzt auch BWL'ern, WiWi's und Steuerberatern zugute. Gerade nicht verwissenschaftlicht kommt Jura 'rüber.
Wegen der ständig zunehmenden Verflechtung der internationalen Beziehungen gewinnt das IPR immer mehr an Bedeutung. Fälle mit Auslandsberührung sind inzwischen alles andere als eine Seltenheit.

.Herausgabeansprüche — nur DM 19,90

Der Band setzt das konsequente Rechtsfolgesystem der bisherigen Skripten fort. Ansprüche auf Herausgabe sind in Klausur (klassisches Examensproblem) und Praxis von wesentlicher Bedeutung. Die Anspruchsgrundlagen sind in verschiedenen Rechtsgebieten verstreut. Verschaffen Sie sich frühzeitig einen Überblick.

.Rückgriffsansprüche — nur DM 19,90

Der Regeß ist examenstypisch. Dreiecksbeziehungen sind nicht nur im wirklichen Leben problematisch, sondern auch im Recht. Der Band gibt unsere Erfahrungen mit den verschiedenen Examenskonstellationen wieder. Beispielhaft ist die Begleichung einer Schuld durch einen Dritten und der Regreß beim Schuldner. In Betracht kommen häufig GoA, Gesamtschuld und Bereicherungsrecht.

.Internationales Privatrecht — nur DM 19,90

In der Praxis wird der Jurist von morgen nicht darum herumkommen, sich mit IPR zu beschäftigen. Internationale Verflechtungen gewinnen an Bedeutung. Es wird auch den nationalen "Scheuklappen" entgegen gewirkt. Das Skript ist fallorientiert und ermöglicht den leichten Einstieg.

.Privatrecht für BWL'er, WiWis & Steuerberater — nur DM 19,90

Schneller – leichter – effektiver! Denken macht Spaß und Jura wird leicht. Gerade für "Nichtjuristen" ist wichtig, was und wie Sie Jura lernen sollen, wie Gelerntes in der Klausur angewendet wird. Wir geben Ihnen gezielte Tips und verraten typische Denkmuster von Klausurerstellern. Viele Fallbeispiele erleichtern das Verstehen.

EXAMENSTYPISCH · ANSPRUCHSVOLL · UMFASSEND

Strafrecht
Strafprozeßrecht
Kriminologie

Neues Lernen mit der Hemmer-Methode

hemmer! Die Skripten

Eine zweistellige Punktezahl ist im Strafrecht immer im Bereich des Möglichen. Gerade im Strafrecht ist es wichtig, die Klassiker genau zu kennen. Im Strafrecht/Strafprozeßrecht wird Ihre Belastbarkeit getestet: Innerhalb relativ kurzer Zeit müssen viele Problemkreise "abgehakt" werden.

Strafrecht-AT I/II — nur DM 19,90

Im Strafrecht-AT I finden Sie u.a. allgemeine Hinweise zum Aufbau von Klausur und Hausarbeit, das vorsätzliche Begehungs- wie auch Unterlassungsdelikt sowie das Fahrlässigkeitsdelikt. Anwendungsorientiert werden Ihnen im AT II z.B. die Problemkreise Versuch (insbesondere Rücktritt vom Versuch), Täterschaft und Teilnahme (z.B. "Täter hinter dem Täter"), die Irrtumslehre (z.B. "aberratio ictus") usw. vermittelt.

Strafrecht-BT I/II — nur DM 19,90

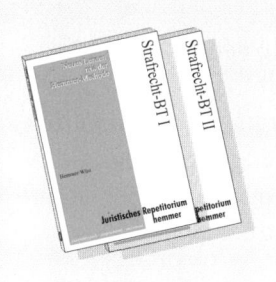

Bei den Klassikern wie u.a. Diebstahl, Betrug einschließlich Computerbetrug, Erpressung, Hehlerei, Untreue (BT I) und Totschlag, Mord, Körperverletzungsdelikten, Aussagedelikten, Urkundsdelikten, Straßenverkehrsgefährdungsdelikten (BT II) sollte man sich keine Fehltritte leisten. Mit der Hemmer-Methode wird der verständnisvolle Umgang mit Fällen, die im Grenzbereich eines oder mehrerer Tatbestände liegen, eingeübt. Auf klausurtypische Fallkonstellationen wird hingewiesen.

StPO — nur DM 19,90

Strafprozeßrecht hat durch die Verkürzung der Referendarzeit auch im Ersten Juristischen Staatsexamen an Bedeutung gewonnen: Begriffe wie Legalitätsprinzip, Opportunitätsprinzip, Akkusationsprinzip dürfen dann keine Fremdworte mehr sein. Lernen Sie spielerisch die Abgrenzung von strafprozessualem und materiellem Tatbegriff. Finden Sie stets den richtigen Kontext mit der Hemmer-Methode.

Kriminologie, Jugendstrafrecht und Strafvollzug — nur DM 19,90

Kriminologie ist eine interdisziplinäre Erfahrungswissenschaft und umfaßt im wesentlichen Aspekte des Strafrechts, der Soziologie, der Psychologie und der Psychatrie. Erscheinungsformen und Ursachen von Kriminalität, der Täter, aber auch das Opfer und Kontrolle und Behandlung des Straftäters stehen im Mittelpunkt. Nicht nur ideal für die Wahlfachgruppe.

EXAMENSTYPISCH · ANSPRUCHSVOLL · UMFASSEND

Strafrecht · Strafprozeßrecht · Kriminologie

Neues Lernen mit der Hemmer-Methode

Verwaltungsrecht

Auch die Verwaltungsrechtsskripten sind klausur- und hausarbeitsorientiert und damit als großer Fall zu verstehen. Trainieren Sie Verwaltungsrecht mit uns so, wie Sie es in der Klausur brauchen. Lesen Sie die Skripten wie ein großes Schema. Lernen Sie mit der Hemmer-Methode die richtige Einordnung. Im öffentlichen Recht gilt: Wenig Dogmatik – viel Gesetz. Gehen Sie deshalb mit dem sicheren Gefühl in die Prüfung, die Dogmatik genau zu kennen und zu wissen, wo Sie was wie zu prüfen haben. Wie Sie mit der Dogmatik in Klausur und Hausarbeit richtig umgehen, vermittelt Ihnen die Hemmer-Methode.

.Verwaltungsrecht

nur DM **19,90**

Verwaltungsrecht I: Die zentrale Klageart in der VwGO ist die Anfechtungsklage. Wie ein großer Fall sind im Verwaltungsrecht I die klausurtypischen Probleme sowohl der Zulässigkeit (z.B. Vorliegen eines VA, Probleme der Klagebefugnis, Vorverfahren) als auch der Begründetheit (z.B. Ermächtigungsgrundlage, formelle Rechtmäßigkeit des VA, Rücknahme und Widerruf von VAen) entsprechend der Reihenfolge in der Klausur grundlegend dargestellt.

Verwaltungsrecht II: Auch hier wird die richtige Einordnung der Prüfungspunkte im Rahmen der Zulässigkeit und Begründetheit von Verpflichtungsklage, Fortsetzungsfeststellungsklage, Leistungsklage, Feststellungsklage, Normenkontrolle eingeübt. Die gleichzeitige Darstellung typischer Fragestellungen der Begründetheit der einzelnen Klagearten, macht dieses Skript zu einem unentbehrlichen Hilfsmittel für die Vorbereitung auf Zwischenprüfungen und Examina.

Verwaltungsrecht III: Widerspruchsverfahren, vorbeugender und vorläufiger Rechtsschutz (insbesondere §§ 80 V, 123 VwGO), Rechtsmittel (Berufung und Revision) sowie Sonderprobleme des Verwaltungsprozeß- und allgemeinen Verwaltungsrechts sind danach für Sie keine "Fremdwörter" mehr. Profitieren Sie von unseren gezielten Tips! Wir sind als Repetitoren Sachkenner von Prüfungsfällen.

.Steuererklärung leicht gemacht

nur DM **19,90**

Das Skript gibt alle erforderlichen Anleitungen und geldwerte Tips für die selbständige Erstellung der Einkommensteuererklärung. Zur Verdeutlichung sind Beispielsfälle eingebaut, deren Lösungen als Grundlage für die eigene Steuererklärung verwendet werden können.

EXAMENSTYPISCH · ANSPRUCHSVOLL · UMFASSEND

Staatsrecht
Europarecht
Völkerrecht

Neues Lernen mit der Hemmer-Methode

Stoffauswahl und Schwerpunktbildung von Verfassungsrecht (Staatsrecht I) und Staatsorganisationsrecht (Staatsrecht II) orientieren sich am praktischen Bedürfnis von Klausur und Hausarbeit. Da in diesem Bereich häufig nach dem Prinzip "terra incognita" gelernt wurde, gilt es Lücken zu schließen. Wer Staatsrecht richtig gelernt hat, kann sich jedem Fall stellen. Lernen Sie mit der Hemmer-Methode, sich Ihres Verstandes zu bedienen. Es gilt der Wahlspruch der Aufklärung: "sapere aude" (Wage Dich Deines Verstandes zu bedienen); Kant, auf ihn Bezug nehmend Karl Popper (Beck'sche Reihe "Große Denker").

.Staatsrecht
nur DM 19,90

Staatsrecht I: Die Grundrechte sind das Herzstück der Verfassung. Zulässigkeit und Begründetheit der Verfassungsbeschwerde geben jedem Klausurersteller die Möglichkeit, Grundrechtsverständnis abzuprüfen. Die einzelnen Grundrechte werden im Rahmen der Begründetheit der Verfassungsbeschwerde umfassend erklärt. Lernen Sie mit der Hemmer-Methode den richtigen Fallaufbau, auf den gerade im öffentlichen Recht besonders viel Wert gelegt wird.

Staatsrecht II: Speziell hier gilt: Die wenigen Klassiker, die immer wieder in der Klausur eingebaut sind, muß man kennen. Dies sind im Prozeßrecht: Organstreitigkeiten, abstrakte und konkrete Normenkontrolle, föderale Streitigkeiten (Bund-/Länderstreitigkeiten); im materiellen Recht: Staatszielbestimmungen (Art. 20 GG), Finanzverfassung, oberste Staatsorgane, Gesetzgebungskompetenz und -verfahren, Verwaltungsorganisation, politische Parteien, auswärtige Gewalt.

.Europarecht
nur DM 19,90

In Zeiten unüberschaubarer Normenflut (jetzt auch noch Prüfunggegenstand EG-Recht!) ermöglicht dieses Skript die zum Verständnis notwendige Orientierung und Vereinfachung. Die klausurtypische Darstellung stellt die Weichen für Ihren Lernprozeß. Das Skriptum erfreut sich großer Beliebtheit bei Studenten und Referendaren. Verständlich und klar strukturiert erspart es Zeit und dient dem Allgemeinverständnis für dieses in Zukunft immer wichtiger werdende Prüfungsgebiet.

.Völkerrecht
nur DM 19,90

Die Probleme im Völkerrecht sind begrenzt. Der Band vermittelt den Einstieg in die Rechtsmaterie und stellt die wichtigsten Probleme des Völkerrechts dar. Ergänzt durch Beispielsfälle und die Judikatur des IGH ist dieses Skript ein unverzichtbares Hilfsmittel.

EXAMENSTYPISCH · ANSPRUCHSVOLL · UMFASSEND

Landesrechtliche Skripten

hemmer! Die Skripten

Neues Lernen mit der Hemmer-Methode

Das besondere Verwaltungsrecht ist schwerpunktmäßig in den jeweiligen Ländergesetzen geregelt. Erfolgreiche und examenstypische Vorbereitung ist daher nur mit solchen Materialien möglich, in denen die landesspezifischen Besonderheiten dargestellt werden. Auch die Praxis kann nur mit den jeweils einschlägigen landesrechtlichen Vorschriften arbeiten – und die gilt es in Lehrbüchern erst einmal zu finden. Für solche hochspezialisierten Anforderungen wurde unsere landesrechtliche Reihe konzipiert – jedes Skript mit Hemmer-Methode zum günstigen Einzelpreis von 19,90 DM!

.Baurecht

nur DM 19,90

Bauplanungs- und Bauordnungsrecht werden in klausurtypischer Aufarbeitung so dargestellt, daß selbst der Anfänger innerhalb kürzester Zeit die Systematik des Baurechts erlernt. Vertieft dargestellt werden darüber hinaus alle wichtigen Spezialprobleme des Baurechts wie gemeindliches Einvernehmen, Vorbescheid, Erlaß von Bebauungsplänen etc. – ein Muß für jeden Examenskandidaten!

Bislang für folgende Länder*
Bayern, Thüringen, Sachsen-Anhalt, NRW, Rheinland-Pfalz, Saarland

.Polizeirecht

nur DM 19,90

Gerade das Polizei- und/oder Sicherheitsrecht stellt sich von Bundesland zu Bundesland unterschiedlich dar: Hier kommt die Stärke der landesrechtlichen Skripten voll zur Geltung! Lernen Sie im jeweils regionalen Kontext die Begriffe Primär- und Sekundärmaßnahme, Konnexität, Anscheins- und Putativgefahr usw. Der Aufbau des Skripts orientiert sich an der typischen Systematik der Polizeirechtsklausur.

Bislang für folgende Länder*
Bayern, Thüringen

.Kommunalrecht

nur DM 19,90

In vielen Bundesländern ist Kommunalrecht das Herz der verwaltungsrechtlichen Klausur, da es sich mit den meisten anderen Bereichen des Verwaltungsrecht-BTs hervorragend verbinden läßt: Begriffe wie eigener und übertragener Wirkungskreis, Kommunalaufsicht, Verbands- und Organkompetenz, Befangenheit von Gemeinderäten, Kommunale Verfassungsstreitigkeit, gemeindliche Geschäftsordnung und vieles mehr, werden in gewohnt fallspezifischer Art dargestellt und erklärt.

Bislang für folgende Länder*
Bayern, NRW

* Weitere Skripten in Vorbereitung

EXAMENSTYPISCH · ANSPRUCHSVOLL · UMFASSEND

Classics Fallsammlungen

Neues Lernen mit der Hemmer-Methode

Die Classics-Skripten fassen die examenstypischen Entscheidungen der Obergerichte zusammen. Wir nehmen Ihnen die Auswahl und die Aufbereitung der Urteile ab. Leicht ablesbar und immer auf den "sound" bedacht, machen Originalentscheidungen plötzlich Spaß. Die Fallsammlungen sind die Musterklausuren für die Scheine und das Examen. Was kommt immer wieder dran? Aufbau und Sprache werden inzident mitgeschult. Mit den Musterklausuren sind Sie fit für die Prüfung!

.Classics
nur DM 19,90

Rechtskultur und Verständnis des Gesetzes werden in weiten Teilen von der Rechtsprechung geprägt. Die wegweisenden Entscheidungen müssen Student, Referendar und Anwalt bekannt sein. Auf leicht erfaßbare, knappe, präzise Darstellung wird Wert gelegt. Die Hemmer-Methode sichert den für Klausur und Hausarbeit notwendigen "background" ab.

.Fallsammlungen
nur DM 19,90

"Exempla docent – beispielhaft lernen". Für kleine/große Scheine und das Examen gilt: Wer den Hafen nicht kennt, für den ist kein Wind günstig. Profitieren Sie von unserer langjährigen Erfahrungen als Repetitoren. Musterklausuren, kommentiert durch die Hemmer-Methode, vermitteln technisches know how, nämlich wie man eine Klausur schreibt, und inhaltliche Beschreibung, was überhaupt als Prüfungsthema typisch ist.

EXAMENSTYPISCH · ANSPRUCHSVOLL · UMFASSEND

hemmer! Die Skripten

Neues Lernen
mit der
Hemmer-Methode

Assessor-Basics

Die neue Reihe mit der Hemmer-Methode

Ergänzend zur großen Skriptenreihe nun auch unsere Assessor-Basics: Die Gebrauchsanweisung für das Assessorexamen! Als Einstieg in die Referendarzeit oder zur kompakten Wiederholung der wichtigsten Probleme. Klausurtechnik und -taktik dargestellt am "Großen Fall".

.Klausuren-Training Zivilprozeß — nur DM 24,90

Drittwiderklage · "Baumbach'sche Formel" · Versäumnisurteil · Klagerücknahme nach VU · Einseitige Erledigungserklärung · Streitverkündung · Parteiwechsel · gewillkürte Prozeßstandschaft · einverständliche Teilerledigung · unselbständige Anschlußberufung · einstweilige Verfügung · Vollstreckungsabwehrklage · Vollstreckungsbescheid und und und …

Das Hilfsmittel zur erfolgreichen Bewältigung der Referendarstation!

.Klausuren-Training Arbeitsrecht — nur DM 24,90

Streitgegenstandstheorie · verhaltensbedingte Kündigung · betriebsbedingte Kündigung · personenbedingte Kündigung · Änderungskündigung · befristeter Arbeitsvertrag · Aufhebungsvertrag · Weiterbeschäftigungsanspruch · Gläubigerverzug · EntgeltFG · innerbetrieblicher Schadensausgleich · Karenzentschädigungen gemäß §§ 74 ff. HGB.

Klausurtypische Darstellung der wichtigsten arbeitsrechtlichen Problemstellungen!

.Klausuren-Training Strafprozeß — nur DM 24,90

Abschlußverfügungen · Plädoyer des Staatsanwalts · Strafurteil · Revisionsrecht (Gutachten und Revisionsbegründung).

Eine Zusammenfassung der wichtigsten Probleme des Strafprozeßrechts unter besonderer Berücksichtigung typischer Verknüpfungen mit dem materiellen Strafrecht.

Assessor-Basics

EXAMENSTYPISCH · ANSPRUCHSVOLL · UMFASSEND

Juristisches Repetitorium
hemmer

gegründet 1976 in Würzburg

hemmer! Die Skripten

**Profitieren Sie
von unserer sog. „Integrierten Lösung"!**

12 Skripten Ihrer Wahl kostenfrei

In folgenden Städten erhalten Sie mit Beginn des Haupkurses 12 Skripten kostenfrei:

- Würzburg
- Passau
- Konstanz
- Tübingen
- Gießen
- Dresden
- Leipzig
- Rostock
- Erlangen
- Augsburg
- Mainz
- Münster
- Potsdam
- Marburg
- Saarbrücken
- Greifswald
- Regensburg
- Frankfurt/M.
- Berlin
- Hamburg
- Hannover
- Trier
- Bremen
- Frankfurt/O.
- München
- Bochum
- Göttingen
- Osnabrück
- Kiel
- Jena
- Halle
- Bielefeld
- Köln
- Bonn

Unsere Empfehlung:

BGB-AT Der Primäranspruch I · BGB-AT/SchR-AT Der Primäranspruch II · BGB-AT/SchR-AT Der Primäranspruch III · Bereicherungsrecht · Strafrecht-AT I · Strafrecht-AT II · Strafrecht-BT I · Strafrecht-BT II · Verwaltungsrecht I · Verwaltungsrecht II · Verwaltungsrecht III · Staatsrecht

Die „Integrierte Lösung"

EXAMENSTYPISCH · ANSPRUCHSVOLL · UMFASSEND

20 Jahre

Spitzenergebnisse
sind
richtungsweisender
Maßstab

in Würzburg seit '91 bis Dez. '97

6x „sehr gut"
50x „gut"

Seit 1980 in 32 Terminen bis 1996
von zehn mit „sehr gut"
9 von uns!
Januar 1997: Der Beste 14,79

Juristisches Repetitorium hemmer in Würzburg

gegründet 1976

hemmer

Qualität

§ by hemmer

aus Würzburg

für ganz Deutschland

Die Ergebnisse der Würzburger Zentrale und die Mitarbeiterstruktur sind Garant für die gleichbleibend hohe Qualität des Juristischen Repetitoriums und der hemmer-Skripten.

In den 6 Terminen (Ergebnisse) 1995/96/97 erreichten in der Zentrale unsere Kursteilnehmer 5x Platz 1 – alle spätere Mitarbeiter – und mehrfach Platzziffer 2! Ergebnis Januar 1995 die sechs Besten – alle Freischützen – Schnitt 13,39.

Zusammenfassung 1991–1997:

15,08 · 14,3* · 14,08 (alle 3 Landesbeste ihres Termins) · 14,08* (Bester des Termins in Würzburg 96 I) 14,04* (Bester des Termins 94 II) · 13,87 · 13,8* 13,7 (Siebt-Semester, Bester des Termins in Würzburg 95 II) · 13,7 (Siebt-Semester) · 13,66* (Bester des Termins 97 I, 7. Semester) · 13,6* · 13,54* 13,41* · 13,3* (Bester des Termins 95 I in Würzburg) 13,3* (Beste des Termins 93 I in Würzburg) 13,29* · 13,02* (Bester des Termins 95 I in Würzburg) · 13,0 · 13,0 · 12,91* · 12,87* (Siebt-Semesterin) · 12,8* · 12,75* · 12,62 · 12,6 · 12,6 12,58* · 12,58* · 12,54* · 12,5* · 12,5* · 12,37 (Siebt-Semester) · 12,3* · 12,2 · 12,2 · 12,2* · 12,2* 12,08 · 12,18* · 12,12 · 12,08* · 12,0 · 12,0* · 12,0* 12,0* · 12,0* · 11,8 · 11,8 · 11,75* · 11,75* · 11,58* 11,5 …

* hemmer-Mitarbeiter bzw. ehemalige hemmer-Mitarbeiter

… der Erfolg gibt uns Recht

hemmer – die Zeitschrift ...

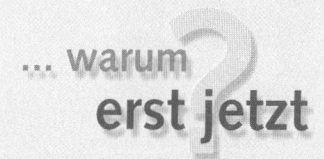

Life & LAW

... warum erst jetzt?

„kairos" (griech.) – Der rechte Zeitpunkt, das richtige Team! Nach jahrelanger Erfahrung (Repetitorium in Würzburg seit 1976) in der Examensausbildung, wissen wir, was für das Examen wichtig ist. Und wie es optimal aufbereitet wird. Repetitorium, Skriptenreihe und die neue Zeitschrift sind aufeinander abgestimmt. Die Zeitschrift, die ideale Ergänzung zu unserem Programm, ermöglicht dem Leser, aktuelle Rechtsprechung *hemmer*-typisch zu interpretieren.

... warum überhaupt?

Bestehende Ausbildungszeitschriften werden dem Examen nicht gerecht und gehen damit größtenteils an den Bedürfnissen der Leser vorbei. Häufig steht bei Aufsätzen und Rezensionen die eigene Karriere und nicht die des Lesers im Vordergrund.

Außerdem fehlt die Einbindung der Einzelentscheidung in die Gesamtdogmatik. Vielfach wird die Entscheidung nur eingescannt und ist so für Sie unbrauchbar. Wer sich stundenlang durch umfangreiche Sachverhalte und BGH-Sätze gequält hat, weiß worüber wir reden. Die Rechtsprechung hat das Gesetz und „billige" Lösung im Auge, nicht das Examen. Außerdem gilt für die Rechtsprechung anders als für den Ersteller einer Examensklausur: „Probleme wegschaffen, nicht schaffen. Der BGH kann es sich auf Grund seiner Machtposition leisten, sich über Literatur und manchmal auch über das Gesetz hinwegzusetzen. Gefährlich kann es für den Examenskandidaten werden, wenn er sich unreflektiert dem BGH anschließt.

Die Zeitschrift schult Ihre Aufmerksamkeit so, daß Sie zweckrational im Hinblick auf das Examen mit der Rechtsprechung umgehen. Sie verstehen, wie diese Rechtsprechung in das examenstypische Spiel eingebaut wird. Der konkrete sprachliche Gebrauchszusammenhang wird erklärt. Die Rechtsprechung wird für Ihr Examen übersetzt, wir filtern heraus, was für Sie wichtig ist. Arbeit wird abgenommen, Lesen wird effizient, das Gelesene leichter abrufbar.

... warum hemmer?

Examenstypischer Sprachgebrauch ist einzuüben. Lernen Sie mit unseren Spitzenjuristen (10 Juristen mit der Examensnote „sehr gut", viele mit „gut"). Wir sind weder Richter noch Professoren. Als Repetitoren ist es unsere alleinige Aufgabe, Sie gut durchs Examen zu bringen. Dementsprechend unterscheiden wir Examenswichtiges von Unnützem, setzen die Schwerpunkte für Ihr Examen richtig. Wir setzen richtungsweisende Maßstäbe auch mit der Zeitschrift.

... warum so?

Die Entscheidung ist optisch modern aufbereitet. Leichte Lesbarkeit, gut erfaßbare Zwischenüberschriften und klare Gliederung sorgen für den schnellen Überblick:

- **schnell** der Überblick
- **knapp** der Leitsatz
- Der Sachverhalt ist auf das **Wesentliche** gekürzt
- **präzise** die Entscheidungsgründe
- **examenstypisch** die Aufbereitung
- **informativ** der background

hemmer/wüst Verlagsgesellschaft

hemmer/wüst Verlagsgesellschaft mbH
Mergentheimer Str. 44 · 97082 Würzburg
Tel.: 0931/78 31 60 · Fax: 0931/78 15 35

Skripten Bestellformular

hemmer! Die Skripten

Anz.	Titel		Anz.	Titel	
	neu BGB für Einsteiger · mini-basics	nur DM 14,80		StPO	
	Basics Zivilrecht · 2. Aufl.	je DM 19,90		*neu* Kriminologie, Jugendstrafrecht und Strafvollzug	
	Basics Strafrecht · 2. Aufl.			Verwaltungsrecht I · 2. Aufl.*	
	Basics Öffentliches Recht · 3. Aufl.			Verwaltungsrecht II · 2. Aufl.*	
	BGB-AT · Der Primäranspruch I · 2. Aufl.*			Verwaltungsrecht III · 2. Aufl.*	
	BGB-AT/SchR-AT · Der Primäranspruch II · 2. Aufl.*			Steuererklärung leicht gemacht	
	BGB-AT/SchR-AT · Der Primäranspruch III · 2. Aufl.*			Staatsrecht I · 2. Aufl.*	
	Schadenersatzrecht I*			Staatsrecht II · 2. Aufl.*	
	Schadenersatzrecht II*			Europarecht · 2. Aufl.	
	Schadenersatzrecht III · 2. Aufl.*			Völkerrecht	
	neu Schuldrecht-BT I (ab Mai 1998)			Baurecht/Bayern	
	neu Schuldrecht-BT II (ab Mai 1998)			Baurecht/NRW	
	Gewährleistungsrecht*			Baurecht/RhPfz	
	Bereicherungsrecht*			Baurecht/Saarland	
	Deliktsrecht I*			Baurecht/Sachsen-Anhalt	
	Deliktsrecht II*			Baurecht/Thüringen	
	Sachenrecht I · 2. Aufl.*			Polizeirecht/Bayern · 2. Aufl.	
	Sachenrecht II · 2. Aufl.*			Polizeirecht/Thüringen	
	Sachenrecht III			Kommunalrecht/Bayern	
	Kreditsicherungsrecht*			Kommunalrecht/NRW	
	Erbrecht*			BGH-Classics Zivilrecht	
	Familienrecht*			BGH-Classics Strafrecht	
	Zivilprozeßrecht I*			*neu* Classics Ö-Recht	
	Zivilprozeßrecht II*			Basics Zivilrecht · Musterklausuren für die Scheine	
	Handelsrecht*			Basics Strafrecht · Musterklausuren für die Scheine	
	Gesellschaftsrecht*			Basics Öffentliches Recht · Musterklausuren f. d. Scheine	
	Arbeitsrecht · 3. Aufl.			*neu* Musterklausuren für's Examen · Zivilrecht	
	Herausgabeansprüche			*neu* Musterklausuren für's Examen · Strafrecht	
	Rückgriffsansprüche				
	Internationales Privatrecht			Superpaket (28 Stück · alle Skripten mit *)	444,-
	neu Privatrecht für BWL'er, WiWis & Steuerberater		**Assessorbasics:**		je DM 24,90
	Strafrecht-AT I*			Klausurentraining Zivilprozeß · 2. Aufl.	
	Strafrecht-AT II*			Klausurentraining Arbeitsrecht · 2. Aufl.	
	Strafrecht-BT I*			Klausurentraining Strafprozeß · 2. Aufl.	
	Strafrecht-BT II*				

Gesamtsumme (bitte eintragen): ____
zzgl. Versandkostenanteil: + 6,40 DM
Endsumme (bitte eintragen): ____

Ich weiß, daß meine Bestellung nur erledigt wird, wenn ich einen Verrechnungsscheck in Höhe meiner Bestellungs-Gesamtsumme zzgl. des Versandkostenanteils beilege oder zum Einzug ermächtige. Bestellungen auf Rechnung können leider nicht erledigt werden. Bei fehlerhaften Angaben wird eine Unkostenpauschale in Höhe von 30 DM fällig. Die Lieferung erfolgt unter Eigentumsvorbehalt.

Bitte alle Angaben deutlich in Druckschrift angeben!

Vorname, Name

Straße, Nr.

PLZ, Ort

Telefon, ggf. Kunden-Nr.

Buchen Sie die Endsumme von meinem Konto ab:

Kreditinstitut

BLZ, Konto-Nr.

Datum, Unterschrift

Bestellformular

Unsere Philosophy-Principles

Was den Erfolg der hemmer-Methode ausmacht

Es besteht eine allgemeine Übereinkunft: Juristische Methode kann nicht in derselben Weise erlernt werden wie Algebra; anders ausgedrückt: Es gibt in der Juristerei kein vollständiges System von Regeln, bei deren Befolgung man notwendigerweise zum richtigen Ergebnis gelangt.

kein schematisches Lernen

Von daher ist das zu schematische Lernen eine falsche, der Rechtsanwendung nicht entsprechende Lernmethode. Es besteht bei diesem, als träges Wissen bezeichnetem Lernen die Gefahr, daß abstrakte, anwendungsunspezifische Inhalte den Lernstoff bestimmen. Der Stoff wird dann in systematisch geordneter Weise dargestellt, das im Stoff enthaltene Wissen kann jedoch gerade für die in Frage stehenden Probleme nicht verwandt werden. Die unnatürlich klare Problemstellung läßt keine Fragen offen.

*Assoziatives Lernen heißt:
Problem erkannt, Gefahr gebannt*

Die im Examen zu lösende Fallfrage ist in der Regel viel komplexer und nicht wohldefiniert. Im Gegenteil, man muß zunächst überhaupt erst einmal erkennen, daß ein Problem vorliegt. Fehlt das Gespür für das Aufstöbern des Problems, nützt dann auch das zum Problemfeld vorhandene Wissen nichts. Dieses entsprechende „feeling" für die Juristerei ist mit unserer Assoziationsmethode erlernbar.

Neben dem Fehlen von Problembewußtsein besteht ein weiteres Defizit des herkömmlichen Lernens in der Zersplitterung der Lerninhalte. Durch die künstliche Trennung von z.B. BGB-AT und Bereicherungsrecht wird der Anschein erweckt, die Inhalte hätten wenig miteinander zu tun. Schon bei den Scheinen, spätestens aber im Examen zeigt sich der Irrtum. So hat gerade der fehlgeschlagene Vertrag seine Bedeutung im Bereicherungsrecht; Minderjährigenprobleme stellen sich besonders hier (z.B. Entreicherung und verschärfte Haftung). Auch im Öffentlichen

Über das schematische Lernen

Man kann sich irren, aber es lohnt sich nicht, sich selbst zu betrügen!

Das sogenannte *schematische Lernen* suggeriert eine Einfachheit, die weder der Komplexität des Lebens noch der des Examens gerecht wird. Schematisches Lernen verführt dazu, der eigentlich im Examen gestellten Aufgabe auszuweichen. Das schematische Lernen führt zwar zu einem *kurzfristigen* Erfolgserlebnis, löst aber nicht die gestellte Aufgabe. Unterscheiden Sie zwischen kurzfristigem und langfristigem Gewinn. Es geht – anders als teilweise in der Schule – *nicht mehr* darum, sich mit dem geringsten Widerstand durchzumogeln. Sie leben in einer Konkurrenzgesellschaft. Schöpfen Sie Ihre eigenen Ressourcen aus. Lernen Sie, spielerisch mit dem Examensfall umzugehen. Gefragt sind nämlich *eigene Verantwortung, richtiges Gewichten* und *Sich-Entscheiden-können*. Textverständnis für den Examensfall kann *nur so* entstehen und vertieft werden.

Recht und Strafrecht ist das Auseinanderhalten von AT und BT künstlich und entspricht nicht der Examensrealität. Durch die schematische Trennung besteht die Gefahr, daß das Wissen in verschiedenen Gedächtnisabteilungen abgespeichert wird, die nicht miteinander in Verbindung gebracht werden.

Diesem Gesichtspunkt trägt die HEMMER-METHODE Rechnung: Wissen wird von Anfang an unter Anwendungsgesichtspunkten erworben – das gilt sowohl für unsere Skripten als auch im verstärkten Maß für den Hauptkurs. Damit wird die Kompetenz der Wissensanwendung gefördert. Gezielte Tips, wie Sie sich Zeit und Arbeit ersparen, begleiten Sie schon ab dem ersten Semester. Wir setzen unsere Ausbildung dann in unserem Examenskurs fort, indem wir auf anspruchsvollem Niveau Examenstypik umfassend einüben.

Anders als im wirklichen Leben gilt für Klausuren und Hausarbeiten:

„Probleme schaffen, nicht wegschaffen".

Mit der von uns betriebenen Assoziationsmethode lernen Sie, richtig, nämlich problemorientiert, an den Examensfall heranzugehen. Sie lernen damit, „wie" Sie an einen Examensfall herangehen und „was" das nötige Rüstzeug ist. Mit Beendigung unseres Kurses ist in der Regel das entsprechende „feeling" für Examensfälle erlernt!

Die ersten beiden Stunden in der Klausur sind entscheidend: Diese üben wir mit Ihnen in unserem Kurs immer wieder ein. Wir lassen Sie bei dem oft mühevollen Schritt vom bloß abstrakten Wissen zur konkreten Examensanwendung nicht allein. Das häufig gehörte Argument, man müsse erst 200 Klausuren schreiben, – für Freischüßler ohnehin kaum praktikabel – wird überflüssig, wenn man unter Anleitung examenstypisch trainiert.

*Training
unter professioneller Anleitung*

Erst das ständige Training unter professioneller Anleitung führt zur Sicherheit im Examen. In den Examensfällen geht es auch häufig nicht um ein

EXAMENSTYPISCH · ANSPRUCHSVOLL · UMFASSEND